情报与反情报丛书

情报分析案例

结构化分析方法的应用

（全新中文译本）

[美] 萨拉·毕比（Sarah M. Beebe） 伦道夫·弗森（Randolph H. Pherson）／著
杜效坤／译 高金虎／审校

Cases in Intelligence Analysis

Structured Analytic Techniques in Action

金城出版社
GOLD WALL PRESS
·北京·

图书在版编目（CIP）数据

情报分析案例：结构化分析方法的应用 /（美）萨拉 · 毕比（Sarah M. Beebe），（美）伦道夫 · 弗森（Randolph H. Pherson）著；杜效坤译 .—北京：金城出版社，2019.1
（情报与反情报丛书 / 高金虎主编）
书名原文：Cases in Intelligence Analysis: Structured Analytic Techniques in Action (Second Edition)
ISBN 978–7–5155–1781–0

Ⅰ. ①情… Ⅱ. ①萨… ②伦… ③杜… Ⅲ. ①军事情报－情报分析－案例 Ⅳ. ① E87

中国版本图书馆 CIP 数据核字（2018）第 271060 号

情报分析案例：结构化分析方法的应用
QINGBAOFENXI ANLI JIEGOUHUAFENXIFANGFA DE YINGYONG

作　　者	[美] 萨拉 · 毕比　伦道夫 · 弗森
译　　者	杜效坤
审　　校	高金虎
责任编辑	朱策英
文字编辑	李晓凌
开　　本	700毫米 × 960毫米　1/16
印　　张	27
字　　数	415千字
版　　次	2019年1月第1版
印　　次	2019年1月第1次印刷
印　　刷	天津旭丰源印刷有限公司
书　　号	ISBN 978–7–5155–1781–0
定　　价	108.00元

出版发行	**金城出版社** 北京市朝阳区利泽东二路3号　邮编：100102
发 行 部	(010) 84254364
编 辑 部	(010) 64271423
交流邮箱	gwpbooks@yahoo.com
总 编 室	(010) 64228516
网　　址	http://www.jccb.com.cn
电子邮箱	jinchengchuban@163.com
法律顾问	北京植德律师事务所　(电话)18911105819

丛书总序

以情报工作为研究对象，探索情报工作规律，研究改进情报工作途径的学科，在西方称为情报研究，在中国则称为军事情报学。名称不同，本质一致。

长期以来，由于情报工作本身存在着较强的隐蔽性，各个国家对情报机构的活动秘而不宣，其情报档案也不公开，从而影响了情报工作受关注的程度，情报活动成了历史研究中被遗忘的一角。

西方的情报研究，始于1949年美国学者谢尔曼·肯特（Sherman Kent）《战略情报：为美国世界政策服务》一书的出版。肯特是耶鲁大学历史学教授，第二次世界大战期间担任美国战略情报局（Office of Strategic Services）研究分析处欧洲—非洲科的科长，战后一度回到耶鲁重执教鞭，随后担任中央情报局国家评估办公室主任。在该书中，肯特把战略情报定位为战略家制订和执行计划所必需的情报，是身居高位的文武官员保卫国家福祉必须掌握的知识。肯特开启了情报分析专业化的大门，他因而被称为“情报分析之父”。

1962年，美国兰德公司的罗伯塔·沃尔斯泰特（Roberta Wohlstetter）出版了《珍珠港：预警与决策》（*Pearl Harbor: Warning and Decision*），深刻剖析1941年驻珍珠港美军遭日军突然袭击的原因。从珍珠港事件起步，美国人一点一点地厘清了情报失误发生的原因，并有针对性地开出了改进情报工作的“处方”。

20世纪70年代初，国际学术界在德国斯图加特召开第二次世界大战中的信号情报研讨会议。与会者一致认为，由于相关档案的公开，情报在二战中的作用必须重新审视，二战历史有必要重写。此后，情报研究在西方学术界呈现出方兴未艾之势，一批历史学家、政治学家、战略学家、国际关系学者加入了情报研究的阵营，有力地推动了情报研究的发展。在英语世界，情报研究已经成为社会科学研究的一个组成部分。

与美国相比，中国的情报研究起步并不算晚。早在2500年前的春秋时代，中国兵圣孙子就写出了著名的《孙子兵法》，这是世界上最早的军事情报学著作。孙子对战略情报要素认识的完备性、情报评估的重要性、情报谋略的微妙性、情报理论的科学性的分析，即便与2500年后谢尔曼·肯特的著作相比也不逊色。1943年，军统特工郑介民出版《军事情报学》，书中所勾勒的军事情报工作体系与今日西方的情报研究体系并无本质差别。

今天，军事情报学已经列入了我国研究生与学位教育的学科门类，我们已经培养了军事情报学专业的硕士生、博士生甚至博士后。但情报研究在我国远未成长为一门成熟的学科。理论研究的落后，制约了我国情报与安全保密工作的发展。

中国兵圣孙子说过：知彼知己，百战不殆。情报研究的根本目的是为了改进国家安全工作，维护国家安全和利益。要在复杂多变的世界局势中、在尖锐激烈的国际竞争中立于不败之地，我们必须高起点、高标准、高质量地谋划保密工作，全面、深入地了解世界主要大国情报机构进行策反、渗透、心战、窃密的基本手法，掌握其情报活动的基本特点，从而有的放矢，筑起反渗透、防泄密的防火墙，保障改革开放和社会主义建设事业的顺利进行。这是每一个从事国家安全和保密工作的同志的神圣使命。

基于以上认识，我们策划了这套《情报与反情报丛书》。所选作品均为西方名家的情报研究经典，内容涉及情报基础理论、情报体制、情报历史、谍报技术、反间谍、隐蔽行动、情报分析与失误、突然袭击等，涵盖了情报工作的各个领域。我们希望，这套丛书的出版，可以推动我国的情报研究，并对改善我国国家安全工作有所裨益。

高金虎

本书赞誉

我的学生非常喜欢利用这些案例研究，它们切合实际、中肯，有助于人们将结构化分析方法付诸实施。我的一个学生说，他真希望“在大学生涯之初”就了解这些方法，因为他觉得它们有助于其将注意力聚焦于进行思考和做出决策。我强烈推荐将这些方法用于有关教学活动，以提高学生的总体批判性思维能力。

——指挥官托尼·盖伊（Toni Gay）

美国海岸警卫队学院情报研究主任、副教授，2009—2013 年

《情报分析案例：结构化分析方法的应用》是一部见解十分深刻的分析著作，其撰写所涉的视野和经验只有真正的情报分析专家才能具备。我郑重地向所有新老从业者、教师和学生推荐此书。这部佳作可以为结构化分析方法的教学提供全力支持，其所采用的循序渐进方法便于人们理解和学习。感谢萨拉·毕比和伦道夫·弗森，是他们让结构化分析方法的教授和学习变得愈加容易。这本书是所有情报分析人员私人文库的必备之作。

——阿图罗·富恩萨利达（Arturo Fuenzalida P.）

智利海军情报分析人员，（退役）海军少将

这是教导学生分析和解读国际事务中重大事件的最佳方法，所有政治学系的学生都应该阅读本书，绝对有必要，要相信专家。

——爱德华·M. 洛奇（Edward M. Roche），法学博士

法国格勒诺布尔管理学院（兼职）教授

《情报分析案例》是情报从业人员及情报领域中认真学习的学生必备的实用范本，通过与其姊妹篇《情报分析：结构化分析方法》相互搭

配，本书向读者精彩地阐明了一些最重要的分析理念和挑战。书中各案例研究脉络清晰，通俗易懂，能够激发人们拓宽思路，跳出本能性臆测的大部分传统分析内容，进入复杂但令人心满意足的结构化分析方法王国。本书作者对本学科的发展再次做出了重要贡献。

——迈克尔·玛昆（Michael Mulqueen）博士

英国利物浦霍普大学政治、历史、媒体与通信系主任，副教授

本书内容确实让学生爱不释手，使其能够跳出纯粹的情报阅读和学习，实实在在地利用分析方法来分析真实的情报案例。学生深受本书吸引，它既十分适合校园课程，也很适合网络课程。

——玛丽·曼吉坎（Mary Manjikian）博士

美国弗吉尼亚州瑞金大学

本书撰述出色，从多个层面给人以启迪。在学生试图弄清与案例相关但又时常自相矛盾的复杂数据和信息时，可以使其深刻了解情报分析人员所面对的现实问题。

——乔纳森·本杰明-阿尔瓦拉多（Jonathan Benjamin-Alvarado）

博士，美国内布拉斯加大学奥马哈分校

目录

图表目录

文本框目录

方法矩阵

	分解与可视化			观点生成					情景与指标			
	启动清单法	年表法与时间轴线法	思维导图	结构化头脑风暴	星爆法	形态分析法	经典象限处理法™	远景象限处理法™	简单情景法	多种情景生成法	指标法	指标验证因子法™
第一章　谁向卡琳娜·莫斯卡琳科投毒?				❖	♦							
第二章　炭疽菌杀手		♦		❖								
第三章　网络H_2O	♦											
第四章　核机密泄露案												
第五章　围绕马蒂电台的美国与古巴之争		♦										
第六章　通往塔宁科瓦之路												
第七章　谁谋杀了乔纳森·卢纳?		♦		❖								
第八章　贝·布托遇刺		♦	♦									
第九章　美国西南部居民死亡				♦	♦							
第十章　亚特兰大奥运会爆炸案												
第十一章　华盛顿特区恐怖主义狙击手							♦					
第十二章　哥伦比亚革命武装力量袭击美国本土				♦						♦	♦	♦
第十三章　解读“11月17日革命组织”				❖				♦			❖	
第十四章　保卫孟买免遭恐怖袭击				♦			♦				♦	♦
第十五章　伊朗干涉巴林事务				♦	♦	♦					♦	
第十六章　乌克兰橙色革命的影响				♦					♦			
第十七章　贝尔格莱德爆发暴力事件				❖								

♦ 案例中突出应用的方法。

❖ 案例中含蓄应用的方法。

假设生成与检验					因果评估			质疑分析				决策支持			
简单假设法	多种假设生成程序法™	象限假设生成法	竞争性假设分析法	欺骗识别法	关键假定检查法	红帽分析法	由表及里思考法	事前分析法	结构化自我批判法	若则分析法	魔鬼代言人	决策矩阵法	力场分析法	“赞成—反对—错误—纠正”法	“优势—劣势—机会—威胁”法
					❖			♦	♦						
					❖			♦	♦						
					♦						♦				
				♦	❖			♦	♦				♦		
		♦	♦	♦											
					♦						♦				♦
♦	♦		♦												
			♦												
	♦		♦		♦										
	♦				♦									♦	
	♦				♦										
						♦									
♦										♦					
					❖	♦									
							♦								
												♦	♦	♦	

第二版序言

大约50年前，谢尔曼·肯特——传奇式的美国国家评估委员会（Board of National Estimates）主席，指派一名结构化分析的早期倡导者前去向杰克·戴维斯阐释采用结构化分析方法的理由。杰克·戴维斯是评估工作人员中颇受看重的新人。

这位倡导者清晰地阐释了外化和评估假定的优点，这些假定支撑着情报评估中的关键判断。我假装听得兴趣盎然，但坦率地说，我认为根本没有必要改变我的情报分析方式。

我说："对于预测（我工作的对象国家的）未来发展而言，能够影响预测的全部思考内容太多，手头的纸太小，容纳不了它们。"随即，我相当突兀地结束了那次会晤。我的这种回答虽说无益，但当时电脑尚未取代打字机，且我个人尚未经历数次可以避免的误判锤炼，这样说也不无道理。

大概用了20年时间，我才完全领会到结构化分析带来的益处，开始大力鼓吹结构化分析；尤其是我们的判断基于内化的批判性思考、同事间无组织的争论及领导的主观审查，结构化分析可作为防止情报误判的保障。

最初被称为"替代分析"（Alternative Analysis），而现在叫作"结构化分析方法"（Structured Analytic Techniques, SATs）的东西，之所以能在情报界内部影响日增，有几个因素起到了推动作用。

★ 一连串高度公开的情报失误，促使人们呼吁改变情报分析做法，让结构化分析的倡导者迈出了成功的第一步。

★ 一个规模小但影响大的情报专业人员骨干群体，针对可靠的情报分析所面临的心理、政治和官僚制度方面的障碍，开始展开教学和宣讲。在第一版和本版的《情报分析案例》序言中，罗伯特·杰维斯对此进行了权威性的清楚表述。

★ 情报分析方法论领域中的主要学者，包括本书的两位知名作者，通过案例研究，发展出一套令人耳目一新的结构化分析方法，并加以检验和精炼，用来消除上述障碍。

以上个人观察权且作为《情报分析案例》的第二版序言，该书对情报分析实践做出了富有价值的贡献。结构化分析方法并非一剂万应灵药，并不能自动改进手头评估，增进分析人员的批判性思维，但书中经过多方验证的程序却有望实现以上两个目标。

★ 这些案例涉及一系列挑战：从采用结构化形式组织已知资料（例如年表法），来降低由资料过多所带来的不确定性挑战，一直到利用结构化形式来评估多个看似合理的结果（例如情景分析法），来降低由资料过少引发的不确定性挑战。

★ 案例以阐述分析性挑战的性质、可能的矫正方法的本质、结构化本身带来的成本—收益预期等内容加以展开，然后讲述所选结构化分析方法的效力。

★ 每个案例均配有一份重要的推荐读物清单，提醒读者利用专家知识，推动结构化分析的有效实施。

★ 学习重点是健全可靠的分析流程——例如，改变观察案例问题的工具，而非给出正确答案。

★ 同样，该书还指出了过度自信和严重依赖现有范例带来的风险，以及质疑和挑战传统观点（conventional wisdom，墨守成规）取得的收获。

鉴于上述及其他原因，本书不仅对潜在及在业的情报分析人员十分有用，而且事实上，对于管理着重大不确定性问题，以便为负责做出决策和采取行动的客户提供服务的所有领域的分析人员也是如此。

现简要评价一下本书对此类分析团体的潜在价值：

> 20世纪60年代，资深分析人员因拥有精湛的专业知识和批判性思维技巧而受到他人尊重，最重要（“不能失误”）的评估任务往往被指派给他们。这些人往往抵制引入正式的结构化分析方法。对于采用结构化分析方法，有些情报分析人员要么认为毫无必要，要么认为是纯属添乱。管理者还会抬出前总统里根制定的“相信但需要验证”（Trust but Verify）标准，来柔化这种抗拒。针对无人持有异议的判断和可信度，情报分析专家可以把结构化分析方法用作自保方法，其中包括“事前分析法”（Pre-Mortem Analysis）和“A队/B队法”（Team A-B Analysis），后者在分析人员意见不一时使用。

我相信，将大量专业知识、批判性思维与结构化分析方法三者的精华融合，可以为预防分析缺陷提供一个最佳保障。《情报分析案例》一书是帮助情报分析人员迈向这一目标的必备工具。

杰克·戴维斯（Jack Davis）

中央情报局情报分析先驱

第一版序言

自从50年前罗伯塔·沃尔斯泰特就美国在珍珠港遭遇突然袭击进行开创性研究以来[1]，在对情报失误的理解方面，学术界和情报界人士均取得了重大进展。但对于如何矫正失误，如何取得更佳业绩，我们却知之甚少。而在这一主题上，本书做出了重大贡献。

情报永远不可能始终正确无误，即使是在情报界倾其大部分资源加以解决的最重要问题上，同样如此。但大多数公众及许多政府官员都认识不到这一根本性问题。有关此点，他人的论述比我更加精彩。我谨在此引用两个身份迥异的观察者的观点来加以说明。克劳塞维茨（Clausewitz）认为："战争中得到的情报，很大一部分是互相矛盾的，更多的是假的，绝大部分是相当不确定的。"[2]我唯一要补充的，就是去掉"战争中"这个修饰词。萨缪尔·巴特勒（Samuel Butler）以更具概括性的语言表达了这一观点。他说："生活就是一门艺术，要根据数量不足以满足要求的前提条件，得出数量足以满足要求的结论。"[3]世界太过复杂，证据过于零碎和相

[1] 原注：Roberta Wohlstetter, *Pearl Harbor: Warning and Decision* (Stanford, CA: Stanford University Press, 1962).

[2] 原注：Carl von Clausewitz, *On War*, ed. and trans. Michael Howard and Peter Paret(Princeton, NJ: Princeton University Press, 1976), 117.

[3] 原注：Samuel Butler, *The Notebooks of Samuel Butler: Selections*, ed. Henry Festing Jones (London: A. C. Fifield, 1918), 11.

悖，而我们的大脑及组织机构又受到重重限制，无法让我们完全了解这个世界，精确识别出他人的能力和意图。的确，除了令人费解和时常矛盾的证据外，人们和国家的行动方式也常常前后不一（这些人和国家，以及试图了解他们的人们，可能对“一致性”定义迥异，即使不考虑这一事实，其行动方式也是如此）。

此外，国际政治中欺骗盛行。敌手常常希望误导他人，起码要部分掩盖其能做些什么，即将做些什么。指望情报机构能够查出真相的人们，应该记住生活中频繁上演的一幕——夫妻一方或夫妻双方最终得知对方不忠时，总会大吃一惊。进一步推想可知，认为可能存在欺骗的观点会降低信息的有效程度（这点也是婚姻中经常发生的情形）。虽然没有确凿证据表明萨达姆·侯赛因掌控的伊拉克正在积极制造大规模杀伤性武器，但美国情报机构并未怀疑，一个原因就在于他们坚信（但后来证明是错误的）伊拉克在进行大规模的欺骗和拒止行动。[1]

事件在自然发展过程中，会产生大量误导性信息，对于这些信息，欺骗有时会起到补充和竞争作用。按照沃尔斯泰特的说法，这些误导性信息是掩饰“信号”的“噪声”。虽然许多信息真实可信，但凭借它们却不足以得出诊断性结论。一位外国领导人的评论常常能给我们带来不少东西，但反过来却可能不是那么回事——这些评论可能是欺骗之语或背离真实情形。在另外一些情况下，这些评论可能针对的是其国内受众，或者是后来遭到抛弃的理念，或是并不流行的宗派观点等。即使有明显确凿证据表明情况并非如此，但伊拉克似乎在建造具有潜在危险性的化学品工厂，其数量超出民用需求。然而事实证明该国确实需要该产品，其用途清白无辜。

大多数证据均模棱两可，这让我们的工作充满艰辛，无论是作为个人，还是作为情报分析人员，都是如此。事实上，如果我们希望仅仅根据所收到的少量具体原始信息得出结论，我们将无法生活下去。在散乱信息

---

[1] 原注：更多有关这一主题及其他此处所涉及主题的内容，参见 Robert Jervis, *Why Intelligence Fails: Lessons from the Iranian Revolution and the Iraq War* (Ithaca, NY:Cornell University Press, 2010)。

俯拾皆是的世界里工作，我们必须快速得出结论，不为遇到的任何零碎信息所动，用我们已经形成（部分根据信息而形成）的信条和理论，指导我们应该了解何种信息及如何了解这些信息。这种思维方式好像并不以经验为依据，并不公平且站不住脚。它意味着我们闭目塞听，思想保守，对恼人的事实无动于衷。因此，我们不能理解这一方式确实就是我们的思考方式，反而认为自己对所有事实均公平对待，而实际上这并不可能。说“理解（see）了我才会相信”时，我们可能觉得有点不可信，但很少有人怀疑这种做法的正确性。然而这并不是，也不可能是我们的思考方式。

离真相更近一步则意味着“只有相信了我才会理解”。我们的大脑具备看穿互不相干事物的能力，能够理解我们环境中的事物模式和因果关系，并能迅速了解事情的真相。否则我们作为个体或一个物种就不可能生存下来。如果听到树林中有沙沙声，我们的祖先不能迅速地意识到那可能是只剑齿虎，他们就可能在短时间内被食肉动物吞噬。但如果我们脑海里的画面有误，那么结果就是，我们对证据的解读（常常轻易而迅速）不仅与该画面不一致，而且还会强化这一失误。的确，只有在我们已经持有某一替代观点时，我们才有可能做出各种解读。

在这一点上，伊拉克再次成为一个生动的例证。国务卿科林·鲍威尔在联合国发表演讲，他引用了巴格达方面告诉某军事基地官员们的话（该基地即将接受美国审查员的视察），其中有“我们告知各位……清空所有区域、废料区、废弃区，一定要确保那里没有任何残留”。其意思似乎不言自明。现在我们知道其意思并非如此，伊拉克人只是想清除事实上可能误导人们的痕迹或些许证据。但据我所知，当时无人提及此点。回首往事，人们可能正确解读“废料区、废弃区”的含义，即尽管化学武器已经销毁，但伊拉克人仍然害怕残留有以往化学品的蛛丝马迹。

其原因是，几乎无人了解萨达姆的奇怪观点和做法。因为更害怕伊朗、国内敌手和自己手下的将军们，他演了一出虚张声势的怪剧。此外，再考虑到萨达姆政权特有的对立状态、腐败和低效，人们就能够明白以上证据大部分（虽然不是全部）的含义。但如果不首先了解萨达姆政权的全貌，人们就无法以此种方式解读以上证据。[1]

所以，情报分析就是人们试图弄清楚世界的活动。分析人员只有理解其所见，才能写出容易理解的报告。任何情报分析人员都做不到“所有事实均正确无误”——不仅构成某一事实的东西不一定客观，而且很多“事实”后来实际上被证明为子虚乌有。忽略上述情况，或者至少将其搁置，是必要的。这种行为并不违反科学。现仅举一例加以说明。近来有科学家报告说，经过缜密分析，他们发现粒子的速度超过光速。假如这种说法真实无误，那么人们就必须抛弃爱因斯坦的相对论。这样做就意味着要放弃现代物理科学的大部分。但因为有众多理论和实证支持着现代物理科学，所以几乎所有科学家都认为，最近这项发现最终会被证明有误。

因此，所谓的优秀科学家，就是那些思想不易为他人所动的人们，至少在某种程度上是如此。但我们又无法制定出确定这种程度的规则。在无数次情报战中，各方都认为对方固执己见、冥顽不化，认为对方虽然面对大量与其假设相反的事实，但由于自我、政治或世界观的原因，却坚决抱住令人疑窦丛生的假设不放。有些人则见解正确，但双方推理的方式通常相近。事实过后，我们常常会继续争论。因此，多数人都认为萨达姆政权与恐怖分子，特别是基地组织之间联系并不太多，国防部长办公室和副总统办公室的分析人员都抓住救命稻草不放、极力夸大其词（如果不是撒谎），而另外一些人则声称其结论正确。正是那些否认以上联系者，才是那些思想不易为他人所动的人们，只是以非专业性的方式表现出来而已。[2]

这种情况已经够糟，但还有更糟者。正如人们了解世界的其他方式一

---

[1] 原注：关于这些吸引人的证据，参见 Kevin M. Woods, David D. Palkki, and Mark E.Stout, eds., *The Saddam Tapes: The Inner Workings of a Tyrant's Regime, 1978–2001*(New York: Cambridge University Press, 2011)。这并不是说大家对萨达姆政权的动机、行为以及可能的行动——如果美国允许其持续的话——存有共识。每一个历史学家都知道，时间的流逝和新档案的公布并不总能（甚至通常不能）带来共识。

[2] 原注：例如参见 Christina Shelton, “The Roots of Analytic Failures in the U.S. Intelligence Community,” *International Journal of Intelligence and CounterIntelligence* 24, no. 4 (2011): 337–55。

样，情报分析不仅要与具体证据恰当吻合，而且必须与我们多年积累形成的人们与国家行事方式的常识完全相符，这样的分析才令人信服。几乎可以确定的是，在多数情况下，这种观点适合我们。但却并不适合我们用来发现变化或欺骗。理查德·贝茨（Richard Betts）证明，正是在这些情况下，情报非常可能出错。[1] 问题是我们并没有忽略事实、思想过于不易为他人所动或承受巨大政治压力，虽然上述情形让人伤脑筋且可能存在。但即使情况并非如此，当得出正确答案的意义不大时，要理解别人在干什么也会十分困难。问题是有时我们会陷入镜像思维，把自己的目标和信仰加在他人身上。有时别人比我们聪明，有时别人做事情愚蠢、弄巧成拙（我认为萨达姆的情形正是如此）。在以上各种情形下，我们都会被误导。

要应对以上情形，克服妨碍进行彻底分析的其他障碍，困难异常。必须训练人们以违反直觉的方式进行思考，自然科学与社会科学也是如此。因此，我和我的同事们把大部分教学内容都集中在处理证据所需的科学推理的多种形式上。假如学生能够无师自通，我们就无须这样做。虽然对上述问题了然于胸，处理它们十分重要，但却常常难以满足需要。[2]

我们需要得到帮助——来自个人和组织的帮助，这正是《情报分析案例》的切入点。关于结构化分析方法一直有多种阐述，但都很抽象难懂。

---

[1] 原注：Richard K. Betts, "Theory Traps: Expertise as an Enemy," chap. 3 in *Enemies of Intelligence: Knowledge and Power in American National Security* (New York: Columbia University Press, 2007).

[2] 原注：参见关于"去除偏见"及其局限性的讨论：Philip E. Tetlock and Jae Il Kim, "Accountability and Judgment Processes in a Personality Prediction Task," *Journal of Personality and Social Psychology* 52, no. 4 (1987): 700–709; Tetlock, "Cognitive Biases and Organizational Correctives: Do Both Disease and Cure Depend on the Political Beholder?" *Administrative Science Quarterly* 45, no. 2 (2000): 293–326; Tetlock, "Social Functionalist Frameworks for Judgment and Choice: Intuitive Politicians, Theologians, and Prosecutors," *Psychological Review* 109, no. 3 (2002): 451–71。长期来看，愿意接受不同信息者比固执坚持自己世界观者所做出的预测更加准确。有关这一结论的相关资料及重要结果，参见 Tetlock, *Expert Political Judgment: How Good Is It? How Can We Know?* (Princeton, NJ: Princeton University Press, 2005)。

本书将这些方法全部落实到具体案例上。特别值得一提的是，当你阅读其中多个案例时，有些答案可能会过快地跳进脑海。即使它们时常错误，但也很难撼动。我怀疑是否只有我一个人凭直觉认为它们难以撼动，还是我们需要有一套工具，来鼓励或强迫我们思考多个选项，更加深入地探查证据，探询其是否真正与我们的结论契合，甚或其是否与所得替代结论抵触，并对下一阶段的调查进行系统性思考。当大脑不能立即得出结论时，正确答案（若有）并不显而易见，当我们进行事后剖析（postmortem）以了解真相的行为严重阻碍我们进行富有成效的思考时，书中的案例也会让人兴趣盎然。当然，我们无法保证在正确答案存在时，这些方法或其他方法会引导我们获得正确答案。的确，这些方法有重叠之处，但这正是其鲜明特点所在。

最后，我们应该注意到，情报分析人员和情报用户都可能会发现以上结果令人惴惴不安。政策往往建立在情报基础之上，而在其他情况下，政策则可能会导致人们形成确认其正确性的情报。[1] 无论是何种情况，虽然新主意甚至好主意令学者们心驰神往，偶尔对记者也是如此，但它们通常会让决策者心烦意乱。确立政策很难，改变政策更难。当然，这就需要假设，质量较高的情报会带来质量更优的答案（若非完全正确）。有时情况就是如此，但却会令人更为懊恼不快。较为恰当的分析方法可能会拓宽人们的思路，引导人们思考新的替代答案，但同时又不明确表明哪个答案正确。

正像假如有关伊拉克的情报质量更高，会让决策者对萨达姆的能力更难确定一样（假设决策者接受情报），在很多其他情况下，优质情报会让决策者们思考数种可能性。这可能会让其心绪不宁，对那些难以忍受模棱两可情报的决策者而言尤其如此。因此，质量更优的情报需要有强力的决策者作为其用户，他们不草率得出结论，但却能够思考多个替代答案和模棱两可的情形，而同时又能够竭尽全力采取行动。

---

[1] 原注：Wesley K. Wark, *The Ultimate Enemy: British Intelligence and Nazi Germany* (Ithaca, NY: Cornell University Press, 1985); Joshua Rovner, *Fixing the Facts: National Security and the Politics of Intelligence* (Ithaca, NY: Cornell University Press, 2011).

这一要求很高，它有助于解释决策群体为何不以适当方式要求建立一个更佳的情报系统。因此，情报界必须挖掘自己的资源来做出改善，而学习如何使用结构化分析方法，则是朝着正确方向迈出的大大一步。

罗伯特·杰维斯（Robert Jervis）
哥伦比亚大学

引　言

有一则关于一位旅行者的早年轶事，这个旅行者在街上拦住一个纽约人问道："您是如何到达卡内基大厅的？"纽约人回答说："练习、练习、再练习。"这则轶事中的幽默突出强调了一个重要事实，即在卡内基大厅演奏的大音乐家们都具有很高的天分，但如果不经过大量练习，他们就无法进入该大厅。

真正了不起的情报分析人员也有很高的天赋。无论是在政府机构、学术界，还是在企业中，情报分析人员通常是一些充满好奇心、喜欢发问的难题解决者，他们对其主题领域有着深厚的专业知识。毫无疑问，他们喜欢答案正确无误，事实上他们经常如此。然而，伊拉克大规模杀伤性武器委员会的报告却表明，情报分析人员也可能出错。分析失误，往往要归因于一系列认知因素，例如记忆错误、错觉以及众多偏见等，这些是人类难以逃避的东西。有时，其后果不太明显，但其他时候，其后果则会带来灾难。结构化分析赋予了情报分析人员诸多分析技巧，供其知道何时、如何以最佳方式应用它们，以减轻以上认知挑战的影响，使其可能避免失误。设计本书旨在让分析人员利用结构化分析方法进行练习。

利用本书所探讨的方法来改善人们的认知过程，可能具有挑战性，却也能让人从中获益。方法本身并不那么复杂，但它们却可以促使我们从直觉的、舒适的但并不总是可靠的思维过程中走出来，让我们以不同方式和角度进行思考，想出新主意、思考替代结果、寻找并克服工作中的疑难问题，更加有效地展开协作。

这个过程就像是给大脑实施保健计划一样。开始时，你燃烧的能量较少，但随着时光推移和不断重复，你的体质增强，你可以看到自己取得的巨大进步。就像成为优秀的运动员一样，要成为优秀的思考者，也需要练习。我们向你提出挑战，让你来感受这一过程。

目标读者

本书的目标读者是那些愿意探索新方法，进行更加深刻和彻底思考的任何人士。其主要目的是帮助高等学校中积极进取的分析人员及情报界的专业人士，学习一些分析方法能使他们在职业生涯中更为出色。对于想方设法锤炼其分析技巧，甚或学习新技巧的情报老兵，本书同样也是一本佳作。本书的目标读者，还包括那些希望练习和改进其协作技巧，以便在真实情况出现时，能够准备充分、团结起来应对挑战的分析团队。

内容与设计

案例研究可以提供一个利用当代现实问题练习分析方法的机会，这是我们选择案例研究模式的原因。事实证明，这种模式也是许多学科行之有效的教学方法。我们选择的主题在时间上相对较近——通常是上一个十年内的主题。同时，这些主题涵盖较为合适且鲜为人知的各色问题。在各个案例中，我们都努力对事件进行准确描述，使其既引人入胜，又在史实上准确无误。但为了便于学习，我们对案例内容进行了剪裁，使其聚焦于关键的学习目标。例如，我们在案例收尾时并不给出全部结果。有几个类似“谁谋杀了乔纳森·卢纳？”的案例，并无已知结果。但无论结果已知与否，我们都督促学生根据自己在分析过程中得到的分数来评判自己的成绩。就像数学一样，仅仅算出一个数值或“正确”结果还不够，我们需要向人们展示我们的工作内容。这些案例的价值在于这个过程本身，在于学习如何在面对真正的分析挑战时复制该流程。

本书包括 17 个案例及分析练习内容，它们可以帮助分析人员做好准备，处理其日常遭遇的真实问题和现实情况。整体来看，这 17 个案例贯穿了许多问题，例如怎样识别思维定式（mindset）、减少偏见、质疑假设、进行开放性和创造性的思考、确立和检验多种假设、创立合理情景、辨识指标变化、验证这些指标、搭建决策流程框架，以及查找和排除分析判断中的疑难问题等。以上各点均强化了批判性思维的主要元素，而这些元素则在促使分析成功的过程中扮演重要角色。单独来讲，每章都采用一致的组织形式——一个无懈可击的分析流程，其中包括对案例中关键问题的说明、引人入胜且图文并茂的案例叙述，以及精心选择的推荐读物。每个案例还包括基于问题的分析练习，推动学生使用结构化分析方法，解释说明利用这些方法所产生的增加的价值（value added，后文简称增值）。

实操版用书

身为指导者，我们知道给学员提供真正包罗万象的教参资料有多么重要。本书及配套用书《情报分析案例 · 实操版：结构化分析方法的应用》中的图表，均可以 JPEG 格式和 PowerPoint 幻灯片形式免费获得（此处是指英文版资料）。我们已经在课堂上对每个案例的研究进行了检验，并将从中学到的东西纳入《情报分析案例 · 实操版》，同时更好地预估教师们的教学需要。正如案例本身一样，《情报分析案例 · 实操版》在所有案例中采用了统一的组织形式——文中先将案例和分析挑战列出，然后针对每项练习给出循序渐进的解决方案，并提供详细的结论和重要收获，以增强课堂讨论的效果。

致 谢

我们要感谢弗兰纳里·贝克尔、雷·康弗斯、克劳蒂亚·佩纳·克罗斯兰德、玛丽·奥沙利文、詹姆斯·斯坦纳和罗伊·沙利文为本书做出了重要贡献。对于帮助审查、检验和改进本书案例的其他许多人员，我们也都心怀感激之情。他（她）们包括尼迦·阿贾伊、托德·巴卡斯托、米尔顿·比尔登、乔治·毕比、马克·T. 克拉克、埃里克·达尔、杰克·戴维斯、马修·戴恩、约翰·埃文斯、罗杰·乔治、约瑟夫·戈登、托马斯·格雷厄姆、小理查兹·J. 霍伊尔、乔治娅·霍尔默、达丽尔·约翰逊、劳拉·伦茨、奥斯汀·郎、弗兰克·马西、理查德·迈尔斯、格雷戈瑞·穆尔、珀莉·纳亚克、鲁道夫·佩里纳、玛丽莲·彼得森、凯茜·弗森、理查德·弗森、马克·波亚克、利比·萨斯、玛丽莲·斯科特、雷蒙德·桑塔格、利亚·塔贝尔、格雷格·特雷弗顿、马克·沃伯顿和菲尔·威廉斯，以及詹姆斯·麦迪逊大学、梅西赫斯特学院、密西西比大学、宾夕法尼亚大学和匹兹堡大学的学生。

免责声明

本书中对事实、观点或分析内容的所有陈述均出自本书作者，并不反映国家情报总监办公室（Office of the Director of National Intelligence, ODNI）、中央情报局或任何其他美国政府机构的官方立场。书中的任何内容，不应理解为美国政府承认所需要信息的真实性，也不意味着美国政府认同作者观点。美国国家情报总监办公室、联邦调查局和中央情报局对本资料所做的审查，只在于防止保密材料泄露。

作者简介

萨拉·毕比（Sarah Miller Beebe）

曾任中央情报局情报分析人员和管理人员，这期间萨拉·毕比开始思考撰写一本分析案例方面的书籍。毕比拥有丰富的情报经验，在国家安全委员会工作期间担任俄罗斯主管，以及在美国国家反情报执行办公室（Office of the National Counterintelligence Executive）担任国家反情报官。上述经历使其深刻认识到情报分析需要采用严格有效的方法。她逐渐意识到，这些案例不仅可以围绕历史事件讲授重要的分析课程，也可以让分析人员通过使用基于问题的思考方法获得体验，以提高其分析质量，而这种思考方法则需要以实用技巧为基石。现在，身为优势分析公司（Ascendant Analytics）的所有者，她帮助多个组织应用这些方法，解决其具体的分析难题。

伦道夫·弗森（Randolph H. Pherson）

率先在情报界展开了分析方法和批判性思维技巧的教学和开发工作。他是《分析工具与方法手册》（*Handbook of Analytic Tools and Techniques*）的作者，也是《情报分析：结构化分析方法》（*Structured Analytic Techniques for Intelligence Analysis*）[1] 的合著者（另一作者是小理

[1] 编注：其中文版已由金城出版社于 2018 年 8 月出版。

查兹 · 霍耶尔 [Richards J. Heuer Jr.])。还与凯瑟琳 · 弗森（Katherine Hibbs Pherson）合著了《战略情报的批判性思维》(*Critical Thinking for Strategic Intelligence*)[1]，与路易斯·凯塞尔（Louis M. Kaiser）合著了《分析写作指南》(*Analytic Writing Guide*)。他在中央情报局任职 28 年之久，离开该局前的最后一个职务是负责拉丁美洲事务的美国国家情报官。在此期间，他一直是采用更为严谨的分析流程的狂热支持者。自 2003 年担任弗森联合有限责任公司（Pherson Associates, LLC）总裁以来，他一直大力倡导在情报分析教学中采用基于案例的方法。

毕比和弗森携手开发和试验了新分析工具和方法，推出了互动式情报分析方法课程，并推动情报分析项目的实施。在担任分析教练员、引导者和指导员的工作中，他们二人发现案例分析是一种极具价值的教学工具。本案例研究著作的第二版，是他们合作取得的最近成果。他们希望这本书能够帮助各类分析人员提高其工作质量、扩大工作影响。

[1] 编注：其中文版已由金城出版社于 2016 年 4 月出版。

前言

在过去的20年里，一场运动一直在悄无声息地进行着，积蓄着改变情报分析实践方式的力量。而在此之前，分析人员普遍将分析技巧当作一项有点神秘色彩的活动来对待。在这项活动中，他们需要运用专家式判断和与生俱来的批判性思维技巧。尽管有些分析人员写出了论据充分的报告，但这种传统方法却容易让人遭遇数量众多的常见认知缺陷。这些缺陷包括未经验证的假定、证实偏见（confirmation bias）和根深蒂固的思维定式。这些思维定式则会加大出现错失信息和做出错误预测的可能。[1] 因为缺乏向他人描述上述无形心理历程的手段，所以往昔的情报分析教学充满困难，要对分析中起作用和不起作用的因素进行客观评价，也几乎不可实现。此外，这种传统方法往往让情报分析成为一台单人独角戏，而非一项集体活动。但传统的情报分析本质为直觉性的内在活动，分析人员构成的集体无法站在一个共同基础上来解决问题，而情报分析用户则难以了解结论何以得出。如果没有能够使分析过程透明化的系统性分析方法，那些需

---

[1] 原注：参见 Rob Johnston, *Analytic Culture in the U.S. Intelligence Community: An Ethnographic Study* (Washington, DC: Center for the Study of Intelligence, Central Intelligence Agency, 2005), http://www.fas.org/irp/cia/product/analytic, pdf, 22–23。“往往会发生这样的事情，即分析人员会寻找当前资料，以确认某一组织的当前观点或似乎是最可能正确的观点，其结果就是该观点最容易用于支持……这种寻找确认性资料的倾向不一定是有意识的选择，而是在接受了一套现有假设，根据团体往昔产品形成一种心理模型后，试图利用当前资料放大该模型以支持现有假设的结果。”

要许多学科知识和多个地理区域协同解决的问题，就特别容易以失败告终。

人们越来越意识到情报分析结果令人不如意的情况出现得太过频繁，于是有了进行变革的愿望。20 世纪 80 年代和 90 年代，中央情报局情报分局副局长（Deputy Directors of Intelligence，情报分局负责人）罗伯特·盖茨和道格拉斯·麦凯岑做了大量工作，在情报界内部唤起了这种意识。他们抨击其视为“软弱无力”的思考方式，坚持认为中情局的分析人员应该采用更为严格、系统的方式来使用证据和论据。为了解决以上问题，盖茨专注于提高分析审查的质量，而麦凯岑则创立了一套针对情报分析技巧的标准化团体规程，并将其传播和教授给中情局分析人员。[1] 情报界未能预测到印度 1998 年的核试验、2001 年 9 月 11 日美国突然遭遇的恐怖袭击，以及错误判断伊拉克拥有大规模杀伤性武器，有关部门对这些事件的调查让更多公众感觉到必须改进情报分析。

但是，单纯意识到需要做出分析改进并不足以带来有效改变。人们还需要理解分析问题的确切本质，并对如何解决这些问题胸有成竹。长期在中情局任职的老将小理查兹·霍耶尔，通过其开创性著作《情报分析心理学》（*Psychology of Intelligence Analysis*），为新分析方法提供了理论基础。[2] 在该书中，霍耶尔引用了主导认知心理学家的观点，解释了人类大脑为何要确立各种思维模型（mental model），处理其与生俱来的不确定性；也解释了人脑在感知与其信念吻合的信息时，为何其强烈程度往往要超过其感知矛盾性信息资料，而同时又对作为其判断基础的关键假定丝毫不知。霍耶尔认为，分析人员通过多采用能够质疑假定、使信息结构化和

---

[1] 原注：参见 Jack Davis, “Introduction: Improving Intelligence Analysis at CIA; Dick Heuer’s Contribution to Intelligence Analysis,” in *Psychology of Intelligence Analysis*, ed.Richards J. Heuer Jr. (Washington, DC: Center for the Study of Intelligence, Central Intelligence Agency, 1999, and reprinted in 2007 by Pherson Associates, LLC, Reston,VA, http://www.pherson.org), https://www.cia.gov/library/center-for-the-study-of-intelligence/csi-publications/books-and-monographs/psychology-of-intelligence-analysis/PsychofIntelNew.pdf, xv–xix。

[2] 原注：Heuer, ed., *Psychology of Intelligence Analysis*. 其中文版已由金城出版社于 2015 年 4 月出版。

寻找替代解释的工具和方法，可以很好地解决以上问题。从此以后，上述方法就被统称为结构化分析方法，或 SATs。他发明了最早的分析方法之一——竞争性假设分析法（Analysis of Competing Hypotheses），可以用来解决情报分析中的欺骗问题。目前，整个情报界也在利用这种方法解决为数众多的其他分析问题，帮助人们抑制天生的证实偏见倾向。[1]

在了解和解决常见认知缺陷和分析病理方面，霍耶尔进行了开拓性工作。自此以后，人们开发了众多结构化分析工具，确定了其潜在的使用方法，取得了可观进步。2011 年，霍耶尔与本书作者之一伦道夫 · 弗森联手，发表了迄今为止有关这一主题综合性最强的著作《情报分析：结构化分析方法》。[2] 该书描述了结构化分析方法与其他分析方法的比较结果，其中包括专家的判断和定量方法，提出了 8 类结构化分析方法，同时详细描述了 55 种分析方法。通过深入探讨如何在协作性团队项目中使用各种分析方法，并展望如何将其成功融入情报界、执法界和商界的分析领域，霍耶尔和弗森向所有专业分析人员提出了挑战，推动其利用上述方法，获得更加严谨、信息量更加丰富的分析成果。

为什么本书选择案例形式？

霍耶尔和弗森出版的著作，让分析人员熟悉了可供使用的结构化分析方法及其目标，但在为其提供实用性练习以掌握这些方法方面，二人所做的工作却少之又少。撰写本书的目的就是要填补这一空白。因此，最好将本书视为《情报分析心理学》和《情报分析：结构化分析方法》的姊妹

[1] 原注：Richards J. Heuer Jr., “The Evolution of Structured Analytic Techniques,” presentation to the National Academy of Science, National Research Council Committee on Behavioral and Social Science Research to Improve Intelligence Analysis for National Security, Washington, DC, December 8, 2009, http://www7.nationalacademies. org/bbcss/ DNI_ Heuer_Text.pdf.

[2] 原注：Richards J. Heuer Jr. and Randolph H. Pherson, *Structured Analytic Techniques for Intelligence Analysis*, 2nd ed. (Washington, DC:CQ Press, 2015).

篇。本书所选案例生动，都是新近产生的问题，外加增值分析练习，旨在将理论与实践联系起来，将情报分析引入现实生活。上述书籍推动读者设身处地把自己当成分析人员，应对切实而困难的挑战。读者会遇到在实际分析问题时出现的各种复杂性、不确定性和模糊性的情况。在有些案例中，也会遭遇决策悬而不决的压力。

我们选择采用案例研究的形式出于几个原因。首先，事实证明上述方法是众多学科的有效教学工具，能够促进互动式学习，将教学活动从以教师为中心转变为以学生为中心，同时还常常能够激发起学生对以往陌生问题的兴趣。[1] 采用案例研究的形式还可以让学生以个人或团体人员的身份分析问题，培养其对独立和协同分析中所用各种方法优缺点的洞察力。虽然本书采用了 17 个案例，说明结构化分析方法如何有助于分析过程，但它们也可用于激发对当前问题的广泛讨论，比如外交政策的决策、国际关系、执法、国土安全等问题，以及书中涉及的许多其他主题。正是通过以上类型的实际练习和讨论，分析人员才能学会将问题置于具体背景下，构建明确有效的分析框架并在实践中加以应用。

书中的案例涵盖了最近发生的事件，及来自世界各地的各种职能性及地区性议题。虽然为了便于学习，我们对案例进行了剪裁，以便展示如何在充满真实事件的多变而严酷的世界中和决策过程中利用结构化分析方法，但我们还是努力对事件进行了令人信服、符合历史事实的描绘。为了防止学生将分析“视为游戏”，我们在许多案例结尾处没有给出完整的结果。而有几个案例，例如“谁谋杀了乔纳森 · 卢纳？”，并无已知结果。但不管是否知晓结果，进行练习的目的不仅仅是为了获得《情报分析案例 · 实操版》中的“正确”判断或预测结果，或者通过分析反映出实际结果。正如数学练习一样，算出了正确数值或结果并不能证明掌握了该数学

[1] 原注：参见 Richard Grant, “A Claim for the Case Method in the Teaching of Geography,” *Journal of Geography in Higher Education* 21, no. 2 (1997): 171–85; and P. K. Raju and Chetan S. Sankar, “Teaching Real-World Issues through Case Studies,” *Journal of Engineering Education* 88, no. 4 (1999):501–508。

公式，而只有表明用该数学公式算出了正确数值，才能证明真正掌握了这一公式。本书案例的价值在于学习分析过程本身，以及学习如何将其用于解决实际问题。

案例顺序与组织结构

案例安排的顺序，大致反映了分析人员在承担新上司或新客户交付的职责时所面临的按照层级结构排列出来的问题。典型的情况是，在开始一项新任务时，通常要求分析人员熟悉以往有关该主题的分析报告和判断结论。如果这项工作做得好，在这一过程中，可以发现原先的思维定式和得不到支持的假设。本书中的第一批案例——“谁向卡琳娜·莫斯卡琳科投毒？”“炭疽菌杀手”“网络 H_2O”“围绕马蒂电台的美国与古巴之争”“核机密泄露案”“通往塔宁科瓦之路”和“谁谋杀了乔纳森·卢纳？”，设计用来教授结构化分析方法，挑战传统的思维定式，对事件做出替代解释。

随着分析人员对其所负责问题的日益熟悉，他们常常遭遇问题出现新动态的情形，而对于这些新动态并无现成的分析方法可用。在这种情况下，分析人员就需要使用设定并检验新假设的方法，需要使用能够以发人深思和创造性的方式将信息资料可视化的方法。“贝·布托遇刺”“美国西南部居民死亡”“亚特兰大奥运会爆炸案”和“华盛顿特区恐怖主义狙击手”的设计就是基于上述目标。

最后，在分析人员掌握了学习科目后，要求他们处理问题集——其难度可能为最高的分析挑战：了解外国对手的看法和计划，并预测难以确定的未来事态发展情形，而这些情形取决于各种动态的驱动因素。在“哥伦比亚革命武装力量袭击美国本土”“解读‘11月7日革命组织’”和“保卫孟买免遭恐怖袭击”等案例中，学生自身站在对手的立场上，推导出一系列未来的合理结果。而在“伊朗干涉巴林事务”和“乌克兰橙色革命的影响”中，学生不仅要设计各种情景，而且要积极思考外部力量能够如何影响未来结果。“贝尔格莱德爆发暴力事件”则通过安排学生充当直接的决策支持角色来展开案例，学生在其中不仅必须对推动事件发展的各种力量和因素进行评估，还要确立一个决策框架，找出并排除其分析中的疑难问题。

在每个案例研究中，我们都采用了一致的内部组织结构，以便在整个分析过程中引导学生。每个案例研究均以列举几个首要的**关键问题**开篇。这些问题设计用作一般的阅读指南，并作为小组讨论的问题。关键问题和内容提要之后是**案例叙述**，由其讲出案例中的故事。随后是**推荐读物**部分。最后则是**结构化分析方法的应用**，提出焦点性情报问题和练习题，引导学生应用数个结构化分析方法，并对在结构化分析方法帮助下所做分析带来的增值进行自我鉴定。教师可以通过《情报分析案例 · 实操版》获得问题答案。该书通过上下文给出案例学习要点，详细解释学生如何才能成功使用分析方法，提供案例结论和教学中可能用到的推荐阅读书目。

分析方法的选择

在各案例中，分析方法与分析任务相互匹配。例如，在案例“谁向卡琳娜 · 莫斯卡琳科投毒？”中，有许多没有答案的问题，所以需要用星爆法来激发发散性和富有想象力的思维。在案例“贝尔格莱德爆发暴力事件”中，力场分析法帮助分析人员判断发生更多暴力事件的可能情景，而形成有关美国采取何种行动保护大使馆的决策，将受到这一分析判断的影响。每个案例至少包含三项由方法推动问题解决的练习。每项练习都以讨论分析人员如何利用该方法处理练习中提出的那类问题开始。由于篇幅有限，我们无法囊括可能适用于各个案例的所有方法。我们选择了我们认为最突出、最具说明性的方法。例如，接近三分之二的案例或明或暗地使用了“关键假定检查法”或“结构化头脑风暴”，这些核心方法能方便地用于所有案例。总之，我们努力在全书中容纳代表八大类方法的众多结构化方法。为引导读者阅读，我们还在“序言”之前加入了一张辅助性“方法矩阵”表，表中详细列出了以上案例的内容和各案例使用的全部方法。

如何以最佳方式利用书中案例推动学习？

无论是学生单独学习，还是分成小组学习，只有当师生们都把书中案例看成检验和实践新思考方式的机会时，案例学习才能取得最佳效果。而这些新思考方式则可以帮助师生们打破构成众多分析失误内核的认知偏见和思维定式。从这一角度看，这些技巧就是分析人员利用严谨分析方法的一种手段，而其本身并非目的。我们的目标是为分析人员提供一种有趣而高效的方法，以磨砺其认知技能。我们希望这一目的已经达到。对于本书案例和方法的反馈意见，以及有关对其细化和进一步挖掘的建议，我们持欢迎态度。

[第一章]

谁向卡琳娜·莫斯卡琳科投毒?

关键问题

★ 卡琳娜·莫斯卡琳科（Karinna Moskalenko）为何成为目标?

★ 俄罗斯以往曾经采用何种策略毒害敌手?

★ 所称投毒事件是否具有共同特点?

★ 为何多数观察者都认为俄罗斯政府应对莫斯卡琳科投毒事件负责?

内容提要

2008 年秋，俄罗斯著名人权律师卡琳娜·莫斯卡琳科遭遇投毒的事件引起全世界媒体的关注。关于俄罗斯政府对其国内外批评者实施投毒和暗杀活动的指控日益增多，而这一事件被人们视为又一新增案例。本案例采用**事前分析法（Premortem Analysis）**、**结构化自我批判法（Structured Self-Critique）**和**星爆法（Starbursting）**来帮助分析人员审查这一情节紧凑故事中的事实，提出一系列确凿问题，指导其对该案例进行细致入微的分析。

一、案例叙述

卡琳娜·莫斯卡琳科是一位卓越的俄罗斯人权律师，就职于俄罗斯法院和欧洲人权法院（European Court of Human Rights，ECHR），在俄罗斯国内外享有盛誉。近年来，她为克里姆林宫知名反对者所做的代理工作大大提升了人们对她的关注度。在以上案件中，有对安娜·波利特科夫卡娅（Anna Politkovskaya）身亡后进行的代理，也有对米哈伊尔·霍多尔科夫斯基（Mikhail Khodorkovsky）所做的代理。波利特科夫卡娅是一位俄罗斯记者，以报道批评莫斯科车臣政策的新闻而闻名于世，而霍多尔科夫斯基则是位身陷囹圄的前石油大亨。2008 年，莫斯卡琳科本人因水银中毒而上了头条新闻。新闻报道说，为便于在欧洲人权法院（位于斯特拉斯堡）开展工作，她和家人当时正住在法国的斯特拉斯堡。他们都感到头痛、晕眩、恶心，被送往一家法国医院。[1] 莫斯卡琳科告诉记者说，此次投毒事件发生在波利特科夫卡娅案件预审之日前，可能有人试图恐吓她。[2] 她说："别人不会把水银放进你车内使你变得更加健康。"[3]

俄罗斯的投毒史

在俄罗斯的近期政治活动中，人物遭遇投毒的事件引人注目。在过去整个 10 年时间里，克里姆林宫的批评者遭遇了一连串涉及众多毒物

---

[1] 原注：Miriam Elder, "Poison Stalks Trial of Murdered Putin Critic," *Independent* (London), October 16, 2008, http://www.independent.co.uk/news/world/europe/poison-stalks-trial-of-murdered-putin-critic-962727.html.

[2] 原注：Steve Gutterman, "Anti-Kremlin Lawyer Fears Mercury Poisoning Plot," *Advertiser* (Adelaide, Australia), October 17, 2008.

[3] 原注：Michael Schwirtz and Alan Cowell, "Toxins Found in Russian Rights Lawyer's Car," *International Herald Tribune*, October 15, 2008, http://www.nytimes .com/2008/10/16/world/europe/16russia.html.

的投毒事件的影响，这些事件又成为俄罗斯历史上知名投毒事件清单（见图 1.1）的新内容，而这份清单也早已冗长不堪。在近期一些投毒事件中，虽然俄罗斯政府的参与未被证实，但对俄罗斯政府主使他人对公开批评莫斯科政策者发动袭击的指控，在这 10 年期间却不绝于耳。投毒事件的受害者范围广泛，涉及俄罗斯记者、律师和商人，也有外国政要和车臣反叛者。

年份	被指称的投毒事件
2002 年	车臣逊尼派“圣战”人物奥马尔·伊本·哈塔卜（Omar Ibn al-Khattab）被俄罗斯联邦安全局（Russian FSB）递送的毒信毒死。
2003 年	俄罗斯杜马议员、反对派报纸编辑尤里·谢科奇金（Yuri Shchekochikin）神秘死亡，其家人认为他是投毒事件的受害者，毒物可能是二噁英。
2004 年	俄罗斯总统候选人伊万·雷布金（Ivan Rybkin）在竞选前失踪数日，后自称被俄罗斯当局用药麻醉。
2004 年	乌克兰总统候选人维克托·尤先科身中二噁英毒。尤先科怀疑此事由乌克兰和俄罗斯密谋实施。
2004 年	俄罗斯记者安娜·波利特科夫卡娅声称，她在搭乘飞机前去调查别斯兰学校惨案时被投毒。
2006 年	前克格勃官员、后来的克里姆林宫批评者亚历山大·利特维年科（Aleksander Litvinenko）于伦敦死于钋-210 放射性毒物。俄罗斯政府拒绝了英国引渡主要犯罪嫌疑人的要求。

图 1.1　2000—2010 年俄罗斯（新增）投毒事件年表

在某些情况下，投毒目标是俄罗斯政府的长期敌手，他们希望彻底摧毁俄罗斯政府，正如俄罗斯政府希望彻底摧毁这些目标一样。在第二次反俄罗斯的车臣战争中，伊斯兰极端主义的代表人物及臭名昭著的游击队指挥官奥马尔·伊本·哈塔卜，就属于这种情况。哈塔卜的游击队可以追溯至 20 世纪 80 年代，当时他在阿富汗抗击苏联人。后来，他在苏联的几个中亚共和国参加了穆斯林叛乱。20 世纪 90 年代中期，哈塔卜在车臣分裂运动中入伍，并在许多危害俄罗斯利益的袭击中扮演领导角色，直至其于

2002 年死亡。新闻报道表明，哈塔卜死于一封由俄罗斯联邦安全局偷偷交给他的有毒信件，而后者此前曾指控哈塔卜与基地组织有染。[1]

俄罗斯名人和外国政要也是投毒目标。2004 年，当时的俄罗斯总统候选人伊万·雷布金在总统竞选前数日失踪。再次露面时，他先是前言不搭后语地说去了伦敦和乌克兰首都基辅旅行，但最后却说遭到了俄罗斯联邦安全局人员的毒品麻醉和绑架，并强迫其录像，答应做出妥协。[2] 经历此次折磨后，他远离了政治舞台。而其他俄罗斯政治人物的命运却要悲惨许多。2003 年，俄罗斯杜马议员尤里·谢科奇金莫名其妙地死亡，其家人怀疑是毒物二噁英所致，因为他在死亡前调查前克格勃高官所拥有的一家公司时，身上出现了说不清道不明的皮疹。[3]

2004 年，乌克兰总统候选人维克托·尤先科摄入毒品二噁英后，身体出现剧变。上面左右两图分别是其中毒前后的照片。

[1] 原注：“Obituary: Chechen Rebel Khattab,” *BBC News*, April 26, 2002, http://news.bbc.co.uk/2/hi/europe/1952053.stm.

[2] 原注：Scott Peterson and Fred Weir, “KGB Legacy of Poison Politics,” *Christian Science Monitor*, December 13, 2004, http://www.csmonitor.com/2004/1213/p01s02-woeu.html.

[3] 原注：Scott Peterson and Fred Weir, “KGB Legacy of Poison Politics,” *Christian Science Monitor*, December 13, 2004, http://www.csmonitor.com/2004/1213/p01s02-woeu.html.

同样是在 2004 年，当时的乌克兰总统候选人维克托 · 尤先科身体出现剧变，医学专家确定系由二噁英中毒所致。乌克兰总检察长说，检查结果确认尤先科身中二噁英之毒，这种高纯度的二噁英只有俄罗斯、美国和英国才能制造。[1] 该检察长说，调查人员收到了来自（除俄罗斯外）英国和美国的样品，但俄罗斯却"对该问题保持沉默"，虽然他们曾两次要求俄罗斯提供样品。[2]

直至 2009 年 8 月，该案件依然无解。参与治疗的专家说，针对谁对投毒事件负责的问题，科学分析并未提供更多线索。[3] 但是，包括尤先科在内的很多人士，推测认为这种二噁英来自俄罗斯，在 2004 年 9 月 5 日尤先科与乌克兰安全局局长吃饭时被偷偷施加于其身，而这位乌克兰安全局局长则与莫斯科关系亲密。这样做的目的，很可能是想让尤先科的竞选复杂化，从而提高莫斯科支持的总统候选人——维克托 · 亚努科维奇（Viktor Yanukovich）的获胜概率。[4] 俄罗斯官员否认其与该案件有任何牵连，声称"这种说法毫无证据支持"，但苏联和俄罗斯安全局官员说，他们相信俄罗斯安全局可能牵连其中。[5]

俄罗斯著名记者，例如安娜 · 波利特科夫卡娅等，声称自己也是投毒

[1] 原注："Russia 'Silent' on Poison Inquiry," *BBC News*, July 6, 2007, http://news.bbc.co.uk/2/hi/europe/6278524.stm.

[2] 原注："Russia 'Silent' on Poison Inquiry," *BBC News*, July 6, 2007, http://news.bbc.co.uk/2/hi/europe/6278524.stm.

[3] 原注：Associated Press, "Yushchenko Poison Made in Lab, Study Says," Boston.com, August 5, 2009, http://articles.boston.com/2009–08–05/news/29266668_1_dioxin-evels-poison-ukrainian-presidential-candidate/.

[4] 原注：Scott Shane, "Poison's Use as Political Tool: Ukraine Is Not Exceptional," *New York Times*, December 14, 2004, http://www.nytimes.com/2004/12/15/international/ europe/15poison.html; Tony Halpin, "Viktor Yushchenko Points Finger at Russia over Poison That Scarred Him," *Times* (London), September 11, 2007, http://www.timeson line.co.uk/tol/news/world/europe/article2426190.ece; Ron Synovitz, "Ukraine: Yushchenko Convinced He Was Poisoned by 'Those in Power,'" Radio Free Europe/Radio Liberty, December 13, 2004, http://www.rferl.org/content/article/1056378.html.

[5] 原注：Shane, "Poison's Use as Political Tool."

目标。波利特科夫卡娅出生在苏联名流之家，但却立志从事对俄罗斯在车臣暴行的报道。2004 年，在一次伦敦《卫报》的采访中，她说：

> 迄今为止，在俄罗斯联邦安全局的所有车臣分支机构中，都存在酷刑，例如像所谓的“电话”酷刑——让电流穿过人体。我见到过成百上千人遭受这种酷刑。有些人遭到折磨的方法十分复杂残酷，让我难以相信施刑者曾和我在相同学校上学、读过相同的教科书。[1]

也是在这次采访中，她再次声称 2004 年她几乎被毒死，当时她正前往别斯兰学校，准备报道人质事件，有人往她的茶杯中偷偷投毒。她还声称多次收到俄罗斯军队发出的死亡威胁。她说，“她所报道的发生在车臣的绑架、非法杀戮、失踪、强奸和酷刑事件让她坚信，普京的政策在催生他们原本应该消灭的恐怖分子”。[2]

2006 年，波利特科夫卡娅在其住宅外被枪杀。俄罗斯政府说此次谋杀的指令，系由俄罗斯的敌人自国外发出。2007 年，俄罗斯总检察长尤里·柴卡（Yuri Chaika）说，杀手希望“制造危机局面，让旧管理制度卷土重来，由金钱和寡头政治执政者决定一切”。[3] 下令刺杀波利特科夫卡娅者迄今仍未查明。

前克格勃官员亚历山大·利特维年科曾对克格勃的做法进行公开评论，这激怒了莫斯科。2006 年，在伦敦的一家高级宾馆中，有人偷偷向其茶水中放入放射性同位素钋–210，利特维年科因此发病。[4] 英国官员通过

---

[1] 原注：James Meek, “Dispatches from a Savage War,” *Guardian*, October 15, 2004, http://www.guardian.co.uk/world/2004/oct/15/gender.uk.

[2] 原注：James Meek, “Dispatches from a Savage War,” *Guardian*, October 15, 2004, http://www.guardian.co.uk/world/2004/oct/15/gender.uk.

[3] 原注：“Anna Politkovskaya,” *New York Times*, updated June 26, 2009, http://topics.nytimes.com/topics/reference/timestopics/people/p/anna_politkovskaya/index.html.

[4] 原注：这并不是使用放射性物质进行投毒的奇异事件的首次报道。实际上，在 2004 年利特维年科被毒害事件发生两年前，普京的一名前卫士罗曼·切斯普夫死

追踪，发现了一条放射性物质的传播路径——从伦敦至德国汉堡，然后搭上飞往莫斯科的英国航空公司航班。[1] 该路径与前克格勃保镖安德烈·卢戈沃伊的路线吻合，于是英国当局便将他及其副手德米特里·科夫通定为主要嫌疑人。[2]

2007 年，亚历山大·利特维年科的妻子玛丽娜（左起第三人），宣布成立亚历山大·利特维年科基金会，与她在一起的是其家庭发言人亚历克斯·戈德法布、人权律师路易斯·克里斯蒂安和俄罗斯亿万富翁鲍里斯·别列佐夫斯基（从左至右）。发言人上方为利特维年科投毒事件发生前后的照片。

亡，尸检表明，他是被某种放射性物质毒害致死。参见 Jonathan Calvert, "The Putin Bodyguard Riddle," *Sunday Times* (London), December 3, 2006, http://www.timesonline.co.uk/tol/news/uk/article658488.ece。切斯普夫在 20 世纪 90 年代的 3 次暗杀行动中幸存下来。参见 "King of Shadows Poisoned," *St. Petersburg Times* (Russia), September 28, 2004, http://www.sptimes.ru/ index.php?action_id=2&story_id=1697。

[1] 原注：Jon Elsen, "Alexander V. Litvinenko," *New York Times*, May 31, 2007, http://topics.nytimes.com/topics/reference/timestopics/people/1 /alexander_v_litvinenko/ index.html.

[2] 原注：Jon Elsen, "Alexander V. Litvinenko," *New York Times*, May 31, 2007, http://topics.nytimes.com/topics/reference/timestopics/people/1 /alexander_v_litvinenko/ index.html.

利特维年科临死前声称，是当时的俄罗斯总统普京下令向其投毒。[1]俄罗斯政府拒绝了英国引渡卢戈沃伊的要求，而卢戈沃伊自己则声称，是英国情报机构在自愿背井离乡的俄罗斯大亨鲍里斯·别列佐夫斯基的帮助下实施了该阴谋，目的是制造政治丑闻，而他只不过是个替罪羊而已。[2]所有涉案人员均拒绝承认该指控。

专家们的一致意见

虽然俄罗斯官员要么否认与多数上述案件有牵连，要么干脆对指控置之不理，但数位前克格勃和俄罗斯联邦安全局官员，对莫斯科利用投毒作为威胁、胁迫和谋杀工具的说法表示支持。

除利特维年科外，著名的前克格勃上校奥列格·戈季耶夫斯基（Oleg Gordievsky），也公开谈论过俄罗斯策略。20 世纪 80 年代中期，戈季耶夫斯基叛逃至英国。他说，自 2000 年以来，整个克格勃组织弥漫着“歹徒心态”（gangster mentality），对此他表示痛悔。他指控说，俄罗斯已经变成“一个恐怖政权”。[3]他“以肯定的语气”说，波利特科夫卡娅的投毒是克格勃所为[4]，而谢科奇金和利特维年科的投毒也是如此。

叛逃至美国的前克格勃反情报主任奥列格·卡鲁金（Oleg Kalugin），也确信俄罗斯联邦安全局会使用毒药让其敌手沉默。1994 年，他出版了一本书。书中详细描述了克格勃如何使用伞尖涂有蓖麻毒素的雨伞，谋杀

---

[1] 原注：Jon Elsen, “Alexander V. Litvinenko,” *New York Times*, May 31, 2007, http://topics.nytimes.com/topics/reference/timestopics/people/1/alexander_v_litvinenko/ index.html.

[2] 原注：Jon Elsen, “Alexander V. Litvinenko,” *New York Times*, May 31, 2007, http://topics.nytimes.com/topics/reference/timestopics/people/1/alexander_v_litvinenko/ index.html.

[3] 原注：Oleg Gordievsky, “Russia’s Killing Ways,” *Washington Post*, December 14, 2006, http://www.washingtonpost.com/wp-dyn/content/article/2006/12/13/AR2006121 301909.html.

[4] 原注：Oleg Gordievsky, “Russia’s Killing Ways,” *Washington Post*, December 14, 2006, http://www.washingtonpost.com/wp-dyn/content/article/2006/12/13/AR2006121 301909.html.

苏联持不同政见者赛奇·马尔科夫（Sergei Markov）。[1] 在 2006 年的一次访谈中，他说利特维年科"是俄罗斯联邦安全局的受害者，他们采用谋杀手段，而投毒则是其数十年来使用的武器之一"。[2]1985 年叛逃至西方的克格勃官员维塔利 · 尤尔钦科（Vitaly Yurchenko），就卡鲁金有关克格勃在谋杀马尔科夫过程中所起作用的说法补充了更多细节。他说克格勃利用莫斯科的"特别实验室 100"（Special Lab 100）来研发行动中使用的毒药，包括用于杀害马尔科夫的蓖麻毒素。[3]

莫斯卡琳科病倒

正是在这种背景下，2008 年 10 月，有关莫斯卡琳科投毒事件的报告出炉（见图 1.2）。在莫斯卡琳科的丈夫、莫斯卡琳科本人和他们的三个孩子到达教堂时，她丈夫在其汽车副驾驶座上发现了十几颗小水银球。莫斯卡琳科的丈夫是位化学家，知道这些小球非同寻常。10 月 13 日，莫斯卡琳科正式向法国当局投诉。法国检察官办公室认为这个发现很重要，于是展开调查。[4]

在发现小水银球时，莫斯卡琳科及其家人并没有马上注意到自己身上有任何症状。但到了 10 月 14 日（星期二），莫斯卡琳科及其家人都公开抱怨说自己恶心、呕吐、头疼。[5] 在法国官员的要求下，他们被送往一家

[1] 原注：David Wise, "Poison with a Familiar Scent," *Los Angeles Times*, November 26, 2006, http://articles.latimes.com/2006/nov/26/opinion/op-wise26.

[2] 原注：David Wise, "Poison with a Familiar Scent," *Los Angeles Times*, November 26, 2006, http://articles.latimes.com/2006/nov/26/opinion/op-wise26.

[3] 原注：David Wise, "Poison with a Familiar Scent," *Los Angeles Times*, November 26, 2006, http://articles.latimes.com/2006/nov/26/opinion/op-wise26.

[4] 原注：Cyrille Louise and Laure Mendeville, "Une avocate russe affirme avoir été empoisonnée [Russian lawyer shown to have been poisoned]," *Le Figaro* (France), October 14, 2008, http://www.lefigaro.fr/actualite-france/2008/10/15/01016–20081015ARTFIG00023-une-avocate-russe-affirme-avoir-ete-empoisonnee-.php.

[5] 原注：Cyrille Louise and Laure Mendeville, "Une avocate russe affirme avoir été empoisonnée

法国医院进行检查。到了 10 月 16 日，新闻报道说毒理学试验结果确认车内物质为水银。[1]

日期	事件
2008 年 10 月 12 日	莫斯卡琳科的丈夫在家用汽车中发现水银球。
2008 年 10 月 13 日	莫斯卡琳科向法国当局投诉，法国当局展开调查。
2008 年 10 月 14 日	莫斯卡琳科因恶心、呕吐和头疼被送往一家法国医院。
2008 年 10 月 15 日	莫斯卡琳科错过了在莫斯科举行的波利特科夫卡娅案预审听证会。
2008 年 10 月 16 日	新闻报道说毒理学试验结果确认，在莫斯卡琳科车内发现的物质是水银。

图 1.2 卡琳娜·莫斯卡琳科投毒事件年表

法国的调查

法国官员没有立即对该投毒事件的确切原因做出评论，也没有明确说明俄罗斯是否牵涉其中，或有任何其他原因。调查期间，对有关车内发现的水银量可能对莫斯卡琳科一家人身体带来的影响，及水银进入车内的可能情形，法国当局所做的公开评论十分谨慎。斯特拉斯堡助理检察官克劳德·帕尔帕谢尔强调说，所发现的水银量并不足以造成严重的健康影响。[2] 一位法国警官引用了他人对此事件的可能解释，如水银的存在可能

[Russian lawyer shown to have been poisoned]," *Le Figaro* (France), October 14, 2008, http://www.lefigaro.fr/actualite-france/2008/10/15/01016–20081015ARTFIG00023-une-avocate-russe-affirme-avoir-ete-empoisonnee-.php.

[1] 原注：Cyrille Louise and Laure Mendeville, "Une avocate russe affirme avoir été empoisonnée [Russian lawyer shown to have been poisoned]," *Le Figaro* (France), October 14, 2008, http://www.lefigaro.fr/actualite-france/2008/10/15/01016–20081015ARTFIG00023-une-avocate-russe-affirme-avoir-ete-empoisonnee-.php.

[2] 原注：Cyrille Louise and Laure Mendeville, "Une avocate russe affirme avoir été empoisonnée

是个意外，或者可能与莫斯卡琳科 2008 年 8 月购买该汽车有关，等等。[1]

往昔的压力策略

莫斯卡琳科作为俄罗斯人权律师进行的抗争，上了头条新闻，这并非第一次。2007 年，国际赫尔辛基人权基金会敦促俄罗斯结束其对莫斯卡琳科的“持续骚扰”，说莫斯科剥夺其律师资格的活动“旨在对其围绕政治敏感问题展开的工作做出惩罚”。[2] 这让她同样成了公众关注的焦点。虽然莫斯卡琳科在俄罗斯法庭上代理的案件败诉记录很多，但她在欧洲人权法院中却有 27 个案件胜诉，并且还有 100 多个案件在等待该法院判决，而这些案件分明都是莫斯科的肉中尖刺。[3]

除了对莫斯卡琳科施加压力外，2006 年，她在莫斯科创办的国际保护中心，也遭到俄罗斯税务警察的监视。为了做出回应，莫斯卡琳科在法国斯特拉斯堡设立了一个姊妹办公室，万一莫斯科办事处被俄罗斯当局关闭，她可以继续在该处开展工作。[4]2007 年，莫斯卡琳科说 ：“众所周知，在整个世界，不能给从事职业活动的律师施加压力……但似乎对我来

[Russian lawyer shown to have been poisoned],” *Le Figaro* (France), October 14, 2008, http://www.lefigaro.fr/actualite-france/2008/10/15/01016–20081015ARTFIG00023-une-avocate-russe-affirme-avoir-ete-empoisonnee-.php.

[1] 原注 : Cyrille Louise and Laure Mendeville, “Une avocate russe affirme avoir été empoisonnée [Russian lawyer shown to have been poisoned],” *Le Figaro* (France), October 14, 2008, http://www.lefigaro.fr/actualite-france/2008/10/15/01016–20081015ARTFIG00023-une-avocate-russe-affirme-avoir-ete-empoisonnee-.php.

[2] 原注 : “Russia Urged to End Harassment against Lawyer,” *Radio Free Europe/Radio Liberty*, May 9, 2007, http://www.rferl.org/content/article/1076361.html.

[3] 原注 : Yuri Zarakhovich, “Murder, Russian-Style: Political Assassination,” *Time*, October 19, 2008, http://www.time.com/time/world/article/0,8599,1851854,00.html.

[4] 原注 : Peter Finn, “Russia’s Champion of Hopeless Cases Is Targeted for Disbarment,” *Washington Post*, June 3, 2007, http://www.washingtonpost.com/wp-dyn/content/article/2007/06/02/AR2007060201135.html.

说，当今的俄罗斯当局并不按常理行事。”[1]

国际新闻报道

莫斯卡琳科致病的新闻迅速传播开来，被世界各地的知名报纸报道。报道把人们熟悉的主题——俄罗斯投毒和政治压力作为头条新闻。很多报道也都说到了令人浮想联翩的投毒时间点——就在波利特科夫卡娅案预审日前几天：

> 法国警察害怕俄罗斯特工可能已向顶尖人权律师卡琳娜·莫斯卡琳科——著名的克里姆林宫批评者下了毒。莫斯卡琳科女士向他们投诉说，有人周一在其停放于法国城市斯特拉斯堡的车中投放了“类似水银的物质”。此后，他们展开调查。昨天，她对记者说：“我感觉身体越来越糟，我的孩子们也感到不舒服。”如果确认是投毒，那么莫斯卡琳科案件，将染上 2006 年安全局官员利特维年科在伦敦惨遭谋杀的色彩。
>
> ——《信使邮报》（澳大利亚）[2]

> 安娜·波利特科夫卡娅——一个喜欢刨根问底的记者，遭到谋杀。三个男人被指控参与谋杀，在其审判即将开始之际，代表这名记者家人的一名律师卡琳娜·莫斯卡琳科显然成了投毒者的目标。法国警察确认在她的车内发现了水银球，她在进入该车后出现了头疼、眩晕和恶心的症状。周二莫斯卡琳科女士被送往斯

[1] 原注：Christian Lowe, “Russian Defense Lawyers in Hazardous Profession,” Reuters, July 23, 2007, http://www.reuters.com/article/2007/07/23/us-russia-justice-lawyers-idUSL2171073820070723.

[2] 原注：“Kremlin Foe ‘Poisoned’ Lawyer Says: Mercury Placed in Her Vehicle,” *Courier Mail* (Brisbane, Australia), October 16, 2008, http://www.nexislexis.com/.

特拉斯堡的医院接受检查，这使其无法飞往莫斯科参加波利特科夫卡娅案件的审判。

——《独立报》(英国) [1]

法国警察正在对有毒水银球如何进入一位人权律师的车内进行调查，周二该人权律师在斯特拉斯堡生病，当天正是莫斯科就波利特科夫卡娅谋杀案件举行预审听证的前一天。波利特科夫卡娅是这位人权律师的著名客户之一，其身份是记者，也是克里姆林宫的批评者。克里姆林宫的批评者经常成为投毒者的目标。在前往报道别斯兰学校人质危机余波的路上，波利特科夫卡娅女士本人在喝了一杯茶后病倒。在别斯兰学校人质事件中，有 300 多人死亡。

——《国际先驱论坛报》[2]

另外一位为（身陷囹圄的前尤科斯石油公司总裁）霍多尔科夫斯基辩护的律师罗伯特 · 阿姆斯特丹说，这个时间点令人生疑。“这类事件让人不由自主地想到目前在俄罗斯保卫人权要付出怎样的代价，律师和记者们在遭到持续不断的袭击……它是否与尤科斯或波利特科夫卡娅有关系并不重要，重要的是又有一位人权卫士遭到了这种袭击。”[3]

公共舆论法庭

莫斯卡琳科投毒事件后数日内，公共舆论构成的国际法庭，包括报纸、杂志、博客、电视和广播，都在发泄对俄罗斯的不满。2008 年 10 月 22 日的《华盛顿邮报》社论专页，开门见山地抛出了这样的结论：

[1] 原注：Elder, “Poison Stalks Trial of Murdered Putin Critic.”
[2] 原注：Schwirtz and Cowell, “Toxins Found in Russian Rights Lawyer’s Car.”
[3] 原注：Elder, “Poison Stalks Trial of Murdered Putin Critic.”

可能这是个不幸的意外事件，斯特拉斯堡的警察说，他们仍然在调查。但历史却表明事实并非如此。普京先生的敌手要么被他人投毒害死，要么身患重病。这些人包括乌克兰总统维克托·尤先科、持不同政见者前克格勃官员利特维年科、记者尤里·谢科奇金和波利特科夫卡娅女士。[1]

·推荐读物·

Andrew, Christopher, and Vasili Mitrokhin. *The Sword and the Shield：The Mitrokhin Archive and the Secret History of the KGB*. New York：Basic Books, 1999.

二、案例分析：3种结构化分析方法的应用

表1.1 案例快照：谁向卡琳娜·莫斯卡琳科投毒?

所用结构化分析方法	《情报分析：结构化分析方法》中所在章节	分析类别
事前分析法	第九章	质疑分析
结构化自我批判法	第九章	质疑分析
星爆法	第五章	观点生成

人们常常要求分析人员对瞬息万变的事件做出判断，而有关这些事件的信息却少得可怜。在这种情况下，事前分析法、结构化自我批判法和星爆法都可以帮助分析人员避免仓促做出判断，并通过激发创造性思维及简单地提出恰当问题，把目光引向需要进一步思考的重要领域。

[1] 原注："More Poison: Another Prominent Adversary of Vladimir Putin Is Mysteriously Exposed to Toxins [editorial]," *Washington Post*, October 22, 2008, http://www.washingtonpost.com/wp-dyn/ content/article/ 2008/10/21/AR2008102102342.htm

方法 1、2：事前分析法与结构化自我批判法

使用以上方法[1]的目的，旨在积极明确地质疑既有思维模型或分析共识，以拓宽深思熟虑后做出的可能解释或评估范围。通过在发生潜在分析失误之前识别和分析其特点，这一流程有助于降低出现分析失误的风险。

任务 1：对本案例研究中的支配性观点——“在人们指称的俄罗斯袭击克里姆林宫批评者的系列事件中，卡琳娜·莫斯卡琳科是离我们时间最近的受害者”，展开事前分析和结构化自我批判。

步骤 1：想象一下，在你公布了包含该支配性观点的分析结果一段时间后，你突然从一个无可怀疑的信息来源处得知该判断有误，然后想象导致分析错误的可能原因。

步骤 2：利用头脑风暴方法，确定该投毒事件可能如何发生的替代假设，持续跟踪以上假设。

步骤 3：找出支持共同观点的关键假定。其中有无未经证实者？对有些假定是否需要给出警示？如果有些假定无效，会对分析产生多大的影响？

步骤 4：审查构成论据基础的关键证据。分析其是建立在某条关键信息的基础之上，还是建立在报告的某点内容基础之上？若以上任何证据或报告来源有误，它们会对分析产生多大的影响？

步骤 5：是否有任何矛盾或异常信息？是否忽略了任何与首要假设不符的信息？

---

[1] 原注：本案例中扼要概括的步骤将事前分析法和结构化自我批判法流程结合了起来。对于需要分析人员思考自己可能出错方式的案例，这种结合极其有益。此类思考需要思路开阔，想象丰富，刨根问底。事前分析法能够充分发挥创造性头脑风暴过程蕴藏的潜力，结构化自我批判法则能够让人循序渐进地评价各个分析元素。霍耶尔和弗森在《情报分析：结构化分析方法》第二版（Washington, DC: CQ Press, 2015）中提出了一系列结构化自我批判问题，数量较多，我们在本案例中对其进行了精简，以期能够对学生的学习过程提供帮助。

步骤 6：是否有欺骗可能？是否有人有动机、时机和手段来欺骗你？

步骤 7：是否有证据缺失？该缺失是否会影响关键判断？

步骤 8：你是否考虑过常见分析缺陷的存在，诸如分析定式（analytic mindsets）、证实偏见（confirmation bias）、“满意即可”（satisficing）、结论过早（premature closure）、锚定思维（anchoring）及历史类比（historical analogy）等？

步骤 9：概括上述调查主题得出的答案，按照其对分析产生潜在影响的顺序，列出论据中的潜在不足。

表1.2　常见分析缺陷

缺陷	定义
分析定式	一种固定观点或态度，忽视与其不一致的新数据。
锚定思维	决策时过度依赖某一特点或信息的倾向。
证实偏见	偏好能够证实某种先入之见或假设的信息，对其是否属实则置之不理。
历史类比	利用以往事件为模型，解释当前事件或预测未来趋势。
镜像思维	假定被分析对象会像分析人员一样行事。
结论过早	根据初步及不完整信息过快得出结论。
满意即可	做出满足与某一问题所有利益相关者要求的快速回应。

分析所得增值。分析完成后，你是要保留主流判断、对其增加一条警示，还是取消该判断？原因何在？

任务 2：改写案例的首要判断，以反映你根据事前分析结果做出的所有改动。

方法 3：星爆法

星爆法是结构化头脑风暴的一种形式，有助于催生尽可能多的问题。这种方法对研究项目的拓展极其有益，也有助于引出有关传统观点的众多问题和观点。在采用星爆法的过程中，分析人员能够从众多不同的角度考虑手头的问题，从而提高其可能发现至当时为止尚未被思考的某一问题或新观点的概率，为该问题或观点带来新的分析见解。

图 1.3 星爆法模板

任务 3： 采用星爆法分析案例"谁向卡琳娜·莫斯卡琳科投毒？"。

步骤 1： 利用图 1.3 中的星爆法模板或绘制一个六角星，在六角星的各角分别写上以下各词之一：何人？何事？如何？何时？何地？何故？

步骤 2： 开始头脑风暴会议，每次均使用上述一个词语，就该主题提出问题。在确定问题的过程中，不要试图做出回答，只把精力集中在提出尽可能多的问题上。

步骤 3： 利用上述各词语作为开始语提出问题后，小组应根据所要回答问题的重要性进行排序，或者将这些问题按照逻辑加以分类。

分析所得增值。根据你的分析结果，判断哪些问题或类别需要进一步调查？

[第二章]

炭疽菌杀手

关键问题

★ 谁是案例中的主要利害攸关人员？原因何在？

★ 案例中出现了何种证据？

★ 这一政府案件的优缺点何在？

内容提要

2001 年 10 月 15 日，美国参议员汤姆 · 达施勒（Tom Daschle）办公室的一名实习生打开一封信，白色粉末状物质从里面泄出。傍晚时分，白色粉末被确认为致命的炭疽菌。在此后的几周内，在康涅狄格、佛罗里达、华盛顿特区、新泽西和纽约等州也出现了炭疽菌案件。这起事件牢牢吸引了国人的注意力：幕后袭击者可能是谁？事件传播范围可能有多大？在此案例中，利用**年表法（Chronologies）**可以勾勒出上述问题的框架，并理清这一堆凌乱数据的顺序。**时间轴线法（Timelines）**则能够把关键事实和事件置入具体环境，**事前分析法**与**结构化自我批判法**则可以帮助阐释重要领域的情形，通过给出替代解释、提出质疑假定、识别偏见并严密审查事实基础，来做出进一步考量。

一、案例叙述

看起来像是婴儿爽身粉

2001 年 10 月 15 日，在华盛顿特区哈特参议院办公楼参议员汤姆·达施勒办公室里，满是工作人员、实习生和像布雷特·温卡普一样的志愿者。布雷特·温卡普和实习生格兰特·莱斯利正在开启参议员达施勒每天收到的成堆信件。莱斯利打开了一封信，一些像婴儿爽身粉似的白色粉末落到了桌上、她的裙子和鞋子上。温卡普说，“我们两人还对这事发了一通评论”。但起初没人知道我们有多惊慌。[1] 此类恐慌通常来自恶作剧，但这次却并非如此。在一小时内，海军传染病专家格雷格·马丁（Greg Martin）来到了参议员达施勒的办公室，展开了调查。到当天傍晚时刻，白色粉末被确定为一剂致命的炭疽菌。对温卡普来说，这段时间是“穿着白色套装的人走进来了……令人害怕”。[2] 他可能后来才会发现这些粉末的威胁有多大：打开装有炭疽菌孢子的信件，人们会暴露在孢子致命剂量 1000 至 3000 倍的环境中[3]，只要接触到这些孢子，人们就会染上这种恶性传染病。应急人员迅速隔离了哈特办公楼，工作人员开始用强力抗菌的环丙沙星药剂进行消毒处理。这一事件牢牢吸引了国人的注意：谁是袭击背后的黑手？袭击波及的范围可能有多大？

重围之下的国家

当格兰特·莱斯利打开那封信时，美国人仍然处于“9·11”恐怖袭击

---

[1] 原注：Emily Pierce, “Anthrax Attack Victims Break Their Silence,” *Roll Call News*, October 13, 2011, http://www.rollcall.com/issues/57_41.

[2] 原注：Emily Pierce, “Anthrax Attack Victims Break Their Silence,” *Roll Call News*, October 13, 2011, http://www.rollcall.com/issues/57_41.

[3] 原注：Emily Pierce, “Anthrax Attack Victims Break Their Silence,” *Roll Call News*, October 13, 2011, http://www.rollcall.com/issues/57_41.

带来的惊悸之中。该事件仅仅发生在一个月之前，导致近 3000 人丧生。10 月份，国会山的工作刚刚恢复正常，美国正在紧锣密鼓地做着战争准备，准备打击躲藏在阿富汗境内的恐怖分子。“9 · 11”恐怖袭击已经引起人们对生物恐怖主义的恐慌，纽约城和其他地方都在生产抗菌药物。[1] 有关美国炭疽菌疫苗供应量低下的报道更是加剧了人们的恐惧。[2] 政府敦促人们不要囤积环丙沙星。环丙沙星是经过美国食品药品管理局（FDA）批准，用于治疗炭疽菌的唯一抗生素。而传染病专家则警告说，环丙沙星从未经过临床试验，这让人们对其在真正发生炭疽菌袭击时是否有效，心中充满疑虑。[3]

送至参议员达施勒办公室的信封。

[1] 原注：Tamar Lewin, “A Nation Challenged: Fear of Infections; Anthrax Scare Prompts Run on an Antibiotic,” *New York Times*, September 27, 2001, http://www.lexisnexis.com.ezproxy.umuc.edu/hottopics/lnacademic.

[2] 原注：“U.S. Short of Vaccine for Deadly Anthrax,” *Toronto Star*, September 20, 2001, http://www.lexisnexis.com.ezproxy.umuc.edu/hottopics/lnacademic.

[3] 原注：Lewin, “A Nation Challenged.”

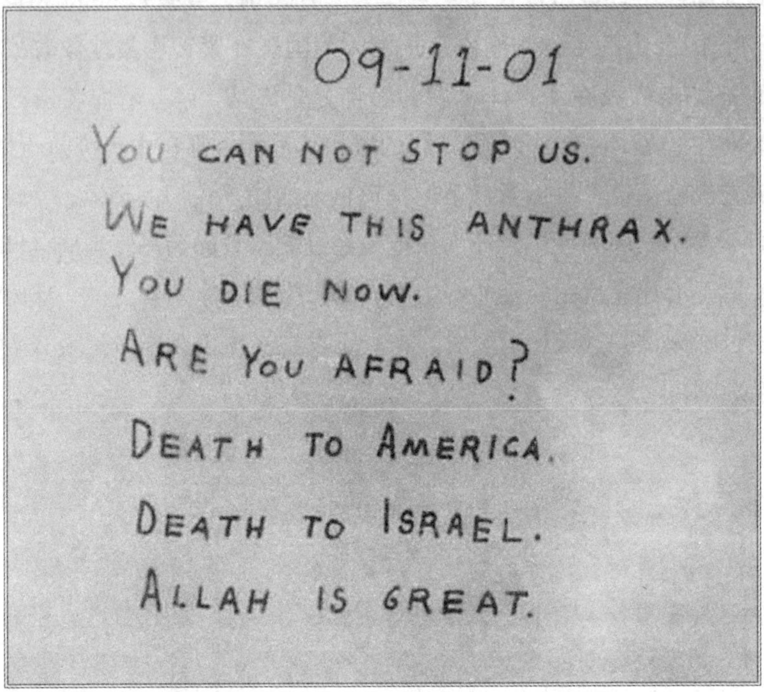

送至参议员达施勒办公室的信件内容。

10月上旬以来，人们对炭疽菌的恐慌在佛罗里达蔓延，也一直是全国报纸的头条新闻。报道说一位在博卡拉顿工作的62岁图片编辑罗伯特·斯蒂文斯，因吸入炭疽菌而于10月2日住院治疗，10月5日死亡。在给白宫的一份简报中，美国卫生部部长汤米·汤普森（Tommy Thompson）称该案件仅是个案，并不具有传染性。他还补充说，此事“并不涉及恐怖主义”。[1]但在10月5日，斯蒂文斯在博卡拉顿美国媒体公司大楼的同事欧

[1] 原注：Gina Kolata, “Florida Man Is Hospitalized with Pulmonary Anthrax,” *New York Times*, October 5, 2001, http://www.lexisnexis.com.ezproxy.umuc.edu/hottopics/lnacademic; Dana Canedy and Nicholas Wade, “Florida Man Dies of Rare Form of Anthrax,” *New York Times*, October 6, 2001, http://www.nytimes.com/2001/10/06/us/florida-man-dies-of-rare-form-of-anthrax.html.

内斯托·布兰科被诊断吸入炭疽菌，于是美国疾病控制中心和联邦调查局都积极展开调查。斯蒂文斯是在9月19日整理完一封边上嵌有“白色滑石粉”细末的信件后病倒的，10月2日入院治疗。10月1日，布兰科染病并入院治疗。[1] 他的治疗很成功，于10月17日出院。为了回应布兰科的诊断结果，10月8日，联邦调查局开始对这两起佛罗里达炭疽菌案件进行刑事侦查。40位联邦调查局特工来到美国媒体公司大楼，该大楼是《太阳报》和包括《国民探究者》（*National Inquirer*）在内的几份其他小报的总部。司法部长约翰·阿什克罗夫特（John Ashcroft）说，虽然“我们在十分认真地处理这件事……但我们所了解的东西还不足以让我们知晓此事是否与恐怖主义有关”。[2] 当局不久就会得到所需信息。

10月13日，纽约公开了数篇有关另外一起炭疽菌案件的报道。9月25日，在新泽西的特伦顿，全国广播公司记者汤姆·布罗考的助理艾琳·奥康娜处理了一封邮戳标记为9月18日的恐吓信。10月1日，她染上了皮肤炭疽病，被送入医院治疗。[3] 最先打开该信件的另一位助理凯西·钦柏琳在9月28日也染上了皮肤炭疽病。[4] 奥康娜和钦柏琳案发后的10月20日，新闻报道说《纽约邮报》的一名员工约翰娜·休丹，也患上了皮肤炭疽病。9月21日，她注意到自己手指上有个肿块。在数周时间内，她看了许多医生。最后，在读到有关佛罗里达和纽约炭疽菌案件的新闻报道后，她才对肿块做出了自我诊断。她的同事——一名未提及姓名

---

[1] 原注：J. A. Jernigan et al., “Bioterrorism-Related Inhalation Anthrax: The First Ten Cases Reported in the United States,” *Emerging Infectious Diseases* 7, no. 6 (November– December 2001), http://wwwnc.cdc.gov/eid/content/7/6/contents.htm.

[2] 原注：“FBI Begins Investigating Anthrax Cases,” *USA Today*, October 9, 2001, http://www.usatoday.com/news/attack/2001/10/09/anthrax.htm.

[3] 原注：“Fourth Case of Anthrax Is Identified; NBC Employee in N.Y. Tests Positive Weeks after Opening Letter from Fla.,” *Washington Post*, October 13, 2001, http://www.lexisnexis.com.ezproxy.umuc.edu/hottopics/lnacademic.

[4] 原注：Eric Lipton and Kirk Johnson, “Tracking Bioterror’s Tangled Course,” *New York Times*, December 26, 2001, http://www.nytimes.com/2001/12/26/us/a-nation-challenged-the-anthrax-trail-tracking-bioterror-s-tangled-course.html?pagewanted=all.

的《纽约邮报》邮件收发室职员和一名编辑马克·坎宁汗，也分别于 10 月 19 日与 23 日患上了皮肤炭疽病。坎宁汗在翻看旧邮件后发现自己出现了疾病症状。这些邮件上面的一些邮戳时间是 9 月份。[1] 在纽约美国广播公司办公室，也出现了令人不安的情况。该公司一位员工有个 7 月大的儿子，后者在 9 月 29 日造访其母亲的办公室后得了皮肤炭疽病，10 月 1 日住进医院。[2] 同样是在 10 月 1 日，哥伦比亚广播公司主持人丹·拉瑟的助理克莱尔·弗莱彻得了皮肤炭疽病。她很快恢复了健康，该公司办公室没有别人得病，也没有信封或其他细菌源能够解释弗莱彻生病的原因。因此，拉瑟说“我们最大的问题不是炭疽菌……我们最大的问题是恐惧”。[3]

随着上述纽约新闻报道的公布，盲目模仿者制造的案件也让调查者愤怒不已。三封邮戳标记为佛罗里达圣彼得堡的信件被送到纽约的媒体机构，信件装有经检测为炭疽菌阴性的粉末，这让形势雪上加霜。纽约联邦调查局办公室将其描述为“资源的巨大浪费”。[4] 司法部长阿什克罗夫特说，联邦调查局正在处理数十起炭疽菌恶作剧，他警告说，司法部将严厉控告恶作剧参与者，指控其犯有联邦重罪。[5]

[1] 原注：Vera Haller, “Third Anthrax Case at NY Post,” *Newsday*, November 2, 2001, http://www.ph.ucla.edu/ EPI/bioter/thirdcaseNYPost.html.

[2] 原注：A. Freedman et al., “Cutaneous Anthrax Associated with Microangiopathic Hemolytic Anemia and Coagulopathy in a Seven-Month-Old Infant,” *Journal of the American Medical Association* 287, no. 7 (2002): 869–74.

[3] 原注：“CBS Anchor Dan Rather Comments on Anthrax Case,” CNN, October 18, 2001, http://articles.cnn.com/2001–10–18/health/anthrax.CBS_1_anthrax-case-inhalation-anthrax-anthrax-diagnosis?_s=PM:HEALTH.

[4] 原注：Greg B. Smith and Patrice O’Shaugnessy, “Anthrax Was Sent to NBC from Trenton FBI Finds Threatening Letter Mailed to Anchor,” *New York Daily News*, October 14, 2001, http://www.nydailynews.com/archives/news/anthrax-nbc-trenton-fbi-finds-threatening-letter-mailed-anchor-article-1.922400.

[5] 原注：“$1 Million Offered for Information on Sender of Anthrax,” *Washington Times*, http://www.lexisnexis.com.ezproxy.umuc.edu/hottopics/lnacademic.

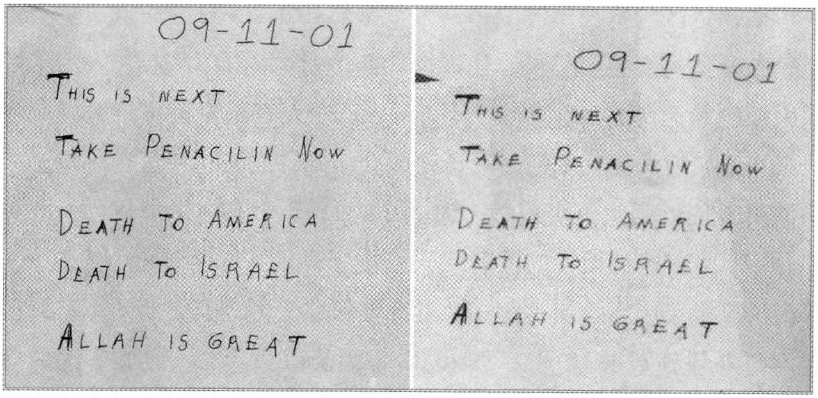

送给全国广播公司主持人汤姆·布罗考（左）和《纽约邮报》编辑（右）的信件。

在新泽西的汉密尔顿镇邮政中心，炭疽菌案件也开始袭击邮政工人。但与纽约炭疽菌不同的是，它们包括皮肤炭疽病和吸入性炭疽病两种。受害人是理查德·摩尔迦诺。9月18日，他在修理一台卡住的机器时划伤了胳膊。9月26日，他得了皮肤炭疽病。[1]9月28日，他的同事——邮递员特里萨·海勒患上了皮肤炭疽病。10月19日，他的另一同事诺尔玛·华莱士，被诊断患上了吸入性炭疽病。在此之前的10月9日，他的一位同事曾将压缩空气射入卡住的机器，结果压缩空气把粉尘带入了空气。[2]帕特里克·奥唐奈是汉密尔顿的另外一名邮政工人，10月14日出现生病症状。这次他得的是急性皮肤炭疽病，在医院住了一周。[3]第二天，邮政工人乔茨纳·帕特尔也患上了吸入性炭疽病，住院8天。10月17日，邮政中心会计林达·伯奇的前额上出现病变。[4]

[1] 原注：William J. Broad and Denise Grade, "Science Slow to Ponder Ills That Linger in Anthrax Victims," *New York Times*, September 16, 2002, http://www.nytimes.com/2002/09/16/us/threats-responses-victims-science-slow-ponder-ills-that-linger-anthrax-victims.html?pagewanted=all&src=pm.

[2] 原注："N.J. Postal Worker Contemplates Action," SouthJersey.com, November 8, 2001, http://www.southjersey.com/articles/?articleID=4685.

[3] 原注：Broad and Grade, "Science Slow to Ponder Ills."

[4] 原注：Lena H. Sun, "Anthrax Patients' Ailments Linger, Fatigue, Memory Loss Afflict

华盛顿特区的情况迅速变得严峻起来。10 月 15 日，一封送至参议员达施勒办公室的炭疽菌信件，让国会在两个月的时间内第二次关了门。[1] 除了莱斯利和温卡普外，国会山还有另外 29 人查出炭疽菌接触性阳性，但并未出现炭疽病症状。在处理送往国会山邮件的布伦特伍德邮局，多名邮局职员很快就染上了炭疽病。10 月 16 日，勒罗伊 · 里奇蒙、一个外号叫“乔治 · 费尔法克斯”的匿名病人、小托马斯 · 莫里斯和小约瑟夫 · 科森等人都患上了吸入性炭疽病。[2] 里奇蒙和那个匿名病人活了下来，但莫里斯与科森却分别于 10 月 21 日和 22 日因炭疽病死亡。距其不远的弗吉尼亚斯特林国务院邮政中心，一个名为戴维 · 霍斯的邮政工人于 10 月 22 日患上吸入性炭疽病，但却大难未死。[3]

纽约和康涅狄格出现的两例致命性吸入性炭疽病最令人沮丧。10 月 25 日，纽约曼哈顿眼耳喉医院的仓库管理员凯西 · 纽伦病倒，10 月 31 日死亡。[4] 在附近的康涅狄格州，一位名叫奥蒂莉 · 伦德格琳的 94 岁老妇于 11 月 14 日生病，11 月 21 日死于康涅狄格州德比的一家医院。正如美国广播公司新闻办公室的案件一样，并无已知感染源，因此，对于这位老妇的死亡，也没有给出直接说法。[5]

Most Survivors of October Attacks, *Washington Post*, April 20, 2002, http://community.seattletimes. nwsource.com/archive/?date=20020421&slug=anthrax21.

[1] 原注：Alisa Ulferts and David Ballingrud, “Terror or Accidents? CDC FBI Investigate Lantana Case,” *St.Petersburg Times*, October 5, 2001, http://www.sptimes.com/ News/100501/State/Terror_or_accidents.shtml.

[2] 原注：Gary Dorsey, “The Trials of a Citizen Soldier, Illness Lingers, Loyalty Wanes,” *Baltimore Sun*, August 26, 2002, http://www.baltimoresun.com/bal-to.anthrax 26aug26,0,1033364.story.

[3] 原注：Michael Laris and Jennifer Lenhart, “Escaping the Grip of Anthrax, Va. Man Reflects on Deadly Struggle and Faces a Changed Life,” *Washington Post*, December 6, 2001, http://www.ph.ucla.edu/epi/bioter/escapinganthraxgrip.html.

[4] 原注：Kevin McCoy and Charisse Jones, “Case of N.Y. Anthrax Victim Intrigues Officials,” *USA Today*, November 19, 2001, http://www.usatoday.com/news/attack/2001/11/20/nguyen.htm.

[5] 原注：Lawrence K. Altman, “The Theories: Case in a Small Town Compounds Puzzle for Epidemiologists,” *New York Times*, November 22, 2001, http://www.nytimes.com/2001/11/22/nyregion/nation-challenged-theories-case-small-town-compounds-puzzle-for-epidemiologists.html?pagewanted=all.

到 11 月中旬，当局共计处理了 22 起得到确认的炭疽病案件、32 例接触性阳性，以及 1 万例被认为因接触而有“风险”的人员。[1] 在 22 个受害者中，有 11 位患上了皮肤炭疽病，但经过长时间的抗菌治疗后得以恢复。剩下 11 位患有更致命的吸入性炭疽病，其中只有 6 人幸存。

炭疽袭击事件调查专案组

为了对罗伯特·斯蒂文斯之死及纽约和华盛顿特区发现的信件做出回应，联邦调查局展开了该局历史上规模最大的调查。考虑到此次调查涉及的地理范围较广，联邦调查局设在迈阿密、纽约、纽黑文、巴尔的摩和华盛顿特区的驻外办事处均被指定为牵头办事处，参与此次调查。来自联邦调查局、美国邮政监察局和哥伦比亚特区美国检察官办公室的近 30 名全职调查人员成为该专案组的核心成员。[2]

送给全国广播公司主持人汤姆·布罗考（左）与《纽约邮报》编辑（右）的信件。

炭疽袭击事件调查专案组最初并不清楚，以上信件的发送是国家支持的恐怖组织行为、国际恐怖组织的行为、国内恐怖团体的行为，还是个人

[1] 原注：“Amerithrax Investigation Summary,” Department of Justice, February 19, 2010, www.justice.gov/amerithrax, 2–3.

[2] 原注：“Amerithrax Investigation Summary,” Department of Justice, February 19, 2010, www.justice.gov/amerithrax, 4–5.

行为。[1] 调查人员大面积撒网，仔细审查了国内外1000多个潜在嫌疑分子。[2] 除了对以上信件、与案件有关的建筑物、受害人及其他实体物质进行广泛的科学调查外，还对另外300多人进行了深入调查。[3]

11月15日，调查人员获得了另一证据。在搜查被隔离的装有送往国会山信函的信箱时，联邦调查局和环境保护署（Environmental Protection Agency，EPA）的特工找到了一封发给参议员派崔克·莱希的信件，检测显示其为阳性。该信件由于光电扫描器弄错其邮政编码，因而首先被送往国务院邮局，而没有送往国会山。后来它被改送往国会山，但在邮政系统关闭前尚未抵达，于是邮件被隔离。[4] 因此，炭疽菌信件的总数量达到四封：两封送往《纽约邮报》和全国广播公司的汤姆·布罗考办公室，另外两封送往参议员达施勒与莱希的国会山办公室。虽然发往纽约的信件上时间为9月18日，发往华盛顿的信件上时间为10月9日，但这四封信件均带有新泽西特伦顿的邮戳。此外，发往纽约的信件没有回信地址，而发往华盛顿的信件则有个虚假的新泽西回信地址"格林戴尔学校"。调查人员在佛罗里达没有找到炭疽菌信件，但对美国媒体公司大楼的环境检测表明，该大楼是炭疽菌热点区域，特别是斯蒂文斯办公室所在的区域。

由于利用炭疽菌发起生物恐怖袭击带来了科学挑战，联邦调查局得到来自"29个政府、大学和商业实验室"的帮助，"它们帮助联邦调查局实验室，对袭击中所用炭疽菌孢子、信件和信封做出了物理、化学、基因

[1] 原注："Amerithrax Investigation Summary," Department of Justice, February 19, 2010, www.justice.gov/amerithrax, 5.

[2] 原注："Amerithrax Investigation Summary," Department of Justice, February 19, 2010, www.justice.gov/amerithrax, 6.

[3] 原注："Amerithrax Investigation Summary," Department of Justice, February 19, 2010, www.justice.gov/amerithrax, 6.

[4] 原注：Judith Miller and David Johnston, "A Nation Challenged: The Inquiry; Investigators Liken Anthrax in Leahy Letter to That Sent to Daschle," *New York Times*, November 20, 2001, http://www.nytimes.com/2001/11/20/us/nation-challenged-inquiry-investigators-liken-anthrax-leahy-letter-that-sent.html?ref=anthrax.

和法医方面的描述”。[1] 到了 10 月 18 日，疾病控制中心确认，发给达施勒信件上的炭疽菌菌株与布罗考信件上的菌株完全一致，两封信件的笔迹与所书威胁之词也相差无几。[2] 人们发现，纽约多份信件上的孢子也相互一致。[3] 同样是在 10 月份，北亚利桑那大学微生物学家保罗 · 凯姆（Paul Keim）准确定位了信件所使用的炭疽菌菌株来源：该菌株名叫埃姆斯菌株，1981 年取自得克萨斯萨里塔的一头奶牛。[4] 凯姆说这一发现“令人不寒而栗”，原因是埃姆斯菌株由美国政府实验室研制而成。[5] 在一次独立试验中，疾病控制中心得出了相同结论。2002 年 6 月，联邦调查局宣布，放射性碳年代测定表明，所有孢子于此次袭击前的 2 年内创制。[6]

2001 年 11 月 15 日，调查人员发现送给参议员莱希的信封与此前的信封惊人相似。

[1] 原注：“Amerithrax Investigation Summary,” 5.

[2] 原注：“Anthrax Scares Halt U.S. Congress,” *Toronto Star*, http://www.lexisnexis.com.ezproxy.umuc.edu/hottopics/lnacademic.

[3] 原注：“Amerithrax Investigation Summary,” 15.

[4] 原注：“Amerithrax Investigation Summary,” 15.

[5] 原注：“We Were Surprised It Was the Ames Strain,” *Frontline/PBS*, October 10, 2011, http://www.pbs.org/wgbh/pages/frontline/criminal-justice/anthrax-files/paul-keim-we-were-surprised-it-was-the-ames-strain/.

[6] 原注：David Johnston and William J. Broad, “Anthrax in Mail Was Newly Made, Investigators Say,” *New York Times*, June 23, 2002, http://www.nytimes.com/2002/06/23/us/anthrax-in-mail-was-newly-made-investigators-say.html?ref=anthrax.

用了近一年时间，专案组才追踪到以上信件发出的邮箱。虽然这些信件都盖有新泽西特伦顿的邮戳，但该处邮政设施却为 48 个邮局和 625 个遍布街头巷尾的街边蓝色邮箱提供服务。理论上来说，上述所有邮局和邮箱都必须接受检测。2002 年 8 月，在专案组做第 621 次检测时，他们发现新泽西普林斯顿的一个邮箱遭到炭疽菌的严重污染。[1]

最终，调查人员和科学家们描绘出嫌疑人的大致轮廓——此人具有科研能力、能够接触埃姆斯炭疽菌菌株、所处位置离新泽西很近且与新泽西有其他联系、行为举止可疑。6 月下旬，官员们承认他们没有找到主要嫌疑人，但手里却握有一份 50 名可能嫌疑人的名单。[2] 到 2002 年 7 月，媒体描述出嫌疑人的特点："孤独、痴迷科学、能够进入先进的实验室、性情易怒、熟悉新泽西特伦顿地区。官员们说他是个类似智能炸弹客的人物，去年秋天通过邮局发送装有炭疽菌的信件，导致 5 人死亡。"[3]

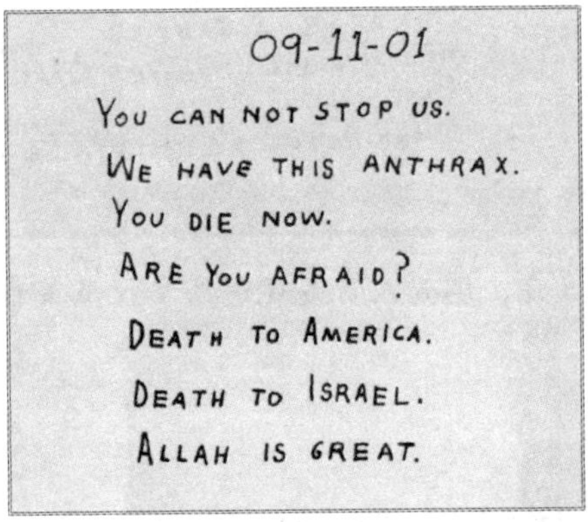
09-11-01
YOU CAN NOT STOP US.
WE HAVE THIS ANTHRAX.
YOU DIE NOW.
ARE YOU AFRAID?
DEATH TO AMERICA.
DEATH TO ISRAEL.
ALLAH IS GREAT.

送给参议员莱希的信件内容与送给参议员达施勒的完全相同。

---

[1] 原注："Amerithrax Investigation Summary," 12; Iver Peterson, "Testing Finds Some Traces of Anthrax in a Mailbox," *New York Times*, August 13, 2002, http://www.nytimes.com/2002/08/13/nyregion/testing-finds-some-traces-of-anthrax-in-a-mailbox.html?ref=anthrax.

[2] 原注："Amerithrax Investigation Summary," 12. Peterson, "Testing Finds Some Traces."

[3] 原注：Faye Bowers, "Anthrax Case Hones in on Unusual Suspect: The FBI Narrows List of People It Wants to Interview to Thirty Scientists at Two Army Labs," *Christian Science Monitor*, July 10, 2002, http://www.csmonitor.com/2002/0710/p02s01-usju.html.

COPY

Analysis of Sample

Date analyzed - 17 October, 2001
Date of Report - 18 October, 2001

Sample SPS02.57, letter/powder

I received the sample (in ziplock bags) from [redacted] on the afternoon of 17 October, 2001. The sample was taken into B-3. Insufficient powder was on the letter, so powdery material was scraped from the envelope and put into a small, tared, glass container. The container was reweighed and the net weight of the powdery material was determined to be 0.013 grams. To the material was added 987 μl of sterile water for injection to make a total of 1 gram (and approximately 1 ml) of suspension. Ten-fold dilutions were plated out onto TSA, then incubated overnight. Plate counts were made, and it was determined that the original tube contained 2.72 X 10^{10} CFU per ml. Since there was 0.013 grams of material, this calculates to be 2.1 X 10^{12} CFU per gram of powder material.

Visual inspection of the suspension of material under phase contrast microscopy found no visible vegetative cells, no visible debris, and very few small clumps. Most of the material appeared to be individual refractile spores.

Interpretations and conclusions: If this is a preparation of bacterial spores, it is an extremely pure preparation, and an extremely high concentration. These are not "garage" spores. The nature of the spore preparation suggests very highly that professional manufacturing techniques were used in the production and purification of the spores, as well as in converting the spores into an extremely fine powder.

Bruce Ivins, 18 Oct, 2001

Bruce E. Ivins, Ph.D.
USAMRIID Bacteriology Division

马里兰州德特里克堡美国陆军传染病医学研究所（US Army Medical Research Institute of Infectious Disease, USAMRIID）的一位炭疽菌专家做了一次评估，他发现这些炭疽菌孢子极其细小，需要专业制造技术才能制成。

文本框 2.1　联邦调查局语言与行为评估

2001 年 11 月 9 日，联邦调查局举行新闻发布会，公布了一份到当时为止已收信件的语言与行为评估。除了说明“几乎可以肯定，三封信件很可能全部由同一人所写”外，该局还提供了一些行为评估结果，并要求公众帮助查出凶手。

根据他选择炭疽菌作为“武器”的做法，该罪犯：

- 可能是个成人。
- 若有工作，其职位可能几乎不需要与公众或其他员工接触。他可能在某家实验室工作，显然对与极其危险的材料打交道甘之若饴，可能在某种程度上拥有科学背景或至少对科学感兴趣。
- 可能采取了适当的保护措施，以确保其自身安全。这些措施可能包括接种炭疽菌疫苗或服用抗生素。
- 能够接触炭疽菌菌源，掌握提纯炭疽菌的知识和专门技术。
- 拥有或能够使用某些实验室设备，即显微镜、玻璃器皿、离心机等。
- 在实施犯罪行为时表现出有组织的理性思维过程。
- 直接或间接熟悉新泽西大都市区的特伦顿市，但这不一定意味着他就住在该区域的特伦顿市。他在这一地点及其周围地区游荡，轻松自在。
- 不随机选择受害人。他努力查出包括邮编在内的各个受害人的准确地址，贴足邮资，确保其信件投送到位。该罪犯故意“选择”全国广播公司、《纽约邮报》和参议员汤姆·达施勒办公室作为目标受害方（或者是佛罗里达的美国医疗信息公司）。对该罪犯来说，上述目标可能十分重要。它们可能是此前人们对其表示出藐视的焦点地带——这些藐视行为可能是在与别人沟通时表现出来，抑或可能被他人观察到。
- 是个不善于对抗的人，至少在其公共生活中如此。缺乏对抗他人

> 所需的个人技巧，所以选择“长距离”而非面对面地直面问题。他可能长时间胸怀怨恨，发誓将来有一天要摆平“它们”。他以前就可能有过其他此种类型的行为。虽然其早前的此类行为事实上不是炭疽菌邮件袭击，但他可能选择匿名骚扰他认为冤枉过他的其他个人或实体。在上述行动中，他也有可能选择利用邮件。
>
> - 常常喜欢亲力亲为，若其卷入人际关系中，则这种关系可能具有自利性质。
>
> 资料来源：Amerithrax Press Briefing, “Linguistic/Behavioral Analysis of the Anthrax Letters,” Federal Bureau of Investigation, November 9, 2001,http://www.fbi.gov/about-us/history/famous-cases/anthrax-amerithrax/linguistic- behavorial-analysis-of-the-anthrax-letters.

内部人员作案？

得知袭击中所用炭疽菌是埃姆斯菌株后，调查人员就把精力集中在查找其研发和存储地点上。利用这一信息和简要描述，2002 年 7 月下旬，调查人员将其搜查范围缩小至 30 人身上。这些人来自美国政府的两个部门：马里兰州德特里克堡的美国陆军传染病医学研究所，和犹他州西部的达格威试验场（Dugway Proving Ground）。[1] 这两处设施最初都是与美国早年的进攻性生物武器计划相关的军事单位。1969 年，尼克松总统下令撤销该计划。撤销时他命令将以后的工作限制在“生物防卫研究、免疫技术及控制和预防疾病传播手段方面”。[2]

2001 年，这两处设施的科学家们都在集中精力进行此类防御性研究。他们保留了少量致命性病毒和细菌，以便对其进行研究并开发更好的疫

[1] 原注：Bowers, “Anthrax Case Hones in on Unusual Suspect.”

[2] 原注：“Nixon Ends Biological Weapons Program,” *PBS*, http://www.pbs.org/wgbh/americanexperience/features/general-article/weapon-nixon-ends/.

苗。同时，他们也充当着美国炭疽菌的专业知识库专家。调查人员约谈了这些科学家，有些是反复约谈；调查人员既将其视为潜在嫌疑人，而同时又要依靠其中许多人，利用其独家技能来检测数千种案件所涉及的样本，这种情形让这些科学家身陷怪异的《第二十二条军规》[1]之中。埃姆斯菌株研发地美国陆军传染病医学研究所的一位科学家说："9月11日至次年5月期间，我们的法医实验室处理了超过3.1万份样本，做了26万多次成分鉴定。"他们通常一个月处理4至6个样本。[2]在那段时间里，科学家们常常每周工作100个小时，连续数周不止，很多人晚上就睡在实验室或汽车里。

甚至在这些科学家从事这项敏感工作时，人们就对这两处设施的安全产生了疑问。据2002年7月的一份新闻报道称，美国陆军传染病医学研究所专门配备了设备，用来处理此项工作，而且似乎还采取了适当措施来确保实验室的安全。报道声称：

> 美国陆军传染病医学研究所设有实验室，用来完成这种十分危险的工作。要进入其中，人们必须经过一条长长的大厅，厅里贴着黄褐色墙纸。还要穿过一扇金属门，工作人员只有在扫描自己的身份磁卡后方可通过。再往前则是一个个迷宫般的大厅和实验室——在面积达5万平方英尺[3]、生物安全防护等级为三级的区域内，人们对像炭疽菌、鼠疫和委内瑞拉马脑炎等菌种进行研究；在面积达1万平方英尺、生物安全防护等级为四级的区域内，人们对最致命的细菌，例如埃博拉和马尔堡菌等进行研究。要进入以上区域，工作人员都必须重刷身份磁卡并输入一个四位

[1] 编注：Catch-22，源自美国作家约瑟夫·赫勒创作的黑色幽默小说《第二十二条军规》（1961年）。用来形容任何自相矛盾、不合逻辑的规定，或由某些条件所造成的无法摆脱的困境、难以逾越的障碍，表示人们处于左右为难的境地，或者是一件事陷入了死循环，或者跌进逻辑陷阱，等等。

[2] 原注：Bowers, "Anthrax Case Hones in on Unusual Suspect."

[3] 编注：1英尺≈0.3米。

> 数的数字。这个数字只有在工作人员针对某一特定细菌免疫后才能够获得。这些门均与中央安全系统连接，这样即可生成进出实验室人员的主名单。[1]

而有关达格威试验场的报道，却并不令人舒心。1989 年至 1993 年期间，一位科学家曾在达格威提供过生物安全指导。他公开指控该试验场对炭疽菌孢子的“处理粗心草率”[2]。他举例说，试验场将炭疽菌孢子存放在走廊不安全的冰箱里，制订了生成 30 加仑炭疽菌湿菌的多个计划，制定的实验室安全程序不佳等。但该基地的官员们却驳斥说以上指控不实。[3]

随着调查工作的推进，调查人员将重点调查范围缩小至帮助他们进行调查的科学家身上。根据一项建议，2002 年 6 月，在马里兰州的佛雷德里克，特工们抽干了该研究所附近的一个池塘，寻找有关炭疽菌的证据，但他们一无所获。他们还搜查了科学家们的住所，但也无法指出嫌疑人。到 7 月底，调查人员已经“为破案约谈了约 5000 人，发出了 1700 张大陪审团传票，对数百人进行了测谎并创立了 112 个数据库”。[4] 一些被约谈过的科学家告诉媒体说，“联邦调查局在与微生物学家访谈中提问的思路表明，该局认为炭疽菌孢子可能是在德特里克堡秘密培养出来的”。[5]

虽然联邦调查局做了种种努力，但截至 2002 年 8 月，仍然没有发现嫌疑人。随着最早两封炭疽菌信件发案一周年的即将到来，专案组找出嫌疑人的压力不断增大。《纽约时报》的一篇社论称，联邦调查局的调查“令人难以置信地死气沉沉”。在联邦调查局调查进展缓慢的情况下，一

[1] 原注：Bowers, “Anthrax Case Hones in on Unusual Suspect.”

[2] 原注：Joe Bauman, “Dugway Security Called Sloppy,” *Deseret News*, May 23, 2002, http://www.project-112shad-fdn.com/News_93.htm.

[3] 原注：Joe Bauman, “Dugway Security Called Sloppy,” *Deseret News*, May 23, 2002, http://www.project-112shad-fdn.com/News_93.htm.

[4] 原注：Bowers, “Anthrax Case Hones in on Unusual Suspect.”

[5] 原注：Julian Borger, “Anthrax Killer ‘Could Grow More Bacteria, ’” *Guardian*, http://www.lexisnexis.com.ezproxy.umuc.edu/hottopics/lnacademic.

些没有公开姓名的政府官员感觉到更多袭击将要临头的恐惧，他们告诉英国《卫报》："这些炭疽菌已经培育出来，因此能够多次反复培育。"[1]

2002 年 8 月 6 日，政府公开宣称找到了一个案件利害攸关人员。在哥伦比亚广播公司的《早间秀》节目里，司法部长约翰·阿什克罗夫特做出了前所未有的举动，他宣布调查人员已经确定，斯蒂芬·哈特费尔是本案的利害攸关人员。[2]

利害攸关人员

在经过耗时近一年的调查后，宣布找到利害攸关人员的消息既让人们吃惊，也让人们松了口气。调查人员之所以盯上哈特费尔，是因为此前他曾在美国陆军传染病医学研究所工作，同时也听从了其他科学家的建议。哈特费尔的背景、科学研究能力及在炭疽菌信件发案期间的活动，让联邦调查局加强了对他的审查，并最终公开宣布其为案件利害攸关人员。

斯蒂芬·哈特费尔的背景的确令调查人员深感兴趣。他于 1953 年生于伊利诺伊州，性格外向，成年后的大部分时间生活在非洲，那里战争不断，地方病流行，那些地方与其长大成人的伊利诺伊州相距甚远。他曾就读于西南大学，学习生物学，但后来却弃学去了刚果民主共和国，到一家卫理公会医院工作。在该医院期间，他因在实验室工作而锤炼了自己的生物学技能。返回美国后，他念完大学并参军入伍。

但在无望成为飞行员后，他离开部队，重返非洲。1978 年至 1994 年，他生活在非洲。后来他声称在津巴布韦（当时叫罗德西亚）获得了医学学位，那里靠近格林戴尔郊区。调查人员后来发现有人声称哈特费尔伪

---

[1] 原注：Nicholas D. Kristof, "The Anthrax Files," *New York Times*, July 12, 2002, http://www.lexisnexis.com.ezproxy.umuc.edu/hottopics/lnacademic; Borger, "Anthrax Killer 'Could Grow More Bacteria.'"

[2] 原注：Daniel Schorn, "Tables Turned in Anthrax Probe," *60 Minutes*, February 11, 2009, http://www.cbsnews.com/stories/2007/03/09/60minutes/main2552906.shtml.

造了博士学位证书，他的律师公开确认了此点。[1] 他在非洲生活期间，牲畜炭疽病频繁爆发，原因是内战爆发地区的动物不接种疫苗，这种情况司空见惯。在此期间，他充分利用了曾在美国军队服役的背景，于内战期间充当了罗德西亚军队的一名志愿者医师。从非洲返回美国后，他完成了博士后学业并获得了三个硕士学位，后来又接受了牛津的奖学金。他以病毒学家的身份从国外返回美国，在马里兰州贝塞斯达的美国国立卫生研究院（National Institutes of Health，NIH）研究埃博拉和其他病毒。[2] 在该研究院，他获得了美国陆军传染病医学研究所提供的职位。

2002 年早期，调查人员首次约谈了哈特费尔。因为哈特费尔有非洲背景、具备科学研究能力，以及炭疽袭击期间从事的一些活动，其他科学家和分析人员此前一直敦促调查人员要更加严密地对其进行审查。[3] 调查人员特别注意到，从 1997 年到 1999 年间，哈特费尔曾在美国陆军传染病医学研究所工作。据联邦调查局称，在此期间他“接触炭疽菌的埃姆斯菌株实际上不受限制”。[4] 此外，生物防卫界有很多人会设定培训情景，像他

---

[1] 原注：Daniel Schorn, “Tables Turned in Anthrax Probe,” *60 Minutes*, February 11, 2009, http://www.cbsnews.com/stories/2007/03/09/60minutes/main2552906.shtml.

[2] 原注：David Freed, “The Wrong Man,” *Atlantic Monthly*, May 2010, http://www.theatlantic.com/magazine/archive/2010/05/the-wrong-man/8019/.

[3] 原注：David Freed, “The Wrong Man,” *Atlantic Monthly*, May 2010, http://www.theatlantic.com/magazine/archive/2010/05/the-wrong-man/8019/, and David Johnston, “Apartment Searched Anew in F.B.I.’s Anthrax Inquiry,” *New York Times*, August 2, 2002, http://www.nytimes.com/2002/08/02/us/apartment-searched-anew-in-fbi-s-anthrax-inquiry.html?ref=anthrax&pagewanted= print. 唐 · 福斯特是瓦萨学院的一位英语教授。他曾采用内容分析法在各种案件中帮助过联邦调查局。2002 年，他在《名利场》上发表了一篇有关哈特费尔的文章，将他的担心告诉了联邦调查局。他说，拥有实施炭疽袭击所需专业知识和途径的人，数量微乎其微。芭芭拉·哈奇·罗森堡是一位分子生物学家，担任过克林顿总统的顾问，她独立得出了哈特费尔是行凶者的相同结论。她批评政府在案件中没有取得进展，在网上发表了一篇名为《炭疽袭击犯罪者的可能画像》的文章。她还在国会山与律师会面，用自己发现的结果提醒他们保持警觉，敦促联邦调查局把哈特费尔当成嫌犯，将更多注意力集中在他身上。

[4] 原注：“Amerithrax Investigation Summary,” 6.

们一样，哈特费尔知道如何通过邮件传播炭疽菌。[1] 事实上，当他还在美国国立卫生研究院工作时，哈特费尔就曾接受过一次采访，主题是如何仅仅利用简单设备把黑死病转化为武器。[2] 他还以其他方式展示了他的独创性和专业知识：他监督过一个伊拉克移动生物武器实验室的全尺寸模型施工，并教导军队人员如何摧毁该模型。此外，他还帮助编制了一本《1999年手册》，教导紧急救援人员如何处理炭疽菌恶作剧。[3] 他还有一本内容有关华盛顿遭到生物恐怖袭击的书没有出版，这也引起了人们的怀疑。20世纪70年代晚期，一场大规模炭疽热病在罗德西亚爆发，他在该地的工作同样遭到了人们的怀疑。最后，2001年，他开具了多份环丙沙星处方，并在两封炭疽信件寄发的9月份服用该药。[4]

2002年6月25日，在征得哈特费尔同意后，调查人员首次搜查了他位于佛罗里达的公寓和租用的储物间。8月1日，他们再次搜查了该公寓。这次他们使用了搜查证，不仅搜查他的公寓，还搜查了他所住大楼外面的几个垃圾箱，将其一掏而空。此时，新闻报道强调说他并未受到任何犯罪指控，但他却是“众所周知的受到如此仔细审查的唯一人员”。[5] 司法部长阿什克罗夫特8月6日宣布，哈特费尔是本案的利害攸关人员。8月11日，联邦调查局又一次搜查了哈特费尔的公寓。而哈特费尔自始至终坚称自己无辜。8月12日，哈特费尔在其律师事务所外面召开新闻发布会，说道：

> 我对炭疽恐怖事件感到惊讶无比，希望当局能够神速抓获罪犯。因为拥有生物战防御领域的知识和背景，当局将我视为利害攸关人员，这样做我并不反对。但采取当前的调查方式——通过官方发表离谱声明、向媒体蓄意透露信息并导致媒体对我无情攻

[1] 原注：“Amerithrax Investigation Summary,” 6.
[2] 原注：Freed, “The Wrong Man.”
[3] 原注：Freed, “The Wrong Man.”
[4] 原注：“Amerithrax Investigation Summary,” 6.
[5] 原注：Johnston, “Apartment Searched Anew.”

击，让我遭受巨大损害，这样的调查我却坚决反对。我特别反对援引我过去经历的事件来毁坏我的名誉……对此事我一无所知。[1]

但调查人员的看法却颇为不同。在他们眼里，哈特费尔的背景、旅行足迹、科学研究能力和拥有接触炭疽菌的途径，使其毫无疑义地成为本案的利害攸关人员（即便不是案件主要嫌疑人）。

·推荐读物·

Amerithrax Investigation Summary. *Department of Justice.* Washington, DC：Department of Justice. February 19, 2010. http：//www.justice.gov/amerithrax.

二、案例分析：3种结构化分析方法的应用

表2.1 案例快照：炭疽菌杀手

所用结构化分析方法	《情报分析：结构化分析方法》中所在章节	分析类别
年表法与时间轴线法[2]	第四章	分解与可视化（Decomposition and Visualization）
事前分析法	第九章	质疑分析
结构化自我批判法	第九章	质疑分析

政府专案组常需寻找分析人员为其调查提供支持，而调查中事件的快

[1] 原注："Statement of Hatfill," *New York Times*, August 12, 2002, http://www.nytimes.com/2002/08/12/us/weapons-expert-s-words.html?ref=anthrax&pagewanted=print.

[2] 编注：Chronologies and Timelines，《情报分析：结构化分析方法》中译作"大事记表与时间表法"。

速发展、高度严密的审查以及纯粹的巨大信息量，令人难以应付。面对此类挑战，年表法、时间轴线法、地图法和事前分析法及结构化自我批判法等均能成为追踪、评估、分享和排查大量信息资料的主要工具。在本案例中，斯蒂芬·哈特费尔被联邦调查局定为主要利害攸关人员。在以下练习中，学生站在联邦调查局分析人员的立场上，在确定利害攸关人员之前，必须解析本案件中各事件如何展开、以简洁的模式向高级决策者提供信息，同时进行证据分析。

方法 1：年表法与时间轴线法

年表法是一种简单而有用的工具，能够帮助人们按照事件的先后顺序将其排列，以图表形式将信息展示出来，且能够找出可能的信息空白、异常现象及相互关系。这一方法能够让分析人员跳出庞杂的证据表象，站在更有利的战略位置审视信息资料。年表法可以将事件或行动按照其发生的顺序排列出来，时间轴线法则可以形象描述以上事件发生的时间，以及事件之间的时间点。年表法可以与时间轴线法和绘图软件搭配使用，生成多种地理空间产品，展示诸如时间、地点和多个并发事件的多层次信息。本案例的地理范围和众多细节，使年表法、时间轴线法和地图法成为理解案件在时间和空间上如何展开的极有用工具。

任务 1：绘制一份炭疽攻击事件过程及其调查的年表。

步骤 1：根据案件发生日期和顺序，从案例叙述中找出相关信息。

步骤 2：审查年表，提出以下问题：

- ★ 有关信件何时邮寄的问题，炭疽病症状出现的时间告诉了我什么信息?
- ★ 除政府持有的四封信件外，是否可能还有其他信件?
- ★ 我们还应该搜寻何种其他信息?
- ★ 事件发生的时间点是否有异常?

任务 2：根据袭击事件受害人的地理位置，制作一份时间轴线表。

步骤 1：按照事件发生的日期和顺序，采用年表法找出与受害人有关的信息，考虑如何以最佳方式按照时间轴线排列以上信息。以上信息中是否有可以归类的信息？

步骤 2：审查时间轴线，提出以下问题：

★ 信息资料是否表明以上事件中有任何事件在合理发生的顺序和时间方面发生得过快或过慢？（例如炭疽菌信件及其邮戳。）

★ 有关证据的基本假定是否有值得注意者？

★ 本案例研究中是否包含可以视为游离于主题之外的任何异常数据或信息？应该如何处理？

任务 3：根据你自己的年表，绘制一幅带有注释信息的炭疽菌信件和 22 个炭疽袭击案件的地图。在地图中形象地展示以上信息，以便将其用作向高级官员汇报的图表。

步骤 1：利用自己选择的常用软件绘制一幅该地区的地图。

步骤 2：将路线盖住。

步骤 3：用案例中给出的适当时间和地点对该地图做出注释。

分析所得增值。以上事件发生地点和顺序给你带来了何种信息？你还应该搜寻何种补充信息？你是否同意调查人员的调查结果——四封炭疽菌信件和第五封不明信件，很可能是迄今为止上述炭疽袭击案件的元凶？

方法 2、3：事前分析法与结构化自我批判法

使用以上方法的目标是积极明确地质疑既有思维模型或分析共识，以拓宽深思熟虑后做出的可能解释或评估范围。本流程可以在某一潜在失误发生之前对其特点进行识别和分析，从而降低分析失误的风险。[1]

---

[1] 原注：本案例中扼要概括的步骤将事前分析法和结构化自我批判法流程结合了起来。对于需要分析人员思考自己可能出错方式的案例，这种结合极其有益。此类思考需要思路开阔，想象丰富，刨根问底。事前分析法能够充分发挥创造性头脑风暴过程

任务 1：对“斯蒂芬·哈特费尔是炭疽菌杀手”的支配性观点，进行一次事前分析和结构化自我批判。

步骤 1：想象一下，在你公布了包含该支配性观点的分析结果一段时间后，你突然从一个无可怀疑的信息来源处得知该判断有误，然后想象导致分析错误的可能原因。

表2.2　常见分析缺陷

缺陷	定义
分析定式	一种固定观点或态度，忽视与其不一致的新数据。
锚定思维	决策时过度依赖某一特点或信息的倾向。
证实偏见	偏好能够证实某种先入之见或假设的信息，对其是否属实则置之不理。
历史类比	利用以往事件为模型，解释当前事件或预测未来趋势。
镜像思维	假定被分析对象会像分析人员一样行事。
结论过早	根据初步及不完整信息过快得出结论。
满意即可	做出满足与某一问题所有利益相关者要求的快速回应。

步骤 2：利用头脑风暴方法，确定可能解释炭疽投毒事件发生的替代假设，持续跟踪以上假设。

步骤 3：找出支持共同观点的关键假定。其中有无未经证实者？对有些假定是否需要给出警示？如果有些假定无效，会对分析产生多大的影响？

步骤 4：审查构成论据基础的关键证据。分析其是建立在某条关键信息的基础之上，还是建立在报告的某点内容基础之上？若以上任何证据或报告来源有误，它们会对分析产生何种影响？

步骤 5：是否存在矛盾信息或异常信息？是否有与首要假设不一致的信息被忽略？

蕴藏的潜力，结构化自我批判法则能够让人循序渐进地评价各个分析元素。霍耶尔和弗森在《情报分析：结构化分析方法》第二版（Washington, DC: CQ Press, 2015）中提出了一系列结构化自我批判问题，数量较多，我们在本案例中对其进行了精简，以期能够对学生的学习过程提供帮助。

步骤 6：是否有遭到欺骗的可能？是否有人具有欺骗你的动机、时机和手段？

步骤 7：是否有证据缺失之处？该缺失是否影响关键判断？

步骤 8：你是否考虑过存在常见分析缺陷，如分析定式、证实偏见、“满意即可”、结论过早、锚定思维和历史类比等？

步骤 9：根据上述调查主题得出的答案，按照其对分析产生潜在影响的顺序，列出论据中的潜在不足。

分析所得增值。你的分析结果表明，指控哈特费尔的理由有哪些优势和劣势？你还应寻求哪些额外信息？有哪些假定支持该案例？这些假定是否改变或提高了你对案件的确定程度？

[第三章]

网络H_2O

关键问题

✶ 库兰—加德纳水厂面临哪些主要威胁，有哪些漏洞？

✶ 水泵运行异常有多长时间？

✶ 水泵故障原因何在？

✶ 水泵故障对水厂有何影响？广而言之，对水务行业有何影响？

内容提要

2011 年 11 月 8 日，在伊利诺伊州斯普林菲尔德市外的库兰—加德纳公共供水区，一台大型水泵反复地自动开机、停机，好像有人在不停快速地开启和关闭开关。虽然这台水泵已经古怪地运行了两三个月，但从未出现过反复启动和停机的情况。当天傍晚，泵被烧坏，无法再用。公共设施官员们感到困惑不解，是什么人或什么东西导致该泵出现故障？**启动清单法**（Getting Started Checklist）、**关键假定检查法**（Key Assumptions Check）和**魔鬼代言人**（Devil's Advocacy）可以用作快速有效的分析方法，帮助分析人员聚焦相关问题、思考替代结果、揭露无依据假定和排除最终分析结果中存在的问题。

一、案例叙述

2011 年 11 月 8 日，库兰—加德纳公共供水区的一名员工注意到，有一台大型水泵反复自动开机、关机，这让他难以置信。好像有人在反复开合水泵开关。库兰—加德纳水厂的服务对象，是位于伊利诺伊州中部的库兰镇和加德纳镇，紧靠该州首府斯普林菲尔德的西边（见地图 3.1）。这两个镇有一半地区是农村。该水厂拥有一个数据采集与监控系统（supervisory control and data acquisition system），可以持续监控水厂。该系统提醒员工注意那台故障水泵。尽管该泵两三个月来一直表现怪异，但从未反复开机、停机。[1] 当天傍晚，泵被烧坏，无法再用。公共设施官员大惑不解：谁是导致该泵出现故障的元凶？是什么原因导致其出现故障？

美国水务行业：生死攸关的资源

库兰—加德纳公共供水区水厂是高度相互依赖的庞大美国水务行业的组成部分，拥有 15.3 万多个公共饮用水厂和 16500 多个公共污水厂。这些水厂主要由其所在市的市政府拥有和经营。超过 84% 的美国人口从以上水厂接收饮用水，而超过 75% 的美国人口接受其污水处理服务。[2]

无论是为大型城市还是为农村社区提供服务，像库兰—加德纳这样的水厂，都要包含几项关键物资、网络和人员要素，它们在保证水厂发挥功能方面都能起作用（见图 3.1）。这些水的水源必须定位，水必须输送、储

[1] 原注：Kim Zetter, "H(ackers)$_2$O: Attack on City Water Station Destroys Pump," *Wired*, November 18, 2011, http://www.wired.com/threatlevel/2011/11/hackers-destroy-water-pump/.

[2] 原注："Water: Critical Infrastructure and Key Resources Sector-Specific Plan as Input to the National Infrastructure Protection Plan Executive Summary," Department of Homeland Security, May 2007, 3.

存、处理、处理后再次储存、分配和进行污染物及流量监控。水厂操作人员和承包商常常借助于工业控制系统——例如数据采集与监控系统等，监督以上流程。这些系统常通过互联网启动，帮助监控水厂复杂的作业，并通过控制室设定的方式显示出来。若系统检测到所监控的任何水厂作业发生变化，就会通知操作人员。[1] 对于众多潜在问题的早期检测和淡化，负责监控水厂的数据采集与监控系统起着至关重要的作用。这些问题包括机械失灵、电压浪涌、水流量波动、污染物达到峰值及电力系统短路等。

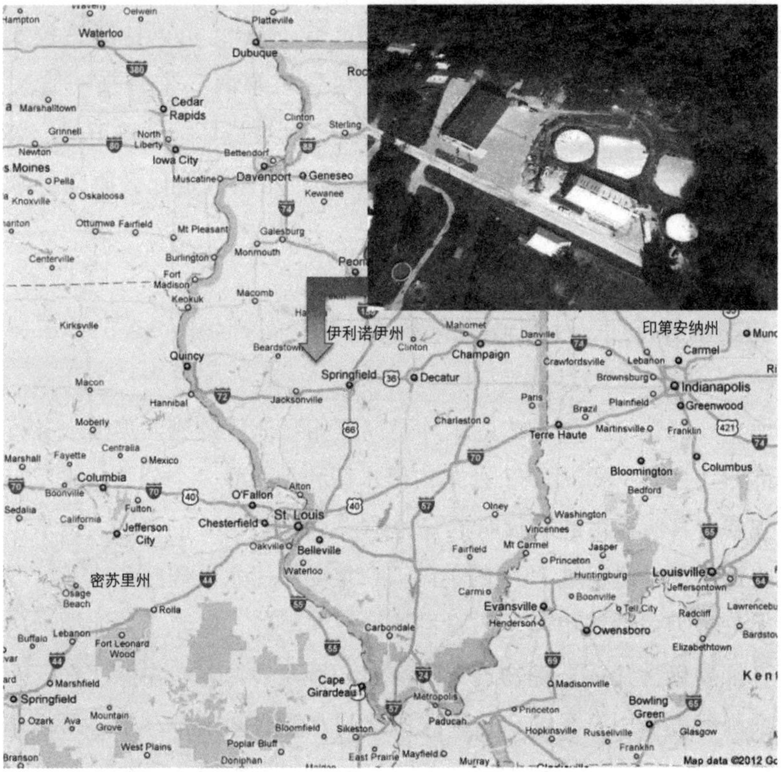

地图 3.1 库兰—加德纳公共供水区设施位置

[1] 原注：Robert O'Harrow Jr., "Cyber Search Engine Shodan Exposes Industrial Control Systems to New Risks," *New York Times*, June 3, 2012, http://www.washingtonpost.com/investigations/cyber-search-engine-exposes-vulnerabilities/2012/06/03/gJQAIK9KCV_ story.html.

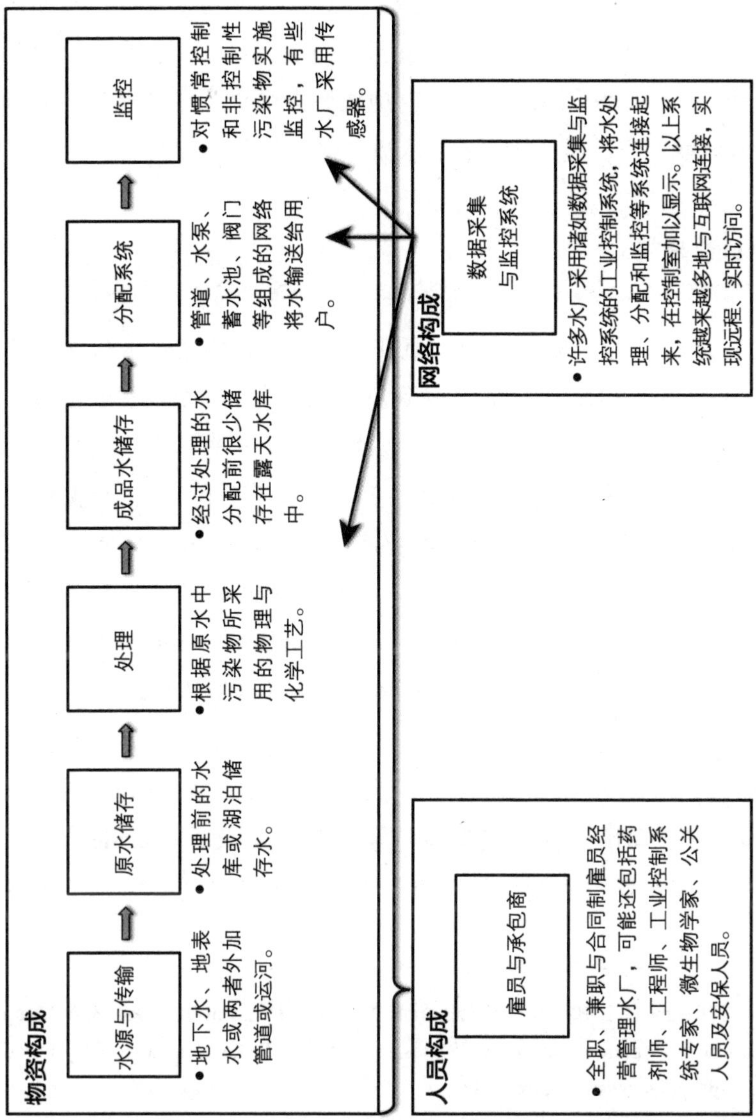

图 3.1 水厂的物资、网络与人员构成

水务行业是高度相互依赖的部门，它对于包括农业、应急服务、国防工业基地、通信、能源、交通、银行与金融、化工业及关键制造业部门在内的其他许多领域的顺利运作至关重要。[1] 以上领域均依靠水来发挥其功能（见图 3.2）。自 1950 年以来，美国的整体耗水量从一天 1800 亿桶上升至 2005 年的一天 4100 亿桶。[2] 据美国地质调查局称，热电行业是美国迄今最大的水消耗大户，但其他领域的水需求也毫不逊色。[3]

政府日益重视

在过去的 30 年里，联邦政府一直在采取行动，加大对水这项关键资源及其依赖者的保护力度，防止其受到自然和人为威胁及漏洞的侵害。与政府对水资源保护的日益重视相呼应，美国环境保护署扩大了监督和执法的职责范围，其地位得到提升。20 世纪 70 年代，《安全饮用水法案》确立了全国的饮用水标准。1972 年修订的《清洁水法案》，规定了水质量标准和联邦与州政府执法机构的权限。同样，20 世纪 90 年代，借助于《清洁空气法》修正案，政府要求储存某些化学品（例如水厂使用的氯气）的水厂，制订风险管理计划，提交给美国环境保护署并接受其监督。[4]

2001 年“9 · 11”恐怖袭击后，联邦政府开始重视保护美国免受人为威胁。2003 年，《总统国土安全令 7 号》(Homeland Security Presidential Directive 7）指定美国环保署或特定行业代理处（sector-specific agency，SSA）承担美国水务行业的领导职责。美国环保署与美国国土安全部携

[1] 原注：Water NIPP, 86.

[2] 原注：J. F. Kenny, N. L. Barber, S. S. Hutson, K. S. Linsey, J. K., Lovelace, and M. A. Maupin, “Estimated Use of Water in the United States in 2005,” U.S. Geological Survey Circular 1344, 2009, http://pubs.usgs.gov/circ/1344/.

[3] 原注：J. F. Kenny, N. L. Barber, S. S. Hutson, K. S. Linsey, J. K., Lovelace, and M. A. Maupin, “Estimated Use of Water in the United States in 2005,” U.S. Geological Survey Circular 1344, 2009, http://pubs.usgs.gov/circ/1344/.

[4] 原注：Environmental Protection Agency website, http://www.epa.gov/air/caa/.

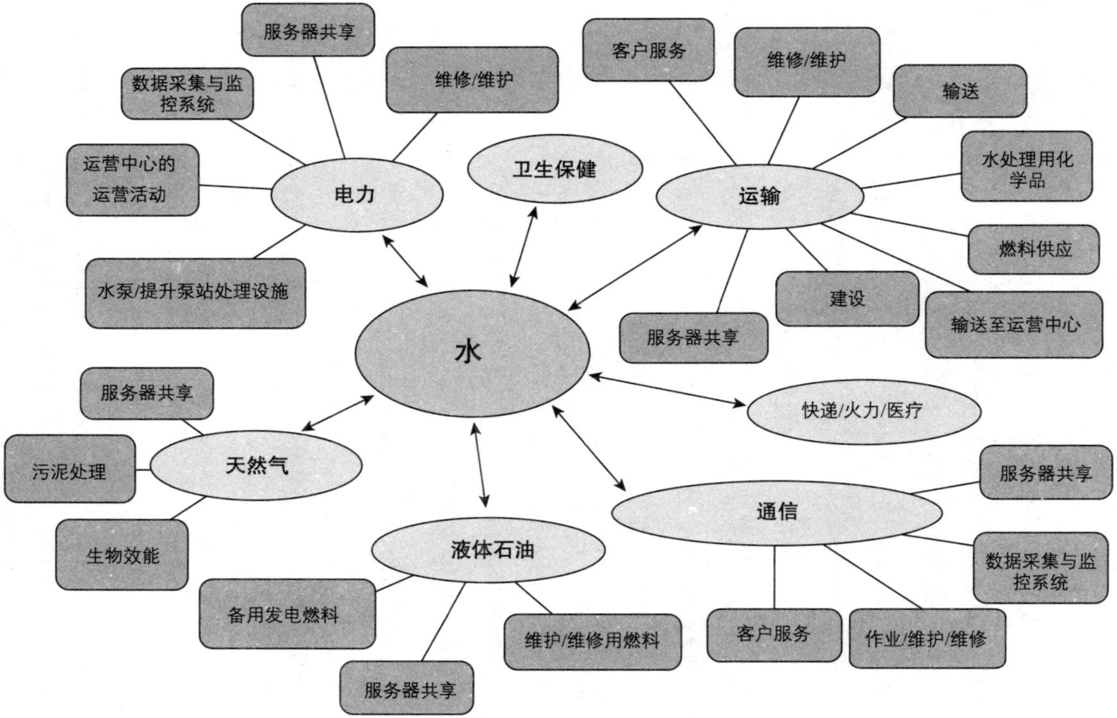

图 3.2 水务行业的相互依赖性

资料来源："Water Sector-Specific Plan: An Annex to the National Infrastructure Protection Plan," 2010, Department of Homeland Security and United States Environmental Protection Agency, http://water.epa.gov/infrastructure/watersecurity/lawsregs/upload/watersecorspecificplan2010.pdf, 26.

手执行了大量总统指令、行政命令和法令，并帮助协调在联邦、州、地方、部落和行业利害相关者之间进行信息共享。其间，各级政府与行业机构均参与了保卫和提高美国水务行业承受自然灾害、人为事故或袭击抵抗力的活动。以上领导机构携起手来，一起通过政府水务协调委员会（Water Government Coordinating Council），在政府行业伙伴之间进行协调工作。同时，私营行业业主与经营者也通过水务协调委员会（Water Sector Coordinating Council）鼓励信息共享，进行分析活动。

为了保证信息的及时发送，2002 年，国会设立了水务信息共享与分析中心。该中心由行业提供的人员组成，最初着力于预防污染、恐怖主义和网络袭击工作，但目前也涉及将所有危险的信息发送给行业人员。与州级融合中心一起，水务信息共享与分析中心的授权工作，除了专家对上报的水务系统威胁进行分析外，还要对水务安全提出及时预警。[1] 遍布全国各地的州与城市融合中心也是行业与联邦政府之间的重要信息渠道。它们“做出分析、推动信息共享、帮助执法和国土安全合作伙伴对犯罪和恐怖主义进行预防和回应、为人们提供保护”。[2] 虽然融合中心由州和地方实体拥有和运作，但联邦政府也为其提供人员和其他资源。[3]

据 2010 年国家基础设施保护计划称，从事以上活动的目的，是保证水务行业“安全和富有抵抗力……并提供清洁和安全用水，以其作为日常生活的有机组成部分，通过在该行业实施由有效的准备工作和安全实践构成的多层次防御，确保国家饮用水和污水公共设施的经济活力和公信力”。[4] 该体系的庞大规模和开放性，以及各独立运营商之间的分散性，对联邦、州和地方国土安全专业人员及其业务构成了重大挑战。就在 2011

[1] 原注：WaterISAC Water Security Network website, https://portal.waterisac.org/web/ aboutus.jspa.

[2] 原注：National Network of Fusion Centers Fact Sheet. Department of Homeland Security website, http://www.dhs.gov/files/programs/gc_1296484657738.shtm.

[3] 原注：National Network of Fusion Centers Fact Sheet. Department of Homeland Security website, http://www.dhs.gov/files/programs/gc_1296484657738.shtm.

[4] 原注：Water NIPP, 15.

年伊利诺伊州水泵故障发生前的一年，美国国土安全部决定将水务行业纳入国家基础设施保护计划，该计划为水务行业规定了 4 个目标：

1. 持续维护公众健康和环境；
2. 识别并降低风险；
3. 保持基础设施稳定；
4. 增强交流，扩大服务范围，提高公信力。

至关重要的基础设施：网络空间

在过去的 10 年里，随着网络攻击数量的增多及其复杂性的增强，美国国家的关键设施对互联网更加依赖，以基础设施目标为网络攻击目标的风险大幅增加，潜在后果的严重性也大幅增强。《2003 年国家网络空间安全战略》规定了 3 个网络安全战略目标，预防“以全国关键基础设施为目标实施的网络攻击”被定为第一目标，其内容包括减少“面对网络攻击出现的国家漏洞”和“将确已发生的网络攻击伤害程度降至最低”。[1]2008 年，白宫发布了《国家网络空间政策评论》，进一步强调说“网络空间几乎支撑着现代社会的各个方面，并为美国经济、民用基础设施和公共安全提供决定性支持”。该评论还补充说：“越来越多的国家行为者和非国家行为者，正在损害、窃取、改动或破坏能够给众多美国系统带来致命破坏的信息。”[2]2009 年，国家情报总监说：“信息系统、互联网及其他基础设施之间的连通性越来越强，这为攻击者破坏电信、电力、能源管线、炼油厂、金融网络和其他关键性基础设施制造了机会。”[3]

---

[1] 原注：“The National Strategy to Secure Cyberspace,” The White House, February 2003, http://www.us-cert.gov/reading_room/cyberspace_strategy.pdf.

[2] 原注：“National Cyberspace Policy Review,” The White House, 2008, http://www.whitehouse.gov/assets/documents/Cyberspace_Policy_Review_final.pdf, iii.

[3] 原注：“National Cyberspace Policy Review,” The White House, 2008, http://www.whitehouse.gov/assets/documents/Cyberspace_Policy_Review_final.pdf, 1–2.

目前还没有描述以上网络活动且得到大家一致认可的正式词汇。美国国防部将计算机网络攻击行为归类为计算机网络利用（computer network exploitation，CNE）或计算机网络攻击（computer network attack，CNA），虽然攻击性行为常常兼具以上两者。[1] 在美国政府内外，以上术语为人们普遍接受，将其用来描述“攻击、欺骗、降低、拒绝、破坏和利用……电子信息与基础设施”的众多活动。[2] 计算机网络利用包括信息收集活动，而计算机网络攻击则包括拒绝为目标服务、破坏或降低目标的攻击行为。两者通常都披着意在模糊攻击源的欺骗性外衣，其攻击模式和后果包括网页涂改（website defacements）、分布式拒绝服务攻击（distributed denial of service attacks），远程控制计算机、机器、网络和系统的编码利用（code exploits）等。

随着“9 · 11”恐怖袭击后美国政府对全面的网络空间保护战略步骤的采用，圈内人士、外国政府和国内黑客所采用的工具，也变得日益先进和更有能力将工业控制系统作为目标，例如像美国关键基础设施（包括水务行业）的致命部分——数据采集与监控系统等。[3]

政府和行业发起的最新研究项目表明，重大漏洞和新技术的出现，正在增大监控和维持关键行业工业控制系统的风险。这些漏洞与老化系统的数量庞大和众多基本安全措施——例如构建防火墙或设置密码保护等的缺失密切相关。最近的一项行业研究表明，黑客能够利用软件和硬件漏洞闯入七分之六的工业控制系统。有一种名为“后门”的软件，可以让黑客“下载或完全避开安全措施”。[4]2010 年，国土安全部注意到风险在增大，建议“将所有控制系统资产置于防火墙之后，采用安全的远程访问方法并禁用默认密码”。[5]

[1] 原注：“Joint Publication 3–13 Information Operations,” U.S. Department of Defense, February 13, 2006, http://www.fas.org/irp/doddir/dod/jp3_13.pdf, II-4 and II-5.

[2] 原注：“Joint Publication 3–13 Information Operations,” U.S. Department of Defense, February 13, 2006, http://www.fas.org/irp/doddir/dod/jp3_13.pdf, II-4 and II-5.

[3] 原注：Edward Amoroso, *Cyber Attacks: Protecting National Infrastructure* (Boston: Butterworth-Heinemann, 2010), 4–5.

[4] 原注：O’Harrow, “Cyber Search Engine Shodan Exposes Industrial Control Systems.”

[5] 原注：O’Harrow, “Cyber Search Engine Shodan Exposes Industrial Control Systems.”

文本框 3.1　网络攻击词汇

以下活动是当前网络空间里观察到的计算机网络攻击行为，它们是许多一般类型攻击行为的一部分，按由低到高的难易程度排列：

网页涂改（Defacement）：为了达到恶作剧或政治目的而改动某一网站，类似于涂鸦行为。

拒绝服务（Denial of Service）/**分布式拒绝服务**（Distributed Denial of Service）：利用计算机拒绝访问者进入某一网站或其他在线资源，以此达到商业、刑事、政治或军事目的。

机器人程序/蠕虫（BOTS/Worms）：远程命令和控制一台或多台外部计算机的技术，被控制的计算机则会被利用来达到各种目的，包括分布式拒绝服务攻击和数据交换过滤等。

利用（Exploit）：渗透一台计算机或计算机网络，以识别、改动或交换过滤数据集或编码。

但即使是已经完成安全升级的系统，也仍然容易受到攻击。2007年，国土安全部与电力行业携手实施了“曙光女神工程”(Project Aurora)。试验结果表明，爱达荷国家实验室的黑客可以通过网络远程进入发电机，并“通过反复触发断路器，在机器上（制造）巨大扭矩，最终使其晃动、冒烟并将其撕成碎片”。[1] 新技术也让黑客们能映射工业控制系统网络的系统规格，这是一种被用来访问上述系统的能力。有一种技术是使用一种叫作 Shodan 的搜索引擎。自 2010 年以来，Shodan 使用者已经收集了近 1 亿台设备的系统规格信息，包括设备的准确位置和操作软件等。[2]

[1] 原注：O’Harrow, “Cyber Search Engine Shodan Exposes Industrial Control Systems.”

[2] 原注：O’Harrow, “Cyber Search Engine Shodan Exposes Industrial Control Systems.”

漏洞不断增多，带来新威胁

随着政府对水务行业保护活动的加强，水务系统面临的威胁也在增大。“9 · 11”恐怖袭击前，水务行业的安全重点集中在应对天气或地震之类的自然灾害，或者由故意毁坏或闹情绪的内部人员实施的人为破坏。[1]“9 · 11”恐怖袭击后，人们对水务系统面临的潜在威胁越来越担心，将化学、生物、放射和核攻击及网络攻击的可能性统统包括进去。2006 年，在递交给国会的一份报告中，国会研究服务处（Congressional Research Service）评论说：

> 虽然有些专家认为水务系统实际面临的风险很小，因为要利用足量的药剂来导致人们普遍受伤、担忧并对潜在问题高度警觉，显然很难。但将生物制剂作为潜在武器，其相关因素还包括该制剂在饮用水系统中的稳定性、毒性、达到所需数量时的可培养性以及对检测与处理的抗拒性等。针对计算机操作的网络攻击会影响到整个基础设施网络，而水务公用系统（water utility systems）的黑客行为则会导致信息被盗取或篡改，服务遭拒，服务中断。[2]

长期以来，专家们一直将网络空间视为关键基础设施的主要漏洞。2002 年，一群忧心忡忡的科学家发表了一封给布什总统的公开信，信中指

[1] 原注：Claudia Copeland and Betsy Cody, “Terrorism and Security Issues Facing the Water Infrastructure Sector,” Congressional Research Service, updated May 24, 2006, http://fpc.state.gov/documents/organization/68790.pdf, 3.

[2] 原注：Claudia Copeland and Betsy Cody, “Terrorism and Security Issues Facing the Water Infrastructure Sector,” Congressional Research Service, updated May 24, 2006, http://fpc.state.gov/documents/organization/68790.pdf, 3.

出“美国的关键基础设施，包括电力、金融、电信、卫生保健、交通、水务、国防和互联网，极易遭受网络攻击”。[1] 其主要原因是，数据采集与监控系统或对其进行监控的其他系统本身存在漏洞。有位名叫乔·维斯的专家级控制系统工程师，经常就数据采集与监控系统的漏洞发表评论。他说数据采集与监控系统之类的控制系统非常有效，使其如此有效的因素也同样使其易受伤害。设计它们的初衷，就是让人们能够利用包括互联网在内的众多不同手段，对其进行远程访问。[2] 因此，数据采集与监控系统不仅容易实现远程监控，而且也能为他人的侵入提供方便之门。有位专家将这个漏洞称为水务领域 的“软肋”。[3]

对于以上漏洞，敌手心知肚明。近来遭到的几次攻击表明，黑客们正在日益频繁地利用这些漏洞。2001 年，联邦调查局侦破了三起被描述为“戏弄性攻击”的案子，作案者意在攻击水务系统的漏洞并展示黑客的超凡技术。[4] 就在当月，发生了库兰—加德纳水厂事件。一个名叫“pr0f”的黑客攻击了得克萨斯州休斯敦的水务系统。他涂改了该系统的网站，在网站内贴上了据称是从系统内部获得的图片截屏。[5] 虽然这次袭击只是故意实施的破坏行为，但该网站被涂改却证明了“pr0f”能够成功地突

[1] 原注：Open Letter from Concerned Scientists, *Frontline* website, February 2012, http://www.pbs.org/wgbh/pages/frontline/shows/cyberwar/etc/letter.html.

[2] 原注：Joe Weiss, “Interview with Joe Weiss,” *Frontline* website, http://www.pbs.org/wgbh/pages/frontline/shows/cyberwar/interviews/weiss.html.

[3] 原注：Mickey McCarter, “Infrastructure Security: DHS, FBI Dispel Allegations of Illinois Water Pump Attack,” *Homeland Security Today*, November 30, 2012, http://www.hstoday.us/focused-topics/infrastructure-security/single-article-page/dhs-fbi-dispel-allegations-of-illinois-water-pump-hack.html.

[4] 原注：Famed Y. Rashid, “FBI Admits Attackers Compromised SCADA Systems in Three U.S. Cities,” *EWeek.com*, December 1, 2011, http://www.eweek.com/c/a/Security/ FBI-Admits-Attackers-Compromised-SCADA-Systems-in-Three-US-Cities-548815/.

[5] 原注：Famed Y. Rashid, “FBI Admits Attackers Compromised SCADA Systems in Three U.S. Cities,” *EWeek.com*, December 1, 2011, http://www.eweek.com/c/a/Security/ FBI-Admits-Attackers-Compromised-SCADA-Systems-in-Three-US-Cities-548815/.

破网站防御并访问保密信息。但2000年以后出现的其他攻击，其破坏性却大得多。2000年，澳大利亚一家技术公司中一位郁闷不满的求职者，利用无线电发射器远程进入了污水处理厂的控制系统，将数千加仑未经处理的污水排放进附近的河流和公园，给当地野生动植物和水道带来毁灭性打击。[1]

国土安全部工业控制系统网络应急团队报告说，水务和电力公共设施每天都遭到攻击，攻击的数量越来越大、复杂程度越来越高。[2] 该团队成立于2002年，从事关键基础设施信息系统的分析、预警、信息共享、漏洞补强和减弱及全国性信息恢复工作。[3] 团队设置了一个行动中心，24小时有人值班，同时还建立了几个对外行动团队，在发生安全事故时提供网络和刑侦分析帮助。2009年以来，该应急团队接到的上报事故数量显著升高，事故范围覆盖网页涂改、病毒、蠕虫传播、僵尸网络攻击，及被该团队归纳为国家行为者间谍活动的漏洞利用。[4]

系统故障

11月8日，库兰—加德纳水厂的操作人员并未立刻弄清楚该水泵发生故障的原因。他们采取适当的步骤进行了调查，并将事故上报给美国环保署。这次极不寻常的故障引起了伊利诺伊州恐怖主义与情报中心

[1] 原注：O'Harrow, "Cyber Search Engine Shodan Exposes Industrial Control Systems."

[2] 原注："ICS-CERT Monthly Monitor, Department of Homeland Security Industrial Control Systems Cyber Emergency Response Team," December 2011, http://www.us-cert.gov/control_systems/pdf/ICS-CERT_Monthly_Monitor_Dec2011.pdf.

[3] 原注："Computer Network Security and Privacy Protection," Department of Homeland Security, February 19, 2010, http://www.dhs.gov/xlibrary/assets/privacy/privacy_ cybersecurity_white_paper.pdf.

[4] 原注：Ellen Messmer, "DHS: America's Water and Power Utilities under Daily Cyber-Attack," *Network World*, April 4, 2012, http://www.networkworld.com/news/2012/040412-dhs-cyberattack-257946.html.

（该州的融合中心）的注意。该中心得知，在这次袭击发生前的几个月内，曾经有人通过一个俄罗斯 IP 地址利用数据采集与监控系统的登录认证信息（log-on credentials），对库兰—加德纳的数据采集与监控系统进行过异常访问。找出袭击原因是网络分析的重大挑战，原因是借助真实的登录认证信息和利用发射多个 IP 地址的能力，黑客们能够让袭击源变得模糊不清。但是，能够准确定位利用数据采集与监控系统日志文档进入该系统的地点、时间和持续时间的网络取证技术，却能够帮助人们解开这个谜团。在本案例中，伊利诺伊州融合中心得知此次对该系统的侵入系由国外人员实施，意识到他们可能利用了盗取或借助黑客手段获得的数据采集与监控系统登录认证信息。到 11 月 10 日，该州融合中心越来越相信，恶意攻击来自俄罗斯，他们用盗取的数据采集与监控系统登录认证信息。他们知道此类恶意攻击可能只是个开始。11 月 10 日，在该水泵故障发生仅仅两天后，他们拟定了一份有关此次入侵及与俄罗斯关联的报告，准备将其送交联邦、州、地方、部落和行业的利害相关者。

·推荐读物·

Copeland, Claudia. “Terrorism and Security Issues Facing the Water Infrastructure Sector.” Congressional Research Service. December 15, 2010. http://www.fas.org/sgp/crs/terror/RL32189.pdf.

“The National Strategy to Secure Cyberspace.” The White House. February 2003. http://www.us-cert.gov/reading_room/cyberspace_strategy.pdf.

“Water Sector–Specific Plan: An Annex to the National Infrastructure Protection Plan.” Department of Homeland Security and United States Environmental Protection Agency. 2010. http://water.epa.gov/infrastructure/watersecurity/lawsregs/upload/watersectorspecificplan 2010.pdf.

二、案例分析：3种结构化分析方法的应用

表3.1　案例快照：网络H_2O

所用结构化分析方法	《情报分析：结构化分析方法》中所在章节	分析类别
启动清单法	第四章	分解与可视化
关键假定检查法	第八章	因果评估
魔鬼代言人	第九章	质疑分析

人们常常要求分析人员在紧急状况下对突发问题进行分析。时间是第一要务，分析人员要将分析结果提交给利益相关者，面临这样的巨大压力，分析人员的责任是确保不要因为分析的及时性而牺牲其相关性和精准度。启动清单法、关键假定检查法和魔鬼代言人是帮助分析人员聚焦相关问题、思考替代结果、揭露无依据假定和排除最终分析结果中存在问题的快捷有效方法。

方法1：启动清单法

第一步正确无误，是所有分析成功的关键：启动清单法可以帮助解释说明多个重要方面——有关受众、中心分析问题、证据基础、替代解释及能够对所分析问题产生影响的其他资源等方面。在项目开始之初理顺以上基础性问题，分析人员就可以避免以后被迫改弦更张。这种基础性工作可以节省时间，大幅提高最终产品的质量。

任务1：站在刚刚得知库兰—加德纳水厂水泵事件的伊利诺伊州融合中心分析人员的立场上，利用启动清单法的下述问题展开分析。

步骤1：何种驱动因素让上述分析成为必要？例如，是一篇新闻报道、一份

新情报报告、出现的新进展、看法发生改变，还是用户提出了要求？

步骤 2：需要回答的关键问题是哪个？

步骤 3：这个问题为何重要？如何才能让分析做出有益贡献？

步骤 4：你所在的组织或任何其他组织以前是否有解决这一问题或类似问题的答案？如果有，答案内容是什么？该分析结果交给了何人？自那时起，发生了何种变化？

步骤 5：主要用户是谁？分析人员是否清楚了解这些用户的需求？如果不是，应想办法更好地了解其需求及所偏爱的报告风格。

步骤 6：是否有与该问题答案利益相关的其他人员？谁会从不同角度审视该问题并更喜欢回答不同问题？考虑与以不同角度看待该问题的其他人员会面。

步骤 7：根据你的第一印象，这一问题可能有哪些答案？例如，在对该问题做出分析判断之前，应该考虑何种替代解释或结果？

步骤 8：根据对前述问题的回答，考虑改写关键问题，增加辅助性或补充性问题。

步骤 9：生成一份有待于探究的潜在报告源或信息流的清单。

步骤 10：走出去，利用其他组织分析人员的经验和专业知识——政府内外了解该主题的分析人员的知识。例如，召开一次会议或虚拟会议，就相关证据进行一次头脑风暴，拟出一份列有替代假设、驱动力、关键指标或重要参与者的清单。

分析所得增值。所列问题的答案对人们普遍持有的判断——“有人利用窃取的数据采集与监控系统登录认证信息，从俄罗斯发起入侵，引起了这起水泵故障”——有何影响？

方法 2：关键假定检查法

关键假定检查法是一种系统性活动，能够明确和质疑那些引导分析人员解读有关具体问题的证据和推理时所做的假定。分析人员必须处理不完整、模糊和有时具有欺骗性的信息，而做出假定通常是填补信息空白必不可少的手段。做出假定的动力来自分析人员所受的教育、培训和经验，包括其生活和工作于其中的文化和组织环境。识别假定可能很难，因为很多假定是人们所坚信的社会文化信念，或在不知不觉中占据人们的脑海，以至于它们被假定为真理，不受任何质疑。但当关键假定无效时，识别此类假定并评估其整体影响，则是严谨分析过程中至关重要的组成部分。

任务 2：就人们普遍持有的“有人利用窃取的数据采集与监控系统登录认证信息，从俄罗斯发起入侵，引起了这起水泵故障”的判断，进行一次关键假定检查。

步骤 1：召集一小组研究该问题的人员，外加几个“局外人”。这一主要分析单位已经按照既定的思维模型进行了研究，因此需要“局外人”带来其他观点。

步骤 2：最好要求参与者与会时带来一份假定清单，若没有清单，则以一次无声的头脑风暴专题会开始会议。让每个参与者在 3 英寸[1]×5 英寸大的卡片上写下数个假定。

步骤 3：收集卡片，在一块白板上列出以上假定供大家查看。可以使用表 3.2 中的简单模板。

步骤 4：引出更多假定。沿着分析主线回溯至支撑该主线的关键论据。利用各种工具来帮助激发参与者的思考。提出记者式的标准问题：何人？何事？如何？何时？何地？何故？

诸如“将始终”“将永不”或“将要”之类的用语，表明某一观点未受到质疑，可能应该如此。诸如“根据”或“一般来说”之类的用语，表明正在做出一个质疑假定。

步骤 5：确定完一整套假定后，严格审查各个假定。提出以下问题：

★ 我为什么相信这个假定正确？

[1] 编注：1 英寸≈2.5 厘米。

★ 这一假定在何种情况下可能不实？

★ 该假定是否可能过去正确，但现在已不再正确？

★ 我对该假定有效的自信度有多大？

★ 若该假定被证明无效，将对分析产生多大影响？

步骤 6：利用表 3.2，将各个假定归入以下三类之一：

1. 基本有支持依据；
2. 有些警示正确；
3. 缺乏支持依据或有问题——针对“关键不确定处”。

步骤 7：提炼该清单，删除经不起仔细审查的假定，补入讨论中出现的新假定。

步骤 8：考虑是否应该将关键不确定处转化为情报搜集需求或研究课题。

分析所得增值。缺乏支持依据的假定可能对你的水泵故障分析产生何种影响？你对水泵故障原因的分析有多少自信？

表3.2 关键假定检查法模板

关键假定	评论	有支持依据	给出警示	缺乏支持依据

方法 3：魔鬼代言人

可以利用魔鬼代言人对所提议的分析判断、计划或决策提出批评。决策者或军队指挥官在做出最后决策前，常常利用这一方法询问分析可能出现的错误。针对所提议决策或分析判断，魔鬼代言人能够给出可能出现的最强力反对情形。这些情形常常通过审查关键假定和不确定性来源而提出。

任务 3： 人们普遍持有的判断是——“有人利用窃取的数据采集与监控系统登录认证信息，从俄罗斯发起入侵，引起了这起水泵故障”，给出能够驳斥这一判断的最强力可能情形。

步　骤： 虽然魔鬼代言人并无既定步骤，但却可以让人们从分析判断、假定和信息空白处着手，将其用作构建对抗上述初始判断的有用起点。然后，再逐渐提出否定各个目标的合乎逻辑的论据。

分析带来的增值。 哪些问题能够否定分析结果？原因何在？

[第四章]

核机密泄露案

关键问题

★ 美国政府为何起诉李文和犯有间谍罪?

★ 该案例有哪些内容属于最无懈可击和最不堪一击?

★ 某国核技术进步的可能原因有哪些?

内容提要

1999 年，《纽约时报》报道说，某国利用盗取的美国核机密快速推进了核弹头开发。由于能够接触到此类数据的美国科学家数量较少，调查很快聚焦到核能科学家李文和身上。在数十年的时间内，李文和是否干着无人察觉的邪恶勾当？抑或是美国政府缩小其调查范围的速度过快？分析人员采用**力场分析法（Force Field Analysis）**、**欺骗识别法（Deception Detection）**、**事前分析法**与**结构化自我批判法**来评估涉案双方，进行欺骗测试，质疑美国政府认为李文和是间谍的立场，解决所提出的疑问。

一、案例叙述

20 世纪 90 年代，克林顿政府努力寻求拓展与某国的外交和贸易关系。此时，该国针对美国技术目标的间谍活动——特别是针对美国国家实验室核武器数据的间谍活动，受到了广泛的关注。随着有关指控和反指控的活动显露出来，（新墨西哥州）洛斯阿拉莫斯国家实验室（Los Alamos National Laboratory，LANL）研究某国核试验的美国科学家得出结论说，1992 年的核试验表明，该国核弹头的微型化突然取得了进展。他们认为，该国核弹头与美国最先进的核武器——W–88 核弹头（见图 4.1）十分相似。[1] 取得这一进步后，该国具备了拥有现代化核力量的基础。

罗伯特 · 汉森（Robert M. Henson）是洛斯阿拉莫斯国家实验室的武器设计师，他认为某国能够取得这样的进步，其唯一方式就是窃取美国的核机密。[2] 汉森的观点得到了约翰 · 里克特（John L. Richter）的支持，他是一位专门从事氢弹触发器设计的设计师。里克特辩称，零碎不全的证据表明，某国取得了有关 W–88 核弹头触发器的重要数据。[3] 一项调查随后展开，调查结果让调查人员相信国家实验室 W–88 核弹头数据的盗窃案发生在 20 世纪 80 年代。有证据表明，20 世纪 90 年代，在各个日益开放的国家实验室内，某国的间谍活动持续不断。由于能够接触到此类数据的科学家群体规模较小，所以调查人员很快就把注意力聚焦起来，指向了对此次

[1] 原注：James Risen and Jeff Garth, "Breach at Los Alamos: A Special Report," *New York Times,* March 6, 1999, http://www.nytimes.com/1999/03/06/world/breach-los-alamos-special-report...nuclear-secrets-for-bombs-us-aides.html.

[2] 原注：Matthew Purdy, "The Prosecution Unravels: The Case of Wen Ho Lee," with James Stern Gold, *New York Times*, February 5, 2001, http://www.nytimes.com/2001/02/05/us/the-prosecution-unravels-the-case-of-wen-ho-lee.html.

[3] 原注：Matthew Purdy, "The Prosecution Unravels: The Case of Wen Ho Lee," with James Stern Gold, *New York Times*, February 5, 2001, http://www.nytimes.com/2001/02/05/us/the-prosecution-unravels-the-case-of-wen-ho-lee.html.

泄密负有明显责任的人员。

技术威胁

反情报官员报告说，在搜集有关美国先进技术的信息方面，某国气势咄咄逼人。[1] 为了获取关键信息，该国采用了既温和合法又传统费力的间谍技巧。在与这些科学家接触过程中，他们把目标锁定特定人群身上。[2] 他们采用非正式的方式在社交场合中收集个人的花边新闻，也从美国国家实验室和工业现场的访客、科技论文和学生中收集花边新闻。此外，该国情报官员还接近在他们国家旅行或参加科技会议的科学家。他们也采用传统的间谍技巧——招募间谍和实施双重间谍行动。[3]

1995 年，一条至关重要的核武器情报引起美国能源部（DOE）情报总监（director of intelligence）诺绰·楚洛克（Notra Trulock）的注意。此后，某国间谍活动构成的威胁变得显而易见。[4] 汉森告诉楚洛克，他担心该国可能在 20 世纪 80 年代中期就已经从美国窃取核机密了，尽管事实上核机密盗窃案直到 1995 年才被发觉。[5] 令汉森特别担心的是，该国已设法在令人惊讶的短时间内缩小了他所设计的核弹头尺寸。[6]1992 年进行的试验表明，该国能够制造携带多弹头的导弹，目前还能够将其安装于潜艇内。[7]

---

[1] 原注：Matthew Purdy, "The Prosecution Unravels: The Case of Wen Ho Lee," with James Stern Gold, *New York Times*, February 5, 2001, http://www.nytimes.com/2001/02/05/us/the-prosecution-unravels-the-case-of-wen-ho-lee.html.

[2] 原注：Matthew Purdy, "The Prosecution Unravels: The Case of Wen Ho Lee," with James Stern Gold, *New York Times*, February 5, 2001, http://www.nytimes.com/2001/02/05/us/the-prosecution-unravels-the-case-of-wen-ho-lee.html.

[3] 原注：Risen and Garth, "Breach at Los Alamos."

[4] 原注：Purdy, "The Prosecution Unravels."

[5] 原注：Purdy, "The Prosecution Unravels."

[6] 原注：Purdy, "The Prosecution Unravels."

[7] 原注：Purdy, "The Prosecution Unravels."

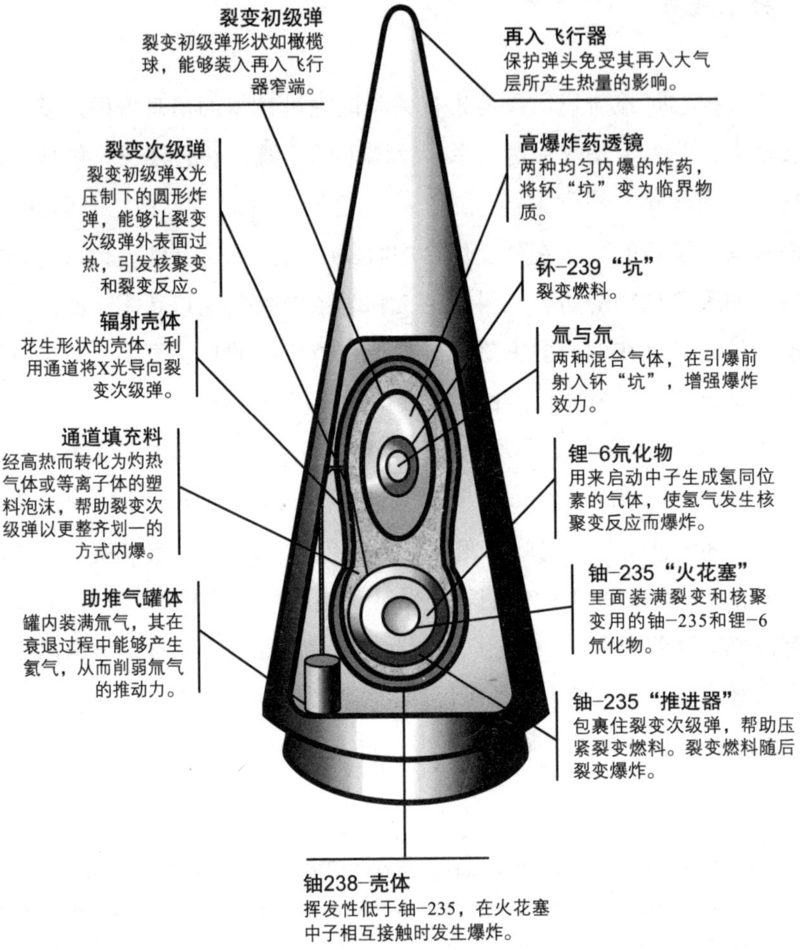

图 4.1　W-88 核弹头示意图

资料来源：本图由弗森联合有限责任公司尼迦·阿贯伊（Nigah Ajaj）绘制。引自 Dan Stober and Ian Hoffman, *A Convenient Spy: Wen Ho Lee and the Politics of Nuclear Espionage* (New York: Simon & Schuster, 2007), 43。

美国能源部的调查：志趣相投者案例

1995 年夏天，美国能源部发起了一次针对某国核武器项目评估和一项名为志趣相投者的行政调查，旨在查出能源部内部可能将美国核机密传递给该国人员。[1] 楚洛克组建了一个团队——志趣相投者分析小组（Kindred Spirit Analytical Group），审查能够得到的该国核武器制造数据。[2] 该团队发现该国核武器的触发器（“一级触发器”）与美国 W–88 核弹头——美国军火库内最先进的武器之一——在大小和形状上都十分相似。

在该团队着力解决这一问题时，他们得知，1995 年 6 月某国一位来客曾主动将该国的保密文件提供给中央情报局。[3] 其中有一份 70 页的文件很引人注目，该文件内含粗糙的照片，上面有众多美国武器的重量和尺寸，其中包括 W–88 核弹头。[4] 虽然在非保密文件中可以获得 W–88 核弹头的很多信息，但某些细节却难觅踪迹。这份“不速之客”（walk-in）文件描述了上述核武器触发器外壳的外部尺寸。[5]

前洛斯阿拉莫斯国家实验室人事与信息安全总监罗伯特·弗鲁曼（Robert Vrooman）后来回忆说，其中的具体数据涉及触发器的工程学内容，而非其设计。弗鲁曼认为，如果确实有间谍活动，那么这些活动不可能发生在像洛斯阿拉莫斯国家实验室这样的设计实验室，而应该发生在武器工程和生产实验室。此外，在这份“不速之客”文件中，W–88 核弹头的简图包含有洛斯阿拉莫斯国家实验室参与后才出现的设计漏洞。[6]

楚洛克团队未能找到 1992 年该国核弹试验与 W–88 核弹头之间的明确联系。对此，团队成员意见不一，摆出了 3 种立场：

[1] 原注：Purdy, “The Prosecution Unravels.”

[2] 原注：Purdy, “The Prosecution Unravels.”

[3] 原注：Risen and Garth, “Breach at Los Alamos.”

[4] 原注：Risen and Garth, “Breach at Los Alamos.”

[5] 原注：Purdy, “The Prosecution Unravels.”

[6] 原注：Robert Schemer, “What’s Left of Case against Lee? Not Much,” *Los Angeles Times*, December 14, 1999, http://articles.latimes.com/1999/dec/14/local/me-43741.

1. 某国独立研发了新核弹。[1]
2. 某国从多年缓慢但稳定的秘密信息积累中受益，研发了自己的微型核弹。[2]
3. 某国在某处有一位超级间谍。[3]

有些知识渊博的科学家认为，某国无须窃取这些数据。他们认为，制造类似 W–88 核弹头这样的核武器，多达 99% 的数据可从互联网上找到。[4] 该国也有可能从另一个国家，例如俄罗斯，获得该技术。苏联解体后，许多俄罗斯核专家在世界各地兜售其技术。[5]

最终，志趣相投者分析小组达成一致意见，认为间谍活动为某国的核武器项目提供了帮助。楚洛克和一些组员坚信，在美国的国防实验室，有位间谍将 W–88 核弹头的关键设计数据交给了该国。[6] 楚洛克曾经非正式地询问联邦调查局，是否会在 1995 年夏末展开调查，联邦调查局给予了否定回答，说该案件发生时间太久，根本不是热门案件，建议楚洛克继续进行其 6 月份发起的行政调查。

楚洛克指派资深调查人员进行该项调查，调查于 1995 年 11 月开始。根据志趣相投者分析小组的调查结果，这些调查人员采用 3 条标准作为指南，用来找出嫌疑人员：

1. 1984 年至 1988 年间（最终批准 W–88 核弹头设计后至获得“不速之客”文件前的时间段）曾经前往某国的个人；
2. 持有安全许可证、工作中使用绝密核武器数据的人员；

---

[1] 原注：Purdy, “The Prosecution Unravels.”

[2] 原注：Purdy, “The Prosecution Unravels.”

[3] 原注：Purdy, “The Prosecution Unravels.”

[4] 原注：William J. Broad, “Ideas and Trends: Bombshells; Are There Any Nuclear Secrets Left to Steal?” *New York Times*, September 3, 2000, http://www.nytimes.com /2000/09/03/weekinreview/ideas- trends-bombshells-are-there-any-nuclear-secrets-left-to-steal.html.

[5] 原注：Risen and Gerth, “Breach at Los Alamos.”

[6] 原注：Purdy, “The Prosecution Unravels.”

3. 接待来访某国代表团的人员。[1]

很快，调查人员就将其调查范围缩小至洛斯阿拉莫斯国家实验室和劳伦斯利弗莫尔国家实验室。[2] 他们认定洛斯阿拉莫斯国家实验室约有 70 人符合以上某条标准，然后又从这 70 人的清单中选出 12 个符合以上 3 条标准的人员。[3] 楚洛克及其团队迅即把注意力集中到一个人——洛斯阿拉莫斯国家实验室的核武器专家李文和的身上。[4]

后来，有些官员会质疑该名单不可靠且有自相矛盾之处。例如，名单只包括由能源部支付其旅行费用的人员，而经过筛选的人员名单则包括 3 名无法接触机密信息和没有安全许可证的人员。[5] 因为缺乏证据，能源部的反情报代理主任建议终结该案件。但该案件依然继续进行。

1996 年 5 月，能源部完成了行政调查，向联邦调查局提交了一份报告。报告的中心内容是发生过间谍活动，其最为可能发生地为洛斯阿拉莫斯国家实验室。[6] 该报告将洛斯阿拉莫斯国家实验室的科学家李文和及其妻子西尔维娅指定为最符合逻辑的嫌疑人，说李文和是唯一有机会、动机和合法途径的嫌疑目标。[7] 在 1986 年至 1988 年这个特定时间段内，李文和曾两次前往某国。[8] 在这两次旅行中，能源部批准其参加科技会议。他还持有 Q 级安全许可证，允许其接触洛斯阿拉莫斯国家实验室核领域的全部机密资料。李文和与西尔维娅经常接待来访的该国代表团，西尔维娅积

---

[1] 原注：James Risen and David Johnston, “US Will Broaden Investigation of Nuclear Secrets Case,” *New York Times*, September 23, 1999, http://www.nytimes.com/1999/09/23/us/us-will-broaden- investigation-of...nuclear-secrets-case.html.

[2] 原注：Purdy, “The Prosecution Unravels.”

[3] 原注：Risen and Johnston, “US Will Broaden Investigation.”

[4] 原注：Risen and Gerth, “Breach at Los Alamos.”

[5] 原注：James Sterngold, “US to Reduce Case against Scientist to a Single Charge,” *New York Times*, September 11, 2000, http://www.nytimes.com/2000/09/11/us/us-to-reduce-case-against- scientist-to- a-single-charge.html.

[6] 原注：Purdy, “The Prosecution Unravels.”

[7] 原注：Purdy, “The Prosecution Unravels.”

[8] 原注：Purdy, “The Prosecution Unravels.”

极充当来访者的翻译，并在李文和两次去往该国时陪伴他。[1]

李文和与其女儿艾博塔·李（Alberta Lee）在一起。

李文和的背景

1939 年 12 月 21 日，李文和生于某国，后获得理学学士学位。1964 年他来到美国，1974 年成为美国公民。1970 年，他获得得克萨斯农工大学机械工程学博士学位，1978 年被洛斯阿拉莫斯国家实验室聘用，成为科研数学家。1980 年，他成为负责核武器设计的 X 处（X Division）的一名成员。他的工作是以爆炸产生的流体式运动为模型，编制电脑程序并将经

[1] 原注：Purdy, “The Prosecution Unravels.”

开发而获得的全部信息归档保存。以上电脑程序会被科学家们用于核武器设计和核武器模拟试验。[1]

李文和因为职业和个人原因曾前往某国。[2]20 世纪 80 年代，他曾两次前往该国。1986 年，在该国一次科技会议上发表过一篇论文。[3] 两年后，他再次去该国参加了一次会议。[4] 会议期间，在一家宾馆房间内，李文和会晤了胡博士和另外一位科学家。[5] 胡博士是该国工程物理研究院院长，该院是核弹制造场所和两点式核弹触发器设计场所。在此次会面中，胡博士问及李文和如何用椭圆形燃料盒制造体积更小的氢弹。后来，李文和说他未做回答。[6]

20 世纪 80 年代，李文和成为联邦调查局的线人。[7] 据说他至少为一个调查案件提供了有用信息。[8] 他的妻子西尔维娅是洛斯阿拉莫斯国家实验室的秘书，帮助接待来访的某国科学家，带其到当地观光。[9] 她也是该国科学家的科研联系人。1985 年，虽然只是个秘书，但西尔维娅却应邀在该国一次会议上就尖端计算机做了发言。李文和与其一起参加了该会

---

[1] 原注：Purdy, "The Prosecution Unravels."

[2] 原注：Purdy, "The Prosecution Unravels."

[3] 原注：Jeff Gerth and James Risen, "1998 Report Told of Lab Breaches...," *New York Times*, May 2, 1999, http://www.nytimes.com/1999/05/02/world/1998-report-told-of-lab-breaches-...html.

[4] 原注：Jeff Gerth and James Risen, "1998 Report Told of Lab Breaches...," *New York Times*, May 2, 1999, http://www.nytimes.com/1999/05/02/world/1998-report-told-of-lab-breaches...html.

[5] 原注：David Johnston, "Suspect in Loss of Nuclear Secrets Unlikely to Face Spying Charges," *New York Times*, June 15, 1999, http://www.nytimes.com/1999/06/15/world/suspect-in-loss-of-nuclear-secrets-unlikely-to-face-spying-charges.html.

[6] 原注：Purdy, "The Prosecution Unravels."

[7] 原注：Gerth and Risen, "1998 Report Told of Lab Breaches."

[8] 原注：James Risen and Jeff Gerth, "US Says Suspect Put Code on Bombs in Unsecure Files," *New York Times*, April 28, 1999, http://www.nytimes.com/1999/04/28/world/us-says-suspect-put-code-on-bombs-in-unsecure-files.html.

[9] 原注：Risen and Gerth, "Breach at Los Alamos."

议。[1] 1987年，她成为联邦调查局的线人，提供有关洛斯阿拉莫斯国家实验室所接待的该国代表团的信息。[2] 在这段时间里，李文和或其妻子的生活方式并未发生重大改变。[3]

李文和并未上报他在1988年那次会议或其他会议上与某国科学家的所有接触情况。[4] 洛斯阿拉莫斯国家实验室安全总监弗鲁曼，注意到李文和这些缺失之举。[5] 李文和向调查人员承认，在上述时间段内，他曾未经授权与该国科学家进行接触。

1982年12月，李文和首次引起调查人员注意，当时他正与一位科学家通话，通话内容被窃听装置窃听。这位科学家被怀疑在向某国提供劳伦斯利弗莫尔国家实验室的中子弹机密。[6] 在此次通话中，李文和主动提出要帮助这位科学家找出“告密者”。[7] 虽然在这起联邦调查局所谓的“设套捕虎案”（Tiger Trap case）[8] 中，因为证据不足而没有起诉这位受到怀疑的科学家，但他却遭到劳伦斯利弗莫尔国家实验室解聘。[9] 在“设套捕虎案”的调查人员没拿出其通话证据之前，李文和一直否认此次通话。[10] 他还向调查人员解释说，他曾向某国官员提供过有关核反应堆安全的非机密文件，但他当时并未按照安全规定将其告知美国政府官员。[11]

20世纪90年代，李文和曾三次去到某国。1994年，他去时未按规定

[1] 原注：Risen and Gerth, “Breach at Los Alamos.”

[2] 原注：Risen and Gerth, “US Says Suspect Put Code on Bombs in Unsecure Files.”

[3] 原注：Johnston, “Suspect in Loss of Nuclear Secrets Unlikely to Face Spying Charges.”

[4] 原注：Johnston, “Suspect in Loss of Nuclear Secrets Unlikely to Face Spying Charges.”

[5] 原注：Purdy, “The Prosecution Unravels.”

[6] 原注：Jeff Gerth and James Risen, “A Visit from...: New Spy Case,” *New York Times*, April 8, 1999, http://www.nytimes.com/ 1999/04/08/world/visit...new-spy-case...htm; Gerth and Risen, “1998 Report Told of Lab Breaches...”

[7] 原注：Purdy, “The Prosecution Unravels.”

[8] 原注：Purdy, “The Prosecution Unravels.”

[9] 原注：Gerth and Risen, “1998 Report Told of Lab Breaches...”

[10] 原注：Purdy, “The Prosecution Unravels.”

[11] 原注：Purdy, “The Prosecution Unravels.”

向安全官员报告此事。[1] 后来，调查人员发现他在该国一家旅行社用信用卡购物两次。第一次购买了 100 美元的东西，第二次购买了 700 美元的东西。[2] 调查人员报告说，700 美元可以买到一张前往某地的飞机票。[3]1998 年，李文和第二次去该国，此前他一直想去那里寻找工作。[4] 当年 3 月和 4 月，他在某军事学院度过了 6 周，收到一笔 5000 美元左右的费用。这期间，李文和打电话给洛斯阿拉莫斯国家实验室求助台，询问自己是否可以访问该实验室的保密计算机，结果被告知他不能从该国访问实验室的保密系统。调查人员后来得知，他曾从洛斯阿拉莫斯国家实验室将一套非保密的电脑编码下载到他计算机中。[5]1998 年 12 月，李文和在该国旅行了 3 周，旅行费用由该国一家私人公司支付。[6]

1994 年，李文和参加了一场在洛杉矶为某国来访科学家举办的晚会，虽然他并不在邀请之列。[7] 晚会期间，胡博士热情地招呼了他。有些线人报告说胡博士拥抱了他。[8] 据该晚会的一名翻译说，就李文和所提供的计算机软件和流体力学计算结果，胡博士向其表示了谢意，并补充说上述信息对该国帮助巨大。[9]

联邦调查局的调查

1996 年 5 月，在收到能源部报告后两天，联邦调查局同意在能源部行

---

[1] 原注：Risen and Gerth, “Breach at Los Alamos.”

[2] 原注：Risen and Gerth, “Breach at Los Alamos”; Johnston, “Suspect in Loss of Nuclear Secrets Unlikely to Face Spying Charges.”

[3] 原注：Risen and Gerth, “Breach at Los Alamos”; Johnston, “Suspect in Loss of Nuclear Secrets Unlikely to Face Spying Charges.”

[4] 原注：Purdy, “The Prosecution Unravels.”

[5] 原注：Purdy, “The Prosecution Unravels.”

[6] 原注：Purdy, “The Prosecution Unravels.”

[7] 原注：Purdy, “The Prosecution Unravels.”

[8] 原注：Gerth and Risen, “1998 Report Told of Lab Breaches...”

[9] 原注：Purdy, “The Prosecution Unravels.”

政调查的基础上展开调查。[1] 由于案件处理工作量达到满负荷，该局只能将有限的时间分配给志趣相投者。结果是，没有特工人员在该案件上进行全职工作。[2]

1997 年 4 月，李文和提交了一份标准格式的申请书，申请聘用一位博士后研究员，后者碰巧是某国公民，这引起了联邦调查局的注意。李文和说他需要一位助理，协助其编制用于模拟核武器试验某些方面的编码。此事促使联邦调查局根据《外国情报监视法》申请取得电子监控许可证（electronic surveillance warrant）。[3]

联邦调查局希望监控李文和与其研究生的接触情况。1996 夏，联邦调查局向美国司法部先后提交了三次电子监控许可证申请，但司法部却于 1997 年 8 月意外地拒绝了该申请，声称李文和是间谍的“合理根据”不足。[4] 此次申请无法证明 W–88 核弹头的设计遭窃与李文和有关。未能对其他可能的嫌疑人展开调查，司法部也深感不安。[5]

对于李文和继续待在 X 处并能接触核机密一事，能源部深感焦虑。对此，联邦调查局局长路易斯 · 弗里（Louis J. Freeh）表示理解。经过一次高级别审查后，联邦调查局得出结论说，逮捕李文和证据不足，但也没有理由让其仍然留在原来位置上不动。[6] 但联邦调查局总部、洛斯阿拉莫斯国家实验室与能源部总部之间的沟通不畅，也导致李文和的工作未受触动。[7]

---

[1] 原注：Purdy, “The Prosecution Unravels.”

[2] 原注：Risen and Gerth, “Breach at Los Alamos.”

[3] 原注：《外国情报监视法》(1978 年) 规定，由外国情报监视法法院批准联邦调查局对美国人民和领土进行物理和 / 或电子监控的请求。

[4] 原注：James Risen and Jeff Gerth, “...Spy Suspect Reportedly Tried to Hide Evidence,” *New York Times*, April 30, 1999, http://www.nytimes.com/1999/04/30/world/...spy-suspect-reportedly-tried-to-hide- evidence. html; Gerth and Risen, “1998 Report Told of Lab Breaches ...”

[5] 原注：Purdy, “The Prosecution Unravels.”

[6] 原注：Risen and Gerth, “Breach at Los Alamos.”

[7] 原注：Gerth and Risen, “1998 Report Told of Lab Breaches...”; Risen and Gerth, “Breach at Los Alamos.”

1997年和1998年两年间，调查进展微乎其微。联邦调查局与能源部都不知道李文和于1998年3月和4月间离开美国，前往某国担任一家核武器研究所的顾问。[1] 由于洛斯阿拉莫斯国家实验室不支付此行的费用，没有要求李文和申请许可。1998年8月，联邦调查局发起“假旗”行动，联邦调查局特工冒充该国官员，希望招募李文和入伙，结果遭其拒绝。但他没有按照要求将此事报告给上司。[2]

直到1998年，美国参众两院委员会举行了某国核活动听证会，此案件才引起了人们的重大关注。多年来，美国与该国政治关系紧张。[3] 里根政府扩大了与该国的科技交流，解密了数百万份与核武器相关的文件。华盛顿还鼓励武器专家和外国同行交流非机密信息。[4] 克林顿政府也继续扩展与该国的关系。[5]1994年，不再要求国家实验室对出于科技交流目的前来参观实验室的外国[6] 科学家进行背景审查。[7]

共和党人指控克林顿的白宫不重视某国的间谍活动，因为这与其推动与该国建立更大规模的战略和商业伙伴关系的初衷背道而驰。对于向该国出售超级计算机和卫星技术，克林顿总统已经放松了限制。[8]

1998年，众议院常设情报委员会（House Permanent Select Committee on Intelligence）要求更新有关能源部W–88核弹头间谍案的信息。[9] 同时，以共和党人克里斯托弗·考克斯（Christopher Cox）为首的美国众议院特别委员会，也在就向某国转让技术一事举行听证会，并开始把精力集中在可疑的核间谍案上。1998年11月，楚洛克向考克斯委员会作证，某

[1] 原注：Purdy, “The Prosecution Unravels.”
[2] 原注：Gerth and Risen, “1998 Report Told of Lab Breaches...”
[3] 原注：Purdy, “The Prosecution Unravels.”
[4] 原注：Purdy, “The Prosecution Unravels.”
[5] 原注：Purdy, “The Prosecution Unravels.”
[6] 原注：Purdy, “The Prosecution Unravels.”
[7] 原注：Risen and Gerth, “Breach at Los Alamos.”
[8] 原注：Risen and Gerth, “Breach at Los Alamos.”
[9] 原注：Risen and Gerth, “Breach at Los Alamos.”

国窃取了 W–88 核弹头的设计信息。12 月，联邦调查局告知该委员会某国人可能渗透进了美国的武器实验室，洛斯阿拉莫斯国家实验室仍然有一名可疑间谍没有暴露，其安全许可没有变动。当时李文和正在该国旅行，此次旅行得到了能源部的批准。[1]

测谎结果与失踪的计算机文档

1998 年 12 月至 1999 年早期，有关美国国家实验室内核间谍活动的信息，开始从考克斯委员会泄露至媒体。1998 年 12 月下旬，李文和从某国返回后，能源部决定与其面谈并对其进行测谎。[2] 在 12 月 23 日的面谈中，李文和承认，1988 年他前往该国时，曾在其宾馆房间内面见了两位对微型原子弹有兴趣的科学家。他说，他告知这两位科学家他并不知道答案，并拒绝与其讨论该问题。当被问及他为何当时不报告这次会面时，他说他忘记了。[3] 此次面谈后，李文和没有回家，而在其许可被暂停后，还数次试图进入 X 处。其中有一次是在平安夜的 3 时 30 分，他在未经许可的情况下前往实验室。他有两次成功进入了 X 处。能源部随后将其派往另一部门——T 处。[4]

联邦调查局和能源部的刑侦专家发现，李文和曾将大量文件从洛斯阿拉莫斯国家实验室计算机系统的保密部分转至非保密部分。[5] 据新闻报道说，李文和坚持说他是按照指令将原子弹数据存档的。[6] 早在 1988 年，李

[1] 原注：Risen and Gerth, "Breach at Los Alamos."

[2] 原注：Risen and Gerth, "Breach at Los Alamos."

[3] 原注：Purdy, "The Prosecution Unravels."

[4] 原注：Risen and Gerth, "1998 Report Told of Lab Breaches..."

[5] 原注：Risen and Gerth, "1998 Report Told of Lab Breaches..."; Risen and Gerth, "US Says Suspect Put Code on Bombs in Unsecure Files."

[6] 原注：Gerth and Risen, "1998 Report Told of Lab Breaches..."; Purdy, "The Prosecution Unravels."

文和就开始转移文件[1]，但大部分转移发生在1993年。事实上，大部分文件的下载发生在1993年和1994年。[2]李文和告诉他在洛斯阿拉莫斯的一个同事，他需要将文件从一台保密计算机转至另一台非保密计算机，因为那台保密计算机没有磁盘驱动器，他不能直接从上面下载文档。1993年李文和下载文件时，他得知可能会因为预算缩减而被洛斯阿拉莫斯国家实验室裁员。[3]后来，调查人员在李文和家中发现了7封时间为1993年和1994年的信函，信函发往的地址为大学和研究所，内容为询问工作前景。但没有证据表明这些信函曾发出。[4]

联邦调查局认为，李文和将文件从保密计算机系统转至非保密系统，并将其下载至磁盘中。计算机索引表明，他下载了转出的全部文件。[5]由于X处计算机当时已经有了磁盘驱动器，因此1997年他拷贝的第十盘磁盘中的内容[6],从未转至非保密系统。洛斯阿拉莫斯国家实验室的专家告诉联邦调查局，在时间上较后的这个磁盘载有最新信息，能够让1993年和1994年拷贝的磁盘发挥更大的用途。最初，李文和拒绝承认拷贝过以上磁盘[7]，但面对磁盘清单，他承认拷贝了磁盘，但否认有任何犯罪企图。1997年，李文和最后一次将信息从保密计算机系统拷贝至他自己的保密计算机磁盘驱动器上。[8]于是，该案件便从反情报调查演变为一起可能的刑事案件。

[1] 原注：Purdy, “The Prosecution Unravels.”

[2] 原注：James Risen, “Officials Describe Loss of Nuclear Secrets at Los Alamos,” *New York Times*, December 12,1999, http://www.nytimes.com/1999/12/12/us/officials-describe-loss-of-nuclear-secrets-at-los- alamos. html.

[3] 原注：Purdy, “The Prosecution Unravels.”

[4] 原注：Purdy, “The Prosecution Unravels.”

[5] 原注：Janet Reno and Louis J. Freeh, “Excerpts from Testimony at Hearing on the Wen Ho Lee Case,” *New York Times*, September 27, 2000, http://www.nytimes.com/2000/09/27/us/excerpts-from-testimony-at- hearing- on- the-wen-ho-lee-case.html.

[6] 原注：Risen, “Officials Describe Loss of Nuclear Secrets at Los Alamos.”

[7] 原注：Purdy, “The Prosecution Unravels.”

[8] 原注：Risen, “Officials Describe Loss of Nuclear Secrets at Los Alamos.”

在被转移的文件中，并没有包括计算机编码用户手册。[1]1993 年至 1994 年的文件转移用时近 40 小时，时间跨度达 70 多天。[2] 转移文件的速度既不快，也不容易做到，需要采取许多从容不迫的步骤，将数据从系统的安全分区移至开放分区。[3] 李文和曾将文件放在开放分区达 6 年之久。[4] 但当洛斯阿拉莫斯国家实验室计算机专家寻找这些文件时，他们发现李文和已将其删除。事实上，1998 年 12 月 23 日接受测谎后，他一直忙于试图亲自进入 X 处并试图使用其在该处的计算机账户。总之，他删除了 360 份文件——大约 800 兆字节或 45 万页的数据。[5] 特工们发现他办公桌资料上有手写的注释。注释内容为如何下载用于研发包括 W–88 核弹头在内的各种核武器的编码。[6] 他们还发现李文和清除了桌上文件的保密标记。但没有证据表明李文和曾将任何机密的国家安全信息传给他国，或者曾试图这样做。[7]

在以后的数月内，为了查看李文和转移、下载和删除的文件内容，联邦调查局进行了一次彻底的计算机网络分析。[8] 从李文和 T 处办公室的磁盘中，他们恢复了其中 3 盘的内容 [9]，但却有 7 盘不见踪影。[10] 李文和告诉联邦调查局人员说他销毁了这些磁盘。他没有解释为何复制这些磁盘，或为何及如何处理了这些磁盘。他否认将其带回家中。

---

[1] 原注：Purdy, “The Prosecution Unravels: The Case of Wen Ho Lee.”

[2] 原注：Reno and Freeh, “Excerpts from Testimony at Hearing on the Wen Ho Lee Case.”

[3] 原注：Risen, “Officials Describe Loss of Nuclear Secrets at Los Alamos.”

[4] 原注：Reno and Freeh, “Excerpts from Testimony at Hearing on the Wen Ho Lee Case.”

[5] 原注：Reno and Freeh, “Excerpts from Testimony at Hearing on the Wen Ho Lee Case.”

[6] 原注：Purdy, “The Prosecution Unravels.”

[7] 原注：Johnston, “Suspect in Loss of Nuclear Secrets Unlikely to Face Spying Charges.”

[8] 原注：Purdy, “The Prosecution Unravels.”

[9] 原注：Risen, “Officials Describe Loss of Nuclear Secrets at Los Alamos.”

[10] 原注：David Johnston and James Risen, “The Los Alamos Secrets Case: The Overview; Nuclear Weapons Engineer Indicted in Removal of Data,” *New York Times*, December 11, 1999, http://www.nytimes.com/1999/12/11/us/los-alamos-secrets-case-overview-nuclear-weapons-engineer-indicted-removal-data.html.

联邦调查局识别出被删文件后，由能源部和洛斯阿拉莫斯国家实验室来确定其价值。显然，李文和下载了洛斯阿拉莫斯国家实验室几乎所有的核武器源代码和其他文件，两者一起使用就可以提供利用计算机模拟核武器试验的手段。[1] 李文和下载的资料中有很大一部分被列为 PARD（Protect as Restricted Data），意思是"需要保护的限制性数据"。此类数据为受控数据，但是否将其列为保密数据，当时尚未做出决定。PARD 常常用于数量庞大的数据中，例如电脑打印材料，其中大部分为非保密数据。在李文和受调查期间，有些 PARD 资料后来被重新列为"秘密"和"机密"资料。[2]

1999 年早期，联邦调查局官员重新把重点放到了该案件上[3]，1 月份他们约谈李文和时，他提供了有关 20 世纪 80 年代与某国科学家接触的信息，包括与胡博士的会面；这些信息此前并不为人所知。[4] 联邦调查局的访谈人员对李文和的回答很满意，准备还其清白，但他们仍然希望看到能源部的测谎结果。耽搁一段时间后，他们得到了李文和清白的测谎结果。当月晚些时候，联邦调查局的专家发现此次测谎有问题，对测谎结果提出质疑。2 月，李文和经历了一次联邦调查局的测谎，结果没有通过。[5] 他返回办公室后，告诉一名主管说他没有通过测谎，可能在麻痹大意的情况下将保密信息传给了他国。[6]

3 月上旬，联邦调查局得知《纽约时报》正在准备一篇有关间谍活动调查的文章，该调查涉及一位身份不明的洛斯阿拉莫斯国家实验室科学

[1] 原注：Risen and Gerth, "US Says Suspect Put Code on Bombs in Unsecure Files."

[2] 原注：William J. Broad, "Files in Question in Los Alamos Case Were Reclassified," *New York Times*, April 15, 2000, http://www.nytimes.com/2000/04/15/us/files-in-question-in-los-alamos-case-were- reclassified. html.

[3] 原注：Purdy, "The Prosecution Unravels."

[4] 原注：Purdy, "The Prosecution Unravels."

[5] 原注：Risen and Gerth, "Breach at Los Alamos."

[6] 原注：Broad, "Files in Question."

家，于是联邦调查局加紧了调查活动。[1] 联邦调查局约谈了李文和，对于1988 年他访问某国后的旅行报告与他测谎后提供给调查人员的信息所出现的差异，他无法自圆其说。[2] 李文和同意搜查其办公室内的计算机 [3]，但不同意到其家中进行搜查。[4]

案件公开

1999 年 3 月 6 日，《纽约时报》的一篇文章报道说，从美国政府实验室窃取的核机密让某国在核武器研发——原子弹微型化方面跃进了一步。[5] 文章说有个人——一位洛斯阿拉莫斯国家实验室的科学家，值得怀疑。[6] 文章引用未透露身份官员的评论说，由于政治原因，白宫已经将此次间谍活动的调查最大限度地低调化。一位官员说，披露此次间谍活动会削弱政府与该国建立战略伙伴关系的努力。[7]

李文和案件公开后，其辩护人指控说，他之所以被单独挑出来加以调查，就是因为他的身份。[8] 对此案涉及种族主义的指控变成辩护要素。此外，他的辩护词称没有确切证据表明李文和确实将数据传给了某国 [9]，也无任何证据表明其窃取了上述数据。[10] 在这种充满政治意味的气氛下，许多评论员认为是政治因素导致李文和遭到从事间谍活动的起诉，这给检察官

[1] 原注：Purdy, “The Prosecution Unravels.”
[2] 原注：James Risen, “Los Alamos Scientist Admits..., US Says,” *New York Times*, March 16, 1999, http://www.nytimes.com/1999/03/16/world/los-alamos-scientist-admits-contacts...us-says.html.
[3] 原注：Risen and Gerth, “US Says Suspect Put Code on Bombs in Unsecure Files.”
[4] 原注：Purdy, “The Prosecution Unravels.”
[5] 原注：Risen and Gerth, “Breach at Los Alamos.”
[6] 原注：Purdy, “The Prosecution Unravels.”
[7] 原注：Risen and Gerth, “Breach at Los Alamos.”
[8] 原注：Johnston and Risen, “The Los Alamos Secrets Case.”
[9] 原注：Johnston, “Suspect in Loss of Nuclear Secrets Unlikely to Face Spying Charges.”
[10] 原注：Johnston, “Suspect in Loss of Nuclear Secrets Unlikely to Face Spying Charges.”

为其准确定罪带来了巨大压力。

李文和是间谍吗？

1999年3月8日（星期一），在洛斯阿拉莫斯国家实验室工作了近20年后，根据能源部部长比尔·理查森（Bill Richardson）的命令，李文和被解雇。[1] 理查森下令加强所有国家实验室的安全，包括恢复对前来实验室参观的敏感国家的外国科学家的背景调查。[2]1999年12月10日，因非法从洛斯阿拉莫斯国家实验室转移高度机密信息，李文和被控59项罪名[3]，于2000年1月被收监，单独关押。[4] 他最终承认犯有处理受控文件不当罪，被判服刑，并于2000年9月获释。[5] 获释时，李文和同意做出60小时的事后情况说明，他发誓会说真话。在此次事后情况说明期间，李文和博士承认，在过去20年他曾前往某地十几次——数量超过官员们此前所知，旅行目的也不为他们知晓。李博士坚持说他将失踪的磁盘扔进了垃圾桶，但这些磁盘从来没被找到。[6]

·推荐读物·

Lee, Wen Ho. *My Country versus Me：The First-H and Account by the Los Alamos Scientist Who Was Falsely Accused of Being a Spy*. With Helen Zia. New York：Hyperion, 2002.

Stober, Dan, Ian Hoffman. *A Convenient Spy：Wen Ho Lee and the Politics*

[1] 原注：Risen, "Los Alamos Scientist Admits..."

[2] 原注：Risen, "Los Alamos Scientist Admits..."

[3] 原注：Johnston and Risen, "The Los Alamos Secrets Case."

[4] 原注：Broad, "Files in Question in Los Alamos Case Were Reclassified."

[5] 原注：Sterngold, "US to Reduce Case against Scientist to a Single Charge."

[6] 原注：Purdy, "The Prosecution Unravels."

of Nuclear Espionage. New York：Simon & Schuster, 2007.

二、案例分析：4种结构化分析方法的应用

表4.1 案例快照：核机密泄露案

所用结构化分析方法	《情报分析：结构化分析方法》中所在章节	分析类别
力场分析法	第十一章	决策支持
欺骗识别法	第七章	假设生成与检验
事前分析法	第九章	质疑分析
结构化自我批判法	第九章	质疑分析

李文和是间谍吗？此事事关重大，所以要确保在做出判断前从各个可能角度考量所有数据，这点非常重要。同时综合运用以下方法——力场分析法、欺骗识别法、事前分析法与结构化自我批判法来审查李文和案件及其身为间谍的可能性。

方法1：力场分析法

力场分析法能够帮助分析人员识别、评估支持与反对某项结果的所有力量和因素，并避免过早或在依据不足的情况下将精力只集中在分析的一个方面。从项目或调查开始之初，就要在证据积累过程中对所有证据进行分类和思考，以其为工具开展工作。这样做极其有益。此外，这一衡量机制还能让分析人员更容易识别哪些力量或因素最强和最弱，并给出推荐策略，削弱或增强支持某一既定结果或朝着这一结果作用的各种力量。

在本案例中，调查人员搜集到的不利于李文和的指控可以填满一份长长的清单，他只承认并被判犯下了处理受控文件不当的轻罪。许多观

察者质疑这一美国政府主导的案件，但美国政府对判处李文和犯有间谍罪的立场却坚定不移。力场分析法有助于阐明双方在这一案例上的立场。

任务 1：就支持和反对李文和犯有向某国泄露核机密罪的论据，进行一次力场分析。

步骤 1：简洁明了地定义问题、目标或变化。

步骤 2：采用头脑风暴的方式确定影响该问题的主要因素。

步骤 3：绘制一份清单，列出支持李文和无罪观点的最强论据。再拟出另一份清单，列出支持李文和有罪的最强论据。

步骤 4：按照表 4.2 的格式，排列上述两份清单。

表4.2 核机密泄露案力场分析法模板

问题：李文和是间谍吗？			
权重	**支持论据**	**反对论据**	**权重**
总计			总计

步骤 5：给支持或反对李文和有罪观点的各个因素或论据赋值，以表明其强烈程度。给强烈程度最弱的因素或论据标上分值“1”，给强烈程度最高者标上分值“5”。若你认为多个因素的强烈程度相等，则可将同一分值标给它们。

步骤 6：不论是支持论据还是反对论据占据上风，算出各清单的总分值。

步骤 7：审查两份清单，确定是否有任何因素可以相互抵消。

步骤 8：分析上述清单，确定若因素出现变化，整体结果可能会受到怎样的影响。如果将本方法用作决策工具，设计出一套易于管理的行动流程，会增强能够带来最佳结果的力量并削弱阻碍获得期望结果的力量。

分析所得增值。你在分析该问题时，支持和反对李文和有罪的最强论据是什么？是否有任何因素应该得到进一步调查？你是否发现有应该进一步调查的任何信息空白？

方法 2：欺骗识别法

通常分析人员应当考虑敌手有可能在试图误导他们，或者试图隐藏重要信息。不能仅仅因为没有证据就否认存在欺骗的可能性。如果欺骗工作做得好，人们就不应指望看到证据。但有些指标，诸如情报报告的时间安排或者线人的诚信度，或者信任该线人会导致已知和潜在的严重后果时，应引起分析人员的警觉，意识到他们自己可能是欺骗目标。

任务 2：利用欺骗识别法，确定李文和案中是否有欺骗发生。

步骤 1：用表 4.3 作为指南，确定是否应该进行欺骗识别。假设美国和联邦调查局是欺骗对象，那么谁最可能是欺骗方？如果能确定有人可能具有实施欺骗动机的情形，则将其列为需要证实或排除的假设。注意哪些指标最适合该情形。

表4.3　何时启用欺骗识别法

在以下情况，分析人员应当关注发生欺骗的可能性：
潜在欺骗方有实施欺骗行为的历史。
关键时刻——在接收方或潜在欺骗方获益甚巨或损失惨重时，收到关键信息。
所收信息来自诚信度有问题的线人。
分析完全取决于某条关键信息或报告。
若接受新信息，则需要该分析人员改变某一关键假定或关键判断。
接受该新信息会导致情报界、美国政府或情报用户消耗或转移大量资源。
潜在欺骗方可能拥有反馈渠道，告知其欺骗信息是否及如何得到处理并取得何种效果。

步骤 2：以表 4.4 中的模板和问题为指南，考虑动机、时机与手段，既往对手做法，线人的可操控性以及对潜在欺骗方证据的评估。

表4.4 欺骗识别法模板

动机、时机与手段（Motive, Opportunity, and Means，MOM）	
动机：潜在欺骗方的目标和动机是什么？	
渠道：潜在欺骗方用什么方法给我们提供信息？	
风险：如果欺骗被识破，会让对手面临什么样的后果？	
代价：潜在欺骗方会为了让欺骗渠道变得可信而牺牲敏感信息吗？	
反馈：潜在欺骗方有监控欺骗行动效果的反馈机制吗？	
既往对手做法（Past Opposition Practices，POP）	
对手有实施欺骗的历史吗？	
当前的情况适用于其既往的欺骗模式吗？	
如果不适用，还有其他的历史先例吗？	
如果不适用，情况的改变是否可以说明现在正在运用这种形式的欺骗？	
线人的可操控性（Manipulability of Sources，MOSES）	
线人是否容易受到潜在欺骗方的控制或操纵？	
判断线人是否可靠的依据是什么？	
线人有直接接触到信息的渠道，还是只有间接渠道？	
线人的跟踪报告记录如何？	
线人是否有提供错误信息的个人原因，如取悦情报搜集者、提升个人工作业绩或得到更多收入？还是线人可能充满善意但过于天真？	
证据评估（Evaluation of Evidence，EVE）	
线人报告的准确度如何？包括翻译文本在内的整个证据链是否已经检查过？	
关键证据是否印证过？记住，线人手下的线人比线人本人更重要。	
来自一个信息源（例如人力情报）的证据是否与来自另一信息源（例如信号情报或开源情报报告）的证据发生冲突？	
其他信息源是否提供了确凿的证据？	

分析所得增值。总结以上全部4个矩阵的结果，确定其是否倾向于证明或证伪欺骗假设的存在。这一方法是否揭露出任何隐含假定，或发现某些关键空白，需要以更挑剔的眼光加以审查？

任务3：评估欺骗的总体可能是否是个无关紧要的威胁？是否只是一种

可能，但对决策或资源影响不大？是否是个值得注意并需要进一步调查的严重问题？

方法 3、4：事前分析法与结构化自我批判法

这两个方法的目标[1]是积极明确地质疑既定的思维模型或分析共识，以拓宽深思熟虑后做出的可能解释或评估范围。通过在某一潜在失误出现之前，对其特点进行识别和分析，这一过程可以帮助降低出现分析失误的风险。

任务 4： 本案例研究中的支配性观点是“李文和向某国传递核机密”，对这一观点进行事前分析和结构化自我批判。

步骤 1： 想象在你得出李文和犯有间谍罪的结论一段时间后，你突然从一个无可怀疑的线人处得知该判断有误，然后想象发生了何种可能情形，导致你的分析出现失误。

步骤 2： 利用头脑风暴方法，确定可能解释李文和行为模式的替代假设，持续跟踪以上假设。

步骤 3： 鉴别“李文和因将核机密传递给某国而有罪的共识性观点”的关键假定。以上假定中是否可能有未经证实者？对有些假定是否需要给出警示？如有些假定无效，其对分析的影响有多大？

步骤 4： 审查构成论据基础的关键证据，该分析是否基于任何关键信息？还是基于报告提供的某些特定信息？如果证实该证据或报告来源有任何错误，会在多大程度上影响分析？

---

[1] 原注：本案例中扼要概括的步骤将事前分析法和结构化自我批判法流程结合了起来。对于需要分析人员思考自己可能出错方式的案例，这种结合极其有益。此类思考需要思路开阔、想象丰富、刨根问底。事前分析法能够充分发挥创造性头脑风暴过程蕴藏的潜力，结构化自我批判法则能够让人循序渐进地评价各个分析元素。霍耶尔和弗森在《情报分析：结构化分析方法》第二版中提出了一系列结构化自我批判问题，数量较多，我们在本案例中对其进行了精简，以期能够对学生的学习过程提供帮助。

步骤 5：是否有任何异常或自相矛盾的信息？是否曾忽略与首要假设不符的任何信息？

步骤 6：是否有可能遭到欺骗？是否有人具有以故意或非故意方式欺骗你的动机、时机与手段？

步骤 7：是否有证据缺失？证据缺失是否影响到关键判断？

步骤 8：你是否考虑了诸如证实偏见、“满意即可”和历史类比等常见分析缺陷？（以第一章中的表 1.2 为指南）

步骤 9：根据上文对调查主题的回答，按照潜在论据缺陷对分析产生潜在影响的顺序将其列出。

分析所得增值。按照你的分析结果，你是保留主流判断，对其给出警示，还是取消主流判断？原因何在？

任务 5：重新写出本案例的首要判断，使其反映出你根据事前分析结果做出的所有改动。

[第五章]

围绕马蒂电台的美国与古巴之争

作者：鲁道夫·鲁索（Rudolph Rousseau）

关键问题

✶ 对于美国决定利用马蒂电台从佛罗里达向古巴进行无线电广播，古巴总统菲德尔·卡斯特罗可能做出怎样的反应？

✶ 卡斯特罗可能采取何种行动来阻止、削弱或延迟播音？

✶ 他对付美国的策略在根本上可能是主动还是被动？

✶ 对里根政府而言，启动马蒂电台的播音会有何种风险和收益？

内容提要

1959 年卡斯特罗开始掌权，1981 年里根成为美国总统。这期间美国与古巴一直在外交、经济和军事领域发生冲突。在其任期的第一年，里根政府宣布了多个计划，准备通过一个位于佛罗里达的广播电台向古巴人播送古巴新闻。他们希望这个广播电台能够挑战古巴政权对该岛信息的控制。此举也是里根政府直面苏联盟国古巴的战略组成部分。

马蒂电台得名于古巴作家兼民族革命英雄何塞·马蒂（Jose Marti）。1985 年 5 月该电台开始广播时，其声调低沉的开场语“古巴，早安”，并未反映出美国政府内部 4 年时间的举棋不定。美国不能确定，对其打算利用电台对卡斯特罗政权发起又一挑战的做法，古巴会做出如何回应。

这4年时光会牵涉古巴影响美国政治进程的种种复杂活动。两国均向对方发出威胁和反威胁，双方会展开包括开源情报、人力情报与技术情报搜集活动在内的全方位情报搜集和分析活动。古巴会执行精心策划的反情报活动。最后，如果在马蒂电台开始播音时古巴人采取报复行动，那么美国就会凭借其技术和军事能力制定一套综合性对抗措施。本案例研究采用了**年表法与时间轴线法（Chronologies and Timelines）**、**欺骗识别法**、**象限假设生成法（Quadrant Hypotheses Generation）**以及**竞争性假设分析法（Analysis of Competing Hypotheses）**等方法，来跟踪两国采用的战术行动和策略，并评估事件是否正在引发美国与古巴之间的电台战争。

一、案例叙述

全球对峙下的小冲突

1981年，里根就任美国总统，此时美国与古巴已经对峙了20年。在这些年里，卡斯特罗曾采取多种手段骚扰美国，包括加强对美国商业广播的干扰。虽然古巴于1950年在《北美无线电广播协定》(North American Radio Broadcasting Agreement) 上签了字，但在卡斯特罗掌权后的20世纪60年代，古巴对中波广播的干扰却开始加大。到20世纪70年代，这种干扰成为一个严重问题。1979年，古巴向国际电信联盟（International Telecommunications Union，ITU）提交了一份详细清单，内有设立两个电台的计划，电台的发射功率为500千瓦。这一功率超过了美国电台允许功率限度的10倍。[1]

里根总统国家安全战略的核心目标是，在经济、政治和军事战线上与苏联及其盟友进行全球对峙——囊括其全部大小盟友。而古巴则是苏联盟

[1] 原注：Kenneth N. Skoug Jr., *The United States and Cuba under Reagan and Shultz: A Foreign Service Officer Reports* (Westport, CT: Praeger, 1996), 17.

友之一，马蒂电台就是在上述战线之一使用的武器。

根据当时曾在美国国务院古巴科（Cuban desk）工作的一位官员的说法，"打破古巴对国内信息的垄断，是里根政府一项计划的重要组成部分，该计划的目标是逼迫菲德尔·卡斯特罗在对峙中采取守势。苏联的解体及经济援助的中断已经严重损害了古巴经济，导致民众不满的爆发。到1980年，这种不满已经表明，尽管古巴能够在国外施展能力，但其内部社会秩序却并不稳定。"[1]

里根政府设立马蒂电台的宗旨是，"提供有关古巴及其他各地的新闻、评论和其他信息，达到推动古巴境内自由事业的目的"。[2] 该声明的最后一句是对古巴政权的直接挑战。虽然马蒂电台构成的直接危险不及猪湾事件、对卡斯特罗的秘密暗杀、古巴导弹危机或美国对古巴的长期贸易禁运，但它会把不受控制的信息传递给古巴人民。

作为里根政府政治策略的一个元素，马蒂电台的设立也符合其佛罗里达古巴裔美国选民的利益。因为政治敏感性的原因，里根政府最初建议马蒂电台由"对古巴无线电广播公司"(Radio Broadcasting to Cuba, Inc.) 经营。该公司是一家非营利性质的独立公司，成立于1981年，不受国际广播委员会管辖。国际广播委员会是自由欧洲电台（Radio Free Europe，RFE）、自由电台（Radio Liberty，RL）和美国之音（Voice of America，VOA）的母公司。[3]

关键情报问题

随着里根政府设立马蒂电台计划的制订，国会也在思考其提出的设立电台的建议。此时出现了一个关键问题："古巴会对新电台做出怎样的回应？"菲

[1] 原注：Kenneth N. Skoug Jr., *The United States and Cuba under Reagan and Shultz: A Foreign Service Officer Reports* (Westport, CT: Praeger, 1996), 17.

[2] 原注：Radio Broadcasting to Cuba Act, PL 98-111.

[3] 原注：Joel M. Woldman, *Radio Marti Issue Brief,* no. IB83105 (Washington, DC: Library of Congress Congressional Research Service), 2.

德尔·卡斯特罗在公开场合与私底下给出的回应都很模糊。他威胁说，如果里根政府开始借助马蒂电台向古巴进行广播，他就干扰整个美国的中波广播。[1]

如果卡斯特罗将其威胁付诸实施，则美国的广播公司可能遭受重大经济损失。假如国会对有些关键选民的担心置之不理，那么设立马蒂电台是否会威胁到美国广播公司、卡车司机和农户的利益？更重要的是，从总统的角度来看，政府在面对古巴报复的情况下，可能会被认为软弱无能。里根总统是应该设立马蒂电台，以避免古巴对美国国内商业广播的干扰，还是应该选择做出联合外交与军事回应，阻止古巴实施报复？以上两个选择在国内政治和外交政策方面均有着重大风险。

领导者的政策与个人利益

国家安全问题常被描绘为有些抽象的政策选择，由国家领导人凭借其智力和政治水准做出。设立马蒂电台的建议是传统的国家安全问题，但也涉及罗纳德·里根、菲德尔·卡斯特罗和古巴裔美国人群体的个人利益。个人利益有时会影响到传统的国家安全考虑。

里根总统。在成为政治人物之前，罗纳德·里根只是个电台播音员。1933 年至 1937 年间，他曾担任位于艾奥瓦州得梅因 WHO 电台的体育播音员。该电台是一家以 1040 千赫频率播音的 50 千瓦无干扰信道广播电台[2]，听众遍及美国整个中西部地区。1981 年 8 月，在进行有关无线电干扰的技术探索期间，古巴说该国将实施一项计划——设立两个 500 千瓦的广播站，播音的频率为 1040 千赫。这正是佛罗里达州马蒂电台和艾奥瓦州 WHO 电台的指定频率。[3]

---

[1] 原注：进一步的内部讨论见 Skoug, *The United States and Cuba under Reagan and Shultz*。

[2] 原注：George F. Davison Jr., "Ronald Reagan: A Salute to the Fortieth President of the United States and Former WHO Sports Director," DesMoinesBroadcasting.com.

[3] 原注：Skoug, *The United States and Cuba under Reagan and Shultz*, 17.

WHO 电台体育节目播音员罗纳德 · 里根。

1982 年 8 月 30 日，一家古巴电台以 150 千瓦功率和 1040 千赫的频率开始播音，干扰了 WHO 广播。[1] 菲德尔 · 卡斯特罗针对马蒂电台的报复威胁直接影响到罗纳德 · 里根的无线电台母校。

卡斯特罗总统。自从菲德尔 · 卡斯特罗政府于 1959 年建立以来，美国的活动目标始终是终结卡斯特罗本人的生命及其政权。“猫鼬行动”（Operation Mongoose）就企图推翻该政权且可能刺杀卡斯特罗。[2]1961 年猪湾入侵事件和 1962 年美国对古巴的经济制裁并非此类行动。菲德尔 · 卡斯特罗无疑会将马蒂电台视为对其个人及其革命成功的另一挑战。

---

[1] 原注：David Shribman, “Cuba Disrupts U.S. Radio as Distant as Des Moines,” *New York Times*, September 1, 1982, Sec. A., 11, and *New York Times*, September 3, 1982, Sec. B, 6.

[2] 原注：Foreign Relations of the United States 1961–1963, Vol. 10, and Senate Select Committee to Study Governmental Operations with Respect to Intelligence Activities Alleged Assassination Plots Involving Foreign Leaders, 94th Congress, 1st session, November.1975. Cited in Graham Allison and Philip Zelikow, *Essence of Decision: Explaining the Cuban Missile Crisis* (Boston: Addison-Wesley Educational Publishers, 1999).

古巴总统菲德尔·卡斯特罗。

古巴裔美国人群体。古巴裔美国人群体是马蒂电台的主要倡导者。[1]在该电台取得成功及广播引发的风险方面，许多古巴裔美国人有着直接利益关联。在该群体最有名的人员中，很多人在卡斯特罗掌权后逃离了古巴，其中不少人在革命的“正义”中丧失了亲属和朋友。此外，南佛罗里达的西班牙语广播公司此前多年来一直遭受古巴电台干扰的影响，如果卡斯特罗因报复马蒂电台的广播而将其干扰美国广播公司的威胁付诸实施，还会有遭受额外经济损害的风险。[2]20 世纪 80 年代，美国与古巴进行了多次谈判，这些谈判与古巴裔美国人群体有着直接的个人利害关系，因为谈判带来的结果可能会更加方便该群体进出古巴岛，使其更有能力获得许

[1] 原注：Reginald Stuart, “Miami’s Community of Republican Cubans Awaits Reagan with Excitement,” *New York Times*, May 20, 1983, Sec. A, 15.

[2] 原注：Skoug, *The United States and Cuba under Reagan and Shultz*, 16.

可，让其亲属离开古巴。[1]

关键的美国利害相关者

里根政府设立马蒂电台向古巴播送信息的议案，和菲德尔·卡斯特罗做出回应，威胁说要干扰美国广播的举动，影响到美国数个在政治上活跃、有影响力的利益集团的利益。[2]

★ **全美广播协会**（National Association of Broadcasters, NAB）代表全美的商业广播公司。该协会成员担心其节目可能被干扰，以及随之而来遭受的经济损失。全美广播协会在华盛顿拥有大量的游说分支机构，可以随时接触国会议员。

★ 相比之下，多年来遭受古巴电台干扰影响的南佛罗里达的**无线电广播公司**，与古巴裔美国人站在一起，普遍支持设立马蒂电台。[3]

★ 美国中西部的**农业利益集团**担心，农户需要通过广播获得农业信息，重要节目内容可能受到干扰。

★ 夜间行车倾听无干扰信道无线电节目的**卡车司机**不希望其广播受到干扰。

国会议员也表示了同样的担心。南佛罗里达代表团积极支持设立马蒂电台的议案，而代表广播公司、农户和卡车司机的中西部议员则常常满腹狐疑。[4]1982 年，南佛罗里达广播协会敦促里根政府建立堵截古巴无线电干扰的设施，直至干扰终结为止。[5]

---

[1] 原注：Joseph B. Treaster, “Radio Marti Goes on Air and Cuba Retaliates by Ending Pact,” *New York Times*, August 20, 1985, Sec. A, 10.

[2] 原注：Woldman, *Radio Marti*, 9.

[3] 原注：Skoug, *The United States and Cuba under Reagan and Shultz*, 18.

[4] 原注：Sen. Paula Hawkins (R-FL) sponsored the legislation in the Senate and Rep. Dante Fascell (D-FL) in the House. Sen. Edward Zorinski (D-NE) and Timothy Wirth (D-CO) were the principal opponents of the legislation. See Judith Miller, “Quarrel in Senate over Radio Marti,” *New York Times*, August 2, 1982, Sec. 1, 3.

[5] 原注：Skoug, *The United States and Cuba under Reagan and Shultz*, 19.

电台设立议案

1981 年 9 月 22 日，里根总统签署了第 12323 号总统令，要求设立对古巴广播总统委员会（Presidential Commission on Broadcasting to Cuba）。该总统令“附有一份声明，说明里根政府相信打破哈瓦那的信息垄断，有助于古巴人民评判古巴革命真正的价值”。[1]

这份总统令说：“对古巴广播总统委员会应制订一份向古巴播音的无线电广播计划，其宗旨应是推动针对古巴的开放式信息思想交流，特别是向古巴人民播送有关古巴的准确信息。”[2]

对古巴广播总统委员会委员中来自南佛罗里达的代表众多，他们建议开展针对古巴的无线电新业务。[3]1982 年 2 月 2 日，里根政府提出了设立马蒂电台的议案。[4] 众议院迅即决定设立马蒂电台。1982 年 8 月 10 日，众议院通过了 H.R.5427 号议案。马蒂电台被授权以 1040 千赫的频率和 50 千瓦的功率向古巴播音，其播音频率与 WHO 电台相同，但不会干扰后者的信号。该议案还包括一条国会规定，督促里根总统针对干扰古巴带来的威胁“寻找切实可行的政治和技术解决方案”。[5]

卡斯特罗加大赌注

在里根总统正式公布设立对古巴广播总统委员会的议案前一个月，古巴人就公开了其将 500 千瓦电台的频率改为 1040 千赫和 1160 千赫的意

---

[1] 原注：1981 年 9 月 23 日，美国总统国家安全事务助理理查德 · 艾伦做出对古巴的无线电广播声明。

[2] 原注：Executive Order 12323.

[3] 原注：Skoug, *The United States and Cuba under Reagan and Shultz*, 18.

[4] 原注：Woldman, *Radio Marti*, 9.

[5] 原注：Skoug, *The United States and Cuba under Reagan and Shultz*, 19.

图。这两个频率对美国无干扰信道商业广播构成威胁。

- 在参议院外交关系委员会（Senate Committee on Foreign Relations）计划考虑该议案时，里根总统似乎已经行进在让马蒂电台启动广播的快车道上了。菲德尔·卡斯特罗随即在里根政府的电台通路上设置了一道由无线电波构成的路障。1982 年 8 月 30 日，古巴的广播扰乱了艾奥瓦州得梅因 WHO 电台的 1040 千赫频道、犹他州盐湖城的 1160 千赫频道和美国其他几个电台的播音。[1] 美国联邦通信委员会（FCC）的评估表明，古巴的两台 500 千瓦信号发射器以最大功率发射信号时，人们在阿拉斯加和夏威夷都能听到。[2]（见图 5.1）

农户和卡车司机们直接听到了古巴的广播节目。全美广播协会以这些广播节目为理由，积极鼓吹国会延迟实施电台活动。[3] 参议院外交关系委员会的委员们听从了选民的意见，开始考虑如何做出最佳回应。

参议院外交关系委员会修改了设立马蒂电台的议案，并于 9 月 9 日返还给国会。但更重要的是，1982 年 12 月 21 日，该委员会通过口头表决，拒绝提起该议案。此次议案失败，反映了全美广播协会游说力量的强大和参议员们对其选民可能遭到伤害的担忧。[4]

在第 98 届国会开始时，马蒂电台的议案被再次提起。众议院外交事务委员会（House Foreign Affairs Committee）主席但丁·法赛尔（Dante Fascell）——一位来自迈阿密选区、长期任职的民主党众议院议员，主持了此次听证会，并最终通过了这一议案。[5] 南佛罗里达选区赢了一局。但全美广播协会在众议院能源和商务委员会（House Energy and Commerce Committee）中的朋友们，却在审查后打回了原来的议案，提出了另外一

[1] 原注：Shribman, "Cuba Disrupts U.S. Radio."

[2] 原注：Skoug, *The United States and Cuba under Reagan and Shultz*, 18.

[3] 原注：Ernest Holsendolph, "U.S. Lists 'Options' on Cuban Jamming," *New York Times*, May 7, 1983, Sec. 1, 5.

[4] 原注：Skoug, *The United States and Cuba under Reagan and Shultz*, 19.

[5] 原注：Skoug, *The United States and Cuba under Reagan and Shultz*, 20.

份议案供采纳实施。这份议案将马蒂电台由一个代理性质的古巴电台变为一个从属于美国之音的更为标准、客观的电台。[1] 上届国会闭会时该议案在参议院未被通过，这一政治动态也反映在此次众议院的僵局中。

图 5.1 古巴干扰美国无线电广播的能力

资料来源：阿德里亚娜·冈萨雷斯，弗森联合有限责任公司。

1983 年 8 月，里根政府与古巴人就无线电干扰问题进行了谈判，试图以此回应全美广播协会的担忧。行业代表也加入了美国代表团。谈判没有达成一致意见——古巴人仍旧反对设立马蒂电台，而里根政府则表示支持设立该电台。全美广播协会继续进行游说，反对该议案。[2]

引发众议院僵局的政治动态，也决定着该议案在参议院的前景。议案此前由外交关系委员会上报，但有一位来自康涅狄格州名叫洛厄尔·韦克

[1] 原注：Skoug, *The United States and Cuba under Reagan and Shultz*, 20.

[2] 原注：Skoug, *The United States and Cuba under Reagan and Shultz*, 20.

（Lowell Weicker）的共和党参议员，反对该议案。佛罗里达州共和党人宝拉·霍金斯和内布拉斯加州民主党人爱德华·左林斯基则说服韦克就议案做出让步。他们同意马蒂电台接受美国之音的监督和标准，将其频率改为1180千赫，以消除1040千赫对WHO电台的威胁。1983年9月13日，该议案经口头表决通过。[1]

此时，里根总统设立马蒂电台的努力成功在即，但它却并非其最初提议的电台。众议院准备通过以韦克让步内容为关键条款的参议院议案。接着，副国务卿劳伦斯·伊格尔伯格（Lawrence Eagleburger）说服议案监察人（floor manager）但丁·法赛尔主席在该议案通过前发表一份声明，说明马蒂电台是一家面向古巴的国内代理广播业务机构。[2] 此项立法程序记录允许政府按照其初衷使用马蒂电台。国会通过了该议案，并于9月29日将其提交给总统签字。

1983年10月4日，里根总统在该议案上签字，使其成为法律条款。[3] 在里根政府和国会考虑设立马蒂电台近3年的整个过程中，古巴的反对、意图及能力一直是关键因素。虽然古巴人曾经拨动了美国政治乐器上的众多琴弦，但最终马蒂电台还是得以建立，并获得了作为代理性广播公司面向古巴开展业务的授权。

美国政府面临两个问题

授权建立马蒂电台并未结束此次博弈。美国政府仍然需要确定电台的广播内容和设立电台、聘用人员以及具体播出何种类型的节目等细节。马

[1] 原注：Susan B. Epstein and Mark P. Sullivan, *Cuba: Background and Issues through 1994*, Congressional Research Service, 2.

[2] 原注：Susan B. Epstein and Mark P. Sullivan, *Cuba: Background and Issues through 1994*, Congressional Research Service, 2.

[3] 原注：Susan B. Epstein and Mark P. Sullivan, *Cuba: Background and Issues through 1994*, Congressional Research Service, 2.

蒂电台的广播内容能否积极挑战卡斯特罗政权？抑或这些内容更接近美国之音？古巴人有了更多机会来影响以上决断，博弈场所目前由美国国会转移到了行政部门。

马蒂电台天线场。

执政之初，里根总统就一直明确表示，希望马蒂电台能够向古巴人民提供可以选择收听的信息。[1] 眼下他面临的关键问题是：

★ 古巴会对马蒂电台的播音做出何种回应？

★ 美国如何才能影响古巴的回应？

第一个问题是分析问题，第二个则是政策问题。

[1] 原注：Skoug, *The United States and Cuba under Reagan and Shultz*, 17.

古巴会做出何种回应？

1983 年，这一分析问题的主要元素已经很清楚了：

★ **公开和秘密消息来源**：古巴一贯明确表示反对设立马蒂电台，菲德尔·卡斯特罗和许多其他官方来源的讲话都传达了古巴的反对声音。此外，美国国务院古巴科官员小肯尼斯·斯寇（Kenneth Skoug Jr.）观察到，美国有秘密消息来源报告说，古巴将采取各种行动表示其对马蒂电台播音的反对态度。[1]

★ **能力**：古巴充分证明其有能力干扰美国的中波广播。更有甚者，为了回应马蒂电台的议案，古巴曾这样做过。

★ **让步**：古巴人曾经参加有关无线电干扰的谈判，表明其愿意接受将马蒂电台作为美国之音另一分台的做法，其主要原因是播音内容上有重大不同。

★ **动机**：古巴小心翼翼地控制着该政权向古巴人民发出的信息，这种行为是其统治结构中至关重要的成分。可选信息可能构成对政府信息和节目的威胁，特别是在动荡时期。卡斯特罗可能害怕马蒂电台会被用来发泄对该政权的怨气和（直接或间接）鼓动人们有组织地表达不满。古巴阻止马蒂电台的播音或影响其播音内容的动机明白无误。

古巴曾成功利用其广播破坏力和对设立马蒂电台的反对行动，说服了数量众多的美国广播、卡车运输和农业利害相关方，以及代表他们的美国参议员，不值得冒着经济损失的风险来设立美国政府提议的马蒂电台。

对卡斯特罗意图的分析，基本上依据公开和秘密消息来源所提供的信息、对古巴扰乱美国广播能力做出的评估，以及古巴所表现出来的采取上述行动的意愿。分析人员几乎毫不怀疑卡斯特罗会做出回应。但他们当时面临的主要问题是，他会做出怎样的回应？这种回应会给美国带来何种潜在影响？对于美国政府而言，这些关系重大。

---

[1] 原注：Skoug, *The United States and Cuba under Reagan and Shultz*, 23.

卡斯特罗与美国进行了长达20年的大博弈，有时他会表现出采取激进且极具风险行动的意愿，例如在古巴导弹危机期间。20世纪70年代和80年代早期，他将军队派往非洲、中美洲和拉丁美洲去提供支援，与美国直接对抗。他生活在美国禁运规定的影响之下，让古巴人民付出了巨大代价。以上历史记录表明他愿意与美国直接交手，但在马蒂电台案例中他却未能如愿以偿。

有关卡斯特罗意图的大多数决定性数据，都来自有关卡斯特罗本人意图的私人声明报告。正如媒体广泛报道的，叛逃至美国的古巴情报总监（Dirección General de Inteligencia，DGI）佛罗伦泰·阿斯皮里亚加少校认为，美国收到的情报来自众多古巴秘密特工，其中有些特工的情报报告对卡斯特罗如何回应马蒂电台的意图理解较为准确。[1] 按照国务院古巴科官员斯寇的说法，“极其巧妙地利用情报渠道会继续引起华盛顿的注意，美国就马蒂电台做出的决定，会受到古巴无线电干扰威胁及其对美国广播业冲击的影响。”[2]

华盛顿如何影响卡斯特罗的行动？

里根政府估计，卡斯特罗对马蒂电台的回应，会受到里根政府自己回应所有古巴无线电干扰计划的影响。里根政府需要发展某种手段，让卡斯特罗相信扰乱美国无线电广播的代价过于高昂，或者如果他已经在进行扰乱，则说服其停止。

在美国众议院最初通过的H.R.5427号法案中，制定美国对抗古巴无线电干扰的措施被列为一项要求。[3] 此外，1982年9月10日，在古巴扰乱美国广播公司的播音后，国务卿乔治·舒尔茨要求就“如果干扰继续，有何反制措施”做一次简报。[4]《纽约时报》报道说，1983年5月7日，政府高级

[1] 原注：Skoug, *The United States and Cuba under Reagan and Shultz*, 23; Michael Wines and Ronald J. Ostrow, "Cuba Exults That CIA's Men in Havana Were Double Agents; In a Television Series, Alleged Spies-Turned-Heroes Tell How They Duped American Agency," *Washington Post*, August 12, 1987.

[2] 原注：Skoug, *The United States and Cuba under Reagan and Shultz*, 23.

[3] 原注：Skoug, *The United States and Cuba under Reagan and Shultz*, 19.

[4] 原注：Skoug, *The United States and Cuba under Reagan and Shultz*, 19.

官员告诉商业广播公司说，他们正在考虑制定一份清单，内有 40 个选项，包括在卡斯特罗扰乱美国无线电台时轰炸古巴境内的天线。[1]

有关反制措施的讨论贯穿了 1983 年的整个秋季。据斯寇说，在 12 月 19 日白宫战情室（White House Situation Room）召开的一次会议上，他“提出如果古巴做出我们所担心的反应，有必要准备好适当的报复措施”。[2] 斯寇还写道，“在 4 月 5 日进行的单独讨论中，国家安全委员会职员康斯坦丁 · 门杰斯和约翰 · 林卓斯基向我和（国务院官员）约翰 · 弗奇表示，如果古巴扰乱美国的无线电广播，他们希望采取军事反制措施。”[3]

斯寇的回忆录与《纽约时报》的报道提供了，如果古巴以干扰美国商业无线电台回应马蒂电台的开播，则里根政府将会实施的报复计划的梗概。里根政府不仅制订了计划，而且通过一个“高级官员”将计划透露给《纽约时报》。这些计划间接地传达到古巴。1982 年，古巴对其信号发射器覆盖范围的展示加大了美国的风险，里根政府的反制计划则加大了在卡斯特罗身上投下的赌注。

第二年整年都充斥着剑拔弩张的浓烈气氛。《华盛顿邮报》报道了 1984 年 3 月的一次采访，采访中古巴副总统卡洛斯 · 拉斐尔 · 罗德里格斯（Carlos Rafael Rodriguez）指称马蒂电台是“美国的又一次侵略”，他说“古巴的反广播行动将毫不逊色于马蒂电台的节目广播”。[4]

但华盛顿将如何去做，依然悬而未决。正如当年晚些时候里根总统在其私人日记中所写：

> 我们准备继续设立我们的马蒂电台，向古巴播出真实信

[1] 原注：Holsendolph, “U.S. Lists ‘Options.’ ”

[2] 原注：Skoug, *The United States and Cuba under Reagan and Shultz*, 23.

[3] 原注：Skoug, *The United States and Cuba under Reagan and Shultz*, 56.

[4] 原注：Woldman, *Radio Marti,* 9. 文章中，他提供了 1984 年 3 月 14 日从《华盛顿邮报》摘录的内容。

息——这是我们信息计划的一部分。但古巴威胁说要报复，不仅要干扰我们的节目，而且要一路扰乱美国的无线电广播站，直至中西部地区。他们实际上已经装好了用于干扰的发射器。我们能够跟他们携起手来（原文如此），但要付出巨大的代价，而且要在数月后。建立一个系统需要时间，如果我们退让，我们就会颜面尽失，会让我们在整个拉美受到伤害。如果我们继续推进，就可能让我们的很多商业电台关门。怎么办？眼下我束手无策。[1]

与古巴展开电台大战？

负责评估古巴如何回应美国设立马蒂电台的美国分析人员，收集得来的资料异常丰富，需要加以分析处理。核心事实已从多个来源得到充分证实。古巴已经：

- 声明反对设立马蒂电台；
- 公开威胁说，如果马蒂电台作为代理电台开始向古巴听众播音，就采取报复行动；
- 向国际电信联盟宣布拥有 500 千瓦的发射器；
- 表明其有能力利用上述发射器扰乱美国的商业无线电广播。

分析人员还很清楚，美国采取强力反制措施的总体计划已经传达给古巴人。知晓具体行动计划的人仅限于白宫的一个小团体、情报界和国防部的官员。负责评估古巴回应情况的情报分析人员也直接参与了反制措施的制定。

核心分析问题是预测卡斯特罗即将采取的行动。他会：

- 将其报复威胁付诸实施、干扰美国无线电广播，并忽视美国应对措施的前景？
- 采取与美国—古巴关系其他方面相关的报复行动？

[1] 原注：Daniel C. Walsh, *An Air War with Cuba: The United States Radio Campaign against Castro* (Jefferson, NC: McFarland & Company, 2012), 91.

★ 其强硬姿态延迟了马蒂电台的设立，时间达 3 年多之久，并迫使华盛顿将该电台置于美国之音的管理之下，从而充分改变了播音内容，他对此感到满意，所以选择不采取报复行动，而只是扰乱传入古巴的广播节目？

·推荐读物·

Latell, Brian. *Castro's Secrets: The CIA and Cuba's Intelligence Machine*. New York: Palgrave McMillan–St. Martin's Press, 2013.

Skoug, Kenneth N., Jr. *The United States and Cuba under Reagan and Shultz: A Foreign Service Officer Reports*. Westport, CT: Praeger, 1996.

Walsh, Daniel C. *An Air War with Cuba: The United States Radio Campaign against Castro*. Jefferson, NC: McFarland & Company, 2012.

二、案例分析：4种结构化分析方法的应用

表5.1　案例快照：围绕马蒂电台的美国与古巴之争

所用结构化分析方法	《情报分析：结构化分析方法》中所在章节	分析类别
年表法与时间轴线法	第四章	分解与可视化
欺骗识别法	第七章	假设生成与检验
象限假设生成法	第七章	假设生成与检验
竞争性假设分析法	第七章	假设生成与检验

围绕从佛罗里达向古巴进行无线电广播一事，美国政府与古巴较量了 4 年。古巴总统卡斯特罗将该计划视为美国对古巴革命合法性发起的一次更加处心积虑的挑战。两国都忙于发出威胁和采取反威胁行动，竭尽自己

的情报搜集与分析能力，展开开源情报、人力情报和技术情报搜集活动。如果马蒂电台开始播音，卡斯特罗会做出何种回应？就这一主题，里根政府召集分析人员帮助其做出评估。

在上述情况下，可以利用年表法与时间轴线法帮助分析人员评估卡斯特罗的行动，并确定其是否在刺激美国对其行动做出回应，还是仅仅在对美国的行动做出反应。这一评估过程涉及利用欺骗识别法，以确定一些信息或报告是否为刻意欺骗之举，旨在威胁华盛顿和说服美国国会及行政部门相信，向古巴播音风险过高。很多人都在猜测卡斯特罗可能会采取的行动，但像象限假设生成法这样的方法却有助于使这一流程结构化，生成一套更为严谨的假设。利用诸如竞争性假设分析法这样的假设检验方法，会帮助分析人员评估卡斯特罗最可能进一步采取的行动，说明事件是否会导致美国与古巴进行无线电大战。

方法 1：年表法与时间轴线法

年表法与时间轴线法是简单有用的工具，能够帮助分析人员按顺序排列事件、用图表展示信息并找出可能的空白、异常现象或相互关系。此外，这些方法可以把分析人员拉出证据的沼泽，以更具战略地位的眼光审视资料集。本案例的信息资料错综复杂、自相矛盾，因此给时间轴线配上注释信息就成为识别关键证据、确定报告可信度和找出信息空白的极有用工具。

任务 1： 创建一个年表与时间轴线表，载明导致 1983 年 10 月 4 日里根总统决定签署马蒂电台立法的相关事件。

步骤 1： 识别出所有关键事件，并将其按照时间顺序列入同一表内，其中一栏列出日期，另一栏列出事件。

步骤 2： 从案例叙述中选出最为相关的信息，考虑如何以最佳方式按照时间轴线排列上述信息资料。这些信息资料是否可以根据其类别加以组织？绘制一张关于马蒂电台事件的时间轴线。

步骤 3：审查该时间轴线，同时提出以下问题：是否应该考虑所有与证据相关的基本假定？信息资料给出的事件持续时间和顺序是否有道理？是否有信息空白？是否可能有时间轴线以外的任何事件会影响到以上事件？

分析所得增值：你认为信息来源的可信度如何？事件顺序给你带来何种启示？是否有信息空白应该填补？你是否应该寻找更多信息？

方法 2：欺骗识别法

马蒂电台案例提出了几个重大的分析挑战。主要挑战之一是，卡斯特罗政权是否在利用认知管理和（或）战略欺骗来支持其对马蒂电台的反对行动。分析人员应该按照常规，考虑敌方试图误导他们，或可能藏匿重要信息。不能因为没有证据而简单否定出现欺骗的可能。如果欺骗工作做得好，不要指望能够找到欺骗的证据。但是，有些指标应该会提醒分析人员，他们自己可能成为欺骗目标，如情报报告的时间安排、线人的诚实可信度，或者相信线人的说法会带来已知和潜在的严重后果。

在里根政府执政前，古巴就已经与美国敌对 20 年之久。双方将所有的外交和军事战术都付诸实施，包括古巴部署核导弹带来的威胁。苏联及其对外情报机构（克格勃）指导和支持了古巴情报部门。克格勃有着悠久的利用认知管理和欺骗的历史。考虑到以上背景，分析人员需要保持警觉，留心对手有可能利用认知管理和（或）欺骗来帮助其实现目标。

任务 2：利用欺骗识别法，确定古巴是否可能正在利用认知管理和（或）欺骗来反对美国。

步骤 1：以表 5.2 为指南，评估是否能够利用欺骗识别法找出一个合理理由。如果能够找出古巴具有欺骗动机的理由，则将其作为需要证明或证伪的假设，加以表述。

表5.2 何时启用欺骗识别法

在以下情况，分析人员应当关注发生欺骗的可能性：
潜在欺骗方有实施欺骗行为的历史。
关键时刻——在接收方或潜在欺骗方获益甚巨或损失惨重时，收到关键信息。
所收信息来自诚信度有问题的线人。
分析完全取决于某条关键信息或报告。
若接受新信息，则需要该分析人员改变某一关键假定或关键判断。
接受该新信息会导致情报界、美国政府或情报用户消耗或转移大量资源。
潜在欺骗方可能拥有反馈渠道，告知其欺骗信息是否及如何得到处理并取得何种效果。

步骤2：在以下4项检查清单中，可以找到一种方法进行结构化分析，帮助分析人员评估其信息资料、确定对方是否可能实施欺骗。这4项清单以其英文首字母缩写命名，它们是：动机、时机与手段，既往对手做法，线人的可操控性与证据评估。利用表5.3中的模板和问题作为指南。

表5.3 欺骗识别法模板

动机、时机与手段（Motive, Opportunity, and Means, MOM）	
动机：潜在欺骗方的目标和动机是什么？	
渠道：潜在欺骗方用什么方法给我们提供信息？	
风险：如果欺骗被识破，会让对手面临什么样的后果？	
代价：潜在欺骗方会为了让欺骗渠道变得可信而牺牲敏感信息吗？	
反馈：潜在欺骗方有监控欺骗行动效果的反馈机制吗？	
既往对手做法（Past Opposition Practices, POP）	
对手有实施欺骗的历史吗？	
当前的情况适用于其既往的欺骗模式吗？	
如果不适用，还有其他的历史先例吗？	
如果不适用，情况的改变是否可以说明现在正在运用这种形式的欺骗？	

（续表）

线人的可操控性（Manipulability of Sources, MOSES）	
线人是否容易受到潜在欺骗方的控制或操纵？	
判断线人是否可靠的依据是什么？	
线人有直接接触到信息的渠道，还是只有间接渠道？	
线人的跟踪报告记录如何？	
线人是否有提供错误信息的个人原因，如取悦情报搜集者、提升个人工作业绩或得到更多收入？还是线人可能充满善意但过于天真？	
证据评估（Evaluation of Evidence, EVE）	
线人报告的准确度如何？包括翻译文本在内的整个证据链是否已经检查过？	
关键证据是否印证过？记住，线人手下的线人比线人本人更重要。	
来自一个信息源（例如人力情报）的证据是否与来自另一信息源（例如信号情报或开源情报报告）的证据发生冲突？	
其他信息源是否提供了确凿的证据？	

分析所得增值。总结以上 4 项检查清单的结果，它们是否证明或证伪了欺骗假设？该方法是否揭露了需要以更缜密的眼光，审查隐含假定或关键空白？

方法 3：象限假设生成法

有许多方法可用来帮助生成一套假设，其中包括基本头脑风暴、利用结构化头脑风暴完成的简单假设生成法、利用 2×2 矩阵将流程结构化的象限假设生成法，以及多种假设生成程序法™。多种假设生成程序法™是一种软件工具，能够利用新闻记者式的一组经典问题（何人？何事？如何？何时？何地？何故？），生成首要假设排列，得出一套互斥的假设。[1]

[1] 原注：有关多种假设生成程序法™的更多信息，请访问 http:// www.globalytica.com。

在刚才提到的4种方法中，基本头脑风暴因仅涉及列出首先想到的东西，所以最不严格。在对假设生成做关键检验时，这个未经结构化的流程通常会在假设生成的关键检验中过不了关——因为所生成的该套假设应该全面且互斥。另外3种方法如果应用得当，则更可能通过这一关键检验。

在本案例研究中，象限假设生成法是个良好选择，原因是它可以在两个关键维度上定义分析挑战：古巴人可能考虑哪个范围内的选项？该选项对美国的影响可能达到何种严重程度？通过创立4个互斥的象限（各象限由以上两个关键维度的不同端点定义），这一象限假设生成法流程能够以4种不同的方式重新组织问题，激发出更大的创造性并确保分析方法更加全面。

任务3： 针对该问题，利用象限假设生成法生成一套3至5个假设：古巴会对马蒂电台的设立做出怎样的回应？

步骤1： 利用结构化头脑风暴或根据专家的分析，找出两个影响古巴就如何回应做出决策的关键维度或驱动因素。

步骤2： 利用该问题的两个驱动因素或主要维度绘制一个2×2的矩阵（见图5.2）。

步骤3： 将每个关键维度或驱动因素视为从一个极端到另一个极端的连续统一体，在竖轴和横轴末端写出各驱动因素的极端条件。

步骤4： 在各象限处，描述出由两个维度或驱动因素定义的最终可能状态，有些象限可能有一个以上的最终状态。

以下两个步骤是该方法的组成部分，但未用于本案例研究：

步骤5： 写出说明事态正向其中一种最终状态发展的路标或指标。

步骤6： 利用路标制定情报搜集策略，确定事件的发展方向。

分析所得增值。 象限假设生成法是否帮助你做出了利用传统头脑风暴方法可能难以想到的替代假设？你得出的那套假设是否全面且互斥？针对其中任一象限，你是否生成了一个以上的假设或最终状态？

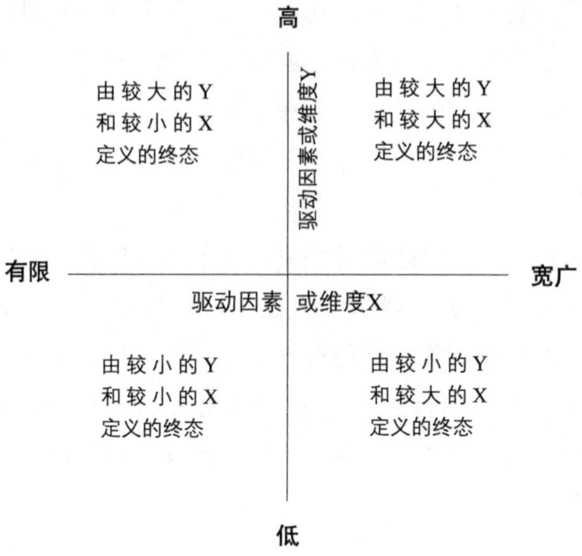

图 5.2 象限假设生成法模板

资料来源：国防情报局培训资料。

方法 4：竞争性假设分析法

分析人员面临一个持久存在的挑战——处理不完整、模糊、异常和有时具有欺骗性的信息资料。此外，对分析时间的严格限制和“打个电话问问”的需要，常常与众多天然的人类认知倾向纠缠在一起，导致判断不精确或不完整。竞争性假设分析法（ACH）要求分析人员利用大范围的数据、假定和信息空白，识别和辩驳可能假设，增大其战胜以上挑战的机会。

任务 4：就“古巴会如何力图延迟或阻止马蒂电台播音？”这一问题，用竞争性假设分析法软件识别出哪些假设提供了最可信解释。在网站 http://www.globalytica.com 或帕洛阿尔托研究中心（Palo Alto Research Center）的网站 http://www2.parc.com 可以获得这个基础版的 ACH 软件。在 http://www.globalytica.com 网站可以获得协作版的 ACH 软件（名为 Te@mACH®）。

步骤1：根据象限假设生成法练习的结果，选出3到5个假设，努力使其互斥。

步骤2：列出一份包含所有相关信息的清单，包括重要证据、论据、空白和假定。

步骤3：针对各个假设，通过提出“这些信息是高度一致、一致、高度不一致、不一致、介于一致与不一致之间，或不适用于该假设？”的问题，对相关信息加以评估。（Te@mACH® 软件并不包括“介于一致与不一致之间”这个类别的信息。）

步骤4：重新思考以上假设，提炼该矩阵。合并两个假设、增加一个新假设或分解当前假设，是否有道理？

步骤5：就各假设的相对可能性得出暂时性结论，软件会计算出不一致分值。不一致分值最低的假设暂时为最可能的假设，不一致分值最高的假设暂时为最不可能的假设。将不一致分值最低的各个假设列在矩阵左边，把最高的列在右边。

步骤6：若你所得出临时性结论的证据中有几点关键证据解释出现了变化，分析该结论对这一变化的敏感性。如果使用基础版 ACH 软件，根据诊断价值（diagnosticity）来给证据分类，最具诊断价值的信息就会出现在矩阵顶部。而 Te@mACH® 软件则会在矩阵顶部自动显示最具诊断价值的信息。

步骤7：思考所有假设的相对可能性，报告结论。

步骤8：确定日后观察所需的指标或标志性事件。

分析所得增值：根据你的分析结果，可能性最大和最小的假设是哪些？最具诊断价值的信息有哪几条？支持信息资料的假定有哪些（如有）？相关信息是否有任何空白可能会影响到你的信心？你对最具可能性假设的评估有几分确信？

[第六章]

通往塔宁科瓦之路

关键问题

★ 此次任务的战略目标、战役目标和战术目标是什么？
★ 什么会威胁到这些目标？
★ 美国如何提高其在该地区实现目标的概率？

内容提要

2005 年，对于修建一条穿越塔利班要塞塔宁科瓦（Tarin Kowt）的畅通之路，美国军方面临一个关键性抉择。塔宁科瓦是阿富汗的一个省会城市。美国与其他国际捐助方将此路视为稳定阿富汗局势与实现该国民主化、现代化的关键要素。随着推翻塔利班后阿富汗第一次议会选举的即将到来，美国军方考虑实施进度飞快的施工时间表，以便该道路竣工时能赶上此次选举。本案例采用了**关键假定检查法**、**魔鬼代言人**及**“优势—劣势—机会—威胁”法（Strengths-Weaknesses-Opportunities-Threats）**，彻底评估行动环境、敌人可能做出的回应，及美国对阿富汗更广泛目标的潜在影响。

一、案例叙述

坎大哈至塔宁科瓦的道路位于坎大哈以南，路面尘土厚积，道路沿着人烟稀少的伊朗高原一路缓慢爬升，进入阿富汗中央山脉兴都库什山岩石累累的山麓。这里的地形和天气虽然说不上是暴虐无情，但也并不适合人类居住。该地区干燥、多尘，常常被倏忽而至、尘土飞扬的大风淹没。在靠近塔宁科瓦处，巨石和石子遍布山麓。

该路位于两个省会城市之间，长 117 公里。2004 年，此路不过是一条尘土满地、穿越塔利班要塞的道路而已。在多次召开的国际捐助会议上，修建道路基础设施被视为稳定阿富汗并使其现代化和民主化的关键要素。美国则接受了一项挑战——沿着这条有着数百年悠久历史的道路，修筑一条现代化道路。到 2005 年 4 月，在 9 个月的时间内，美国军队铺完了 46.5 公里的道路。[1] 在道路完成约三分之一的时候，阿富汗政府宣布将于 9 月 18 日举行推翻塔利班政权以来的第一次议会选举。在这种情况下，美国军队考虑大力加快铺路进度，以便在大选时竣工。2005 年 5 月上旬，担任美国与阿富汗联合部队指挥官的卡尔 · 艾肯伯里（Karl Eikenberry）中将，言简意赅地对该工程的意义做出这样的评价："道路停止之处，就是塔利班势力开始涉足之处。"[2]

在仅仅 5 个月的时间内，铺完剩下的 70.5 公里道路，不仅是一项艰巨的工程和后勤挑战，而且还会涉及任务安全以及与当地人口相处的严肃问题。所以美国面对着一个具有重要战略、战役和战术意义的重要决策点。若要采取有效行动，则需要彻底分析行动环境、预见敌人的反应及美国对阿富汗更广泛目标的潜在影响。

---

[1] 原注：Laura M. Walker, "Task Force Pacemaker Constructing a Road to Democracy," *Army Engineer* (September–October 2005): 19.

[2] 原注：Vincent C. Fusco, "Eikenberry Takes Command of Coalition Forces in Afghanistan," American Forces Press Service, May 4, 2005, http://osd.dtic.mil/news/ May2005/20050504_881.html.

到 2005 年春，美国陆军工兵完成了坎大哈省坎大哈市与乌鲁兹甘省塔宁科瓦之间的 46.5 公里道路的铺设。

普什图人的生活方式

坎大哈至塔宁科瓦之间的道路，穿越一个有众多普什图人（Pashtun）生活的地区。普什图人主要是由逊尼派穆斯林组成的人群，约有 4000 万人，集中生活在阿富汗东部和南部地区，及与巴基斯坦接壤的部分地区。普什图人是世界上没有独立主权的最大民族。这个大部分处于农耕社会阶段的民族，严格执行普什图人的行为规范，或者说是普什图人的生活方式。这种规范或生活方式不同于中央政府或传统部落统治下所采取的社会规范（见表 6.1）。普什图人行为规范公开放弃等级制领导以及正式的法庭和法律，他们以复杂的个人独立传统、集体性冲突解决机制和人们普遍接受的全方位指导普什图人生活的荣誉准则为基础。普什图人行为规范强调好客、勇敢和正义，即意味着“在阿富汗人心目中，荣誉和好客、敌视与伏击总是如影随形、成双成对”。[1]

---

[1] 原注：Louis Dupree, *Afghanistan* (Princeton, NJ: Princeton University Press, 1980), 127.

表6.1 普什图人的行为准则

普什图人以践行下列普什图行为准则为荣：
实施血族复仇；
无论前来避难者家族如何，都要为其战斗至死；
死守他人委托保护的财产；
热情好客、为客人的人员和财产提供安全保护；
避免杀戮女人、印度教徒、音乐人和未切割包皮的男孩；
在冒犯者家族的女人、赛义德（伊斯兰教酋长）或毛拉（阿訇）出面说情的情况下宽恕冒犯者；
以处死来惩罚所有通奸者；
不杀害进入清真寺或神殿的男人（只要他不出来），饶恕战斗中祈求饶命的男人。

资料来源：Louis Dupree, *Afghanistan* (Princeton, NJ: Princeton University Press, 1980), 126.

在普什图人的社会中，一个成年男性无权告诉另一成年男性如何行事。而其邻居俾路支族群（Baluchi ethnic group）则不同，他们的萨达尔（司令官）拥有许多传统部落首领所拥有的权力。而“任何形式的外部指挥不仅令普什图人憎恶，也令其无法理解”。[1] 在没有传统部落首领的情况下，出现了一个非正式的庇护者网络（patronage networks）来决定阿富汗省省级地区政治。普什图人行为规范和伊斯兰教都经受过时间考验，而庇护者网络只是临时形成。当地庇护者——可汗或军阀，并非选举产生，且没有任何正式官职。军阀的权力基于其“利用可分配资源来强力证明其领导力”的能力。[2] 结果，这些庇护者就成为这一网络的独特力量，反映着

[1] 原注：Thomas H. Johnson and M. Chris Mason, “No Sign of Burst until the Fire,” *International Security* 32, no. 4 (2008): 62.

[2] 原注：US Army, “My Cousin’s Enemy Is My Friend: A Study of Pashtun ‘Tribes’ in Afghanistan,” Afghanistan Research Reachback Center White Paper, TRADOC G2 Human Terrain System (Fort Leavenworth, KS: US Army, 2009), 14, http://smallwarsjournal.com/documents/cousinsenemy.pdf.

地方权力关系的变化。[1]

尽管所有的普什图人都践行普什图人行为规范，但在低海拔地区从事农耕的普什图人，与生活在山上的普什图人之间却存在巨大差异。前者历史上一直被迫纳税，后者则以不受任何权威支配、享有社会平等和自由而自豪。前者为乡村普什图人，其日常生活以耕种和谋生为中心。[2]他们的房屋主要用泥土建成，里面稀稀落落地放置些生活必需品和睡觉用的垫子。他们必须自己担当起灌溉专家、建筑专家、兽医和安全部队成员的角色。他们的生存依赖于他们成功耕种土地的能力，他们严密守卫自己的土地。乡村普什图人对所有外来者都充满怀疑，这种怀疑由其对抗击异教徒入侵的共同战斗记忆塑造而成。但普什图人的行为规范又迫使其款待和临时保护所有寻求保护的客人，甚至是其视为敌人者。[3]结果，在普什图人的乡村中出现了一堵无形的“泥幕”——普什图人数百年来经过与入侵者、善意的中央政府和来自外国的“现代化推广者”互动而形成的一种文化防御机制，以其来捍卫自己的生活方式。[4]他们很快接受了外来者的意见、同意其实施工程，但根本原因只是因为他们采取这种行动的速度越快，外来者离开得就会越早，而村民们就可以回归到自己“古老的团体增强模式”（old, group-reinforcing patterns）。[5]

[1] 原注：US Army, “My Cousin’s Enemy Is My Friend: A Study of Pashtun ‘Tribes’ in Afghanistan,” Afghanistan Research Reachback Center White Paper, TRADOC G2 Human Terrain System (Fort Leavenworth, KS: US Army, 2009), 14, http://smallwarsjournal.com/documents/cousinsenemy.pdf.

[2] 原注：Dupree, *Afghanistan*.

[3] 原注：Gilles Dorronsoro, “The Taliban’s Winning Strategy in Afghanistan” (Washington, DC: Carnegie Endowment for International Peace, 2009), http://www.carnegie endowment.org/files/taliban_winning_strategy.pdf.

[4] 原注：Dupree, *Afghanistan*, 249.

[5] 原注：Dupree, *Afghanistan*, 249.

除主要城市外，坎大哈省和乌鲁兹甘省大部分地区是耕地。该地区主要居住着普什图人，他们严格遵守全方位支配其日常生活的普什图人行为规范。这个地区在同一季节里既有旱灾也有洪涝，所以农民们还得自己充当灌溉专家。

而对于居住在山上的普什图群体而言，“中央政府和外部强加的秩序不是单纯让人厌恶，而是与美好事物截然对立的东西”[1]，他们强烈抵制它们。典型的阿富汗人叛乱正是由这种山丘文化激发而起。相比而言，其动力更多地源于根深蒂固的文化和宗教规范，而较少来自经济剥夺。此外，普什图人行为规范使其内部几乎不可能出现摩擦。若战斗中有一个普什图游击队员死亡，则其所有男性亲戚均将背负起为其复仇的义务。因此，杀害一个游击队员，就会大幅增加而不是减少叛乱者的人数。苏联人得到了这个教训，他们杀了近 100 万普什图人，但到战争结束时，与其战斗的战士人数却更多。[2] 正是从这种普什图人山丘文化中，塔利班得以崛起。

[1] 原注：Johnson and Mason, “No Sign of Burst until the Fire,” 55.

[2] 原注：Thomas H. Johnson and M. Chris Mason, “Understanding the Taliban and Insurgency in Afghanistan,” *Orbis* 51, no. 1 (2007): 88.

文本框 6.1　从苏联人身上得到的教训

1979 年到 1989 年，苏联在阿富汗打了一场让人精疲力竭的战争。苏联人表面入侵阿富汗，为亲苏的共产党领导人提供支持并“稳定这个国家”。[i] 他们希望这次军事行动能够速战速决、取得成功。但面对由美国和巴基斯坦支持的“圣战者”的强烈抵抗、喀布尔政权统治的软弱无能和阿富汗严酷的地理环境，该计划遭遇挫败。[ii]

入侵阿富汗不久，这场战争就“演变为一场为控制有限交通线路而进行的战斗，（具体来说）就是道路构成的网络——把阿富汗城市相互连接起来的公路网，以及连接巴基斯坦和苏联的公路网”。[iii] 虽然苏联军队大量涌入阿富汗（最多时达 10 万人），但“圣战者”却变成阿富汗公路网伏击战的高手。这些伏击切断了苏联人的供应线，导致了重大的人员和设备损失，其中“包括 11389 辆卡车、1314 辆装甲运兵车、147 辆坦克和 433 门大炮”。[iv] 他们用来伏击车队护送部队的武器有“反坦克地雷、反步兵地雷、假雷、可控雷以及临时制作的炸药包等”。[v]

面对一再遭受损失的局面，苏联人最终认识到，车队护送部队若想有机会成功，则必须有一支具备快速反应能力的专职安全部队，配备火力充足的装甲车和随时准备进行地面战斗的军队，外加道路侦察部队（经由地面军队加强，以其保卫两翼安全和查找伏击地点），有计划的空军、炮兵支援，车队护送部队配备的道路清障工兵，及以部队运动不可预测性为基础的行动安全。[vi]

1985 年戈尔巴乔夫就任苏联共产党总书记时，虽然护卫队安全得到了些许改观，但人们越来越清楚，阿富汗战争不可能取胜。不久，戈尔巴乔夫就将结束阿富汗战争列为其头等大事。对于此次入侵的结果，戈尔巴乔夫后来说：“正与我们的预期相反：阿富汗更加动荡、战争让成千上万人受害、我们的国家自身也饱尝危险后果……最大的错误是不了解阿富汗的复杂性——少数民族、部族和部落混居在一起，独特的传统，政府统治力量微乎其微。”[vii] 到苏联人撤出阿富汗时，官方公布数字说有 1.5 万名苏联人和 100 万阿富汗人在这场战争中丧生。但许多专家认为丧生人数远高于官方数字。

i. Mikhail Gorbachev, "Soviet Lessons from Afghanistan," *New York Times,* February 4, 2010, http://www.nytimes.com/2010/02/05/opinion/05ihtedgor bachev.html.

ii. Mikhail Gorbachev, "Soviet Lessons from Afghanistan," *New York Times,* February 4, 2010, http://www.nytimes.com/2010/02/05/opinion/05ihtedgor bachev.html.

iii. Lester W. Grau, "Convoy Escort in Guerrilla Country: The Soviet Experience," *Military Police* (Winter 1995), http://fmso.leavenworth.army.mil/documents/convoy/convoy.htm.

iv. Lester W. Grau, "Convoy Escort in Guerrilla Country: The Soviet Experience," *Military Police* (Winter 1995), http://fmso.leavenworth.army.mil/documents/convoy/convoy.htm.

v. Graham H. Turbiville Jr., "Soviet Combat Engineers in Afghanistan: Old Lessons and Future Wars," *Military Engineer* 80, no. 524 (1988); "Mine Clearing and Movement Support," http://fmso.leavenworth.army.mil/documents/sovcombat/sovcombat.htm.

vi. Graham H. Turbiville Jr., "Soviet Combat Engineers in Afghanistan: Old Lessons and Future Wars," *Military Engineer* 80, no. 524 (1988); "Mine Clearing and Movement Support," http://fmso.leavenworth.army.mil/documents/sovcombat/sovcombat.htm.

vii. Gorbachev, "Soviet Lessons from Afghanistan."

“难以驾驭之国”

阿米尔·阿布杜尔·拉赫曼·汗（Amir Abdur Rahman Khan，1840 或 1844—1901 年）将其祖国称为“难以驾驭之国”，这一称呼十分有名。用这一说法来描述2004年的坎大哈则十分恰当，当时的坎大哈正是可怕的塔利班叛乱者的温床。叛乱的焦点盯在摧毁阿富汗中央政府和消除美国与北大西洋公约组织（North Atlantic Treaty Organization，NATO）的存在。[1] 塔利班组织起源于1989年苏联撤军后阿富汗国内军阀及其民兵之间的残酷内战。此次内战让阿富汗这个国家满目疮痍，让残留的传统部落领导体系荡然无存。由沙特阿拉伯出资和巴基斯坦三军情报局（Inter-Services Intelligence Directorate，ISID）提供支持，塔利班在阿富汗加兹尼和坎大哈附近以及巴基斯坦西北边境省（NWFP）和联邦直辖部落地区（FATA）的伊斯兰宗教学校里崛起。1994年，在几乎毫无预兆的情况下，塔利班组织现身于阿富汗土地之上。该组织发誓要建立一个传统的伊斯兰政府，结束敌对民兵之间的争战。凭借巴基斯坦暗中提供的强力支持，塔利班推翻了主要由塔吉克人（和北方人）掌控的喀布尔政权，于1996年9月占领首都。这次攻占首都的成功，部分要归因于"非常有效地使用道路……让军队行进速度更快和攻击更加迅速"，[2] 厌恶战争的阿富汗人一开始欢迎塔利班，但不久后阿富汗却成了伊斯兰活动分子和中东及整个亚洲其他激进分子的训练地。随着塔利班对伊斯兰教法的严厉解读、对妇女工作的禁止和以乱石砸死及斩断四肢刑罚的采用，阿富汗人民的乐观情绪被恐惧所取代。[3]

到2001年晚期美国将塔利班从喀布尔逐出时，塔利班在全国受欢迎的程度已经下降许多。但多数人认为它在坎大哈和普什图人生活的其他地区（见地图6.1）仍然得到了大力支持。在塔利班的核心人员吉尔扎伊普什图人、民主主义者的长期敌人与较为温和的杜拉尼普什图人中，这种支持尤为强烈。[4] 阿富汗总统卡尔扎伊就是一个杜拉尼普什图人。乡村普什

[1] 原注：Dorronsoro, "The Taliban's Winning Strategy."

[2] 原注：Matthew Nasuti, "The Ring Road: A Gift Afghanistan Cannot Afford," *Kabul Press*, September 29, 2009, http://kabulpress.org/my/spip.php?article4093.

[3] 原注：Johnson and Mason, "Understanding the Taliban," 74.

[4] 原注：Johnson and Mason, "Understanding the Taliban," 71–89.

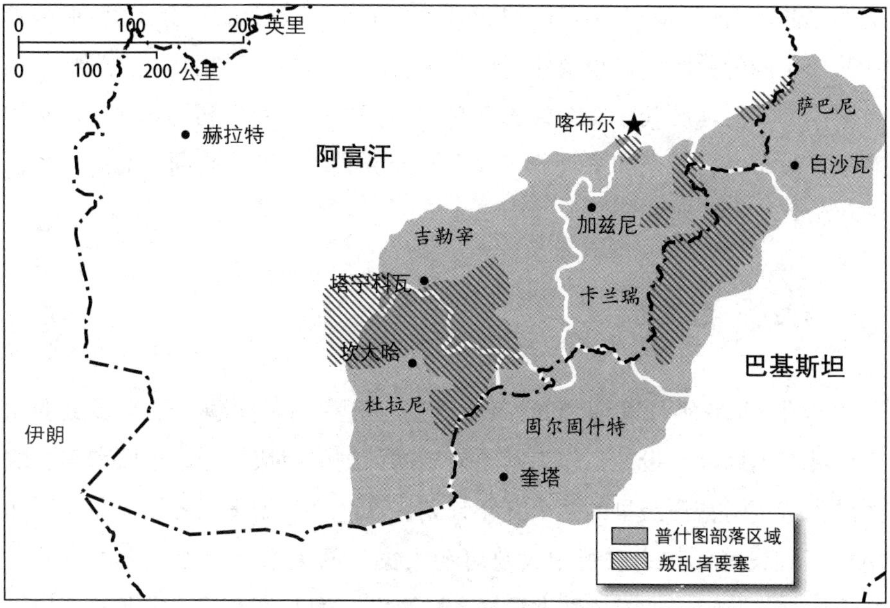

地图 6.1　普什图部落区域和叛乱者要塞

截至 2005 年，坎大哈城与塔宁科瓦之间的区域成为叛乱者的要塞。

资料来源：2006 年普什图部落区域与叛乱者要塞，见《解读阿富汗的塔利班及其叛乱》（"Understanding the Taliban and Insurgency in Afghanistan"）图 1，第 77 页，网址为 http://www.nps.edu/programs/ccs/docs/pubs/understanding%20the%20taliban%20and%20 insurgency%20in%20afghanistan.pdf。经托马斯·约翰逊和克里斯·梅森许可复制。

图人强力支持塔利班，而民族普什图人则构成塔利班人员的大部分。为了扩大自己的控制区，塔利班利用了人们对城市的不信任、对导致基本服务混乱不已的政府腐败的失望情绪和对外国人的恐惧心理。[1] 到了 2004 年，塔利班重新聚集起来，重新将活动重心转至利用游击战消灭所有的美国和

[1] 原注：Dorronsoro, "The Taliban's Winning Strategy"; Greg Mills, "Kandahar through the Taliban's Eyes," *Foreign Policy*, May 27, 2010, http://www.foreignpolicy.com/articles/2010/05/27/kandahar_through_the_talibans_eyes/.

北约军队。与塔利班东山再起的同时，卡尔扎伊政府也在努力为政府构建合法而牢固的基础，但该政府却饱受统治能力薄弱、经验缺乏、腐败和在省城以外农村地区几乎完全失去存在感之苦。在塔利班利用威胁、恐吓和刺杀手段与乡村长老和军阀争夺权力的人员居住地区，美国和北约军队也无法为其提供长期安全。[1]

与民众一起推进

20 世纪 50 年代晚期和 60 年代早期，苏联和美国建设了大多数的阿富汗沥青道路基础设施，作为其国外援助计划的组成部分。苏联和美国的援助支持了阿富汗最早的两个五年计划，这两个计划重点强调建立交通和电信基础设施，作为改善中央政府与人民之间关系和努力建设国家的手段。[2] 在此期间，外国援助大量涌入阿富汗，使其拥有了“中亚较好的道路体系之一”。[3] 将喀布尔与数个省会城市连接在一起的环城公路——大部分路段就是利用这些援助建成。利用这些援助同时还建成了直接穿越兴都库什山的著名萨朗隧道。兴都库什山是位于阿富汗中部与巴基斯坦北部之间的喜马拉雅山的支脉。

但到了 2001 年，经过数十年的战争和疏于维护，阿富汗道路年久失修（如果不是路况急剧恶化）。阿富汗的道路只有 16% 摊铺了路面，许多省会之间的关键交通和商业联系并不存在。[4] 为了解决这个问题，2003 年阿富汗政府和国际捐助方批准了一项全国性的路网建设和维修工程，其中包括完成环路施工及铺设从环路至阿富汗边远省份的放射状道路，

[1] 原注：Johnson and Mason, “Understanding the Taliban.”

[2] 原注：Dupree, *Afghanistan*.

[3] 原注：Dupree, *Afghanistan*, 644.

[4] 原注：US Government Accountability Office, *Afghanistan Reconstruction Progress Made in Constructing Roads, but Assessments for Determining Impact and a Sustainable Maintenance Program Are Needed* (GAO-08–689), July 8, 2008, 5, http://www.gao.gov/ products/GAO-08–689/.

以便“鼓励经济发展、加强中央统治和改善安全局面”。[1] 这些捐助方承诺出资数十亿美元来建设阿富汗的道路基础设施。至 2004 年为止，众多国际合作伙伴已开始在各种道路上进行施工。美国方面的筑路工作由美国国际开发署（US Agency for International Development，USAID）牵头，与美国国防部一起展开。在有些情况下，美国国际开发署雇佣承包商来修建整条道路。在另外一些情况下，则雇佣这些承包商完成道路施工的收尾工程——多数情况下是该署或美国军队无法自己完成的路面摊铺工作。

在道路施工计划中，使事情复杂化的因素之一是，阿富汗政府对中央政府各部及其他施工管理和监督组织的职责缺乏明确的法律规定（见表 6.2），在一些领域出现不必要的工作重复——例如在收费方面；而在另外一些领域，则出现无人问津的空白，例如在道路维护方面。[2] 此外，阿富汗政府还面临着“严重的人员和财政束缚”，限制了其制订和执行道路维护计划的能力。[3] 因为缺乏有效的国家监督，所以保证道路安全就成为使事情复杂化的另一因素。同时，这些道路也是国际社会稳定阿富汗局势所做努力的重要组成部分，是中央政府为民众提供服务并培育与其关系的重要组成部分，以及塔利班试图破坏政府与人民关系的重要组成部分。[4]

---

[1] 原注：US Government Accountability Office, *Afghanistan Reconstruction Progress Made in Constructing Roads, but Assessments for Determining Impact and a Sustainable Maintenance Program Are Needed* (GAO-08–689), July 8, 2008, 5, http://www.gao.gov/ products/GAO-08–689/.

[2] 原注：US Government Accountability Office, *Afghanistan Reconstruction Progress Made in Constructing Roads, but Assessments for Determining Impact and a Sustainable Maintenance Program Are Needed* (GAO-08–689), July 8, 2008, 5, http://www.gao.gov/ products/GAO-08–689/.

[3] 原注：US Government Accountability Office, *Afghanistan Reconstruction Progress Made in Constructing Roads, but Assessments for Determining Impact and a Sustainable Maintenance Program Are Needed* (GAO-08–689), July 8, 2008, 4, http://www.gao.gov/ products/GAO-08–689/.

[4] 原注：Dorronsoro, “The Taliban’s Winning Strategy.”

表6.2 2004—2005年，阿富汗中央各部的道路责任

部门名称	道路相关职能
市政工程部	管理地区性与全国性公路及省级道路的建设和维护。
乡村复兴开发部	负责包括乡村道路和一些省级道路在内的乡村基础设施建设。
运输与民航部	检查和签署商业运输许可，向所有国内外商业车辆收费。
财政部	收取主要公路的养路费。
内务部	管理商业和私人车辆的注册和收费，进行安检与交通管理。
商务部	收取运输费，也可以收取超载罚款。
外交事务部	为出入阿富汗的外国车辆签署过境许可证。
经济部	进行基础设施项目的基础研究，旗下的捐助方赞助单位目前也负责所有政府货物和服务的采购，包括金额超过 20 万美元的道路维护。
阿富汗安全部队	负责保证道路安全，但常常将此职权委托给地方警察和签约民兵。

资料来源：此表主要出自美国国际开发署（USAID）从美国政府问责局（US Government Accountability Office）的报告 *Afghanistan Reconstruction Progress Made in Constructing Roads, but Assessments for Determining Impact and a Sustainable Maintenance Program Are Needed* 中引用的资料，GAO-08–689，2008 年 7 月，第 34 页。表中阿富汗国家安全部队的补充信息除外。

特遣部队标兵

在崎岖不平地形上修建道路困难重重，而在战争区内铺设一条道路更是独特且危险的挑战。通过指挥官紧急救济基金（Commanders' Emergency Relief Fund），国防部为此次道路工程提供了资金并将工程交给美国陆军工程兵团（US Army Corp of Engineers，USACE）来完成。[1]2004 年 7 月至 2005 年 2 月间，路易斯安那州国民警卫队第 528 工兵营完成了从坎大哈城北至塔宁科瓦的路段，长度为 46.5 公里。2005 年

[1] 原注：US Government Accountability Office, *Afghanistan Reconstruction Progress*, 11.

3 月，该工兵营返回家园。华盛顿州路易斯堡的第 864 工兵营准备接手完成这条道路。

美国陆军工程兵团有着悠久的战斗和重建作业史，所以第 864 工兵营装备有大量重型运土设备，例如推土机、平地机和自卸卡车，（包括土地测量师到施工设计师和规划师在内的）施工人员，（额外派来清除雷区和寻找藏匿简易爆炸装置的）训练有素的战斗工兵，以及额外增派的维护人员和维修用资产（为车辆和设备提供支援）。第 864 工兵营的作业环境将至为严酷：高纬度、大漠中太阳的灼烤、作业对象是又细又黏的黏土基砂子等。各种陆军工兵单位组成的这种混成部队被称为“特遣部队标兵”。[1]

如果想在短短 5 个月的时间内修建完剩下的 70.5 公里道路，工兵们必须加快筑路速度。虽然这支部队筑路的效率较高，但一天的进度也才几百米。筑路涉及包括多个步骤的流程，多数情况下要按顺序进行：道路规划、测量、工地安全保障、维持供水和材料进出，以及重型工程设备的维护保养等。为了确保道路的最终完成，工兵们首先用推土机清除树根和表层土。灌木丛和小山丘也在清除之列。平地机将道路推平，形成合适的路基。工兵们则进行区域巡视，查找适当的道路底基层材料。发现合适材料的位置后，他们就将候选材料送至一家承包公司进行材料含量分析。若材料合适，自卸卡车和铲运机就从这个“取土坑”挖取材料，然后将其铺在推平的道路基础上，形成 8 至 12 英寸厚的道路底基层。这样的底基层材料十分重要，即使一个“取土坑”离工地很远，他们也会选择继续使用，有时“取土坑”的距离可远达 5 公里。接着平地机在路中间做出一个圆顶，以便让水排走。道路竣工修整人员则利用运水卡车将道路淋湿，用压路机碾压道路土层。寻找水源与寻找优良底基层材料一样重要，因为这是将尘土铸成道路的最后步骤。[2]

---

[1] 原注：Walker, “Task Force Pacemaker Constructing a Road to Democracy,” 20–24.

[2] 原注：Walker, “Task Force Pacemaker Constructing a Road to Democracy,” 20–24.

在施工进度计划加快的情况下，在坎大哈—塔宁科瓦走廊地带——完成以上程序，会遭遇特殊的难题。除了围绕测量、材料、维护和供水等出现的问题外，工地安全也是持续不断的挑战。当地的施工条件是，大片的尘土在工兵们作业时翻卷而起，成为指明工兵存在的信号，令其成为静止不动、显而易见的目标。虽然部队配有增派的战斗工兵，但因为快速施工进度计划的要求，长长的车队要在 90 分钟内完成工地的往返，这又与工兵们所接受的行动安全训练要求背道而驰，因为这些训练要求他们采用不同路线在不同时段行走。在道路作业期间，工兵们不得不停下来搜查路上的所有行人和车辆，而这要耽误宝贵的时间，占用施工资源。如果迫不得已搜查阿富汗妇女的话，还会面临文化挑战。[1] 此外，此类搜查并不能消除叛乱分子构成的威胁，因为他们都在周围的山上，工兵们难以把他们驱赶出来。

尽管有以上挑战，但在 2005 年 4 月，美国军队还是倾向于让特遣部队标兵实施这份计划，加快施工进度。迄今为止，在上述困难条件和安全风险下，道路施工进展中并未发生事故。而且，这条道路能够成为乌鲁兹甘省美国和北约军队的重要供应链。最终在阿富汗取得胜利的决定性因素是，向该国人民证明这个受美国支持的政府正在以看得见、摸得着的方式提高其生活质量，而几乎没有什么工程能够比现代化的道路系统更能让人看得见、摸得着。在道路工程中，“每挖一锹土所取得的进展都是对塔利班的重要武器——隔离和困难的一击。”[2] 对于严重依赖进口商品的地区来说，这条道路带来的商业利益显而易见。而这些利益反过来又为阿富汗政府赢取了越来越多的支持。此外，迅速获得成功，可在心理上给叛乱分子以决定性一击，在至关重要的立法选举前夕，向当地人证明美国能够在塔利班的心脏地区取得成功。该工程对所有人员都有着潜在影响：正如一名美国工兵所说，它“不仅是一项工程创举，也是政治力量的展示”。[3]（见地图 6.2）

[1] 原注：Walker, “Task Force Pacemaker Constructing a Road to Democracy,” 24.
[2] 原注：Walker, “Task Force Pacemaker Constructing a Road to Democracy,” 24.
[3] 原注：Walker, “Task Force Pacemaker Constructing a Road to Democracy,” 24.

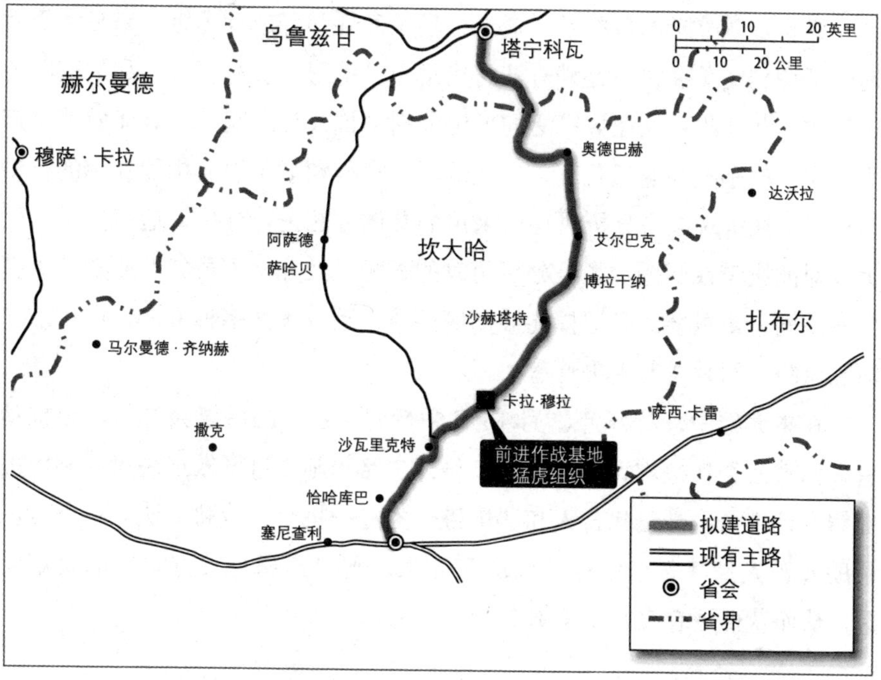

地图 6.2　坎大哈至塔宁科瓦之路

·推荐读物·

Dupree, Louis. *Afganistan*. Princeton, NJ：Princeton University Press, 1980.

二、案例分析：3种结构化分析方法的应用

表6.3　案例快照：通往塔宁科瓦之路

所用结构化分析方法	《情报分析：结构化分析方法》中所在章节	分析类别
关键假定检查法	第八章	因果评估
魔鬼代言人	第九章	质疑分析
“优势—劣势—机会—威胁”法	第十一章	决策支持

进行红队分析的目的旨在通过鼓励发散性和开放性思维，来最大限度地降低遭到突然袭击。这种方法可应用于“练习、实验、规划和战略”的过程中。[1] 红队可以在最广泛的界定范围内挑战传统观点。具体做法是审查假定，鼓励充当魔鬼代言人，在战略、战役和战术层面构建敌手的行动模型。[2] 红队对取得分析成功所采用的具体方法进行分析，这些分析会因为面对的决策或问题类型、分析用时的长短以及分析人员的专业知识等因素而不同。最重要的是选择能够彻底挑战行动方案的多种方法，以揭示和消除风险，同时增大成功概率。

在本案例中，2005 年 9 月 18 日举行的阿富汗国民议会选举，正推动着人们就是否加快坎大哈城至塔宁科瓦之路的施工进度做出决策。利用关键假定检查法、魔鬼代言人和“优势—劣势—机会—威胁”法分析，可以帮助分析人员从各个角度考察决策元素，解决预期行动方案中的疑难问题，从而获得更有效的政策结果。

方法 1：关键假定检查法

关键假定检查法是一种系统性活动，能够明确和质疑那些引导分析人员解读有关具体问题的证据和推理时所做的假定。分析人员必须处理不完整、模糊和有时具有欺骗性的信息，而做出假定通常是填补信息空白必不可少的手段。做出假定的动力来自分析人员所受的教育、培训和经验，包括其生活和工作于其中的文化和组织环境。识别假定可能很

---

[1] 原注：Defense Science Board, *Report of the Defense Science Board 2008 Summer Study on Capability Surprise. Vol. I: Main Report* (Washington, DC: Office of the Under Secretary of Defense for Acquisition, Technology, and Logistics, 2009), http://www.acq.osd.mil/dsb/reports/ADA506396.pdf.

[2] 原注：Defense Science Board, *Defense Science Board Task Force on the Role and Status of DoD Red Teaming Activities* (Washington, DC: Office of the Under Secretary of Defense for Acquisition, Technology, and Logistics), 2003, http://www.fas.org/irp/agency/dod/dsb/redteam.pdf.

难，因为很多假定是人们所坚信的社会文化信念，或在不知不觉中占据人们的脑海，以至于它们被假定为真理，不受任何质疑。但当关键假定无效时，识别此类假定并评估其整体影响，则是严谨分析过程中至关重要的组成部分。

任务 1：对以下问题进行关键假定检查：美国倾向于做出按时完成坎大哈至塔宁科瓦道路施工的决策，以迎接 9 月 18 日举行的国民议会选举，并以此作为其宏大目标——“鼓励经济发展、加强中央统治和改善安全局面”的组成部分。

步骤 1：召集一小组研究该问题的人员，外加几个“局外人”。这一主要分析单位已经按照既定的思维模型进行了研究，因此需要“局外人”带来其他观点。

步骤 2：最好要求参与者与会时带来一份假定清单，若没有清单，则以一次无声的头脑风暴专题会开始会议。让每个参与者在 3 英寸 ×5 英寸的卡片上写下数个假定。

步骤 3：收集卡片，在一块白板上列出以上假定供大家查看。可以使用表 6.4 中的简单模板。

表6.4 关键假定检查法模板

关键假定	评论	有支持依据	给出警示	缺乏支持依据

步骤 4：引出更多假定。沿着分析主线回溯至支撑该主线的关键论据。利用各种工具来帮助激发参与者的思考。提出记者式的标准问题：何人？何事？如何？何时？何地？何故？

诸如“将始终”“将永不”或“将要”之类的用语，表明某一观点未受到质疑，可能应该如此。诸如“根据”或“一般来说”之类的用语，表明正在做出一个质疑假设。

步骤 5： 确定完一整套假定后，严格审查各个假定。提出以下问题：

- ★ 我为什么相信这个假定正确？
- ★ 这一假定在何种情况下可能不实？
- ★ 该假定是否可能过去正确，但现在已不再正确？
- ★ 我对该假定有效的自信度有多大？
- ★ 若该假定被证明无效，将对分析产生多大影响？

步骤 6： 利用表 6.4，将各个假定归入以下三类之一：

1. 基本有支持依据；
2. 有些警示正确；
3. 缺乏支持依据或有问题——针对“关键不确定处”。

步骤 7： 提炼该清单，删除经不起仔细审查的假定，补入讨论中出现的新假定。

步骤8： 考虑是否应该将关键不确定处转化为情报搜集需求或研究课题。

分析所得增值。 缺乏支持依据的假定可能对修路决定产生何种影响？对于铺设该道路收益大于风险的结论，军队决策者有几分自信？

方法 2：魔鬼代言人

可以利用魔鬼代言人对所提议的分析判断、计划或决策提出批评。军队指挥官或决策者在做出最终决策前，常常利用这一方法询问分析可能出现的错误。针对所提议决策或分析判断，魔鬼代言人能够给出可能出现的最强力反对情形。这些情形常常通过审查关键假定和不确定性来源而提出。

任务 2： 就美国悬而未决的决策——“此次选举前完成坎大哈至塔宁科瓦的道路”，构建能够对其提出反对意见的最强可能情形。

步　骤： 虽然魔鬼代言人并无既定步骤，但分析人员可以从该项目的战略目标、假定和信息空白着手。可以将上述几个步骤作为有用的起点，勾勒出反对该道路项目的情形。然后，再逐步提出否定各个目标的合乎逻辑的论据。

分析所得增值。哪些问题会摧毁该工程的设定目标，原因何在?

方法 3："优势—劣势—机会—威胁"法

"优势—劣势—机会—威胁"法（SWOT）分析可通过为战略规划提供组织和搜集数据的框架，来评估某一目标。SWOT 分析的设计旨在阐明需要进行进一步探讨和更加详细规划的领域，因此，它一般是严密政策流程中的一个早期步骤。SWOT 分析也是找出和解决政策选项问题，并确定具体行动以提高成功机会的重要部分。

任务 3：在此次 9 月大选前，铺设一条道路将坎大哈城与塔宁科瓦连接起来，以鼓励该地区的经济发展、加强中央统治和改善其安全局面。就这一悬而未决的决策进行 SWOT 分析。

步骤 1：明确定义目标。

步骤 2：将推动和阻碍实现该目标的优势、劣势、机会和威胁填写在表 6.5 中。

表6.5　SWOT模板

美国的优势	美国的劣势
1.	1.
2.	2.
3.	3.
美国的机会	**美国面临的威胁**
1.	1.
2.	2.
3.	3.

步骤 3：提出以下问题，确定实现该目标的可能策略：

★ 我们如何运用各项优势?

- ★ 我们如何改善各项劣势？
- ★ 我们如何利用各个机会？
- ★ 我们如何缓解各个威胁？

将你的策略填入表 6.6。

表6.6　SWOT第二阶段分析模板

运用优势	改善劣势
1.	1.
2.	2.
3.	3.
利用机会	**缓解威胁**
1.	1.
2.	2.
3.	3.

分析所得增值。美国军队应采取何种步骤为道路施工做好准备？

[第七章]

谁谋杀了乔纳森·卢纳?

关键问题

★ 乔纳森·卢纳为何会遭到谋杀?

★ 围绕该案件的最重要争议是什么?

★ 本案例最重要的证据是什么?

★ 执法部门需要找到哪些辅助信息?

内容提要

乔纳森·卢纳(Jonathan Luna)是一位喜欢社交的联邦检察官,2003年12月神秘死亡。此事让其朋友和同事深感震惊,引发了一场耗时多年的跨州调查:乔纳森·卢纳如何身亡?死亡原因何在?围绕一堆模棱两可、有时相互矛盾的证据,出现了多种推测。分析人员利用**年表法与时间轴线法**、**简单假设法(Simple Hypotheses)**、**多种假设生成程序法™(Multiple Hypothese Generator™)**以及**竞争性假设分析法**等来追踪和评估事件,得到一系列合理解释,并严格评估该案例中令人疑窦丛生的证据。

一、案例叙述

乔纳森·卢纳是一名精力充沛、平易近人的联邦检察官，于 2003 年 12 月死于谋杀，他的死震惊了他的朋友和同事。卢纳通过其个人奋斗在专业领域获得了成功。到 2003 年他被谋杀之时，他已成功地告别了纽约的贫寒生活，成为美国马里兰州巴尔的摩市的助理检察官，他和妻子及两个孩子就住在该市附近。但 2003 年 12 月 4 日清晨，人们在宾夕法尼亚州兰开斯特县乡村的一条小河里发现了卢纳的尸体。身上满是刀伤，共计有 36 处。当时他面部朝下浮在水中，而他的座车就在附近，仍未熄火。官方接着展开了为期多年的跨州调查，但公之于众的调查细节仍然令人们对乔纳森·卢纳如何被杀及为何被杀争论不休。

展开调查

发现卢纳遍体鳞伤、刀伤累累的尸体后，联邦和州政府立即展开了调查。调查人员的调查行动覆盖了整个案发区域，他们希望能追踪到可能找出凶手的线索。

调查人员沿着宾夕法尼亚州丹佛市附近双车道的拽泰文路（Dry Tavern Road）两旁的地区展开了筛查，就是在这一地区，2003 年 12 月 4 日凌晨 5 时 30 分，森赛宁与韦弗公司（Sensening & Weaver）的工作人员发现了卢纳的座车。[1] 这一乡村地区距宾夕法尼亚收费高速公路约有 1 英里[2]，位于巴尔的摩市东北方向约 70 英里处。[3] 警方到达现场时发现卢纳的 2003 款本田雅阁座车车头栽入小河中，引擎仍在空转。[4] 车身驾驶室侧门

[1] 原注：Gail Gibson, "Prosecutor of Drug Case Found Killed," *Baltimore Sun*, December 5, 2003, http://www.baltimoresun.com/news/maryland/crime/bal-luna1205,0,2335211.story; "Jonathan Luna's Last Hours," *Washington Post*, March 14, 2004, http://www.washingtonpost.com/.

[2] 编注：1 英里≈1.6 公里。

[3] 原注：Gibson, "Prosecutor of Drug Case Found Killed."

[4] 原注：Gail Gibson, "Personal Motive Suspected in Killing of US Prosecutor," *Baltimore*

与左前挡泥板上溅有鲜血。[1] 车内凌乱散布着纸币和手机零件，车厢右后侧地板上聚有一大摊血。[2] 卢纳的尸体浸泡在河水中。[3]（见地图 7.1）

案发后 48 小时内，为了寻找线索，100 多名学员警察搜查了案发周边地区。而卢纳的死亡细节开始浮出水面。[4] 兰开斯特县验尸官巴里 · 沃普（Barry Walp）称，发现卢纳尸体时，他穿戴整齐，身着西装、衬衫、领带、外套和鞋袜，随身携有钱包、现金和工作识别章。[5] 一家媒体转载宾夕法尼亚州警署的书面声明报道称，卢纳“头部右侧有外伤”，而其他多家媒体则援引联邦执法机构的发言，称卢纳身上的 36 处刀伤事实上系抵抗所致。[6] 但沃普却称，他在尸检过程中并未发现任何抵抗伤，卢纳的刀伤均集中在颈部和上胸部。[7] 虽然警方在现场并未找到武器，但警方却称卢纳尸身上的伤口与小型刀片——可能是小折刀，形成的伤口吻合。[8] 据执法机构称，有迹象表明受害人曾被控制，生殖部位持续受到伤害。[9] 最

Sun, December 6, 2003, http://www.baltimoresun.com/news/maryland/crime/bal-luna1206,0,2400748.story.

[1] 原注：Gail Gibson, “Personal Motive Suspected in Killing of US Prosecutor,” *Baltimore Sun*, December 6, 2003, http://www.baltimoresun.com/news/maryland/crime/bal-luna1206,0,2400748.story.

[2] 原注：Gail Gibson, “Personal Motive Suspected in Killing of US Prosecutor,” *Baltimore Sun*, December 6, 2003, http://www.baltimoresun.com/news/maryland/crime/bal-luna1206,0,2400748.story.

[3] 原注：Gibson, “Prosecutor of Drug Case Found Killed.”

[4] 原注：Gibson, “Prosecutor of Drug Case Found Killed.”

[5] 原注：Gibson, “Personal Motive Suspected in Killing of US Prosecutor”; Lauren Johnston, “Prosecutor May Have Been Tortured,” *CBS News*, December 6, 2003, http://www.cbsnews.com/stories/2003/12/08/national/main587250.shtml.

[6] 原注：Gibson, “Personal Motive Suspected in Killing of US Prosecutor.”

[7] 原注：Lauren Johnston, “New Puzzle in Prosecutor’s Death,” *CBS News*, December 12, 2003, http://www.cbsnews.com/stories/2003/12/04/national/main586958.shtml.

[8] 原注：Gail Gibson, “Blood of Second Person in Car,” *Baltimore Sun*, December 12, 2003, http://www.baltimoresun.com/news/maryland/bal-md.luna12dec12,0,1042873.story.

[9] 原注：Gail Gibson and Lynn Anderson, “Missing Money Noted in Probe,” *Baltimore Sun*, December 10, 2003, http://www.baltimoresun.com/news/maryland/bal-md.luna10dec10,0,125365.story.

后沃普估计卢纳死于溺水。[1]

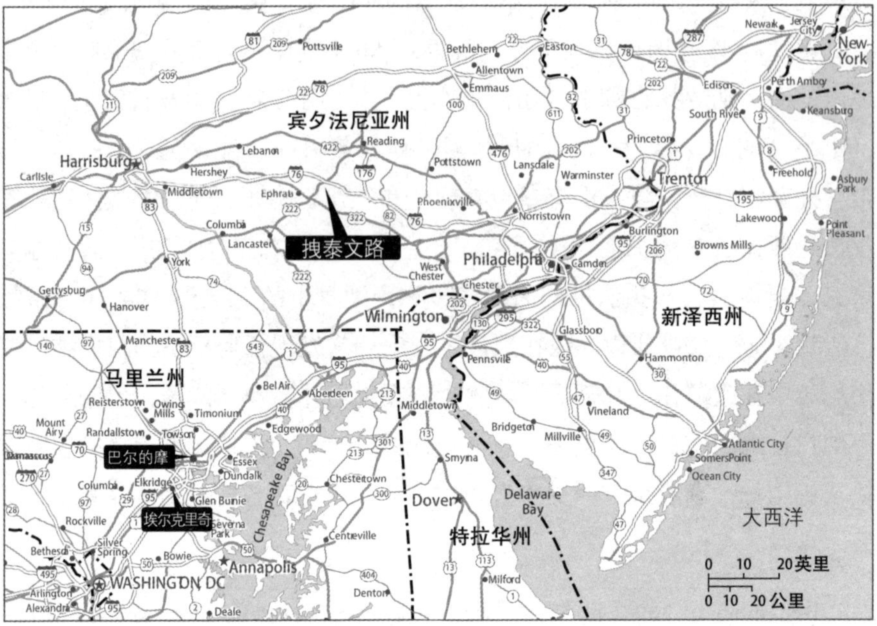

地图 7.1 乔纳森·卢纳的家庭住址、工作地点及尸体发现位置图

乔纳森·卢纳的家位于埃尔克里奇（Elkridge），距其工作地点巴尔的摩美国地区法院大楼并不远。他的尸体被发现时面部朝下浮于小河中，案发地距宾夕法尼亚州丹佛市附近的搜泰文路仅咫尺之遥。

联邦调查局拍摄的乔纳森·卢纳座车照片。

[1] 原注：Gibson, “Personal Motive Suspected in Killing of US Prosecutor.”

在巴尔的摩，联邦政府工作人员来到美国地区法院大楼。大楼的出入人员记录表明，案发前一天夜间 23 时 30 分，卢纳待在该大楼里。[1] 他们立即开始梳理卢纳的工作文件，并访问其同事和家人，以期弄清楚卢纳遇害前数小时的情况。

联邦调查局与卢纳的上司托马斯·迪比亚吉奥（Thomas M. DiBiagio）检察官联合召开了一次新闻发布会。会上，他们发誓要找到嫌犯并“将对这场悲剧负有责任者绳之以法”。[2] 他们拒绝透露案犯可能的作案动机或嫌疑人，但在最初的媒体报道中，却提到受害人是在令人可疑的时间点遇害——在其尸体被发现当天上午，卢纳原定将作为首席检察官出庭，审理一起据称为两个暴力毒品贩子的案子，且在其遇害的前一天夜里，受害人一直在为法庭上的辩诉交易（plea bargain）做准备。[3]

骄人的成功

乔纳森·卢纳出生于纽约市布朗克斯区莫特黑文（Mott Haven）社区艰苦环境中的一个贫困家庭，与父亲保罗·卢纳、母亲露茜娜·卢纳和兄弟戴维生活在一起。1991 年，卢纳给《纽约时报》写了一封信，他在信中为其邻里辩护，盛赞其父母的坚韧和勤劳。他写道：“贵报和贵报的读者应理解，在莫特黑文社区，有和我父母一样体面、勤劳的人们，他们每天都顽强地为了自己和家人辛苦地工作着。”[4]

乔纳森·卢纳先后就读于福特汉姆大学（Fordham University）和北卡罗来纳大学法学院，在校期间他担任班长，并于 1992 年毕业。[5] 法学院毕业后，卢纳就职于华盛顿特区联邦贸易委员会（Federal Trade

[1] 原注：Gibson, “Prosecutor of Drug Case Found Killed.”

[2] 原注：Gibson, “Prosecutor of Drug Case Found Killed.”

[3] 原注：Gibson, “Prosecutor of Drug Case Found Killed.”

[4] 原注：Gibson, “Prosecutor of Drug Case Found Killed.”

[5] 原注：Gibson, “Prosecutor of Drug Case Found Killed.”

Commission)，任法务专员一职，同时在纽约布鲁克林区担任助理地区检察官。[1]1999 年，他就职于马里兰州巴尔的摩市美国联邦检察官办公室（US Attorney's Office）。当时的联邦检察官琳恩·巴塔利亚（Lynne Battaglia）聘用了他。在他死后不久，巴塔利亚回忆说，卢纳给该办公室带来了"激情和理想主义"。[2]

联邦调查局提供的乔纳森·卢纳照片。

卢纳遇难时 38 岁，与其妻子和两个年幼的儿子一起生活在马里兰州埃尔克里奇市，距其巴尔的摩美国地区法院大楼的办公室约 10 英里。据家人回忆，卢纳夫妇堪称"模范夫妻"，他们非常疼爱两个儿子。[3] 卢纳的父母回忆说，卢纳是个慈父，也是个体贴的丈夫，还是个好儿子。他帮助

[1] 原注：Gibson, "Prosecutor of Drug Case Found Killed."

[2] 原注：Gibson, "Prosecutor of Drug Case Found Killed."

[3] 原注：Gail Gibson and Gus G. Sentementes, "Decision in Slaying Probe Set for Today," *Baltimore Sun*, December 8, 2003, http://articles.baltimoresun.com/2003–12–08/news/0312080348_1_luna -body-law- enforcement/.

赡养他们，每周还带孩子们前去看望他们。[1] 卢纳遇害后，他的家人立即发表声明，表达他们的震惊、悲恸与哀伤。卢纳的父母称，他们认为卢纳遇难与其控告暴力罪犯的工作有关。[2]

可能遭人谋害？

由于在美国联邦检察官办公室任职，卢纳经常与该地区较为难缠的人物打交道。在卢纳遇害前的 12 个月内，他所公诉的案件涉及卖淫、儿童骚扰案、银行劫犯和充满暴力的毒犯。在一起引人注目的案件中，他对一名美国海军物理学家提起了公诉，其罪名为利用互联网诱骗未成年少女进行性接触。他还曾为一起涉及巴尔的摩全境的系列银行劫案成功定罪。[3]

12 月 3 日早晨，卢纳正在准备起诉巴尔的摩市说唱歌手德翁·莱恩尼尔·史密斯（Deon Lionnel Smith）及其助理沃尔特·奥锐雷·波因德克斯特（Walter Oriley Poindexter），共谋利用其“储藏唱片工作室”组织暴力贩毒团伙和销售海洛因。[4] 当天的工作开始时就不顺利。由于深夜送一个生病的孩子去医院看病，审判第三天时卢纳出庭迟到。法官威廉·夸尔斯（William Quarles）对他提出警告并罚款 25 美元。[5] 随后，该案一名关键

---

[1] 原注：Gus G. Sentementes, “Luna Parents Wait, Hope for Word on Son’s Killer,” *Baltimore Sun*, December 11, 2003, http://www.baltimoresun.com/.

[2] 原注：Gibson, “Blood of Second Person in Car”; Gail Gibson, “Slain Prosecutor’s Relationships with Women Examined,” *Baltimore Sun*, December 9, 2003, http://articles.baltimoresun.com/2003–12–09/news/0312090426_1_luna-law-enforcement-lancaster-county/.

[3] 原注：Gibson, “Blood of Second Person in Car”; Gail Gibson, “Slain Prosecutor’s Relationships with Women Examined,” *Baltimore Sun*, December 9, 2003, http://articles.baltimoresun.com/2003–12–09/news/0312090426_1_luna-law-enforcement-lancaster-county/.

[4] 原注：Faye Fiore, “Missing Federal Attorney Found Slain,” *Los Angeles Times*, December 5, 2003, http://articles.latimes.com/2003/dec/05/nation/na-luna5/.

[5] 原注：Gibson, “Personal Motive Suspected in Killing of US Prosecutor.”

证人当庭翻供，该证人是联邦调查局线人，曾有前科。[1] 面对这一挫折，卢纳与辩方律师达成了协议。12 月 3 日后半晌，波因德克斯特承认犯有三次贩卖海洛因的轻罪，而史密斯则承认一起贩卖海洛因和在毒品交易中持有武器罪。[2] 卢纳同意放弃对其共谋罪的起诉，同时不在庭上提及波因德克斯特与一起致命枪杀案有涉的量刑证据。[3]

史密斯的律师肯尼思 · 莱文尼尔（Kenneth Ravenell）告诉记者说，在与卢纳商谈辩诉协议后 17 时 30 分时在法院看到了卢纳。[4] 莱文尼尔否认史密斯与卢纳死亡有涉的可能。他指出，在谋杀案发生时，史密斯和波因德克斯特正被押在狱中，而且“这些人已在辩护中如愿以偿，假如他们参与这起谋杀案，那真是愚不可及”。[5] 波因德克斯特的律师阿尔坎杰罗 · 图米奈里（Arcangelo Tuminelli）称，21 时左右，他曾接到卢纳的电话。卢纳说他正在返回办公室的途中，要在晚上整理好双方达成的辩诉交易协议，并尽量在第二天早晨将协议发给两位被告的律师。[6] 图米奈里称，说其代理被告伤害卢纳令人“难以置信”，因为他们“迫切希望卢纳今天能出现在法庭”，以便能够完成辩诉交易协议。[7] 实际上，就在当天晚上，卢纳自己曾提醒记者第二天上午要准时到场。[8]

---

[1] 原注：Tricia Bishop, “Five Years Later, Prosecutor’s Death Still a Mystery,” *Baltimore Sun*, November 30, 2008, http://www.baltimoresun.com/news/maryland/bal-md.luna30nov30,0,2938855.story.

[2] 原注：Gibson, “Prosecutor of Drug Case Found Killed.”

[3] 原注：Gibson, “Prosecutor of Drug Case Found Killed.”

[4] 原注：Kenneth Ravenell, interviewed by Wolf Blitzer, *PM Edition*, CNN, December 5, 2003, http://edition.cnn.com/TRANSCRIPTS/0312/05/wbr.00.html.

[5] 原注：Kenneth Ravenell, interviewed by Wolf Blitzer, *PM Edition*, CNN, December 5, 2003, http://edition.cnn.com/TRANSCRIPTS/0312/05/wbr.00.html; Eric Lichtblau, “Federal Prosecutor Found Dead with Stab Wounds,” *New York Times*, December 5, 2003, http://www.nytimes.com/2003/12/05/national/05PROS.html.

[6] 原注：Gibson, “Prosecutor of Drug Case Found Killed.”

[7] 原注：Gibson, “Prosecutor of Drug Case Found Killed.”

[8] 原注：Gibson, “Personal Motive Suspected in Killing of US Prosecutor.”

听到卢纳的死讯后，夸尔斯法官评论说："在生活中，检察员们要面临两类危险——一是像其他人一样受到随机暴力行为袭击的危险，二是成为对其怀恨在心者的目标。任何检察员的遇害，都难排除这两种可能。"[1]

卢纳遇害前的最后时光

警方将目光聚焦在卢纳的工作上，调查其被害是否可能与该案件有关。[2]12 月 4 日，联邦调查局探员等在法庭门口，准备询问史密斯和波因德克斯特的家人。[3] 但执法部门马上声称，他们也在同时审查卢纳非因公殉职的可能。州与联邦当局组建了一个案件联合调查小组，在接下来的数周乃至数月时间内不停工作，以期清晰地再现卢纳遇害前数小时的活动情况。他们的调查结果如下：

12 月 3 日 23 时后，卢纳接到一个手机电话，他告诉妻子必须回一趟办公室。[4] 随后不久就离家而去。12 月 4 日，警察搜查了卢纳的办公室，他们发现办公室的灯和电脑都开着，电脑屏幕显示着他的辩诉交易协议，已经完成了一半。他的眼镜和手机都放在桌上。[5] 大楼出入记录表明，23 时 38 分，卢纳的座车离开了法院停车场。[6]

卢纳的座车安有电子自动缴费装置快易通（E-ZPass），该车沿 95 号州

---

[1] 原注：Gibson, "Prosecutor of Drug Case Found Killed."

[2] 原注：Eric Rich and Allan Lengel, "FBI Finds No Culprit in Death of Prosecutor; Probe Suggests Luna Was Alone," *Washington Post*, December 3, 2004, http://www.washingtonpost.com/; Gibson, "Prosecutor of Drug Case Found Killed."

[3] 原注：Eric Rich and Allan Lengel, "FBI Finds No Culprit in Death of Prosecutor; Probe Suggests Luna Was Alone," *Washington Post*, December 3, 2004, http://www.washingtonpost.com/; Gibson, "Prosecutor of Drug Case Found Killed."

[4] 原注：Gibson, "Personal Motive Suspected in Killing of US Prosecutor."

[5] 原注：*Brooklyn Eagle*, April 25, 2011.

[6] 原注："Jonathan Luna's Last Hours," *Washington Post*, March 14, 2004, http://www.washingtonpost.com/.

际公路向北行驶，23 时 49 分通过麦克亨利堡隧道收费站。[1] 然后，他仍然驱车向北行驶，0 时 28 分，通过了马里兰州佩里维尔收费广场，然后于 0 时 46 分通过了特拉华州莱恩收费广场。[2]

0 时 57 分[3]，在特拉华州纽瓦克市的“约翰 · 菲茨杰拉德 · 肯尼迪广场”(JFK Plaza)，卢纳的借记卡完成了一笔 200 美元的 ATM 取款交易，但监控探头并未捕捉到该次交易的情形。[4]2 时 37 分左右，卢纳的座车从 130 号路 6A 号出口进入新泽西州的收费高速公路。[5] 由于该路段收费站只针对西行方向车辆（新泽西州至宾夕法尼亚州）收费，因此没有该车从特拉华州前往新泽西州或从新泽西州前往宾夕法尼亚州的电子记录。

2 时 47 分，卢纳驱车从特拉华河大桥 359 号出口进入宾夕法尼亚州收费高速公路。[6] 然后，该车离开宾夕法尼亚收费高速公路并二次驶上该路，以手动方式取走了纸质缴费单，而并未选择快速电子缴费通道 E-ZPass 车道。[7]

3 时 20 分，在太阳石油公司（Sunoco）加油站，卢纳的信用卡发生了消费记录。该加油站位于费城西郊宾夕法尼亚州普鲁士王市（King of Prussia）附近的宾夕法尼亚收费高速公路旁。[8] 据加油站的工作人员称，

---

[1] 原注：“Jonathan Luna’s Last Hours,” *Washington Post*, March 14, 2004, http://www.washingtonpost.com/.

[2] 原注：“Jonathan Luna’s Last Hours,” *Washington Post*, March 14, 2004, http://www.washingtonpost.com/.

[3] 原注：“Jonathan Luna’s Last Hours,” *Washington Post*, March 14, 2004, http://www.washingtonpost.com/.

[4] 原注：Gail Gibson, “Blood Found on Slain Prosecutor’s PA Toll Ticket,” *Baltimore Sun*, December 17, 2003, http://www.baltimoresun.com/news/maryland/bal-md.luna17dec17,0,3336643.story; Gail Gibson and Lynn Anderson, “Probe in Killing of Prosecutor Luna Stalls,” *Baltimore Sun*, January 9, 2004, http://www.baltimoresun.com/news/maryland/crime/bal-probe0109,0,5329212.story.

[5] 原注：“Jonathan Luna’s Last Hours.”

[6] 原注：“Jonathan Luna’s Last Hours.”

[7] 原注：Gibson, “Blood of Second Person in Car.”

[8] 原注：“Jonathan Luna’s Last Hours”；Gibson, “Blood Found on Slain Prosecutor’s PA Toll Ticket.”

受害人为两辆汽车加了油，还买了两瓶苏打饮料和一瓶水。但在模糊不清的监控录像中，警方并未找到其影踪。根据执法机构的说法，调查人员称，他们"大概 99% 可以肯定"并无第二辆车与其同行。[1] 据加油站的另一名工作人员称，在 3 时左右，他看见了卢纳，当时他在买饮料。据该工作人员称，卢纳当时看起来不像是受到胁迫，他"非常平静，他肯定与他人在一起，但我觉得他肯定不知道那些人要杀他"。[2]

从该处往西 30 英里，是宾夕法尼亚州埃尔弗森停车休息区。据该处罗伊·罗杰斯餐厅的一位经理称，她在 3 时 30 分前看到了卢纳。[3] 她回忆称，他长得像电视节目主持人布赖恩·冈比尔（Bryant Gumbel）。[4] 她记得没有看到别人与他在一起。[5] 对此说法，联邦调查局未置一词。[6]

4 时 04 分，在埃尔弗森以西 20 英里、经过两个出口后，卢纳驾车从雷丁—兰开斯特立交桥 286 号出口驶离宾夕法尼亚收费高速公路。[7]286 号出口靠近宾夕法尼亚州的埃夫拉塔（Ephrata）。通过收费站时，该车驾驶员交上了一张纸质收费单，而没有使用 E-ZPass 车道。[8]

5 时 30 分，森赛宁与韦弗公司一名员工报告其公司属地内发现了一辆无人认领车辆，人们在宾夕法尼亚州兰开斯特县拽泰文路路边发现了卢纳的尸体，当时汽车的引擎仍在空转。[9]

据沃普称，卢纳到出事地点时仍然活着，后来被河水淹死。沃普将卢

---

[1] 原注：Gibson, "Blood of Second Person in Car"; Gibson, "Blood Found on Slain Prosecutor's PA Toll Ticket"; Matt Apuzzo, "Slain Prosecutor's Route Home Adds to Mystery," *Red Orbit*, December 14, 2003, http://www.redorbit.com/news/oddities/35770/slain_prosecutors_route_home_adds_to_mystery/index.html.

[2] 原注：Gibson, "Blood of Second Person in Car."

[3] 原注：Apuzzo, "Slain Prosecutor's Route Home Adds to Mystery."

[4] 原注：Apuzzo, "Slain Prosecutor's Route Home Adds to Mystery."

[5] 原注：Apuzzo, "Slain Prosecutor's Route Home Adds to Mystery."

[6] 原注：Apuzzo, "Slain Prosecutor's Route Home Adds to Mystery

[7] 原注："Jonathan Luna's Last Hours."

[8] 原注：Gibson, "Blood Found on Slain Prosecutor's PA Toll Ticket."

[9] 原注："Jonathan Luna's Last Hours."

纳的死亡归为他杀。[1]

疑问出现

警方彻底搜查了犯罪现场和卢纳的住所，约谈了他的朋友、家人和同事，追踪了数百条可能的线索。针对卢纳生活和工作中的重要疑点，警方开始剥茧抽丝。

卢纳的个人财务记录显示，他遭遇财务难题，有些连其妻子也毫不知晓。他有多达 16 张信用卡，累计欠下了 2.5 万美元的信用卡债务。这一发现，促使警方对此前一个银行劫案中不翼而飞的 3.6 万美元用作证据的钱款重新展开了调查；该劫案于 2002 年由卢纳提起公诉。[2] 警方还发现，在卢纳起诉该劫案的大约同一时间，他曾在线提交过一份贷款申请。[3] 他们发现卢纳先是申请了约 3 万美元的贷款，但在该劫案作为物证的款项失踪后不久，他又取消了该申请。[4]

卢纳的电脑资料也暴露了另外一系列问题。虽然卢纳的公诉案件包括在线儿童色情犯罪和儿童性教唆犯罪，但有一位执法官员却宣称，联邦特工在卢纳的司法部工作电脑中发现了成人色情文件，而那些文件似乎与其承办案件无关。[5] 警方还调查了卢纳与另两名女士的关系。此外，他们还在一家在线交友网站上发现了一个名叫乔纳森 · 卢纳的人的留言帖。[6] 在

---

[1] 原注：Bishop, "Five Years Later."

[2] 原注：Rich and Lengel, "FBI Finds No Culprit in Death of Prosecutor"; Eric Rich and Allan Lengel, "Polygraph Loomed for MD Lawyer," *Washington Post*, December 20,2005, http://www.washingtonpost.com/wp-dyn/content/article/2005/12/19/AR2005121901827.html; Stephanie Hanes, "Luna Reportedly Feared Losing Job, Hired Lawyer," *Baltimore Sun*, August 18, 2004, http://www.baltimoresun.com/news/maryland/bal-md.luna18aug18,0,7793110.story.

[3] 原注：Rich and Lengel, "Polygraph Loomed for MD Lawyer."

[4] 原注：Rich and Lengel, "Polygraph Loomed for MD Lawyer."

[5] 原注：Gibson, "Slain Prosecutor's Relationships with Women Examined."

[6] 原注：Gibson, "Slain Prosecutor's Relationships with Women Examined."

其中的一份留言帖中，这位乔纳森·卢纳称其为一名 31 岁的黑人男性，想找一位最好是金发碧眼或红色头发的白人女性，进行性接触。[1]

警方还发现卢纳经常在闲暇时刻前往费城地区。一位费城收费高速公路加油站的工作人员称，在半年的时间内，她大约每个月都能于深夜在加油站碰到一次卢纳。[2] 卢纳的父亲保罗·卢纳告诉警方，在遇害前的一个月，卢纳曾数次前往费城地区。保罗·卢纳说，他儿子有一次甚至为了前往宾夕法尼亚州出差而放弃了纽约城的一次周末感恩节之旅。[3] 卢纳的同事们认为，在上述出行中，卢纳不可能从事不检点的活动。他们说，他之所以数次前往费城，目的是前去约谈史密斯和波因德克斯特一案的关键证人，他们当时正被羁押在费城。[4]

除了调查到卢纳可能出现的个人财务问题及据称是不检点的个人行为外，对卢纳工作状况显然充满煎熬的信息，警方也进行了追踪。卢纳的几个朋友和同事称，卢纳曾告诉他们，他觉得自己的工作岌岌可危，他与美国联邦检察官办公室几个上司的关系正在恶化。他还告诉一个朋友说，他恐怕要再找工作了。[5] 但是，检察官迪比亚吉奥却否认卢纳面临解雇风险，称"从任何方面讲，卢纳的工作都稳如泰山"。[6] 相反，对卢纳在公诉一起罕见色情宣传物制作案中的表现，迪比亚吉奥给予了大力肯定。他说在 6 月份的员工见面会上，卢纳并未表现出对其工作稳定性的担心。[7]

新情况出现

随着调查的继续，明显的证据浮出水面，让调查人员对众多其他作案

[1] 原注：Gibson, "Slain Prosecutor's Relationships with Women Examined."

[2] 原注：Rich and Lengel, "FBI Finds No Culprit in Death of Prosecutor."

[3] 原注：Gibson and Sentementes, "Decision in Slaying Probe Set for Today."

[4] 原注：Gibson, "Blood of Second Person in Car."

[5] 原注：Gibson, "Slain Prosecutor's Relationships with Women Examined."

[6] 原注：Rich and Allan, "FBI Finds No Culprit in Death of Prosecutor."

[7] 原注：Gibson, "Slain Prosecutor's Relationships with Women Examined."

动机和嫌疑人进行考量。在调查开始的最初几个月内，虽然当局拒绝对可能的嫌疑人进行评论，但执法部门的确声明说，“自卢纳遇害后，调查人员已发现并调查了上千条线索，采用了诸如探访受害者邻居、实地搜查、检查受害人财务和电话记录、跟踪受害人快易通 E-ZPass 行驶信息及分析超过 100 亿字节的电脑数据等。”[1]

虽然警方拒绝透露验尸报告内容，但有些执法部门的人员却声言，卢纳生殖器官受到的伤害表明，案犯出于“高度私密”的动机实施了犯罪。[2] 此外，受害人在其遇害当晚并未携带手机和眼镜，这让调查人员猜测卢纳认识行凶者。[3] 但沃普称，卢纳身上的伤痕，有几处是很深的严重捅伤，其前胸和脖颈处的“扎刺”痕迹全部很浅。媒体报道说，扎刺痕迹有时是涉及捅伤的自杀案中的“犹豫性伤害”所致。[4] 而另一家媒体的报道则提出，扎刺痕迹可能表明卢纳曾遭受折磨。[5] 根据三家执法机构的信息，当局认为卢纳受到伤害出自“个人原因”。[6]

2 月份，调查人员再次搜查了发现卢纳尸体的区域，找到了一把小折刀。警方认定，这把小折刀不仅是捅伤卢纳的武器，还是卢纳经常随身携带的刀具。[7] 在埃夫拉塔附近出口处缴纳的一张纸质收费单上，警方也发现了血迹。[8] 多家匿名执法机构称，警方在卢纳的座车中发现了另一人的血迹，但警方从未透露任何有关案发现场有所谓第二人证的信息。[9]

---

[1] 原注：Rich and Lengel, “FBI Finds No Culprit in Death of Prosecutor.”

[2] 原注：Gibson and Sentementes, “Decision in Slaying Probe Set for Today.”

[3] 原注：Gibson, “Personal Motive Suspected in Killing of US Prosecutor.”

[4] 原注：Gail Gibson, “Search Uncovers Luna’s Penknife,” *Baltimore Sun*, February 13, 2003, http://www. baltimoresun.com/news/maryland/bal-md.luna13feb13,0,1960380.story.

[5] 原注：Johnston, “Prosecutor May Have Been Tortured.”

[6] 原注：Gibson, “Personal Motive Suspected in Killing of US Prosecutor.”

[7] 原注：Gibson, “Search Uncovers Luna’s Penknife.”

[8] 原注：Gibson, “Blood Found on Slain Prosecutor’s PA Toll Ticket.”

[9] 原注：Gibson, “Blood of Second Person in Car.”

争论接踵而至

经过一年有余的案件追踪后，联邦调查局巴尔的摩现场办公室没有公开认定或逮捕任何嫌疑人。到 2004 年 12 月，案件出现了奇怪的转折。联邦调查局发布声明称，从 2003 年 12 月 3 日卢纳离开办公室，至 2003 年 12 月 4 日其尸体被发现，他一直是独来独往。[1] 虽然这份声明没有明确指出卢纳系自杀，但实际上却暗示这就是结论。2004 年 1 月，卢纳的原尸检人沃普退休，兰开斯特县验尸官加里·柯克纳（Gary Kirchner）接手其工作。柯克纳否认了卢纳系自杀的说法，声称他“至少有 98%”的把握可以肯定卢纳系他杀。[2] 卢纳的母亲也拒绝接受自杀的说法，坚持说“他不会干那种事”。[3] 卢纳的同事杰卡百·罗杰里格斯－科斯（Jacabed Rodriguez-Coss）检察官称，她“绝不相信卢纳会自杀”。[4] 数年后，卢纳的朋友、律师理查德·罗兰德（Richard Reuland）也根据卢纳身上的防卫伤提出了质疑。他告诉记者说：“(如果卢纳系自杀,）那么他身上的一些伤口必须在同一位置被连戳 2 到 3 次才能形成，但其中有些伤口还出现在他背部的中间位置。”[5]

后来联邦调查局发布了一份公告，结束了这次长达一年的争论。首先，有数份报道称，联邦调查局在调查一位证人（也是联邦调查局特工）是否与卢纳发生风流韵事时，可能对其进行了虐待。新闻报道援引传闻称，联邦调查局已对所谓的风流韵事进行了调查，认为两人可能去过几

---

[1] 原注：Rich and Lengel, “FBI Finds No Culprit in Death of Prosecutor.”

[2] 原注：Rich and Lengel, “FBI Finds No Culprit in Death of Prosecutor.”

[3] 原注：Rich and Lengel, “FBI Finds No Culprit in Death of Prosecutor.”

[4] 原注：Rich and Lengel, “Polygraph Loomed for MD Lawyer.”

[5] 原注：Samuel Newhouse, “Luna’s Last Ride after Leaving Brooklyn D.A.’s Office, Federal Prosecutor’s Life Takes Unexpected and Deadly U-Turn,” *Brooklyn Daily Eagle*, April 25, 2011, http://50.56.218.160/ archive/category.php?category_id=4&id=42954.

次健身馆。[1] 该证人抵制这种虐待，而联邦调查局则继续进行内部调查。2004 年 2 月，联邦调查局发表了一份声明说，“一旦联邦调查局雇员对某一管理人员或同事提出严重的犯罪指控，则将由独立调查人员对该指控进行调查。”[2]

接着有报道说，据美国联邦检察官办公室的雇员称，在 2004 年 8 月召开的一次会议上，美国检察官迪比亚吉奥向工作人员承认，出于保护卢纳家庭的目的，他对卢纳工作是否稳定一事向媒体撒了谎。[3] 最终，2005 年，一名调查知情人员披露，对银行劫案中丢失的 3.6 万美元一事，联邦调查局计划对卢纳进行一次测谎。[4] 该知情人员说，就在上述涉案款项失踪后，卢纳神秘地拥有了 1 万多美元。[5] 联邦调查局拒绝对上述报道进行评论，但这些报道却引发了人们的猜想——为了博得同情和拖延测谎，卢纳可能自编自导了一起绑架案，但却意外害死自己。[6]

2005 年，威廉 · 奎斯林（William Keisling）出版了一本新书——《乔纳森 · 卢纳的午夜之旅》（*The Midnight Ride of Jonathan Luna*），给争论火上浇油，为阴谋论者提供了佐证。在该书中，奎斯林猜测卢纳的死亡很可能与其职业相关，指出联邦调查局声称卢纳在史密斯和波因德克斯特一案中虐待该局线人，他因此而心灰意冷。[7] 无独有偶，卢纳家人雇佣的私人调查者也认为，该案调查的重心应再次放在卢纳的职业生涯方面，包括其

[1] 原注：Samuel Newhouse, “Luna’s Last Ride after Leaving Brooklyn D.A.’s Office, Federal Prosecutor’s Life Takes Unexpected and Deadly U-Turn,” *Brooklyn Daily Eagle*, April 25, 2011, http://50.56.218.160/ archive/category.php?category_id=4&id=42954.

[2] 原注：“Statement of FBI Assistant Director Cassandra M. Chandler,” February 12, 2004, http://www.fbi.gov/news/pressrel/press-releases/statement-of-fbi-assistant-director-cassandra-m.-chandler/.

[3] 原注：Hanes, “Luna Reportedly Feared Losing Job, Hired Lawyer.”

[4] 原注：Rich and Lengel, “Polygraph Loomed for MD Lawyer.”

[5] 原注：Rich and Lengel, “Polygraph Loomed for MD Lawyer.”

[6] 原注：Rich and Lengel, “Polygraph Loomed for MD Lawyer.”

[7] 原注：William Kiesling, *The Midnight Ride of Jonathan Luna* (Harrisburg, PA: Yardbird Press, 2005).

与联邦调查局线人往来的情况在内。[1] 这起联邦调查局调查的案件目前仍未结案。但自 2004 年后，当局再未发表过任何公开声明。当年，对于能够提供信息让卢纳之死“调查终结”者，联邦调查局开出了 10 万美元的赏金。[2]

未解之谜

2003 年 12 月乔纳森·卢纳的离奇死亡曾被广泛报道，但人们试图重启调查的尝试却无果而终。该起命案一直受到全国的关注，并成为两部非小说类著作的主题。但时至今日，谜底仍未解开，为其抗争的声音日稀。2007 年，卢纳的家人试图劝说宾夕法尼亚州政府调查卢纳死因，但未获成功。此后他们就一直保持沉默。时至 2008 年，连宾夕法尼亚州东部地区的美国联邦检察官办公室都不清楚其是否仍然负责监办该案。[3] 现在面临的问题依然如故：乔纳森·卢纳因何死亡?

·推荐读物·

Brown, Ethan. *Snitch: Informants, Cooperators, and the Corruption of Justice.* New York: PublicAffairs, 2007. See chapter 7.

Keisling, William. *The Midnight Ride of Jonathan Luna.* Harrisburg, PA: Yardbird, 2006.

[1] 原注：Bishop, “Five Years Later.”

[2] 原注：Bishop, “Five Years Later.”

[3] 原注：Bishop, “Five Years Later.”

二、案例分析：4种结构化分析方法的应用

表7.1 案例快照：谁谋杀了乔纳森·卢纳?

所用结构化分析方法	《情报分析：结构化分析方法》中所在章节	分析类别
年表法与时间轴线法	第四章	分解与可视化
简单假设法	第七章	假设生成与检验
多种假设生成程序法™	第七章	假设生成与检验
竞争性假设分析法	第七章	假设生成与检验

在面对缺少重要信息的案件时，分析人员可使用年表法与时间轴线法、假设生成法及竞争性假设分析法，设计并实施一套切实可行的方案，以便发现问题、梳理数据、提出假定并填补信息空白。通过下述练习，学生可以使用这些方法，整理、排列和分析数据群，从而在繁杂的线索中找到关键点。

方法1：年表法与时间轴线法

年表法与时间轴线法是一种简单但有用的工具，能够帮助人们按照事件的先后顺序将其排列，以图表形式将信息展示出来，且能够找出可能的信息空白、异常现象及相互关系。这一方法能够让分析人员跳出庞杂的证据表象，从更有利的战略位置审视信息资料。年表法可以与时间轴线法和绘图软件搭配使用，生成展示诸如时间、地点、地势、天气及其他出行状况等多层次信息的地理空间成果。

利用本案例的细节绘制一个带注释的时间轴线和地图，在确定关键证据、信息可信度及空白方面极其有用。

任务1：画一条卢纳最后时光的时间轴线。

步骤 1：按照事件发生的日期和顺序找出与本案有关的信息，考虑如何以最佳方式按照时间轴线排列以上信息。以上信息中是否有可以归类者？

步骤 2：审查该时间轴线，提出以下问题：

* 是否有任何数据缺失？
* 以上任一似乎发生得过快或过慢的事件，是否按照信息资料所给的顺序和时间合理发生？
* 是否有任何时间轴线以外的事件可能影响了上述活动？
* 是否有任何有关证据的基本假定应当加以考虑？

任务 2. 根据你自己的时间轴线，绘制一幅带有注释的事件图。

步骤 1：利用自己选择的常用软件绘制一幅该地区的地图。

步骤 2：将路线盖住。

步骤 3：用案例中给出的适当时间和地点为该地图加注。

分析所得增值。事件发生的顺序带给你何种信息？是否有任何信息空白应当填补？你还应该搜寻何种补充信息？你对信息来源的可信度有几分把握？

方法 2：多种假设生成法——简单假设法

多种假设生成法是所有严谨分析过程的一部分，因为它能够帮助分析人员避免常见缺陷，例如过早得出结论或被第一印象过多影响等。同时，它还可以帮助分析人员对众多可能进行思路开阔和创造性的思考。这样做的目的是列出一份清单，囊括各种假设。对于这些假设，最终可以根据已有证据和将来可能出现的新资料再进行详细考察和检验。

简单假设法对本案十分适用。这种方法采用一种团队方式，在本案例中警方所给出的可能原因以外，对众多其他可能解释进行创造性的思考。采用团队方式有助于列出一份包含大量可能假设的清单，对其进行分组，提炼各组清单，得出表述清晰的可信假设，供进一步调查之用。

任务 3：使用简单假设法列出一份乔纳森·卢纳死因的各种替代假设清单。

步骤 1：要求小组所有成员分别在一张 3 英寸×5 英寸的卡片或便利贴上写下 3 条合理替代假设或解释。要思路开阔，进行创造性思考，但要努力纳入以下构成良好假设的要素：

★ 表述明确；

★ 基于观察和知识；

★ 能够检验和证伪；

★ 包括一个自变量和一个因变量。

步骤 2：收集卡片，展示结果。合并假设，避免重复。

步骤 3：将假设按照其类同关系分组，并给每组标注。

步骤 4：利用问题重述和反向思考引出新观点。

步骤 5：更新替代假设清单。

步骤 6：提出"何人？何事？如何？何时？何地？何故？"等问题，阐明每个假设的内容。

步骤 7：选择最合理假设做进一步探究。

方法 3：多种假设生成法——多种假设生成程序法™

多种假设生成程序法™对于拓宽合理假设的范围十分有用。如有一占支配地位的首要假设，这种方法更是极其有益。在本案例中，首要假设是"卢纳在死亡当晚独来独往，因此他一定是自杀身亡"。

任务 4. 使用多种假设生成程序法™生成能够解释乔纳森·卢纳死因的替代假设并对其进行评估。如果你的系统没有安装多种假设生成程序法™软件，可联系 Globalytica LLC 公司（邮箱：ThinkSuite@globalytica.com 或网址：Http://www.globalytica.com)，安装该软件。

步骤 1：利用"何人？何事？如何？何时？何地？何故？"等问题，确定首要假设及其组成部分。

步骤 2、3：确定各个关键成分的多个合理替代内容，并尽量使其互斥。排除所有“既有”因素。

步骤 4、5、6：生成一份可能的排列清单，放弃完全没有意义的排列。按照可信度的高低，用数字 1（最低）到 5（最高）评估剩余假设的排列。

步骤 7：按照可信度由高到低的顺序，再次排列剩余假设。

步骤 8：以上述排列为假设重新进行叙述。

步骤 9：从清单最上部选出最值得关注的替代假设，并注明其值得关注的原因。

分析所得增值。哪些假设应进一步探究？应考虑哪些动机，为什么？初始清单中哪些假设已被搁置一旁，为什么？

方法 4：竞争性假设分析法

分析人员面临一个持久存在的挑战——处理不完整、模糊、异常和有时具有欺骗性的信息资料。此外，对分析时间的严格限制和“打个电话问问”的需要，常常与众多天然的人类认知倾向纠缠在一起，导致判断不精确或不完整。竞争性假设分析法（ACH）要求分析人员利用大范围的数据、假定和信息空白，识别和辩驳可能假设，增大其战胜以上挑战的机会。

任务 5：使用多种假设生成程序法™生成的假设中最具可能性的假设，对卢纳案进行竞争性假设分析。如果你的系统中未安装基础版软件或协同版软件（Te@mACH®），可与弗森联合公司联系购买，邮箱：ThinkSuite@globalytica.com 或网址：http://www.globalytica.com。

步骤 1：列出所有需要考虑的假设，努力使其互斥。

步骤 2：列出一份所有相关信息清单，包括重要证据、论据、空白和假定。

步骤 3：针对各个假设，提出问题：“这些信息是高度不一致、不一致、介于一致与不一致之间、不适用、一致，还是高度一致？”，以评估相关信息。（Te@mACH® 软件并不包括“介于一致与不一致之间”这个类别的信息。）

步骤 4：评估每条相关信息的可信度。

步骤 5：重新思考以上假设，提炼该矩阵。若合并两个假设、增加一个新假设或拆解某一现有假设，是否有意义？

步骤 6：就各假设的相对可能性得出暂时性结论，软件会计算出不一致分值。不一致分值最低的假设暂时为最可能的假设，不一致分值最高的假设则暂时为最不可能的假设。

步骤 7：利用上述软件根据证据的诊断价值对其分类，若你所得出暂时性结论的证据中有几点关键证据解释出现了变化，分析该结论对这一变化的敏感性。

步骤 8：思考所有假设的相对可能性，报告结论。

步骤 9：确定日后观察所需的指标或标志性事件。

分析所得增值。根据你的分析结果，可能性最大和最小的假设是哪些？最具诊断价值的信息有哪几条？支持信息资料的假定有哪些（如有）？相关信息是否有任何空白可能会影响到你的信心？你对自己做出的最具可能性假设的评估有几分确信？为什么你认为该案并未结案？

[第八章]

贝 · 布托遇刺

关键问题

✶ 谁想要杀害巴基斯坦总统候选人贝 · 布托（Benazir Butto），为什么？
✶ 凶手会以何种方式从贝 · 布托的死亡中受益？
✶ 谁希望贝 · 布托身亡，为什么？
✶ 刺杀贝 · 布托的难度有几何？
✶ 实施此次刺杀行动需要多长时间？
✶ 贝 · 布托死亡最为可能导致何种政治后果？

内容提要

2007 年，在为了赢得总统大选支持的一次政治集会中，巴基斯坦第一位女总理贝 · 布托遇刺。此次刺杀事件强烈震撼了国际社会，掀起了一场针对幕后黑手的指控与反指控浪潮。尽管事件调查持续了很长时间，但有关刺杀行动幕后指使者的问题依然悬而未决。本案例采用了**年表法与时间轴线法**，帮助分析人员把证据组合到一起，找出信息空白，形成一幅**思维导图** [1]，让其以创造性的思维方式思考罪犯可能是何人。**竞**

[1] 编注：Mind Map，《情报分析：结构化分析方法》中译作“思维图”。

争性假设分析法也同时被用来帮助对一系列可能解释做出评估。

一、案例叙述

2007 年 12 月 27 日，贝 · 布托在伊斯兰堡以南的拉瓦尔品第参加了一次政治集会，正当她乘坐大篷车离去之时，突遭暗杀身亡。此时距其结束国外流亡生涯，返回巴基斯坦接掌其家族的政治旗帜仅仅 2 个月。此前，贝 · 布托曾遭人警告不得返回巴基斯坦参加总统竞选。回国之后，她提出在拉瓦尔品第举行集会的申请，也因安全局势紧张的原因未获许可。但面对多次生命威胁，贝 · 布托毫不退缩，将举行此种政治集会视为证明其作为即将到来的总统大选候选人得到民众支持的关键之举。事后，警方确定该起自杀式炸弹暗杀者是一名 15 岁半的少年，但有关谁是幕后黑手的问题仍然疑云重重。此次暗杀的潜在策划者众多，包括伊斯兰极端武装分子、政治竞争对手、巴基斯坦政府的高级官员，甚至有贝 · 布托本人的家族成员。该起事件与事后进行的调查引起了全世界的关注，刑侦专家与非专业人士都试图找出为贝 · 布托之死负责的最终主谋。

政治与家族关系纠缠不清

从 1947 年建国以来，巴基斯坦的历史就是一部政治动乱史。在英国分割南亚期间，巴基斯坦独立，成为一个伊斯兰国家。此后，该国没有哪个民选政府能够撑到其任期期满。在这个国家中，世俗穆斯林阶层与信奉宗教激进主义的穆斯林阶层之间、民选领导人与军队之间，始终存在着主要隔阂。[1]

---

[1] 原注：Benazir Bhutto, "When I Return to Pakistan," *Washington Post*, September 20, 2007, http://www.washingtonpost.com/wp-dyn/content/article/2007/09/19/ AR2007091901705.html.

贝·布托的个人经历就是这种政治乱象的缩影。1979 年，巴基斯坦军方将当时身为巴基斯坦总理的贝·布托的父亲赶下台，判定其犯有杀害政敌的同谋罪，将其绞死。[1] 贝·布托一家被迫流亡。1986 年，贝·布托从其流亡地英国返回巴基斯坦，领导其父创建的巴基斯坦人民党（Pakistan People's Party, PPP）。1988 年，在她的领导下，巴基斯坦人民党在大选中获胜，她成为伊斯兰国家中第一位女总理。1990 年，巴基斯坦总统以所谓的贪污及未能制止种族暴力为由将其解职。1993 年，她重返政坛。

即使是在贝·布托担任巴基斯坦总理期间，暴力活动也持续不断地折磨着其家庭成员。她的弟弟穆塔扎·布托曾与其争夺人民党的控制权，1996 年被警方射杀于其住宅附近。[2] 其弟之女法蒂玛·布托，自其父死后，就一直声称这是一场精心预谋的谋杀，她的父亲被近距离射中，流血而死。目前，法蒂玛是卡拉奇一名报纸专栏作家和支持民主的积极分子，她仍然认为贝·布托对穆塔扎的死亡负有道义责任。1996 年，贝·布托再次因所谓的腐败问题被解职。[3] 贝·布托后于 1999 年被法院缺席判决有罪，但该判决随后又被撤销。因为在 5 个不同案件中面临腐败指控，贝·布托于同年逃离巴基斯坦。

充满暴力的回国之旅

在巴基斯坦总统兼陆军总参谋长佩尔韦兹·穆沙拉夫（Pervez Musharraf）签发了“腐败大赦令”后，2007 年 10 月 18 日，贝·布托结束

[1] 原注：Rubab Saleem, “Biography of PPP Chairperson Benazir Bhutto,” *Pakistan Times*, December 27, 2007, http://www.pak-times.com/2007/12/27/ biography-of-ppp-chair-person-benazir-bhutto/.

[2] 原注：Fatima Bhutto, “Aunt Benazir's False Promises,” *Los Angeles Times*, November 14, 2007, http://www.latimes.com/news/printedition/asection/la-oe-bhutto14nov14,0,2985133.story.

[3] 原注：“Obituary: Benazir Bhutto,” *BBC News*, December 27, 2007, http://news.bbc.co.uk/2/hi/south_asia/2228796.stm.

其流亡生涯，再次返回巴基斯坦。[1] 这份在美国白宫和国会联合施压下发布的大赦令，不仅为贝·布托回国扫清了道路，而且至少还是一个与穆沙拉夫政府共享权力的含混许诺。[2]2007 年秋，巴基斯坦的另一著名反政府人士、曾两度被罢免的总理纳瓦兹·谢里夫（Nawaz Sharif）亦返回巴基斯坦。长久以来，他一直是贝·布托的政治对手，此次并无与贝·布托联手的计划。[3]

此时，反对穆沙拉夫政府的抗议活动已持续数月，巴基斯坦国内局势紧张。[4] 抗议活动由政治辩论引发，而辩论的核心问题则是即将举行的总统竞选和持续 8 年多的军事统治重返民主政治的可能性。在政客、政党和军方为了赢得选票而各显其能、争权夺利之际，伊斯兰武装分子也发动了更多袭击，试图阻止巴基斯坦突然转向民主政治。与此同时，美国与国际社会也对巴基斯坦政府加大施压力度，督促其采取更加积极的行动，镇压塔利班和基地组织。有些观察家称，巴基斯坦国内的混乱状态已将该国逼至“崩溃边缘”，它成为“世界上最危险国家的主要竞争国”。[5]（见地图 8.1）

大约有 20 万支持者在卡拉奇机场迎接贝·布托。[6] 巴政府也派遣了 2 万多名安保人员维护现场秩序。虽然对其人身安全抱有担心，但贝·布托

[1] 原注：Owen Bennett Jones, *Pakistan: Eye of the Storm* (New Haven, CT:Yale University Press, 2009), 301–302.

[2] 原注：Declan Walsh, “Musharraf and Bhutto Close to Sharing Power,” *Guardian*, October 5, 2007, http://www.guardian.co.uk/world/2007/oct/05/pakistan.benazirbhutto/.

[3] 原注：BBC News, “Sharif’s Party ‘to Contest Polls,’ ” December 9, 2007, http://news.bbc.co.uk/2/hi/south_asia/7135535.stm.

[4] 原注：United Nations, *Report of the United Nations Commission of Inquiry into the Facts and Circumstances of the Assassination of Former Pakistani Prime Minister Mohtarma Benazir Bhutto*, March 30, 2010, http://www.un.org/News/dh/infocus/Pakistan/UN_Bhutto_Report_15April2010.pdf.

[5] 原注：Garhi Khuda Bakhsh, “A Country on the Brink,” *Economist*, January 3, 2008, http://www.economist.com/node/10430324/.

[6] 原注：“Huge Crowds Greet Bhutto Return,” *BBC News*, October 18, 2007, http://news.bbc.co.uk/2/hi/7050274.stm.

仍然拒绝采用巴基斯坦当局让其乘坐直升机的要求。[1] 在车队离开机场路前往巴基斯坦国父穆罕默德·阿里·真纳（Muhammad Ali Jinnah）陵墓的路上，她同样决定不使用安装在她所乘坐的敞篷卡车上的防弹玻璃隔间，而是选择在人民党其他官员的簇拥下站在卡车扶栏前。

地图 8.1 巴基斯坦

[1] 原注："Two Blasts Strike Crowd Celebrating Bhutto's Return," MSNBC, October 19, 2007, http://www.msnbc.msn.com/id/21344367/.

2007年10月18日，贝·布托返回巴基斯坦，站在敞篷卡车上。（照片中间位置戴头巾者为贝·布托。）

车队缓缓前行，贝·布托支持者在街道上跳起了舞。突然，卡车前方发生了一起小爆炸，随后在卡车车身附近又发生了一起大爆炸。爆炸令一辆护卫警察的车辆着火，震碎了贝·布托所乘卡车的玻璃。[1] 袭击中，贝·布托的身体被震得晃了几下，但并未受伤。然而，袭击造成179人死亡，包括数名警官，另有600多人受伤。[2] 事后，警官拉贾·基塔布宣称，现场证据表明这是一起自杀式炸弹袭击事件。[3]

对所面临的危险，贝·布托洞若观火。就在她启程返回巴基斯坦的前两天，她写信给穆沙拉夫，列出了4名她认为在密谋对其实施暗杀的人员：时任巴基斯坦内政部情报局局长伊贾兹·沙阿（Ijaz Shah）、前旁遮普

[1] 原注：Carlotta Gall and Salman Masood, "Bomb Attack Kills Scores in Pakistan as Bhutto Arrives," *New York Times*, October 18, 2007, http://www.nytimes.com/2007/10/19/world/asia/19iht-19pakistan.7956073.html.

[2] 原注：Ahmad Rashid, *Descent into Chaos:The US and the Disaster in Pakistan, Afghanistan, and Central Asia* (New York:Penguin Books, 2009), 379.

[3] 原注："Two Blasts Strike Crowd."

省省长乔杜里·佩尔韦兹·伊拉希（Chaudhry Pervaiz Elahi）、前信德省省长阿尔巴布·古拉姆（Arbab Ghulam）和巴基斯坦三军情报局（ISID）前局长哈米德·古尔（Hamid Gul）。[1]

此次爆炸袭击发生后，贝·布托调整了警告内容的措辞，并将其公之于众：

> 10月16日，在返回祖国之前，我给穆沙拉夫将军写了一封信，告诉他如果我因此类袭击发生不测，那么凶手既不会是阿富汗塔利班，也不会是基地组织，甚至不会是巴基斯坦塔利班或另外一伙人。我认为这些人是那些误导人民者。我在信中列出了他们的姓名……三个人的姓名。此外，我还就昨天发生的袭击事件列出了某些人的姓名，假如我被暗杀，就应该调查他们。[2]

2007年10月18日，在贝·布托座车附近发生的疑似自杀式炸弹袭击。

[1] 原注：Jones, *Pakistan*, 4.

[2] 原注：Pakistan People's Party, "Bhutto Names Suspects in Letter to Musharraf," October 24, 2007, http://www.ppp.org.pk/mbb/articles/article121.html.

据贝·布托的美国代表马克·西格尔（Mark Siegel）声称，布托曾试图聘用美国黑水公司和英国装甲集团公司的安保人员，但巴基斯坦政府拒绝为其发放签证。[1]

尖锐信息激怒对手

贝·布托一返回巴基斯坦，就利用媒体大力声讨伊斯兰激进分子。[2] 她公开指责“圣战”恐怖分子，其激烈的言辞几乎没有当地政客敢采用。在竞选宣传活动中，她声称自杀式炸弹袭击违背伊斯兰教义。[3]

贝·布托还抨击了政府中的保守分子，其中包括与穆沙拉夫关系密切的官员。[4] 她指责他们为极端主义者提供帮助，支持那些袭击她的炸弹袭击者。她还特地向巴基斯坦三军情报局和对其父死亡负责的残余势力提出警告。她笼统地批评了军事独裁，但并未直接攻击穆沙拉夫，以便为所提出的权力分享计划留出余地。[5]

贝·布托的对手们以同样激烈的言辞对她进行了反击。贝·布托的家乡是信德省，该省省长称女人掌权就是对巴基斯坦的诅咒。巴基斯坦穆斯林联盟（Pakistani Muslim League）领导人乔杜里·侯赛因（Chaudhry Hussein）是穆沙拉夫的支持者，强烈反对与贝·布托妥协，他声称这起爆炸袭击事件完全是由刚回国的贝·布托自导自演的一出闹剧，目的是

[1] 原注：Philip Sherwell, “Bhutto ‘Blocked from Hiring US Bodyguards,’” *Sunday Daily Telegraph*, December 30, 2007, http://www.telegraph.co.uk/news/worldnews/1574054/Bhutto-blocked-from-hiring-US-bodyguards.html.

[2] 原注：Gail Sheehy, “A Wrong Must Be Righted: An Interview with Benazir Bhutto,” *Parade*, January 6, 2008, http://www.parade.com/articles/editions/2008/edition_01–06–2008/Benazir_bhuttoTest/.

[3] 原注：Bhutto, “Aunt Benazir’s False Promises.”

[4] 原注：Carlotta Gall and Salman Masood, “After Bombing, Bhutto Assails Officials’ Ties,” *New York Times*, October 20, 2007, http://www.nytimes.com/2007/10/20/world/asia/20Pakistan.html.

[5] 原注：Zahid Hussain, “Musharraf and Bhutto in Power-Sharing Talks,” *Times* (London), July 28, 2007, http://www.timesonline.co.uk/tol/news/world/asia/article2155462.ece.

为了博得人们的同情。宗教事务部长伊贾兹·乌尔－哈克（Ejaj ul-Haq）则指责贝·布托，说其明知身临威胁却仍然回国，是在拿他人的性命开玩笑。[1]

在美国的施压下，穆沙拉夫勉强同意贝·布托回国恢复文官统治。在西方媒体眼中，贝·布托就是救世主，能够将巴基斯坦从独裁统治和恐怖主义中解救出来，但有很多巴基斯坦民主人士对这一形象表示怀疑。批评者通过电视访谈和报纸表达不满，抱怨穆沙拉夫以大赦换取贝·布托的支持，以期延长任职时间。还有很多人将此次大赦视为对政治腐败的默许。伊姆兰·汗——一位备受欢迎的前板球运动员，后来变身为政客，与其前妻杰米玛·汗——一位富有的英国社交名媛，在英国媒体上猛烈抨击贝·布托，将其称为“戴爱马仕丝巾的腐败政客”。在伦敦发表的一份社论中，伊姆兰·汗强调了贝·布托丈夫的外号“百分之十先生”，并指控贝·布托夫妇在贝·布托第二次担任巴基斯坦总理期间从巴国库中盗取了 10 亿多美元。[2] 贝·布托的对手们还指出，贝·布托正为瑞士法庭裁定其犯有洗钱罪而进行上诉，而且有关其涉腐的调查在英国和西班牙仍在进行中。[3]

贝·布托回国后，与其不合的侄女法蒂玛在一次访谈节目中称：“我坚信贝·布托是我国最危险的人物。”[4] 她还称贝·布托的亲美政策将使巴基斯坦的民主政治背上恶名，将危及巴国来之不易的基层民主政治成果。她说，“她将我们大家都置于遭到伊斯兰世界反击的危险之中”。法蒂玛威胁

[1] 原注：Carlotta Gall, “Bhutto’s Return Brings Pakistani Politics to a Boil,” *New York Times*, October 30, 2007, http://www.nytimes.com/2007/10/30/world/asia/30pakistan.html.

[2] 原注：Jemina Klan, “A Kletpcrat in a Hermes Scarf,” *Daily Telegraph*, October 21, 2007, http://www.telegraph.co.uk/comment/3643479/Benazir-Bhutto-a-kleptocrat-in-a-Hermes-scarf. html.

[3] 原注：Imran Khan, “Benazir Bhutto Has Only Herself to Blame,” *Daily Telegraph*(UK), October 21, 2007, http://www.telegraph.co.uk/comment/3643478/Benazir-Bhutto-has-only-herself-to-blame.html.

[4] 原注：Gall, “Bhutto’s Return Brings Pakistani Politics to a Boil.”

说，她将与其他反对派领导人站在一起。[1]

与此同时，穆沙拉夫也继续阻挠贝·布托的竞选活动。11 月 9 日，警方在贝·布托营地周围拉起了铁丝网，试图阻止她在一场集会上发表讲话，抗议穆沙拉夫实施紧急状态法。[2] 同时，警方还包围了数千名贝·布托的支持者。11 月 13 日，当局以保护其安全为名将其软禁在家中。作为回应，贝·布托要求穆沙拉夫辞职，并威胁说要领导巴基斯坦人民党抵制计划于 2008 年 1 月举行的大选。

贝·布托的侄女认为有关软禁的抱怨不实，她指出贝·布托的政治计划并未受到影响。事实上，在所谓的软禁期间，有 50 多名党员与其进行了会面。[3] 更有甚者，在此期间，贝·布托在警方的保护下，在其花园内两次对媒体发声。她还举行了一次新闻发布会，也未受到责难。贝·布托的侄女争辩说，曾经有其他活动分子，只是提出举办新闻发布会的想法，就被当局关进了监狱。

贝·布托对手们措辞的严厉程度也毫不逊色。2007 年 11 月中旬，出现了一封泄密信，称 1990 年贝·布托曾试图与巴基斯坦的死敌印度共同密谋，以获取政治利益。众所周知，贝·布托与时任美国驻克罗地亚大使彼得·加尔布雷斯（Peter Galbraith）从大学时起就一直是密友。该泄密信称，贝·布托曾要求加尔布雷斯说服印度总理在印巴边境制造一次军事事件，以便向巴基斯坦政府施压，以免在即将举行的选举中其参选资格遭到政府剥夺。而贝·布托所在政党的官员则抨击说，该信件系伪造，并引用其中的低级语法错误作为证据。[4]

---

[1] 原注：Gall, “Bhutto’s Return Brings Pakistani Politics to a Boil.”

[2] 原注：BBC News, “Ex-PM Bhutto under House Arrest,” November 9, 2007, http://news.bbc.co.uk/2/hi/7086272.stm.

[3] 原注：Bhutto, “Aunt Benazir’s False Promises.”

[4] 原注：Benazir Bhutto, “Benazir Bhutto’s Letter to Peter Galbraith,” CHOWK, November 14, 2007, http://www.chowk.com/ayesha5/iLogs/life/Benazir-Bhutto-s-letter-to-Peter Galbraith/.

最后时光

到12月下旬，竞选各方的神经都进入紧绷阶段。此时贝·布托的软禁已被解除，并恢复了竞选活动。[1] 在经历了回国当日的炸弹袭击后，她基本上不再公开参加集会，而是事先录制信息，然后通过电视或电台发表。她曾总结说，要赢得竞选获胜的机会，举行群众集会至关重要。12月26日，在临近阿富汗边境白沙瓦地区的贝·布托集会地点附近，巴当局拘留了一名携带爆炸物的男子。[2] 该男子声称，其携带爆炸物系参加一场婚礼后得到的庆典用烟花原料。贝·布托的丈夫也从迪拜打电话给她，说他感到紧张不安，想替她参加原定于第二天在拉瓦尔品第举行的集会，但被她制止了。[3]

贝·布托，这位饱受争议的候选人，计划在12月27日的演讲中指责穆沙拉夫妄图操控1月8日大选。[4] 她计划于当天会晤欧盟派来的选举观察员、美国参议员阿伦·斯佩克特和美国代表帕特里克·肯尼迪，向其披露穆沙拉夫利用假投票站和威胁选民等手段操控选举的证据。尽管当天很忙，但她仍一早会晤了阿富汗总统哈米德·卡尔扎伊（Hamid Karzai），双方畅谈了日益增长的恐怖主义威胁。[5]

贝·布托当时对其拉瓦尔品第（位于巴基斯坦首都以南）之行心存忧

---

[1] 原注：Griff Witte and Emily Wax, "Bhutto's Last Day, in Keeping with Her Driven Life," *Washington Post*, January 16, 2008, http://www.washingtonpost.com/wp-dyn/content/article/2008/01/15/AR2008011503304.html.

[2] 原注：Ali Hazrat Bacha, "Youth with Dynamite Held Near Rally Venue," *Dawn*, December 27, 2007, http://www.dawn.com/2007/12/27/top8.htm.

[3] 原注：Witte and Wax, "Bhutto's Last Day."

[4] 原注：Saeed Shah and Andrew Buncombe, "Bhutto Had 'Proof' of Plan to Rig Election," *Independent* (UK), January 1, 2008, http://www.independent.co.uk/news/world/asia/bhutto-had-proof-of-plan-to-rig-election-767540.html.

[5] 原注：Associated Press, "In Meeting with Karzai, Bhutto Wanted Peace, Democracy for Afghanistan and Pakistan," December 27, 2007, http://www.Afghanistannewscenter.com/news/2007/december/dec282007.html#3.

虑。拉瓦尔品第是巴基斯坦军方的老巢，也是其父1979年被绞死之地；此外，巴基斯坦第一任总理1951年也在此地惨遭暗杀。[1]当时，拉瓦尔品第的局势已非常严峻。当天下午早些时候，埋伏在一处屋顶上的一名狙击手打死了4名谢里夫的支持者、打伤了另外5人。[2]谢里夫党派因此指责穆沙拉夫集团，声称这次袭击旨在恐吓选民。尽管危险在即，但贝·布托及其政党的高级官员仍于15时45分从伊斯兰堡出发，前往10英里外的拉瓦尔品第。

贝·布托按原定计划主持了此次集会。接近黄昏时分，她乘坐一辆防弹越野车离开集会现场，狂热的人群随即高呼“布托万岁！”，她从车顶天窗探出头来向其支持者致意。[3]此时，巡警穆罕默德·奎亚姆在忙于为贝·布托座驾开道，没有注意到就在贝·布托身后站着一名戴太阳镜的男子。事后，目击者报告称此人举枪近距离向贝·布托连开三枪。穆罕默德·奎亚姆也没有注意到在其身后几步处还有一名头戴白围巾的男子。目击者称枪击发生片刻后该男子就引爆了身上的炸药，将其本人、那名疑似枪手及周围的其他人炸死，而贝·布托则为身亡者之一。

贝·布托被紧急送往拉瓦尔品第总医院（Rawalpindi General Hospital）救治，但在刚过18点时被宣布死亡。[4]第二天，她的尸体被移交给其丈夫，然后用飞机运往拉卡纳市。当天下午，她被下葬于家族墓地。

刺杀发生后的多种说法

贝·布托遇刺身亡后，一场论战随即展开。初始争论点是贝·布托的

[1] 原注：Witte and Wax, “Bhutto’s Last Day.”

[2] 原注：Kamran Haider, “Four Dead in Pakistan Election Shooting,” Reuters, December 27, 2007, http://in.reuters.com/article/article/2007/12/27/idINIndia-31134720071227/.

[3] 原注：Witte and Wax, “Bhutto’s Last Day.”

[4] 原注：United Nations, *Report of the Assassination of Mohtarma Benazir Bhutto.*

死因，各方莫衷一是。[1] 最先出现的报道称，贝·布托在爆炸发生前便已因头部或颈部中弹而死于枪伤。第二天，巴基斯坦内政部官员称贝·布托死于炸弹爆炸后的弹片。袭击发生后第二天，内政部发布了口气更为肯定的声明，说枪手并未击中贝·布托，但炸弹却将其炸倒，头部撞到了汽车天窗突出的部位，导致其颅骨破裂身亡。[2] 该内政部官员还出示了 X 光片，作为这一声明的佐证。但是，将贝·布托送到医院急救的目击证人和贝·布托的密友却称，贝·布托明显中了枪。[3]

抢救贝·布托的医生起初称她死于枪伤，但后来公布的结果却与内政部的观点一致。一名巴基斯坦医生称，当局取走了贝·布托的医疗报告，并令所有医生保持沉默。[4] 事后，此次刺杀案的联合国调查小组称，该名医生并非贝·布托的主治医生，这让一些人对其言论的可信度提出质疑。[5]

尽管根据法律规定，此类案件需要进行尸体解剖，但巴基斯坦当局却以服从伊斯兰习俗与贝·布托丈夫的意愿为由，未进行解剖。[6] 巴当局提出，如果贝·布托的丈夫提出要求，他们可以挖出贝·布托尸体并进行解剖，但遭到贝·布托丈夫的回绝，他说结果会被人为操控，解剖根本无用。[7]

袭击发生一个半小时后，案发现场的高级警官命令警察用消防水带冲洗了事发街道。因此，摊摊血迹、弹壳和 DNA 样本均被冲走。[8] 甚至贝·布托的诽谤者哈米德·古尔，也公开质疑当局为何要把现场的证

[1] 原注：United Nations, *Report of the Assassination of Mohtarma Benazir Bhutto*.

[2] 原注：CNN, "Pakistan: Fractured Skull Killed Bhutto," December 28, 2007, http://www.cnn.com/2007/WORLD/asiapcf/12/28/pakistan.friday/index.html.

[3] 原注：CNN, "Ministry Backtracks on Bhutto Sunroof Claims," January 1, 2008, http://www.cnn.com/2008/WORLD/asiapcf/01/01/pakistan.autopsy/index.html.

[4] 原注：CNN, "Ministry Backtracks on Bhutto Sunroof Claims," January 1, 2008, http://www.cnn.com/2008/WORLD/asiapcf/01/01/pakistan.autopsy/index.html.

[5] 原注：United Nations, *Report of the Assassination of Mohtarma Benazir Bhutto*.

[6] 原注：United Nations, *Report of the Assassination of Mohtarma Benazir Bhutto*.

[7] 原注：CNN, "Ministry Backtracks on Bhutto Sunroof Claims."

[8] 原注：Aryn Baker and Simon Robinson, "Missing Evidence from Bhutto's Murder," *Time*, December 31, 2007, http://www.time.com/time/world/article/0,8599,1699138,00.html.

据冲掉。哈米德·古尔与阿富汗和巴基斯坦塔利班均保持着联系。[1]剩下的全部证据只有业余人士拍摄的画面，显示一名身着黑色背心的男子挥舞着一件类似手枪的东西，其身后有一名头戴白色头巾的男子（有人认为是自杀式人弹）。巴基斯坦当局成立了一个联合调查组，由当地辛格管理部门牵头负责。调查组检查了贝·布托乘坐的车辆，报告说在据报贝·布托头部撞击的车辆天窗处，未发现任何血迹或肌肉组织。[2]

穆沙拉夫立即采取了行动，撇清政府与刺杀案之间的关系。他承认贝·布托可能被枪击中，但又责备贝·布托判断不当、无视别人劝告，自己在车内站起，而当时在车内的其他人均未受伤。[3]他指出，最近数月在巴基斯坦发生了19起自杀式炸弹袭击事件，大多数针对的是军事和情报机构。[4]对于坊间流传的巴基斯坦情报局实施了本起暗杀的说法，他声称："我认为在巴基斯坦没有哪家情报组织有能力让一个人将自己炸得粉身碎骨。"[5]他说巴政府已警告贝·布托在拉瓦尔品第举行集会非常危险，而事实上，政府将其软禁在家，从而阻止了她早先准备在该地点举行集会的活动。穆沙拉夫接着说，刺杀案发生之日，政府的安保工作已做到极致，现场有1000名警察执勤，有狙击手埋伏在屋顶上，在贝·布托的座驾周围也有警察巡逻。[6]

刺杀案发生不久，内政部声称其截获的通话内容证明，基地组织的分支巴基斯坦塔利班领导人贝图拉·马哈苏德（Baitullah Mehsud）

---

[1] 原注：Simon Robinson, "Bhutto Conspiracy Theories Fill the Air," *Time*, December 28, 2007, http://www.time.com/time/world/article/0,8599,1698828,00.html.

[2] 原注：United Nations, *Report of the Assassination of Mohtarma Benazir Bhutto*.

[3] 原注：Carlotta Gall, "Musharraf Denies Link to Attack on Bhutto," *New York Times*, January 3, 2008, http://www.nytimes.com/2008/01/03/world/asia/03iht-pakistan.4.9012655.html.

[4] 原注：Carlotta Gall, "Musharraf Denies Link to Attack on Bhutto," *New York Times*, January 3, 2008, http://www.nytimes.com/2008/01/03/world/asia/03iht-pakistan.4.9012655.html.

[5] 原注：Carlotta Gall, "Musharraf Denies Link to Attack on Bhutto," *New York Times*, January 3, 2008, http://www.nytimes.com/2008/01/03/world/asia/03iht-pakistan.4.9012655.html.

[6] 原注：CNN, "Musharraf Denies Bhutto Death Role," January 4, 2008, http://www.cnn.com/2008/WORLD/asiapcf/01/03/pakistan.elections/index.html.

是本起刺杀案的唆使者（见图 8.1）。[1] 在刺杀案发生之前，马哈苏德领导的塔利班组织也一直在袭击巴方军队，原因是巴政府军应美国的请求，试图控制各种反美武装力量集结的部落准自治地区。该次通话截获本来意在记录马哈苏德为祝贺其追随者完成任务而发来的贺电内容。但 2008 年 1 月下旬，美国中央情报局局长迈克尔·海登（Michael Hayden）将军声称，他认为马哈苏德就是贝·布托刺杀案的幕后真凶。海登并未说明其依据，对巴方此次拦截的情报是否在其判断中起到作用，也未置一词。有人怀疑海登的公开声明，是为了撇清其反恐同盟穆沙拉夫的罪责。[2]

其他美国官员亦赞同马哈苏德是嫌疑人的说法。[3] 马哈苏德一直对阿富汗总统卡尔扎伊和巴基斯坦总统穆沙拉夫与美国保持紧密的同盟关系，大为不满。他本人是普什图人，与阿富汗和巴基斯坦边境偏远部落地区的许多人一样，他也希望自己的族人掌管一个属于自己的国家，信奉严格的伊斯兰教法并沿袭部落传统。2005 年，穆沙拉夫与马哈苏德达成和平共处的协议。马哈苏德同意暂停进入阿富汗发动跨境袭击，并停止为基地组织和其他国外武装力量提供庇护，以换取巴基斯坦军队从其部族区瓦济里斯坦撤军。马哈苏德否认他从这次政治交易中得到大量现金。他最终撕毁了协议，允许外国武装分子重返该地区，并恢复对巴基斯坦军队的袭击行动。[4]

对于所拦截通信内容的真实性，因为谈话内容太过随意，有些观察家提出了质疑。他们认为此次巴基斯坦政府对马哈苏德的指控不过是故伎重演——每当警察对案件束手无策时，政府就会把马哈苏德拉出来作为“常规

[1] 原注：Jones, *Pakistan,* 5–6.

[2] 原注：Joby Warrick, “CIA Places Blame for Bhutto Assassination,” *Washington Post,* January 18, 2008, http://www.washingtonpost.com/wp-dyn/content/article/2008/01/17/AR2008011703252.html.

[3] 原注：Paul Cruickshank, “Hunting Bhutto’s Killer,” *Guardian*(UK), January 1, 2008, http://www.guardian.co.uk/commentisfree/2008/jan/01/huntingbhuttoskiller/.

[4] 原注：*The Nation* (Pakistan), February 8, 2005, cited in Sohail Abdul Nasir, “Baitullah Mehsud: South Waziristan’s Unofficial Amir,” *Terrorism Focus* 3, no. 26(2006), http://www.jamestown.org/single/?no_cache=1&tx_ttnews%5Btt_news%5D=829.

第一张照片显示2007年12月29日，一名戴太阳镜的男子用枪指着贝·布托。第二张照片为该嫌疑枪手与自杀式爆炸嫌犯(头戴白色围巾者)。

毛拉：愿您平安。	
贝图拉·马哈苏德：你也平安。	
毛拉：长官，你好吗？	
贝图拉·马哈苏德：挺好。	
毛拉：那太好了，我刚刚连夜赶回来。	
贝图拉·马哈苏德：祝贺你，是我们的人干的吗？	
毛拉：是的，是我们的人干的。	
贝图拉·马哈苏德：他们叫什么？	
毛拉：赛义德（Saeed）、伊克拉姆拉（Ikramullah）和从巴达来的比拉尔（Bilal）。	
贝图拉·马哈苏德：他们三个都动手了吗？	
毛拉：只有伊克拉姆拉和比拉尔动手了。	
贝图拉·马哈苏德：干得很好！	
毛拉：你现在在哪里？我想见你。	
贝图拉·马哈苏德：我在马凯恩（Makeen，南瓦济里斯坦 [South Warziristan] 的一个镇），过来吧，我在安瓦尔·沙阿（Anwar Shah）的家里。	
毛拉：好的，我马上去。	
贝图拉·马哈苏德：现在暂时不要通知他们的家人。	
毛拉：好的。	
贝图拉·马哈苏德：杀她真是费了九牛二虎之力，最后杀了她，他们真勇敢。	
毛拉：我到你家后向你汇报详情。	
贝图拉·马哈苏德：好的，我等你。再次祝贺你！	
毛拉：也祝贺你！	
贝图拉·马哈苏德：有什么需要我做的吗？	
毛拉：非常感谢，没有。	
贝图拉·马哈苏德：愿你平安。	
毛拉：也愿你平安。	
资料来源：“Pakistan in Crisis: ‘Intercept’ of al-Qaida Points to Bhutto Plot,” *World Net Daily*, December 28, 2007, http：//www.worldnetdaily.com/index. php?pageId=45282.	

图 8.1 巴基斯坦政府公布的通信拦截内容

嫌犯”。此前巴基斯坦政府曾在数起调查中毫无头绪时，即指其为嫌犯。[1] 马哈苏德迅速做出了公开声明，否认卷入贝·布托刺杀案，一如其否认卷入贝·布托初次回国时遭遇的 10 月爆炸案。马哈苏德的发言人强调说，袭击一名妇女违反其部族习俗，称该刺杀犯罪系巴政府与情报机构密谋实施。

在该国西北部的部族地区，巴基斯坦安全官员逮捕了一名 15 岁少年艾特扎兹·沙阿（Aitezaz Shah），罪名是涉嫌卷入贝·布托刺杀案。[2] 半岛电视台新闻网援引安全部门提供的信息称，该少年已承认其为刺杀贝·布托的 5 名自杀式炸弹袭击者之一。[3] 沙阿说其中 2 名袭击者——艾克拉姆（Akram）和比拉尔首先发起刺杀贝·布托行动。若其失败，则其他 3 人负责完成刺杀行动。沙阿向警方交代说，比拉尔通过开枪和引爆炸弹背心将贝·布托杀害。沙阿未能提供暗杀小组其他成员的详细地址。[4] 贝·布托所领导的政党成员对逮捕沙阿未予理会，声言此次逮捕并不是巴基斯坦政府所谓的突破。该党高级党员阿比达·侯赛因（Abida Hussain）说：“坦率地讲，逮捕一名 15 岁的孩子及其幕后指使者无关紧要。”[5]

在贝·布托死后出版的遗著中，她提及了另一个可能杀手：伊斯兰激进分子赛福乌拉·阿克塔尔（Qari Saifullah Akhtar）。[6] 贝·布托称，阿克塔

[1] 原注：Afzal Khan, “Baitullah Mehsud:Scapegoat or Perpetrator in Benazir Bhutto’s Assassination?” *Terrorism Monitor* 6, no. 5(2008), http://www.jamestown.org/programs/gta/single/?tx_ttnews[tt_news]=4775&tx_ttnews[backPid]=167&no_cache=1.

[2] 原注：*The Nation*, n.d., cited in “Who Is Aitezaz Shah?” *Pakistani Spectator*, February 2, 2008, http://www.pkhope.com/who-is-aitezaz-shah/.

[3] 原注：“‘Bhutto Murder Suspect’ Arrested,” Al Jazeera, January 19, 2008, http://english.aljazeera.net/news/asia/2008/01/2008525125158691764.html.

[4] 原注：“Teenager Suspect Arrested in Bhutto Assassination,” *Economic Times*(India), January 20, 2008, http://economictimes.indiatimes.com/teenager-suspect-arrested-in-bhutto-assassination/articleshow/2714625.cms.

[5] 原注：Farhan Bokhari, “PPP Pushes for Independent Bhutto Probe,” *Financial Times*(London), January 20, 2008, http://www.ft.com/cms/s/0/333552c6- c774–11dc-a0b4–0000779fd2ac.html#axzz1PAbSOkoN.

[6] 原注：Jones, *Pakistan*, 4.

尔协助恐怖分子购买了炸弹，用于 2007 年 10 月 18 日在卡拉奇市引爆。他曾因参与反对贝·布托第二届政府的一次未遂的“伊斯兰政变”而被捕，后与塔利班和毛拉·奥马尔（Mullah Omar）建立了关系。阿克塔尔是“伊斯兰‘圣战’运动”（Harkat-ul-Jihad-al-Islami，HUJI）领导人，该组织与塔吉克斯坦、车臣、缅甸、乌兹别克斯坦和孟加拉境内的恐怖分子保持着联系。

伦敦警察厅介入案件调查

对于这起刺杀案及其失误频出的低效调查，国际社会最初发出了强烈抗议。在抗议声渐趋平息时，1 月 2 日，穆沙拉夫请求伦敦警察厅派遣一个小组前来调查贝·布托死因。[1] 1 月 8 日，该小组检查了案发现场。穆沙拉夫严格限定了伦敦警察厅的调查范围，调查人员仅限于调查贝·布托的死因，而罪犯身份确认的责任则由巴政府承担。伦敦警察厅曾提出要求，希望询问贝·布托丈夫指控的一些图谋杀害贝·布托的人员，但未获许可。这些被指控者中包括数名政客及巴情报局局长。[2] 伦敦警察厅检查了据称为案犯袭击中使用的枪械，上面的指纹与一名男子身份证上的指纹联系了起来。该男子生活在马哈苏德控制地区内的斯瓦特镇。伦敦警察厅能否成功匹配爆炸现场受害人的指纹，目前尚不得而知。

根据独立查证（通过牙科记录比对）和医生诊断报告中的贝·布托 X 光片，及贝·布托下葬前清洗其遗体的家属陈述，伦敦警察厅贝·布托案调查小组得出结论说，贝·布托因在爆炸强烈冲击下，身体撞击其座车天窗引起头部受伤而死。[3] 贝·布托唯一明显的主要外伤位于其头部右侧，而

[1] 原注：Scotland Yard, “Scotland Yard Report on Assassination of Benazir Bhutto,” *Hindu*(India), February 9, 2008, http://www.hindu.com/2008/02/09/stories/2008020960750101. htm.

[2] 原注：Alizeh Haider, “Scotland Yard Investigation Is Useless,” *Washington Post*, February 14, 2008, http://onfaith.washingtonpost.com/postglobal/needtoknow/2008/02/scotland_ yard_ investigation_pu.html.

[3] 原注：Scotland Yard, “Scotland Yard Report on Assassination of Benazir Bhutto.”

据专家称该创伤并非枪弹射入和飞出所致。据英国内政部（British Home Office）的一名病理学家称，“导致头部快速致命创伤，唯一站得住脚的原因是炸弹爆炸冲击。鉴于创伤的严重程度，这不可能是由于俯身时不小心碰头所致”。[1] 伦敦警察厅的调查人员注意到，被炸飞的车顶天窗配有一块4英寸的结实唇片，而贝·布托在爆炸发生前0.6秒才从人们的视野中完全消失。但是，由于X光片资料有限，没有进行完全尸体剖检和CAT扫描，因而病理学家也无法排除贝·布托上身或颈部有一处枪伤的可能。

伦敦警察厅的结论是，只有一人发动了袭击。调查小组说，警方发现多个尸块均来自一名身份不明人员。而专家说，他可能是那名自杀式炸弹袭击者。媒体的拍摄画面显示，枪手站在贝·布托座车的后面，在爆炸前一瞬间低下头。画面人群中并无他人有任何可疑行动。法医证据表明，炸弹袭击者距离车辆只有1到2米，中间没有任何障碍物。这表明枪手与爆炸实施者处在同一位置。画面中能够清楚看到站在枪手附近的人，爆炸时几乎不可能幸免于难。伦敦警察厅的最终报告，未探讨在爆炸发生后的清场过程中，至关重要的法医证据被有意无意清除的可能。[2]

伦敦警察厅的报告主要把重点放在导致贝·布托遇刺前后的事件上。而报告中未涉及的关键问题是：谁最终应对贝·布托之死负责？贝·布托遇害已成为世界焦点，并引发了许多关于谁是幕后黑手的说法。我们面临的挑战是，列出一份综合性嫌疑人清单，找到最具诊断价值的信息与关键信息空白，确定确凿且全面的嫌疑人，并就谁是最该受罚的幕后黑手等问题给出具有说服力的主张。

·推荐读物·

Jones, Owen Bennett. *Pakistan: Eye of the Storm.* New Haven, CT: Yale

[1] 原注：Scotland Yard, “Scotland Yard Report on Assassination of Benazir Bhutto.”

[2] 原注：Scotland Yard, “Scotland Yard Report on Assassination of Benazir Bhutto.”

University Press, 2009.

Rashid, Ahmed. *Descent into Chaos: The US and the Disaster in Pakistan, Afghanistan, and Central Asia,* paperback ed. New York: Penguin Books, 2009.

二、案例分析：3种结构化分析方法的应用

表8.1 案例快照：贝·布托遇刺

所用结构化分析方法	《情报分析：结构化分析方法》中所在章节	分析类别
年表法与时间轴线法	第四章	分解与可视化
思维导图	第四章	分解与可视化
竞争性假设分析法	第七章	假设生成与检验

在本案例中，执法与国家安全分析人员面对一个类似的挑战：如何从可靠程度不一的大量信息中找出最终对刺杀贝·布托承担责任者？这一问题的答案，在巴基斯坦国内及其与他国关系方面均会产生重大后果，特别是在发现有巴基斯坦官员牵连其中时。所面临的挑战是，梳理信息资料，挑出最突出、最可靠的证据，确定嫌疑度最高的幕后黑手，形成一种具有说服力的说法。分析人员可以借助年表法与时间轴线法、思维导图和竞争性假设分析法等完成以下各项任务。

方法1：年表法与时间轴线法

年表法与时间轴线法是一种简单但有用的工具，能够帮助人们按照事件的先后顺序将其排列，以图表形式将信息展示出来，且能够找出可能的信息空白、异常现象及相互关系。这一方法能够让分析人员跳出庞杂的证据表象，站在更有利的战略位置审视信息资料。鉴于本案例中存在大量复

杂的、相互矛盾的数据，分析人员使用带有注释的时间轴线，能最有效地发现最关键的证据，确定各种报告的可信度，并找到信息空白。

任务 1：围绕贝 · 布托之死生成事件的时间轴线。

步骤 1：按照相关报道，给案例叙述中提及的相关事件信息标上日期和顺序。思考采用何种方式才能最好地按时间轴线排列上述信息。这些信息能否按其类别加以组织？

步骤 2：审查时间轴线，同时提出以下问题：信息资料是否存在空白？信息资料中的事件持续时间和发生顺序是否说得通？时间轴线以外的事件能否对上述事件产生影响？有关证据的基本假定是否应该加以思考？

分析所得增值。以上事件发生顺序带给你何种信息？上述信息是否存在需要补充的空白？你还应该搜寻何种补充信息？你对信息来源的可信度有几分把握？

方法 2：思维导图

思维导图常用于以视觉方式表达个人或团体对相关主题的看法。思维导图包括两个基本要素：一是有关任一主题在思考过程中形成的观点；二是展示和简要描述上述观点之间联系的线索。无论何时，只要你想把一系列观点归纳在一起，你就可以利用文字或图形以视觉形式对其进行表达，用代表它们相互关系本质的直线将其连接起来。针对任何目的所做的任何思考，无论是个人决定，还是对某一情报问题的分析，均可采用这一图示方法。实际上，思维导图的出现，最初目的只是为了方便学生在听报告和讲座时能够快速、有效地记下笔记。

任务 2：画出一张思维导图，研究贝 · 布托遇刺案幕后的可能真凶。

步骤 1：确定调查的焦点问题或逻辑起点。将焦点问题写在纸张页面中心，并围绕该问题画一个圆圈。

步骤 2：利用头脑风暴方法，形成一份回答焦点问题的所有可能答案清单。

步骤 3：将上述答案进行分组。既可以按照共同点分组，亦可按与被分析事情的关联情形（直接或间接原因）进行分组。

步骤 4：给各组答案贴上标签，环绕焦点问题将标签摊铺开来。画线将焦点问题与各标签连起来。

步骤 5：画一条直线，将各标签分别连接至与其相关的某一问题或理念，单独一个标签可以放射出多条连线，而与该标签连接的同一问题也可以呈放射状与四面连接。

步骤 6：继续扩大图面，直至该问题或案例的所有方面均囊括无余。

步骤 7：在绘制思维导图时，考虑各问题间相互横向联系的可能。使用单向或双向箭头标明其方向性。

步骤 8：在绘制思维导图时，考虑出现相互矛盾证据或理念的可能。如果出现，则通过在其圆圈内或方框内标上颜色、写上名称、画上图形，或打上星号或其他符号的方式将其区分开。

步骤 9：必要时重新定位、提炼思维导图并扩大其构架。

步骤 10：列出本起刺杀案幕后的所有嫌疑个人或实体，及其最为可能的动机。

步骤 11：找出最有可能想杀害贝·布托的个人或实体。

分析所得增值。思维导图的绘制是否启发你想到了更多可能答案或假设？是否帮助你“深挖”了各个假设，从而思考了第二和第三层次的问题？是否帮助你找到潜在的知识差距？

方法 3：竞争性假设分析法

分析人员面临一个持久存在的挑战——处理不完整、模糊、异常和有时具有欺骗性的信息资料。此外，对分析时间的严格限制和“打个电话问问”的需要，常常与众多天然的人类认知倾向纠缠在一起，导致判断不精确或不完整。竞争性假设分析法要求分析人员利用大范围的数据、假定和信息空白，识别和辩驳可能假设，增大其战胜以上挑战的机会。

任务 3：用思维导图或其他假设生成方法形成最可信假设，对贝·布托一案进行竞争性假设分析。如果你的系统中未安装相关软件，可与 Globalytica LLC 公司联系购买基础版软件或协同版软件（Te@mACH®），邮箱：ThinkSuite@globalytica.com 或网址：http://www.globalytica.com。

步骤 1：列出有待考虑的假设，努力使其互斥。

步骤 2：列出一份所有相关信息的清单，包括重要证据、论据、信息空白和假定。

步骤 3：针对各个假设，提出"这些信息是高度不一致、不一致、介于一致与不一致之间、不适用、一致，还是高度一致？"的问题，对相关信息加以评估。（Te@mACH® 软件并不包括"介于一致与不一致之间"这个类别的信息。）

步骤 4：评估每条相关信息的可信度。

步骤 5：重新思考以上假设，提炼该矩阵。若合并两个假设、增加一个新假设或拆解某一现有假设，是否有意义？

步骤 6：就各假设的相对可能性得出暂时性结论，软件会计算出不一致分值。不一致分值最低的假设暂时为最可能的假设，而不一致分值最高的假设则暂时为最不可能的假设。

步骤 7：利用上述软件根据证据的诊断价值对其分类，若你所得出暂时性结论的证据中有几点关键证据解释出现了变化，分析该结论对这一变化的敏感性。

步骤 8：思考所有假设的相对可能性，报告结论。

步骤 9：确定日后观察所需的指标或标志性事件。

分析所得增值。根据你的分析结果，可能性最大和最小的假设是哪些？最具诊断价值的信息有哪几条？支持信息资料的假定有哪些（如有）？相关信息是否有任何空白可能会影响到你的信心？你对自己做出的最具可能性假设的评估有几分确信？

[第九章]

美国西南部居民死亡

关键问题

✶ 是什么导致了年轻、(可能) 健康的纳瓦霍族夫妻突然死亡?

✶ 人们就其死因做出了何种初始假定?

✶ 应考虑哪些替代解释?

✶ 何种信息最有助于确定死因?

内容提要

1993 年春，在美国西南部的“四州交界”(Four Corners) 地区，有居民出乎意料地快速死亡。一开始医生怀疑是恶性流感作祟，但试验结果不确定，病人死亡率高企，这一事实令医生们大惑不解。可资利用的可靠数据几乎没有，摆在他们面前的是一个令人望而却步、需要紧急做出诊断的挑战。本案例利用**结构化头脑风暴 (Structured Brainstorm)** 帮助分析人员进行创造性思维，穷尽引起居民死亡的可能原因，利用**星爆法**组织围绕关键问题进行的思考，利用**多种假设生成程序法** ™ 生成各种替代假设，利用**关键假定检查法**和**竞争性假设分析法**来详细审查证据，降低最合理解释的数量。

一、案例叙述

1993 年 5 月 14 日，在美国新墨西哥州的四州交界地区，在前去参加其未婚妻葬礼的路上，一位年轻的前田径明星突然瘫倒，随后被紧急送到盖洛普医疗中心（Gallup Medical Center）急救室抢救。数小时后，此人不治身亡。新墨西哥州医疗调查人员对该男子及其 5 天前死亡的未婚妻实施了尸体解剖。他们发现两人情况相似，都有类似流感的发烧、咳嗽、发冷症状，病情都迅速发展为急性呼吸困难，因肺部积液而死。他们的女儿还是个婴儿，也表现出相同症状，但病情并不严重。[1] 所有参与治疗上述病人的医务人员均未被传染。

3 天后，盖洛普医疗中心工作人员将这对年轻夫妇的死亡，与该地区其他 3 起因呼吸系统疾病引发的死亡病例联系起来，并向新墨西哥州卫生部发出了预警。医生们担心，他们面对的是一种强有力的流感病毒，能够迅速在广大人群中传播。第二天，卫生部联系了佐治亚州亚特兰大市联邦疾病控制中心，要求其展开调查。[2]

截至 1993 年 5 月 31 日，这种疾病已导致 10 人死亡，其中 8 人为纳瓦霍人。此种传染病患者的死亡率高得让人吃惊，年轻、健康的成年人正因其死亡。[3] 一位来自新墨西哥州卫生部的流行病学家报告说，所有病人均在出现类似流感的症状后不久病死，这些症状包括一种能够迅速发展成重度呼吸系统疾病的咳嗽。该官员称，卫生部尚未掌握此种疾病，也不知

[1] 原注："Mystery Illness Takes 10th Life in the Southwest," *New York Times*, May 31, 1993, http://www.nytimes.com/1993/05/31/us/mystery-illness-takes-10th-life-in-the-southwest.html.

[2] 原注：Ecological Society of America, *Ecological Research Benefits: The Hantavirus Case Study*, August 25, 2009, http://www.esa.org/education_diversity/pdfDocs/hantavirus.pdf.

[3] 原注：C. J. Peters and Ali S. Khan, "Hantavirus Pulmonary Syndrome: The New American Hemorrhagic Fever," *Clinical Infectious Diseases* 34(2002): 1224–31, http://www2.medicine.wisc.edu/home/files/domfiles/infectiousdisease/Hantavirus.pdf.

道如何对其加以预防。实验室首次进行了针对普通病毒与细菌的聚合酶链反应（PCR）检验，检验结果呈阴性。[1]

卫生官员们认识到他们正面临一个重大挑战——人们在悄然死亡，但他们却不知原因何在。所有这些死亡是否有联系？如果有联系，能够查出何种共同症状？医生们担心，如果他们无法确定死亡的根本原因，就没有办法治疗正在患病的人们，无法防止更多的人死亡。

四州交界地

四州交界地（见地图 9.1）是指美国科罗拉多州西南角、新墨西哥州西北角、亚利桑那州东北角和犹他州东南角的交汇处。该名称源于此地区的一块纪念碑，它是美利坚合众国唯一一处四州交汇点的标志。另外，该纪念碑还是两个半自治性质的印第安人政府管辖地的边界界标，这两块属地是纳瓦霍民族保留地与犹特山犹特印第安人保留地。这一纪念碑是纳瓦霍地方政府的旅游景点。[2]

四州交界地的许多居民依赖旅游业和农业为生。该地区的柴利峡谷国家纪念碑（Canyon de Chelly National Monument）和梅萨维德国家公园（Mesa Verde National Park）每年都吸引着数千游客前来观光。这一区域内保留有早期原住民部落的遗址，纪念碑峡谷以巨型砂岩孤峰群闻名于世。另外一些居民则依靠畜牧业、四处从事季节性农活和在纳瓦霍人保留地以外的地区就业来维持生计。[3]

---

[1] 原注："Mystery Illness Takes 10th Life in the Southwest."

[2] 原注：Rick Abasta, "Four Corners Monument Still the Legally Recognized Landmark Despite Reports," Navajo Nation Parks & Recreation Department, http://navajonation parks.org/pr/pr_4Cmarker.htm; US Department of Energy, "Ute Mountain Ute Indian Reservation—General Setting," http://www1.eere.energy.gov/tribalenergy/guide/pdfs/ute_mountain_ute.pdf.

[3] 原注：Robert S. McPherson, "Navajo Indians," http://www.historytogo.utah.gov/ utah_chapters/american_indians/navajoindians.html; US Department of Energy, "Ute Mountain Indian Reservation"; Indian Country Extensions, "Navajo Nation— Shiprock."

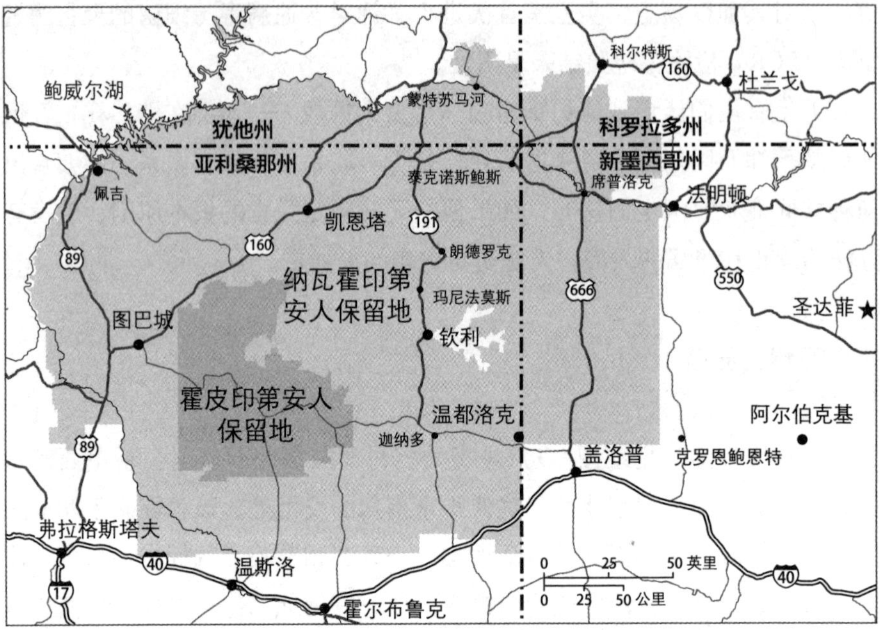

地图 9.1　四州交界地

四州交界地位于高原地区，气候系统在这里相对稳定，然后东移，给美国中部地区带来雨雪。这一地区本身湿度低，降水稀少，阳光充足。冬季白天温暖，夜晚则温度降至零度或零度以下。一般每隔 3 到 7 年便会发生一次厄尔尼诺现象，此时冬季和早春的湿度会较平时偏高。每逢厄尔尼诺强烈爆发时，该地区的降水天数和日降水量会大幅增加。该地夏季炎热。地区 40% 的降水来自夏季午后的雷暴雨。用水权和取水权是该地区的重要问题。[1]

---

[1] 原注：Tripcart.com, "Weather in Four Corners of New Mexico, Arizona, Utah, and Colorado," http://www.tripcart.com/usa-regions/Four-Corners,Weather.aspx; Kathleen Ward, "Rainmaker Go North—Nebraska Needs Help, Too," October 10, 2002, http:// www.ksre.ksu.edu/news/sty/2002/weather_winter101002.htm; Western Regional Climate Center, "El Niño, La Niña, and the Western US, Alaska, and Hawaii," compiled by Kelly Redmond, updated June 26, 1998, http://www.wrcc.dri.edu/enso/ensofaq.html.

四州交界地的主要人口是纳瓦霍人。纳瓦霍人保留地占地2.7万多平方英里，包括位于新墨西哥州中部的3个卫星镇。纳瓦霍人的文化传承主要采取口口相传的方式，其传统与风俗已沿袭达数百年之久。纳瓦霍人的部落精神信仰被世人统称为“纳瓦霍道”（Navajo Way），它强调维护和恢复人类与自然之间和谐的重要性。根据亚利桑那州温都洛克（Window Rock）纳瓦霍民族博物馆文化专家的说法，“纳瓦霍道”之所以能得以传承，部落巫医主持的神圣仪式起到了至关重要的作用。这些巫医（在纳瓦霍语中称之为 *hataa'lii*）不仅充当疾病治疗者，还是历史学家，拥有丰富的部落传统知识和神话知识。[1]

纳瓦霍地区印第安健康服务机构（Navajo Area Indian Health Service，NAIHS）隶属于美国卫生和公共服务部，负责向四州交界地区的美洲印第安人提供卫生保健服务。其主要病人包括纳瓦霍人和南支圣胡安派尤特人（Paiutes），也为其他美洲印第安人提供服务。该机构所有医师都必须得到美国医师委员会的执业认可，或最好通过该委员会的西医专业认证。该机构让所有的从业人员了解纳瓦霍人宗教与人类、健康、疾病和环境之间相互交织的关系。纳瓦霍国家委员会（Navajo Nation Council）的健康改善服务部（Division of Health Improvement Services, 后更名为纳瓦霍卫生部[Navajo Division of Health]），承担着提高和维护纳瓦霍人整体健康和福利的职责。该部现有数百名卫生专业人士、专职人员助手和专业技术人员，分布在纳瓦霍居住区各处。[2]

---

[1] 原注：Lauren Monsen, "Navajo Healers, Sand Paintings Keep Tribal Traditions Alive," NewsBlaze.com, n.d., http://newsblaze.com/story/20080920133834tsop.nb/topstory.html; Navajo Nation Government, "History," http://www.navajo.org/history.htm.

[2] 原注：Indian Health Service, "Navajo Area Office: Navajo Area Jobs and Recruitment," http://www.ihs.gov/navajo/index.cfm?module=najr_main; Indian Health Service, "Cross Culture Medicine," http://www.ihs.gov/Navajo/index.cfm?module=nao_cross_ culture_ medicine.

恐惧蔓延

截至5月底，至少有23名病人（主要是纳瓦霍人）因出现该疾病的症状，而被送入位于四州交界地和新墨西哥州阿尔伯克基的医院接受治疗。据来自阿尔伯克基印第安健康服务机构的传染病专家称，他们至今尚未确定为何关系密切的人员（家庭聚集性病例）会在大致相同的时间染上成年人呼吸系统衰竭综合征。在所有病例中，这种被某些人称为“纳瓦霍流感”的疾病，虽然并不总是导致病人死亡，但其病情却发展迅速。据媒体报道，似乎曾有4人恢复健康，但医生们称，是不是以抗生素为主的治疗起到了作用，他们也不得而知。[1]

四州交界地域发生疫情的消息传遍了全国，该地区的游客随即骤减。与洛杉矶市一所私立学校建立笔友关系的27名纳瓦霍族年轻人，因此未能前去拜访他们的洛杉矶笔友。新墨西哥州卫生部为此次疫情特地开通了热线，回答有关该疾病的问题。该热线几乎被打爆。位于圣达菲市的多家医院，都接诊了因为在过去数周内曾去过纳瓦霍保留地而惶恐不安的病人。面对一种新型未知疾病时，那些身处怀疑受到疾病影响社区中的人们，满腹狐疑，他们的典型反应是大批涌进身边的医疗机构去求医问药。[2]

在亚特兰大，5月下旬的一个周五下午，疾病控制中心传染病情报部（Epidemic Intelligence Service，EIS）的3名年轻调查员被叫进办公室，[3]然后有人向他们发放了机票和防毒面具。给他们发放防毒面具的举动，表明他们可能接触有毒物质。传染病情报部是疾病控制中心专门处理“特殊病原体”的部门，主要是在发现新病原体或有人指控或怀疑出现生物恐怖

[1] 原注：“Mystery Illness Takes 10th Life in the Southwest.”

[2] 原注：“Four Corners,” Wikipedia, http://en.wikipedia.org/wiki/Four_Corners_ region; Jill Leovy and Jack Cheevers, “Visiting Navajo Children Barred from L.A. School,” *Los Angeles Times*, June 2, 1993, http://articles.latimes.com/1993-06-02/ news/mn-42529_1_navajo-children/; Maureen Trudelle Schwarz, *Navajo Lifeways: Contemporary Issues, Ancient Knowledge* (Norman: University of Oklahoma Press, 2001), 23.

[3] 原注：Tom Paulson, “Doctor on Trail of Another Deadly Virus,” *Seattle Post-Intelligencer*, April 10, 2003, http://www.seattlepi.com/local/116784_outbreak10.html.

袭击时方才展开行动。该部于 1951 年朝鲜战争期间创建，因为当时美国政府担心会发生细菌战。然而一份互联网初步调查表明，网上并未发现任何包含极端反对纳瓦霍人言辞的帖子，或恐怖分子可能以四州交界地区为恐怖袭击目标的迹象。

将“纳瓦霍流感”与生物恐怖主义联系起来并不牵强。保留地的一些居民推测说，受害者曾接触储存在温格特堡军火库（Fort Wingate Army Depot）的毒素。该军火库存放军火和拆除的设施，距离纳瓦霍人和祖尼—普韦布洛印第安人这两个部落都很近。还有些人怀疑，是否曾经出现有关在纳瓦霍族保留地或其附近发生毒素泄漏事件的报道。[1]

搜集有关谜团的材料

传染病情报部的流行病学家怀疑他们面对的是一种流感病毒，他们争分夺秒地工作，希望不但能确定这一疾病的种类，还能找出致病的根本原因。传染病情报部工作人员与州卫生部、新墨西哥大学医学院及纳瓦霍地区印第安健康服务机构的工作人员组成调查小组，开始梳理地区医院和诊所提供的病人病历。

调查小组的研究表明，大多数患者居住在四州交界地区，但现有资料并未显示受害者全都去过同一地点，也没有明显模式可遵循。大多数患者都表现出类似流感的症状，诸如突发性发烧、恶心、呕吐、头痛、感觉不适及全身疼痛——尤其腹部和背部。接下来，患者会出现咳嗽、胃肠不适、持续 4 天以上的呼吸困难，然后会被诊断为肺水肿、肺积水，并发重度高血压和体内组织缺氧症状。验血结果显示，患者血小板数量异常低下，这通常表示患者患有软骨病、疫病、兔热病和鹿蝇热。[2] 起初，一些病情较轻的患者被误诊为急性呼吸窘迫综合征、青少年糖尿病，甚至是肠

[1] 原注：Tom Paulson, “Doctor on Trail of Another Deadly Virus,” *Seattle Post-Intelligencer*, April 10, 2003, http://www.seattlepi.com/local/116784_outbreak10.html.

[2] 原注：Peters and Khan, “Hantavirus Pulmonary Syndrome.”

胃炎，但为其治病者却似乎并未罹患该病。[1]

调查人员进行了大范围的调查工作。很多线索与有意或无意接触过有毒物质后的表现吻合：在不同的人群中出现某种未知疾病、许多人死于某种未知疾病、发病年龄组出现异常疾病、疾病严重程度远超想象、对标准治疗手段没有反应、有军火或先进武器投放系统存在于附近。[2] 有少数病人自述有头晕、思维混乱或无法集中精力的症状，而这就是与有毒物质接触后出现的症状。假如有人故意投毒致人死亡，就会在近期出现大量无法解释的动物死亡或庄稼绝收的迹象，但调查人员并未发现此类证据。

传染病情报部的工作人员还请教了纳瓦霍部落的巫医，他们应该是最了解部落疾病医疗史的人员。巫医告诉他们，这种疾病的起因是纳瓦霍人世界中出现的不和谐。他们说，20 世纪的 1918 年和 1933 年，曾两次突发致人死亡的恶性疾病。部落老人们回忆说，由于冬春季节气候异常湿润，当时的农作物——松子非常多，部落也传说那时的啮齿类动物数量极其庞大。[3]

众所周知，啮齿类动物是潜在病菌携带者。调查人员提出了这样的问题：在当时发生的两起疫情中，类似病毒的爆发和啮齿类动物数量增加是纯属巧合，还是其相互联系能够证明这种疾病的根源所在？调查人员需要

---

[1] 原注：Lone Simonsen, Mary J. Dalton, Robert F. Brieman, Thomas Hennessy, Edith T. Umland, C. Mack Sewell, Pierre E. Rollin, Thomas G. Ksiazek, and Clarence J. Peters, "Evaluation of the Magnitude of the 1993 Hantavirus Outbreak in the Southwestern United States," *Journal of Infectious Diseases* 172, no. 3 (1995): 729–33; John H. Grendon and Marcia J. Goldoft, "Discovery of Hantavirus Syndrome in Washington State," *Washington Public Health* 14 (1996), http://www.nwpublichealth.org/docs/wph/hanta.html; Peters and Khan, "Hanta Pulmonary Syndrome."

[2] 原注：Robert G. Darling and Jon B. Woods, eds., *USAMRIID's Medical Management of Biological Casualties Handbook*, 5th ed. (Frederick, MD: US Army Medical Research Institute of Infectious Diseases, 2004), http://www.usamriid.army.mil/education/blue bookpdf/USAMRIID%20Blue%20Book%205th%20Edition.pdf.

[3] 原注：Linda Moon Stumpff, "Hantavirus and the Navajo Nation—A Double Jeopardy Disease," Evergreen State College, 2010, http://nativecases.evergreen.edu/collection/ cases/hantavirus-navajo.html.

尽快查明，人们已经知道啮齿类动物都会传播哪些疾病，这些疾病是不是四州交界地区的流行病。初步调查得到了一些答案，具体如表 9.1 所示。

调查人员还特地咨询了气候学家。后者确认说，受厄尔尼诺现象的影响，1992 年和 1993 年的降水量激增。降雨导致植被疯长和啮齿类动物的食物供应充足。但当降水量恢复正常时，啮齿类动物由于食物短缺而紧张，这迫使其寻找新食物来源。美国国家科学基金会（National Science Foundation）和美国鱼类及野生动物管理局（US Fish and Wildlife Service），建议医疗调查人员咨询与塞维尔他长期生态研究项目（Sevilleta Long-Term Ecological Research Program）有关的科学家，该项目位于新墨西哥州中部的塞维尔他国家野生动物保护区（Sevilleta National Wildlife Refuge）。生态研究人员提供了该地区 22 种啮齿类动物的详细分析信息。通过阅读这些报告，调查人员吃惊地发现，1992 年到 1993 年间该地区啮齿类动物的种群数量增加了 10 倍。[1]

表9.1 啮齿类动物传播的疾病

啮齿类动物直接传播的疾病	疾病发生地理区域
鼠咬热	全世界，四州交界地区地方病
钩端螺旋体病	全世界，四州交界地区地方病
沙门氏菌病	全世界，四州交界地区地方病
淋巴细胞脉络丛脑膜炎病毒	全世界
狂犬病	1980 年佛罗里达州发现啮齿类动物传播病例
瘟疫	美国西部、南美洲、非洲和亚洲

在调查人员持续搜集各种线索的同时，人们还在患病，因病死亡者人数众多。医生们越来越迫切地希望找到死亡原因。公众的担忧越来越强烈，他们需要一个解释。更重要的是，公众要求得到如何避免染病的指

[1] 原注：Ecological Society of America, *Ecological Research Benefits: The Hantavirus Case Study*.

导，但公共卫生官员们却无法给出任何指导意见。

·推荐读物·

Dworkin, Mark S. *Outbreak Investigations Around the World：Case Studies in Infectious Disease Field Epidemiology.* Sudbury, MA：Jones and Bartlett, 2009.

Locke, Raymond Friday. *The Book of the Navajo*. Los Angeles：Holloway House, 1991.

McKenna, Maryn. *Beating Back the Devil.* New York：Free Press, 2008.

二、案例分析：5种结构化分析方法的应用

表9.2　案例快照：美国西南部居民死亡

所用结构化分析方法	《情报分析：结构化分析方法》中所在章节	分析类别
结构化头脑风暴	第五章	观点生成
星爆法	第五章	观点生成
关键假定检查法	第八章	因果评估
多种假设生成程序法 ™	第七章	假设生成与检验
竞争性假设分析法	第七章	假设生成与检验

危机局面常常迫使分析人员根据手头微乎其微的资料做出艰难判断。此时，可使用下述方法和练习来处理此类危机局面。结构化头脑风暴可以帮助分析人员进行创造性的和详尽的思考；星爆法可以用来组织围绕关键问题而进行的思考；多种假设生成程序法 ™ 能够给出全面的替代假设；关键假定检查法和竞争性假设分析法一同使用则能够详细考察证据。

方法 1：结构化头脑风暴

头脑风暴是一个团体性活动过程，该过程按照预先设计的具体规则和步骤来激发新观点和新理念，所产生创造性的激励力量来自两名或多名分析人员相互撞击思想迸出的火花。在头脑风暴讨论会上，分析人员通常会接触到超出其本人思考范围以外的更多思想和看法，其典型的成果是能够获得更好的分析产品。

结构化头脑风暴方法包含 12 个步骤（见下文所述），是一个执行团体头脑风暴的更具系统性的过程。在此过程中，需要安排一名协调人，部分原因是所有参与者在头脑风暴讨论会中均不能说话。结构化头脑风暴最常用于确定某一具体情况下可能发挥作用的关键驱动因素，或全部力量和因素。

任务 1：进行结构化头脑风暴练习，探讨这对年轻健康的纳瓦霍族夫妇为何突然死亡。

步骤 1：召集一组拥有一些医药知识并对四州交界地有一定程度了解的分析人员。

步骤 2：向所有参与者发放便利贴和记号笔，告知其在头脑风暴练习的这一环节不允许交谈。

步骤 3：向练习人员提出下述问题：可能解释一对年轻纳瓦霍族夫妇突然死亡的所有力量和因素有哪些？

步骤 4：要求小组人员在便利贴上写下几个关键词，给出问题答案。练习者每写下一个答案，就将其交给协调人。协调人则大声将其读出。练习人员应使用记号笔或签字笔在便利贴上书写，以便在练习后期仍能看清所写答案。

步骤 5：将全部便利贴按照其被读出的顺序贴在墙上。对所有观点均一视同仁。鼓励参与者相互在对方观点的基础上补充发挥。

步骤 6：练习一开始时各种观点通常接踵而至，接着参与者会陷入对

文本框 9.1　头脑风暴成功八原则

1. 明确头脑风暴讨论会的目标和主题。

2. 不要非难任何观点，无论其听起来多么怪异、背离传统或毫无可能。相反，应研究如何将该观点用于当前任务。

3. 每次只允许一人发言，并确保人人都有发言机会。

4. 为头脑风暴讨论会安排充裕的时间。

5. 让所有与会者参与讨论。有时需要采取“无声的头脑风暴”方法，例如让全体静默 5 分钟，然后让其将自己的关键观点写在 3 英寸×5 英寸的卡片上，接着讨论各人在卡片上写下的内容。

6. 尽量安排一至多名“局外人”参加小组讨论，以避免出现团体迷思并激励发散性思考。这些“局外人”应机敏善思，其知识体系或视角与小组成员不同，但应对讨论主题有一定了解。

7. 将讨论内容记录下来！使用白板、黑板架或便利贴对讨论内容进行跟踪。

8. 讨论会结束时，对关键结果进行总结。在与会人员离开前，要求他们将其主要收获或学到的精华写在一张 3 英寸 ×5 英寸的卡片上。此后，进行简短总结并将其分发给与会者（与会人员可以对内容进行补充）和其他对该主题感兴趣者（包括未能参会者）。

各个问题的思考。经常每隔 5 至 10 分钟会有 1 分钟左右的停顿。这种渐缓的节奏表明，分析人员已经“穷尽了脑海中显而易见的答案”，正在形成新观点、新看法。虽然这种停顿让人不舒服，但也应避免交谈。

步骤 7： 在两三次长时间停顿后，结束本次头脑风暴讨论会的发散性思考环节。

步骤 8： 让所有参与者（或一个小组）走到贴有便利贴的墙前面，重新排列具有类同关系的各组便利贴（有某些相同特点的各组便利贴）。有些便利贴可能会被移动几次，如果有些观点适用于多个具有类同关系的便利贴组，则可将便利贴复制后加以应用。

步骤 9：排列好各组便利贴后，让参与者小组选出一个最能概括每组内容的词或短语。

步骤 10：找出每组便利贴中的异类，并思考该异类是无用的噪声，还是一个值得进一步关注的观点胚芽。

步骤 11：评估小组讨论取得的成果。你能找出 4 到 5 个关键因素或力量，用于解释这对年轻纳瓦霍夫妇为何死亡吗？

步骤 12：报告结果并描述值得调查问题的关键主题或维度。

分析所得增值。我们是否挖掘了导致纳瓦霍年轻夫妇死亡的所有可能力量和因素？是否已将所有观点按照其内在的类同关系加以分组？我们采取何种方式处理异类观点（即那些似乎只属于它们自己一组的便利贴）？这些异类观点是否带来了新线索？我们给各组便利贴的命名是否准确抓住了其精髓？

方法 2：星爆法

星爆法是结构化头脑风暴的一种形式，有助于催生尽可能多的问题。这种方法对研究项目的拓展极其有益，也有助于引出有关传统观点的众多问题和观点。在采用星爆法的过程中，分析人员能够从众多不同角度考虑手上的问题，从而提高其可能发现至当时为止尚未被思考的某一问题或新观点的概率，为该问题或观点带来新的分析见解。

任务 2：画出一幅星爆图，就这对年轻健康的纳瓦霍夫妇早逝事件，探讨下列问题：何人？何事？如何？何时？何地？何故？

步骤 1：利用图 9.1 中的星爆法模板或绘制一个六角星，在六角星的各角分别写上以下各词之一：何人？何事？如何？何时？何地？何故？

图 9.1 星爆法模板

步骤 2： 开始头脑风暴讨论会，一次使用上述词语之一，就该主题提出问题。在讨论会期间，不要试图回答所提问题，只把精力集中在提出尽可能多的问题上。

步骤 3： 利用上述 6 个词语作为开头语提出问题后，小组应根据待回答问题的重要性进行排序，或将这些问题按照逻辑进行分类。

分析所得增值。 根据你的分析结果，判断哪些问题或哪些类别的问题需要进一步调查？

方法 3：关键假定检查法

关键假定检查法是一种系统性活动，能够明确和质疑那些引导分析人员解读有关具体问题的证据和推理时所做的假定。分析人员必须处理不完整、模糊和有时具有欺骗性的信息，而做出假定通常是填补信息空白必不可少的手段。做出假定的动力来自分析人员所受的教育、培训和经验，包括其工作于其中的组织环境。识别假定可能很难，因为很多假定是人们所坚信的社会文化信念，或在不知不觉中占据人们的脑海，以至于它们被假定为真理，不受任何质疑。但当条件发生变化时，识别此类假定并评估其整体影响，则是严谨分析过程中至关重要的组成部分。

任务 3： 就人们最初的说法——“这对年轻纳瓦霍夫妇死于一种致命的常见流感病毒”，进行一次关键假定检查。

步骤 1： 召集一小组研究该问题的人员，外加几个“局外人”。这一主要分析单位已经按照既定的思维模型进行了研究，因此需要“局外人”带来其他观点。

步骤 2： 最好要求参与者与会时带来一份假定清单，若没有清单，则以一次无声的头脑风暴专题会开始会议。让每个参与者在 3 英寸 ×5 英寸的卡片上写下数个假定。

步骤 3： 收集卡片，在一块白板上列出以上假定供大家查看。可以使用表 9.3 中的简单模板。

表9.3 关键假定检查法模板

关键假定	评论	有支持依据	给出警示	缺乏支持依据
1.				
2.				
3.				
4.				

步骤 4： 引出更多假定。沿着分析主线回溯至支持该主线的关键论据。利用各种工具来帮助激发参与者的思考。提出记者式的标准问题：何人？何事？如何？何时？何地？何故？

诸如“将始终”“将永不”或“将要”之类的用语，表明某一观点未受到质疑，可能应该如此。诸如“根据”或“一般来说”之类的用语，表明正在做出一个质疑假定。

步骤 5： 确定完一整套假定后，严格审查各个假定。提出以下问题：

★ 我为什么相信这个假定正确？

★ 这一假定在何种情况下可能不实？

★ 该假定是否可能过去正确，但现在已不再正确？

★ 我对该假定有效的自信度有多大？

★ 若该假定被证明无效，将对分析产生多大影响？

步骤 6： 利用表 9.3，将各个假定归入以下三类之一：

★ 基本有支持依据；

★ 有些警示正确；

★ 缺乏支持依据或有问题——针对“关键不确定处”。

步骤 7： 提炼该清单，删除经不起仔细审查的假定，加入讨论中出现的新假定。

步骤 8： 考虑是否应将关键不确定处转化为情报搜集需求或研究课题。

分析所得增值。 当疾病控制中心的调查人员抵达现场并与医生交流后，他们是否接受了能够影响其组织调查效率的关键假定？

方法 4：多种假设生成法——多种假设生成程序法 ™

多种假设生成法是所有严谨分析过程的一部分，因为它能够帮助分析人员避免常见缺陷，例如过早得出结论或被第一印象过多影响。同时，它还可以帮助分析人员对众多可能进行思路开阔和创造性的思考。这样做的目的是列出一份清单，囊括各种假设。对于这些假设，最终可以根据已有证据和将来可能出现的新资料再进行详细考察和检验。

多种假设生成程序法 ™ 是一种有用的工具，可以拓宽合理假设所覆盖的范围，特别是当有一个占据支配地位但其说服力却越来越弱的首要假设存在时，这一工具极为有用。在本案例中，这一首要假设是——这对年轻健康的纳瓦霍夫妇因接触致命的普通流感病毒而死亡。

任务 4： 使用多种假设生成程序法 ™ 生成并评估替代假设，解释这对纳瓦霍夫妇为何死亡。如果你的系统中未安装多种假设生成程序法™软件，可与 Globalytica LLC 公司联系，邮箱：ThinkSuite@globalytica.com 或网址：Http://www.globalytica.com。

步骤 1： 利用“何人？何事？如何？何时？何地？何故？”等问题，确定首要假设及其组成部分。

步骤 2、3： 针对 2 到 3 个相关性最强的关键组成部分，确定合理替代内容，并尽量使其互斥。抛弃被视为“既有”因素的关键组成部分所构成的问题。

步骤 4、5： 列出一份可能的假设排列清单，放弃毫无意义的排列。

步骤 6： 用数字 1 到 5 评估剩余假设排列的可信度，1 代表可信度最低，5 代表可信度最高。

步骤 7： 按照可信度由最高到最低的顺序，再次排列剩余假设。

步骤 8： 以上述排列为假设重新进行叙述。

步骤 9： 从清单最上部选出最值得关注的替代假设，并注明其最值得关注的原因。

分析所得增值。 哪些假设应进一步探究？在 6 个关键组成部分（何人？何事？如何？何时？何地？何故？）中，哪些因为是“已知者”而可以搁置一旁，原因何在？初始清单中有哪些假设被排除，原因何在？

方法 5：竞争性假设分析法

分析人员面临一个持久存在的挑战——处理不完整、模糊、异常和有时具有欺骗性的信息资料。此外，对分析时间的严格限制和“打个电话问问”的需要，常常与众多天然的人类认知倾向纠缠在一起，导致判断不精确或不完整。竞争性假设分析法要求分析人员利用大范围的数据、假定和信息空白，识别和辩驳可能假设，增大其战胜以上挑战的机会。

任务 5： 设定一组假设，然后利用竞争性假设分析法软件，识别出哪些假设对本案例中的死亡原因给出了最为可信的解释？如果你的系统中未安装该软件基础版或协作版 Te@mACH®，可与

Globalytica LLC 公司联系，邮箱：ThinkSuite@globalytica.com 或网址：Http://www.globalytica.com。

步骤 1：根据结构化头脑风暴、星爆法或多种假设生成程序法™练习的结果，得出一组假设，努力使其互斥。

步骤 2：列出一份所有相关信息清单，包括重要证据、论据、信息空白和假定。

步骤 3：针对各个假设，通过提出“这些信息是高度一致、一致、高度不一致、不一致、介于一致与不一致之间，或不适用于该假设？”的问题，对相关信息加以评估。（Te@mACH® 软件并不包括“介于一致与不一致之间”这个类别的信息。）

步骤 4：评估每条相关信息的可信度。

步骤 5：重新思考以上假设，提炼该矩阵。若合并两个假设、增加一个新假设或拆解某一现有假设，是否有意义？

步骤 6：就各假设的相对可能性得出暂时性结论，软件会计算出不一致分值。不一致分值最低的假设暂时为最可能的假设，不一致分值最高的假设暂时为最不可能的假设。将不一致分值最低的各个假设列在矩阵左边，最高的列在右边。

步骤 7：若你所得出临时性结论的证据中有几点关键证据解释出现了变化，分析该结论对这一变化的敏感性。如果使用基础版 ACH 软件，根据诊断价值来给证据分类，最具诊断价值的信息就会出现在矩阵顶部。而 Te@mACH® 软件则会在矩阵顶部自动显示最具诊断价值的信息。

步骤 8：思考上述所有假设的相对可能性，报告结论。

步骤 9：确定日后观察所需的指标或标志性事件。

分析所得增值。根据你的分析结果，可能性最大和最小的假设是哪些？最具诊断价值的信息有哪几条？支持信息资料的假定有哪些（如有）？相关信息是否有任何空白可能会影响到你的信心？你对自己做出的最具可能性假设的评估有几分确信？

[第十章]

亚特兰大奥运会爆炸案

关键问题

★ 谁是将炸弹置于世纪公园的元凶？

★ 本案例中的最关键证据是什么？

★ 联邦政府认定的主要犯罪嫌疑人是谁，为什么？

内容提要

1996 年，一枚炸弹在奥林匹克世纪公园的人群中发生剧烈爆炸，炸死 1 人，炸伤 111 人。当局义愤填膺，随即展开了搜查，寻找此次袭击的罪魁祸首。一名此前曾就可疑包裹警告过当局的前保安迅速浮出水面，成为案件的主要嫌疑人。**关键假定检查法**可以帮助分析人员评估当局启动该案件时采取行动的过程，**“赞成—反对—错误—纠正”法（Pros-Cons-Faults-and-Fixes）**则为分析人员提供了一个评估有利和不利于主要嫌疑人证据的框架，而**多种假设生成程序法**™ 能帮助分析人员识别其他疑似犯罪者。

一、案例叙述

世纪公园内的屠杀

1996 年夏，全世界的注意力都聚焦在佐治亚州的亚特兰大市，这里正充满自豪地举办百年奥运盛会。来自全球 197 个国家的约 1.5 万名运动员和数以百万计的观众参加了此次盛会。联邦政府、州政府和地方政府投入了大量资源，以保证会场安全。在安保方面，官方总共投入 2.27 亿美元的资金，部署了约 3 万名警察、军人及私人保镖，此外还动用了大量高科技设备。[1] 官方宣称，此次奥运安保行动是美国历史上和平时期针对公共事件实施的规模最大的安保行动。[2]

在此次奥运会开幕仪式前 3 个月，亚特兰大奥林匹克委员会将一处 21 公顷的废弃贫民区和旧仓储用地改造成了世纪公园，作为参加奥运会人员的公共娱乐场所（见地图 10.1）。[3] 世纪公园坐落于奥运场馆外围，每天吸引约 10 万游客来此休闲聚会。1996 年 7 月 26 日，正值奥运会开幕后的第 9 天，（据官方估计）约有 4 万到 5 万名游客涌入该公园参加星期五晚间音乐会。[4] 凌晨 1 时 20 分，杰克兄弟与感动摇滚乐队正

[1] 原注：Federal Bureau of Investigation, Counterterrorism Division, Counterterrorism Threat Assessment and Warning Unit, National Security Division, “Terrorism in the United States: 1996,” 1996, http://www.fbi.gov/stats-services/publications/terror_96.pdf; Stephen Wilson, “Olympics Security Challenged,” *Washington Post*, July 27, 1996, http:// www.washingtonpost.com/wp-srv/national/ longterm/bombing/stories/security.htm.

[2] 原注：BBC, “1996: Bomb Rocks Atlanta Olympics,” http://news.bbc.co.uk/onthisday/hi/dates/stories/july/27/newsid_3920000/3920865.stm.

[3] 原注：BBC, “1996: Bomb Rocks Atlanta Olympics,” http://news.bbc.co.uk/onthisday/hi/dates/stories/july/27/newsid_3920000/3920865.stm.

[4] 原注：FBI National Press Office, “Statement by Woody R. Enderson, Inspector in Charge of the Southeast Bomb Task Force” [press release], July 20, 1999.

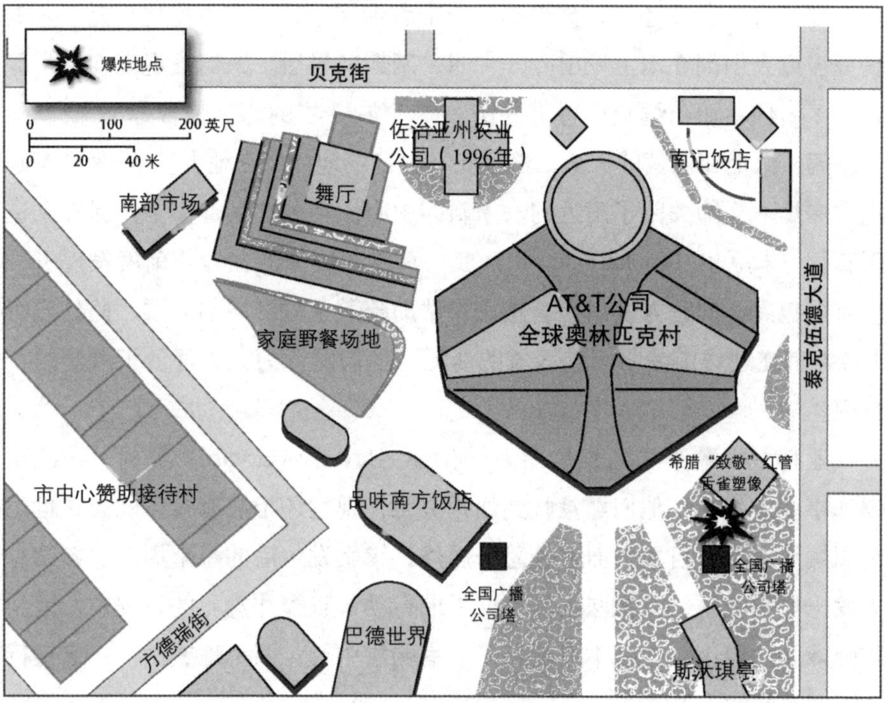

地图 10.1 世纪公园

在 AT&T 公司舞台上表演时，一枚炸弹爆炸，炸飞的铁钉与弹片射向人群。爆炸炸伤了 111 人，炸死了艾丽丝 · 霍索恩，她当时带着女儿前来参加音乐会，作为提前送给女儿的生日礼物。[1] 一位名叫米勒夫 · 优尊尤的土耳其摄像师，因爆炸导致心脏病发作而死亡。[2] 举办一场没有恐怖事件发生的奥运会的期许，被此次爆炸一举粉碎。

---

[1] 原注：Mike Lopresti, "A Decade Later, Atlanta Olympic Bombing Overshadowed," *USA Today*, July 23, 2006, http://www.usatoday.com/sports/columnist/lopresti/2006– 07–23-lopresti-atl-10-years_x.htm; William Booth and Thomas Heath, "Bomb Tip May Have Set Up Police in Atlanta for 'Ambush,' " July 30, 1996, *Washington Post*, http://www.washingtonpost.com/wp-srv/national/longterm/bombing/stories/ambush.htm.

[2] 原注：Department of Justice, "Eric Rudolph Charged in Centennial Olympic Park Bombing" [press release], October 14, 1998, http://www.fas.org/irp/news/1998/10/477crm.htm.

现场目击者描述说，公园成了一个恐怖屠杀场，伤者比比皆是。[1] 警员报告说人们倒在地上发出阵阵尖叫。硝烟散尽后，人们发现有 6 名州警察和 1 名佐治亚州调查局特工受伤。[2] 一位 33 岁的官员报告称："我看到了爆闪、浓烟和橘黄的火焰，然后我不由自主地摔倒在地上。"[3] 警员担心再次爆炸，立即关闭了附近的一家新闻中心。在此次爆炸案中，保安人员理查德·朱厄尔（Richard Jewell）成为英雄，因为他在爆炸前就发现了一个可疑包裹，向官方发出了警报，并帮助疏散了该区域的人群。此外还有 9 名警官在爆炸前参与了该区域的清场。他们的行为大大降低了爆炸的伤亡率。

亚特兰大警察局局长贝弗力·哈佛（Beverly Harvard）提到，在此次爆炸事件发生前，他们经常收到炸弹威胁，现在还担心有人可能会在世纪公园爆炸案后盲目模仿而实施恐怖爆炸。惨案发生后的整个周末，继续有人发出炸弹威胁。在执法人员立即采取行动调查爆炸嫌犯的过程中，因为炸弹威胁的原因，他们下令疏散了一家购物中心、两个地铁站、一家银行和一间教堂的人群。[4]

大背景

此前，当地执法人员和联邦调查局曾一度担心奥运会上可能会发生恐怖袭击。就在奥运会开幕式几天前的 1996 年 7 月 17 日，从美国肯尼迪机场起飞的环球航空公司（TWA）800 航班，在纽约长岛上空爆炸，机上

---

[1] 原注：BBC, "1996: Bomb Rocks Atlanta Olympics."

[2] 原注：Booth and Heath, "Bomb Tip May Have Set Up Police."

[3] 原注：Joan Kirchner, "How Olympic Bomb Was Found," Associated Press, in *Washington Post*, July 27, 1996, http://www.washingtonpost.com/wp-srv/national/longterm/bombing/stories/found.htm.

[4] 原注：Tom Beardon, "Security Matters" [transcript], PBS, July 29, 1996, http://www.pbs.org/ newshour/bb/sports/july96/olympics_7–29.html.

228 名乘客全部遇难。[1] 此次空难的原因仍在调查中，但遭到恐怖袭击的可能性较大。此次奥运会开幕式前，有一名男子携带一把上膛的手枪偷偷溜进奥林匹克体育馆。此人当时化装成安保人员，结果被警察逮捕。在确认他并未构成威胁后，警方将其释放。[2] 就在 3 个月前的 1996 年 4 月，警方在佐治亚州中部逮捕了一个民兵组织的多名成员，指控其私藏弹药，图谋与政府“作战”。[3]

执法人员还想起了，名为“黑色九月”（Black September）的巴勒斯坦恐怖组织曾对 1972 年慕尼黑奥运会发动的袭击。在该袭击中，这些巴勒斯坦恐怖分子劫持了 11 名以色列运动员，将其扣为人质长达 23 小时，希望以此引起人们对巴勒斯坦人所追求事业的关注，迫使以色列政府释放关押在狱中的 242 名政治犯。最终，双方在机场停机坪展开了一场致命枪战，1 名德国警察与 11 名以色列人质全部丧生。[4]

此后，主办此次奥运会的各级政府都投入了相当数量的资源，目的是确保此次奥运会的形象不会遭到又一次恐怖袭击的玷污。自 1972 年以来，为了确保奥运会安全，各国政府已经投入了数十亿美元，而亚特兰大政府也十分认真地看待恐怖袭击。[5]

案件调查

爆炸案发生前，佐治亚州调查局特工汤姆 · 戴维斯（Tom Davis），在接到一个常规报警电话后前往世纪公园，处理几个参加音乐会的饮酒狂欢者，他们个个兴奋难耐、激动不已。[6] 他到公园时，吵闹者已离开，但舞台保安

[1] 原注：Federal Bureau of Investigation, “Terrorism in the United States: 1996.”

[2] 原注：Wilson, “Olympics Security Challenged.”

[3] 原注：Wilson, “Olympics Security Challenged.”

[4] 原注：Lisa Beyer, “The Myths and Realities of Munich,” *Time*, December 4, 2005, http://www.time.com/time/magazine/article/0,9171,1137646–1,00.html.

[5] 原注：Lopresti, “A Decade Later, Atlanta Olympic Bombing Overshadowed.”

[6] 原注：Kirchner, “How Olympic Bomb Was Found.”

理查德·朱厄尔引起了他的注意。AT&T 公司两周前与另外一家安保公司解除了合同，朱厄尔是其留用的为数不多的保安之一。[1]

朱厄尔带着戴维斯来到为这场音乐会搭设的全国广播公司大型音响灯光架下，并指给他看该处一条绿色长凳下放置的一个无人认领的绿色背包。戴维斯立刻叫来炸弹诊断小组，同时与其他警察一起，引领该处人员离开背包现场。

全国广播公司音响架前绿色长凳的照片（联邦调查局拍摄）。

事后朱厄尔回忆说，他当时在音响架四周实施例行安全检查，查看长凳下方，确保一切正常。他说他敢肯定 21 时 30 分时该区域并无背包，但在凌晨 0 时 50 分左右闹事者离去后，在进行第二次检查时却发现了该背包。[2] 他当时怀疑是那群吵闹者遗失了该背包。戴维斯询问了该区域的一些饮酒者，但他们都说不是他们的背包。戴维斯和朱厄尔又询问了其他

[1] 原注：Booth and Heath, "Bomb Tip May Have Set Up Police."

[2] 原注：Booth and Heath, "Bomb Tip May Have Set Up Police."

人，是否知道那是谁的背包，但仍然无人认领。[1]

朱厄尔告诉调查人员说，炸弹爆炸时他距其有 40 英尺远，但爆炸的冲击波仍然将他击倒。他抬起头向上看时，两名佐治亚州警察从空中掠过。[2]

联邦调查局坐镇指挥

案件调查由联邦调查局牵头。[3] 在 7 月 29 日举行的新闻发布会上，联邦调查局发言人戴维 · 塔布斯（David Tubbs）称，有多个执法机构参与调查，已收到大量案件线索，正在追踪排查。他提醒媒体，重要的是不要从被提出的问题中得出任何结论，联邦调查局尚未确定嫌疑人。他指出，联邦调查局专注于国内恐怖主义，而非国际恐怖主义。

执法人员宣称，爆炸案嫌疑人清单覆盖人员众多，从反政府的民兵组织成员至心怀不满的雇员等各色人员都有。[4] 在调查之初，调查人员曾猜测此次爆炸案的幕后黑手是一个极端主义者组成的类似民兵组织的团体，或是某一反政府组织。[5] 根据案发后制作的人像合成素描图，联邦调查局特工讯问了亚拉巴马州民兵组织的一名成员，但随后就排除了其作案可能。其他一些国内潜在暴力极端主义者团体也被纳入了嫌疑范围，例如白人至上主义者团体、自治公民组织（sovereign citizens）和反堕胎团体等。联邦调查局还将调查范围扩大到 AT&T 公司满腹怨气的雇员身上，因为爆炸现场紧挨该公司舞台，且他们最近才被解雇。联邦调查局局长路易斯 · 弗里后来回忆说，调查局在该案件调查早期曾锁定了“几个嫌疑人”，但调查人员发现他们有无罪证据，或与深入调查所发现的情况不符，所有

[1] 原注：Booth and Heath, “Bomb Tip May Have Set Up Police.”

[2] 原注：Booth and Heath, “Bomb Tip May Have Set Up Police.”

[3] 原注：Beardon, “Security Matters.”

[4] 原注：Booth and Heath, “Bomb Tip May Have Set Up Police.”

[5] 原注：CNN, “Investigators Have Handful of Suspects,” July 29, 1996, http://edition.cnn.com/US/9607/29/bombing.clues/index.html.

嫌疑人均被“洗白”无罪。[1]

在那场新闻发布会上，塔布斯向媒体透露，大约凌晨1时，有人在市中心的戴斯酒店外通过公用电话拨打了911报警电话。发布会第二天，联邦调查局对外公布了此次报警电话的具体内容：“世纪公园放了一枚炸弹，你们有30分钟时间（进行处理）。”据联邦调查局发言人称，调查局认为报警人是一个“美国白人，其口音难以辨别”。[2]

根据美联社获得的911报警记录，7月27日清早亚特兰大警察局911报警电脑中共有3条记录。[3]

★ 0时55分35秒，这显然是接到电话的时间。根据接线员的记录，报警者“语气十分镇静、平缓”，听起来像一个白人男子。

★ 1时08分35秒，记录的是一个缩写“DIS”，显然是指已派出一名或多名警员。

★ 1时12分52秒，记录的是“ARV”，显然是指一名警员已到达未指明地点。

据反恐专家兼富尔顿县治安官杰奎林·巴比特（Jacquelyn H. Babbett）称，案发前拨打911报警电话者，可能意在将警察和安全官员引至爆炸现场进行伤害。[4] 据一位反恐专家称，电话报警是一种典型的伏击技巧，意在让市民离开某一区域，但要吸引警方到场予以杀害。而在炸弹周围放置的钉子表明，罪犯的目的并不是引爆炸弹、发出巨大声响，而是杀人。[5] 罗伯特·霍兰（Robert Holland）是烟酒枪械管理局（Bureau of Alcohol, Tobacco, and Firearms）的一名退休官员，他在一次访谈节目中称，如果爆

[1] 原注：Kevin Sack, “No Arrests Imminent in Atlanta Bombing, F.B.I. Chief Says,” *New York Times*, August 2, 1996, http://www.nytimes.com/1996/08/02/us/no-arrests-imminent-in-atlanta-bombing-fbi-chief-says.html.

[2] 原注：Booth and Heath, “Bomb Tip May Have Set Up Police.”

[3] 原注：Dick Pettys, “Source: Atlanta Cops Waited,” Associated Press, *Washington Post*, July 30, 1996, http://www.washingtonpost.com/wp-srv/national/longterm/bombing/ stories/10min.htm.

[4] 原注：Booth and Heath, “Bomb Tip May Have Set Up Police.”

[5] 原注：Booth and Heath, “Bomb Tip May Have Set Up Police.”

炸者称人们还有 30 分钟时间，但实际上炸弹却在第 48 分钟爆炸，嫌疑人很可能是想把安全部队引出来。[1]

所使用炸弹本身为自制炸弹（见图 10.1)。据执法人员描述，该炸弹为管状炸弹，装有一个简易计时器和常用的劣质火药。导致多人受伤的弹片内有水泥钉，它们被置于环绕炸药的一个塑料食品袋内。[2] 调查人员找到了数个弹体残片，其中包括一块未爆炸弹体的残留物，以及水泥钉。爆炸中嫌疑人使用了三枚绑在一起的管状炸弹，一名游客发现了其中一枚炸弹上的完好顶盖，后来将其交给联邦调查局。有人告知美联社，某人买这种钉子是一种奇怪的选择——这意味着爆炸人当时并不管身边有什么东西，只是拿来就用。[3]

案件调查人员找到了案发前打 911 报警电话的电话机、录音带及现场其他物证，希望能够借此尽快逮捕嫌犯。[4] 经鉴定，爆炸使用的背包为橄榄绿军式双肩背包，俗称中号艾丽丝（ALICE）背包。嫌疑人在背包上端插入了一根木棍，用作临时把手。据调查人员称，人们知道军事人员会如此改装背包和教授这种技术。[5]

为了获得更多线索，联邦调查局调查人员约谈了大量爆炸时的在场人员。他们还仔细筛查了由精密夜视监控摄像头拍摄的录像。这些摄像头被称为超级快球摄像头（SpeedDomes)，安装在世纪公园内，并伪装成路灯柱的样子。[6] 摄像头可以 360 度旋转，能够把镜头移近目标并将其放大 10 倍。在整个奥运场馆，安装有数百个超级快球摄像头。

7 月 27 日和 28 日，美国特勤局（Secret Service)、佐治亚州调查局和联邦调查局人员与朱厄尔进行了面谈。在上述面谈过程中，问讯人员将朱厄尔

---

[1] 原注：Booth and Heath, "Bomb Tip May Have Set Up Police."

[2] 原注：Booth and Heath, "Bomb Tip May Have Set Up Police."

[3] 原注：CNN, "Investigators Have 'Handful' of Suspects."

[4] 原注：Booth and Heath, "Bomb Tip May Have Set Up Police."

[5] 原注：FBI National Press Office, "Statement of FBI SAC Jack A. Daulton and Inspector Woody R. Enderson" [press release], November 18, 1997, http://web.archive.org/web/20000303015458/www.fbi.gov/majcases/rudolph/presre11.htm.

[6] 原注：Booth and Heath, "Bomb Tip May Have Set Up Police."

联邦调查局照片。

艾丽丝背包中装有3只直径为2英寸、长度为12英寸的金属管，各金属管的两个端头均装有2英寸螺纹式金属管帽。炸弹内装有3到4磅7号或9号的“精确武器”（Accurate Arms）牌无烟火药，及约6磅直径为8英寸、长度为2.5英寸的水泥钉。炸弹使用了蓝色永备牌12伏电池、韦斯特克洛斯牌“大本”系列发条式闹钟、灰色布基胶带和黑色塑料电工胶带。

资料来源：FBI National Press Office, “Statement of FBI SAC Jack A. Doulton and Inspector Woody R. Enderson [press release],” November 18, 1997, http://web.archive. org/web/20000303015458/www.fbi.gov/majcases/rudolph/presre11.htm；Federal Bureau of Investigation, Counterterrorism Division, Counterterrorism Threat Assessment and Warning Unit, National Security Division, “Terrorism in the United States: 1996,” 1996，http://www.fbi.gov/stats-services/publications/terror_96.pdg.

图 10.1　炸弹规格及艾丽丝背包

作为目击证人，而非嫌疑人。[1] 但在7月28日下午第二次访谈后，调查人员的看法开始改变。皮埃蒙特学院（Piedmont College）院长瑞·克里尔（Ray

[1]　原注：Ron Ostrow, “Richard Jewell and the Olympic Bombing: Case Study,” Pew Research Center’s Project for Excellence in Journalism, February 15, 2003, http://www.journalism.org/node/1791.

Cleere)，当天下午在电视荧屏上看到朱厄尔后，致电联邦调查局驻亚特兰大现场办公室，提出联邦调查局应考虑该炸弹可能由朱厄尔放置。克里尔称朱厄尔此前在皮埃蒙特学院担任警员时就有问题，他认为朱厄尔故意放置了该炸弹，这样便可通过减小爆炸损害来赢得人们的认可。完成初步调查后，联邦调查局特工获知亚特兰大爆炸案前不久，南加州曾发生一起案件，案件中有一名义务消防员（显然）连续纵火，目的是能够让自己因灭火而成为英雄。[1]

7 月 28 日下午晚些时候，克里尔的建议传到在华盛顿参加电话会议的联邦调查局官员的耳朵里。会上有人提到，在 1984 年洛杉矶奥运会期间，有一名保安在一辆巴士上放了一枚炸弹，目的是随后能够发现炸弹并成为英雄。联邦调查局总部同意，对朱厄尔的个人背景展开初步调查是合乎逻辑的，但当时调查人员把大部分注意力集中在其他嫌疑人身上。[2]

在背景调查中，联邦调查局得到一些有意思的信息。首先，朱厄尔曾于 1990 年因冒充警察被捕；其次，在他担任佐治亚州哈伯舍姆县副治安官期间，也有过工作问题。

第二天，联邦调查局分析画像工作室（profiling unit）声称，朱厄尔符合“可能制造事故以成为英雄的人员画像”条件。[3] 在调阅了朱厄尔的访谈录像后，分析画像小组（profiling team）得出以下结论：“爆炸叙述似乎要点模糊，谈及受害者时似乎不安。”[4] 该分析画像小组的一名分析人员注意到，朱厄尔曾说，他希望在奥运会结束后能够到亚特兰大警察局获得一个职位。在发

[1] 原注：Ron Ostrow, “Richard Jewell and the Olympic Bombing: Case Study,” Pew Research Center’s Project for Excellence in Journalism, February 15, 2003, http://www.journalism.org/node/1791.

[2] 原注：Ron Ostrow, “Richard Jewell and the Olympic Bombing: Case Study,” Pew Research Center’s Project for Excellence in Journalism, February 15, 2003, http://www.journalism.org/node/1791.

[3] 原注：Ron Ostrow, “Richard Jewell and the Olympic Bombing: Case Study,” Pew Research Center’s Project for Excellence in Journalism, February 15, 2003, http://www.journalism.org/node/1791.

[4] 原注：Ron Ostrow, “Richard Jewell and the Olympic Bombing: Case Study,” Pew Research Center’s Project for Excellence in Journalism, February 15, 2003, http://www.journalism.org/node/1791.

生致命爆炸惨案的情况下，这一点极不合适，可能表明了其实施爆炸的动机。

据由联邦调查局警风办公室（Office of Professional Integrity）撰写的总结报告，当天傍晚，朱厄尔便从一个能够提供帮助的目击证人，摇身一变成了联邦调查局调查的主要嫌疑人。7 月 29 日下午晚些时候，两名联邦调查局探员驱车来到朱厄尔母亲居住的公寓，该处也是朱厄尔当时的住处，此时电视台的工作人员已经到场守候。朱厄尔主动说自己会自行驱车前往亚特兰大联邦调查局办公室接受采访。

第二天，案件调查的节奏与朱厄尔的人生，都发生了戏剧性的变化。7 月 30 日的《亚特兰大宪法报》（*Atlanta Journal-Constitution*）刊文称，“世纪公园钢管炸弹爆炸案中，最先报警的保安现已成为此次事件的重点调查人物。”[1] 这篇报道还爆料，朱厄尔符合“孤独炸弹客”（lone bomber）的心理画像特点，并称朱厄尔蓄意接近新闻媒体，试图将自己打造成名人。实际上，朱厄尔已在数个节目中出镜，其中包括美国有线新闻网（CNN）的《顶嘴直播秀》（*Talk Back Live*）节目、美国国家广播公司的《今日秀》节目及《美国国家广播公司新闻》（*NBC News*），其内容被数家报社引用，其中包括《波士顿环球报》《华盛顿邮报》和《今日美国》（*USA Today*）。在上述采访中，他探讨了安保培训的力度、针对可能爆炸案的适当准备、当局对该案的反应是否恰当，及人们返回世纪公园是否安全等问题。[2] 然而，朱厄尔的律师后来声称，是 AT&T 公司的媒体关系协调官“安排朱厄尔先生参加数量有限的媒体采访”。朱厄尔这样做的目的是“配合”其雇主。[3]

---

[1] 原注：Kathy Scruggs and Ron Martz, “FBI Suspects ‘Hero’ Guard May Have Planted Bomb,” *Atlanta Journal-Constitution*, July 30, 1996, http://www.journalism.org/ print/1793.

[2] 原注：Ostrow, “Richard Jewell and the Olympic Bombing.”

[3] 原注：Clay Calvert and Robert D. Richards, “A Pyrrhic Press Victory: Why Holding Richard Jewell Is a Public Figure Is Wrong and Harms Journalism,” *Loyola of Los Angeles Entertainment Law Review* 22, no. 2 (2002): 293–326, http://elr.lls.edu/ issues/v22-issue2/calvert.pdf.

此后的新闻报道称，朱厄尔有一个与本次爆炸案中装炸弹的背包类似的背包，曾两度从执法岗位上被开除，还曾在哈伯舍姆县治安部门接受过爆炸培训等。媒体也提出了诸如朱厄尔的声音是否与拨打 911 报警电话声音匹配等疑问。[1] 媒体的此类报道给联邦、州和当地调查人员带来了巨大压力，促使他们早日破案。

1997 年 7 月 30 日，理查德 · 朱厄尔在众议院小组委员会就亚特兰大奥运会爆炸案进行作证。

8 月 10 日《亚特兰大宪法报》报道说，朱厄尔的辩护律师称，根据爆炸发生时朱厄尔的已知行踪，爆炸发生时他根本不可能拨打 911 电话报警。[2] 因为在朱厄尔因可疑包裹向汤姆 · 戴维斯报警后约 1 分

[1] 原注：Ostrow, "Richard Jewell and the Olympic Bombing."

[2] 原注："Timing Indicates Jewell Did Not Make Bomb Threat," *Atlanta Journal- Constitution*, August 10, 1996. http://nl.newsbank.com/nl-search/we/Archives?p_ product=AT&p_theme=at&p_ action= search&p_ maxdocs=200&p_field_label- 0=Author&p_field_label-1=title&p_bool_label-1= AND&s_dispstring= jewell%209·11%20calls%20AND%20date(all)&p_field_advanced-0=&p_text_advanced- 0=(jewell% 209·11%20calls) &p_perpage=10&p_sort=_rank_:D&xcal_ranksort=4&xcal_ useweights=yes.

钟，警方收到了炸弹恐吓电话。据调查人员估计，从世纪公园步行到戴斯酒店拨打电话，大约需要 4 分 45 秒，这就意味着朱厄尔不可能拨打那个恐吓电话。[1] 而在有人拨打恐吓电话时，朱厄尔更有可能在帮助警方清场。但也有人反驳说，这种时间顺序表明朱厄尔实施犯罪时有同谋。

就在当局挖掘案情时，相互矛盾的证据开始浮出水面，证明朱厄尔可能并非爆炸案罪犯。8 月 20 日，《亚特兰大宪法报》报道称，朱厄尔通过了测谎，测谎中他否认参与此起爆炸案。此次测谎由一名联邦调查局退休测谎专家主持完成。[2] 一周后，朱厄尔的母亲应其子律师之邀参加了一场新闻发布会，要求克林顿总统出面干预，宣布朱厄尔无罪。司法部长珍尼特 · 里诺（Janet Reno）拒绝宣布朱厄尔无罪，但却说道："我理解她的感受。"[3] 然而，当局仍在继续进行调查。

---

[1] 原注："Timing Indicates Jewell Did Not Make Bomb Threat," *Atlanta Journal-Constitution*, August 10, 1996. http://nl.newsbank.com/nl-search/we/Archives?p_ product=AT&p_theme=at&p_ action= search&p_ maxdocs=200&p_field_label- 0=Author&p_field_label-1=title&p_bool_label-1= AND&s_dispstring= jewell%209·11%20calls%20AND%20date(all)&p_field_advanced-0=&p_text_advanced- 0=(jewell% 209·11%20calls) &p_perpage=10&p_sort=_rank_:D&xcal_ranksort=4&xcal_ useweights=yes.

[2] 原注："Guard Questioned in Blast Passes Lie Detector Test," *Atlanta Journal-Constitution*, August 20, 1996, http://nl.newsbank.com/nl-search/we/Archives?p_product=AT&p_theme=at&p_action=search&p_maxdocs=200&p_field_label-0=Author&p_field_label-1=title&p_bool_label-1=AND&s_dispstring=jewell%20polygraph%20AND%20date(08/01/1996%20to%2008/22/1996)&p_field_date-0=YMD_date&p_params_date-0=date:B,E&p_text_date-0=08/01/1996%20to%2008/22/1996)&p_field_advanced-0=&p_text_advanced-0=(jewell%20polygraph)&p_perpage=10&p_sort=_rank_:D&xcal_ranksort=4&xcal_useweights=yes.

[3] 原注：Tribune News Service, "Sympathy, No Apology, for Jewell's Mom," *Chicago Tribune*, August 30, 1996, http://articles.chicagotribune.com/1996–08–30/news/9608300140_1_security-guard-richard-jewell-centennial-olympic-park-bombing-bar bara-jewell.

·推荐读物·

Federal Bureau of Investigation, Counterterrorism Division, Counterterrorism Threat Assessment and Warning Unit, National Security Division. "Terrorism in the United States: 1996." 1996. http://www.fbi.gov/stats-services/publications/terror_96.pdf.

Ostrow, Ron. "Richard Jewell and the Olympic Bombing: Case Study." Pew Research Center's Project for Excellence in Journalism. February 15, 2003. http://www.journalism.org/node/1971.

二、案例分析：3种结构化分析方法的应用

表10.1 案例快照：亚特兰大奥运会爆炸案

所用结构化分析方法	《情报分析：结构化分析方法》中所在章节	分析类别
关键假定检查法	第八章	因果评估
“赞成—反对—错误—纠正”法	第十一章	决策支持
多种假设生成程序法 ™	第七章	假设生成与检验

警方调查人员面临着快速结案和找出主要嫌疑人的巨大压力，这种情况容易让分析和调查人员都走向团体迷思。他们经常采用取悦所有关键利害相关方的“满意即可”策略做出回应。但对付这种压力的最佳方式还是应用结构化分析方法，要求所有分析和调查人员都停下来思考几分钟或几小时，然后再着手破案。本案例研究探索了如何应用 3 种结构化分析方法——关键假定检查法、“赞成—反对—错误—纠正”法和多种假设生成

程序法 TM，更好地构建问题框架，并避免让调查进入死胡同。

方法 1：关键假定检查法

关键假定检查法是一种系统性活动，能够明确和质疑那些引导分析人员解读有关具体问题的证据和推理时所做的假定。分析人员必须处理不完整、模糊和有时具有欺骗性的信息，而做出假定通常是填补信息空白必不可少的手段。做出假定的动力来自分析人员所受的教育、培训和经验，包括其工作于其中的组织环境。识别假定可能很难，因为很多假定是人们所坚信的社会文化信念，或在不知不觉中占据人们的脑海，以至于它们被假定为真理，不受任何质疑。但当条件发生变化时，识别此类假定并评估其整体影响，则是严谨分析过程中至关重要的组成部分。

任务 1： 假定你是调查本次爆炸案的联邦调查局团队成员。克里尔院长已致电联邦调查局亚特兰大办公室，说出了他将理查德 · 朱厄尔视为本案主要嫌疑人的理由。在与华盛顿总部磋商后，你的小组已经决定将朱厄尔列为本案主要嫌疑人。为了帮助展开调查，已要求你与你的队友一起做一次关键假定检查，仔细审查团队就朱厄尔和世纪公园爆炸案正在做出的假定。你的任务是指导团队按照下述 8 个步骤做一次关键假定检查。

步骤 1： 召集一小组研究该问题的人员，外加几个“局外人”。这一主要分析单位已经按照既定的思维模型进行了研究，因此需要“局外人”带来其他观点。

步骤 2： 最好要求参与者与会时带来一份假定清单，若没有清单，则以一次无声的头脑风暴专题会开始会议。让每个参与者在 3 英寸×5 英寸的卡片上写下数个假定。

步骤 3： 收集卡片，在一块白板上列出以上假定供大家查看。可以使用表 10.2 中的简单模板。

步骤 4： 引出更多假定。沿着分析主线回溯至支持该主线的关键论据。

利用各种工具来帮助激发参与者的思考。提出记者式的标准问题：何人？何事？如何？何时？何地？何故？诸如“将始终”“将永不”或“将要”之类的用语，表明某一观点未受到质疑，可能应该如此。诸如“根据”或“一般来说”之类的用语，表明正在做出一个质疑假定。

步骤 5：确定完一整套假定后，严格审查各个假定。提出以下问题：

★ 我为什么相信这个假定正确？

★ 这一假定在何种情况下可能不实？

★ 该假定是否可能过去正确，但现在已不再正确？

★ 我对该假定有效的自信度有多大？

★ 若该假定被证明无效，将对分析产生多大影响？

表10.2 关键假定检查法模板

问题：关于理查德·朱厄尔与世纪公园爆炸案，我们正在做出何种假定？			
关键假定	**有支持依据**	**给出警示**	**缺乏支持依据**
1.			
2.			
3.			
4.			

步骤 6：利用表 10.2，将各个假定归入以下三类之一：

★ 基本有支持依据；

★ 有些警示正确；

★ 缺乏支持依据或有问题——针对“关键不确定处”。

确定将某一假定归入某类时可以采用的一种方法是，提出下述问题：我能根据这一假定做出调动资源或人员的决定吗？如果答案是“能”，那么该假定可归类为“有支持依据”。如果答案为“视具体情况而定”，该假定则应归入“给出警示”，要将这些警示记录下来。而如果根据该假定不适合或难以给出调动人员或资源的合理理由，则该假定为“缺乏支持依据”。

步骤 7： 提炼该清单，删除经不起仔细审查的假定，加入讨论中出现的新假定。

步骤 8： 考虑是否应将关键不确定处转化为调查线索、情报搜集需求或研究课题。

分析所得增值。 在开始调查时，执法分析人员和官员们都做出了什么假定（如有）？他们是否受到他人所做关键假定的影响？（这些人包括想协助他们工作的媒体和访谈的专家。）调查人员是否掉入了团体迷思的陷阱，或其是否有充分理由盯住朱厄尔，将其作为嫌疑人？关键假定对联邦调查局组织调查的效率产生了何种影响？

方法 2：“赞成—反对—错误—纠正”法

“赞成—反对—错误—纠正”法（PCFF）是一种评估各类决策的简单策略，包括发起警方调查的决策在内。在本案例中，执法人员面临巨大的压力，需要确定理查德·朱厄尔是否应该对本起爆炸案负责。“赞成—反对—错误—纠正”法尤其适用于决策者必须迅速采取行动的局面，因为这一方法能够以快速和有组织的方式对一项决策进行详细说明，并解释和排除分析障碍，以便所有决策参与者都能分享和讨论该决策。

任务 2： 使用“赞成—反对—错误—纠正”法帮助你确定理查德·朱厄尔是否为世纪公园爆炸案的责任人。

步骤 1： 清楚地阐明所提议的行动或选择。

步骤 2： 列出支持该决策的所有赞成意见。进行开放性和富有创造性的思考，列出所有收益、优点或其他有益因素，越多越好，将重复的赞成意见合并在一起。

步骤 3： 列出所有反对所提议内容的意见或论据，对这些反对意见进行审查与合并。若两个反对意见相似或重叠，则将两者合二为一，避免冗赘。

步骤 4：尽可能多地对反对意见进行纠正。具体做法是，提出一个修正方案，该方案应该能够大幅降低反对意见成为难题的风险。确定一项预防措施，大幅降低反对意见成为难题的机会。制定一个应急方案，应包括在观察到某些指标后需要做出的改变，或者判定是否需要进一步调查或搜集信息，以证实或证伪反对意见成为难题的假定。

步骤 5：挑赞成意见的错。给出赞成意见行不通或难以带来所说收益的理由，准确描述可能与赞成意见相伴生的副作用；或者说明需要进一步调查，以证实或证伪赞成意见行得通或能够带来收益的假定。

步骤 6：将赞成意见（包括错误在内）与反对意见及其纠正意见进行比较（见表 10.3）。

表10.3 “赞成—反对—错误—纠正”法模板

错误	赞成	发对	纠正
描述赞成观点 1 的错误	赞成观点 1	反对观点 1	对反对 1 的观点进行纠正
描述赞成观点 2 的错误	赞成观点 2	反对观点 2	对反对 2 的观点进行纠正
描述赞成观点 3 的错误	赞成观点 3	反对观点 3	对反对 3 的观点进行纠正

分析所得增值。根据你对赞成和反对意见的评估，你能否提出说服力较强的理由，说明理查德 · 朱厄尔在世纪公园内放置了炸弹？

方法 3：多种假设生成程序法 ™

多种假设生成法是所有严谨分析过程的一部分，因为它能够帮助分析人员避免常见缺陷，例如过早得出结论或被第一印象过多影响。同时，它还可以帮助分析人员对众多可能进行思路开阔和创造性的思考。这样做的目的是列出一份清单，囊括各种假设。对于这些假设，最终可以根据已有证据和将来可能出现的新资料再进行详细考察和检验。

多种假设生成程序法™是一种有用的工具，可以拓宽合理假设所覆盖的范围。当有一个首要假设占据支配地位时，这一工具极为有用。在本案例中，这一首要假设是“理查德·朱厄尔在世纪公园放置了炸弹；此举是其密谋计划的一部分，目的是让其本人成为英雄，并在奥运会结束后能够在执法机构获得职位”。

任务 3：使用多种假设生成程序法™为世纪公园爆炸案生成并评估替代假设。如果你的系统中未安装多种假设生成程序法™软件，可与 Globalytica LLC 公司联系，邮箱：ThinkSuite@globalytica.com 或网址：Http://www.globalytica.com。

步骤 1：利用“何人？何事？如何？何时？何地？何故？”等问题，确定首要假设及其组成部分。(见表 10.4)。

表10.4　多种假设生成程序法™模板

首要假设：		
组成部分	**首要假设**	**替代假设 / 头脑风暴**
何人？		
何事？		
如何？		
何时？		
何地？		
何故？		

步骤 2、3：确定各关键组成部分的合理替代假设，并尽量使其互斥，抛弃所有“既有”因素。

步骤 4：生成一份可能的假设排列清单。

步骤 5：排除所有无任何意义的假设排列。

步骤6：用数字1（最低）到5（最高）评估剩余假设的可信度高低。

步骤7：按照可信度由最高到最低的顺序，重新排列剩余假设。

步骤8：以上述排列为假设重新进行叙述。

步骤9：从清单最上部选出最值得关注的替代假设，并注明其最值得关注的原因。

分析所得增值。哪些假设应进一步探究？应考虑哪些动机，为何要予以考虑？初始清单中哪些假设已被搁置一旁，原因何在？

[第十一章]

华盛顿特区恐怖主义狙击手

关键问题

- ✶ 调查人员收集到哪些铁证？
- ✶ 主要嫌疑人的扼要情况如何？
- ✶ 调查人员是否考虑了其他嫌疑人，为什么？
- ✶ 调查人员面对的关键决策点有哪些？
- ✶ 调查人员是否应该或多或少地向公众透露枪击案信息？

内容提要

2002 年，“9 · 11”恐怖袭击仅仅一年后，恐怖氛围再次笼罩华盛顿特区。在这个大都会区域，出现了一个开枪行凶的狙击手，将男女老幼打死打伤。当局迅速行动起来，寻找罪魁祸首。他们收到了大量目击者报告、打入电话者提供的建议以及其他信息。但要评估上述信息却困难重重。本案例采用**关键假定检查法**帮助分析人员揭示和质疑能够影响现有证据评估的隐含假定，采用**多种假设生成程序法**™和**经典象限处理法**™（**Classic Quadrant Crunching**™）帮助人们系统地做出各种可能解释并加以评估。

一、案例叙述

2002 年 10 月 2 日，星期三，正值美国“9 · 11”恐怖袭击周年纪念日后的第三周，美国人的心神还仍然集中在似乎始终挥之不去的本土恐怖袭击上。在美国首都附近的郊区，一切照常，突然在马里兰州蒙哥马利郡迈克尔工艺美术品商店发生了一次奇怪事件。17 时零 2 分，有人开了一枪，子弹射入这家位于阿斯彭希尔市（Aspen Hill）附近佐治亚大道 13850 号的商店，无人受伤。[1] 子弹打入店内，击中结账通道上的登记号码，该号码就在出纳员头部以上数英尺处。对该事件做出回应的调查人员没有找到证据，也没有发现任何作案动机或嫌疑人。仅有的一名目击证人大致报告说，看到了两名非洲裔美国人，乘坐一部类似蓝色雷鸟汽车的车来过，但因为他们所在的位置无法向店内开枪而被解除嫌疑。[2] 调查人员此时并未料到，上述事件会逐渐从怪异演变为梦魇。

杀戮开始

18 时零 2 分，迈克尔枪击案案发大约 1 小时后，55 岁的白人男子詹姆斯 · 马丁在下车步行前往位于惠顿市伦道夫路 2201 号的“购物者食品超市”途中，被枪击而亡，死者有一个 18 岁的儿子。该地紧邻马里兰州蒙哥马利郡。[3] 该购物中心距离阿斯彭希尔市仅有数英里之遥，而街对面就有一个警察局。

调查人员起初将该案作为普通杀人案处理。目击证人们，包括当时正

[1] 原注：“2002 Area Sniper Shootings,” *Washington* Post, August 4, 2009, http://www. washingtonpost. com/wp-srv/metro/daily/oct02/snipershootings.htm.

[2] 原注：Sari Horwitz and Michael E. Ruane, *Sniper: Inside the Hunt for the Killers Who Terrorized the Nation* (New York: Random House, 2003), 15–16.

[3] 原注：“Profiles of Those Killed,” Fox News Online, October 23, 2002, http://www. foxnews. com/story/0,2933,65519,00.html; “2002 Area Sniper Shootings.”

坐在街对面停着的汽车里的接警警官在内，所提供的切实信息是，他们都听到了“轰”的一声巨响，但无人看到开枪者。有一个目击证人报告说，他看到了一辆貌似丰田牌的白色轿车，但因其所说的位置与受害者无关，所以这一线索也被排除。[1] 此外，没有发现直接的明显作案动机，受害人没有遭受抢劫，而且他的工作牌仍别在胸上。

对受害人马丁身上伤口的检查表明凶手使用的是一支大威力步枪。调查人员最初怀疑枪弹是 a.223 口径或类似口径的圆形子弹。[2] 他们希望尸体解剖能够确认其怀疑，帮助提供更多信息。除了没有明显的作案动机外，也没有嫌疑人或嫌疑车辆，实物证据也少之又少。没过多久，调查人员想到这两起案件多少有些关联，脑海中产生一个令人不寒而栗的想法：有人会潜伏在那里，在光天化日之下的交通高峰期，从警察局对面无缘无故地向人开枪吗？[3]

第二天上午 7 时 41 分，39 岁的白人男子詹姆斯·“桑尼”·布坎南，在非茨杰拉德汽车销售中心一部老道奇车旁割草时，因胸部受重伤而死。[4] 该销售中心位于马里兰州肯辛顿市洛克威尔派克 11411 号。刚开始有人报告说受害人因割草机发生某种故障致死，但稍后不久发现受害人被枪击中。正如另外两起枪击案一样，没有目击证人、没有证据、没有嫌疑人或嫌疑车辆，也没有动机。这一案件同样令人难以置信，没有任何线索直接将其与前一天的两起枪击案联系起来。

就在蒙哥马利郡警察局开始处理布坎南被杀案时，54 岁的印度男子普莱默马尔·沃尔克，正躺在阿斯彭希尔市阿斯彭山路与康涅狄格大道交叉口的一个美孚石油公司加油站内，奄奄一息。[5]8 时零 2 分，他在给自己的出租车加油

---

[1] 原注：Horwitz and Ruane, *Sniper*, 11.

[2] 原注：Horwitz and Ruane, *Sniper*, 11; Charles Moose and Charles Fleming, *Three Weeks in October: The Manhunt for the Serial Sniper* (New York: Signet, 2003), 6.

[3] 原注：Horwitz and Ruane, *Sniper*, 14.

[4] 原注：“Profiles of Those Killed”；“2002 Area Sniper Shootings.”

[5] 原注：“Profiles of Those Killed.”

时，被人以与布坎南和马丁相同的方式射中致命部位。在该起案件发生时，一位警官正在拥堵的车流中驾驶着巡逻车，在约 15 码[1]以外的交叉路口巡逻。[2]

与其他枪击案相同，沃尔克没有遭受抢劫，没有目击者和证据。调查人员展开工作，想弄清凶杀案突然增多的原因。蒙哥马利郡平均每年发生约 20 起凶杀案。[3]但现在突然在几小时内就发生了 3 起。调查人员考虑到这是家庭犯罪或抢劫导致的枪击案——家庭犯罪或抢劫是最常见的凶杀案起因，但立即又做出了否定。

约 40 分钟后，8 时 37 分，萨拉 · 拉莫斯，这位 34 岁的西班牙女子、一个 7 岁男孩的母亲，正坐在马里兰州银泉市罗斯摩尔大道 3701 号的一个邮局前面的公交站台处候车。[4]后来多位目击证人报告称，他们都听到了一声爆响。据一位讲西班牙语的目击者称，在拉莫斯遭受枪击后，他看到一辆车身有黑色文字的白色厢式货车驶离了该区域。[5]当日晚些时候，警方在一次新闻发布会上披露了白色厢式货车这一主要线索。媒体对此进行了广泛报道，而调查人员则认为这是本案中的一条重要线索。

9 时 58 分，23 岁的白人妇女洛里 · 路易丝 – 利维拉在马里兰州肯辛顿诺尔斯与康涅狄格大道处的一家壳牌加油站购买汽油时被射中致命部位。案发地距拉莫斯凶杀案的调查地点美孚石油公司加油站的停车场仅 1 英里左右，当时调查还正在进行中。[6]这是 17 小时内发生的第 6 起枪击案，是全部死亡者中的第 5 例，也是在 2 小时多一点时间内出现的第 4 个死亡者。

---

[1] 编注：1 码≈0.9 米。

[2] 原注："The Hunt for a Sniper: Death by the Highway; Fatal Shooting of Driver at Gasoline Station Intensifies Hunt for Suburban Sniper," *New York Times*, October 12, 2002, http://www.nytimes.com/2002/10/12/us/hunt-for-sniper-death-highway-fatal-shooting-driver-gasoline-station-intensifies.html.

[3] 原注："Quarterly Crime Report Year End 2002," Montgomery County Department of Police, April 29, 2003, http://www.montgomerycountymd.gov/content/Pol/crimestats/ pdfs/2002_YearEnd.pdf.

[4] 原注："Profiles of Those Killed"；"2002 Area Sniper Shootings."

[5] 原注："Profiles of Those Killed"；"2002 Area Sniper Shootings."

[6] 原注："Profiles of Those Killed"；"2002 Area Sniper Shootings."

此时，警方已在这家美孚石油公司加油站附近的教堂内设立了一个指挥部。鉴于所有枪击案似乎均发生在以阿斯彭希尔市为中心的区域，因而执法部门将所有警力都投放在该处。警方开始考虑此次大肆杀戮的更多起因，诸如种族犯罪、仇杀或恐怖行动。警方最终排除了上述想法，转而将调查重心放在寻找受害者之间的联系上，期望以此深入了解该杀人凶犯。调查人员认为必定有些共同线索将受害者们连在一起。[1]

星期四下午，警方要求市民们发现可疑活动时拨打 911 报警电话，提供信息，特别是有关白色货车的信息。同时，警方也把指挥部迁回了马里兰州洛克威尔警局。法医开始对从受害者身上取出的子弹碎片进行分析取证，验尸官也着手对受害者尸体实施尸检。

星期四 21 时 20 分，72 岁的海地黑人男木匠帕斯卡 · 夏洛特在佐治亚大道与考密尔路交叉口正要过街时被射杀。[2] 此次枪击案与其他枪击案相同，但是有一个重大例外，那就是案发地位于哥伦比亚特区，而非蒙哥马利郡。即便如此，本次枪击仍然发生在刚刚越出县城边界的地区。枪击发生的同时，案发现场有一辆轿车闯红灯逃逸，警方以为凶犯可能已被锁定，但后来证实这是一条假线索。[3] 一名目击证人称，有一辆紫红色卡普里斯汽车驶离现场，但后来发现这辆汽车已被人抛弃、焚毁。[4] 警方排除其作为嫌疑车辆的可能。[5]

夏洛特枪杀案的另一不同点在于，警方首次能够利用警犬追踪枪击留下的火药残留物。警方现已准确掌握了案犯所使用的枪械类型，虽然这对确定枪手身份并无作用，但警方能够识别并确定枪手使用的武器类型：一支大威力步枪。

---

[1] 原注：Moose and Fleming, *Three Weeks in October*, 32.

[2] 原注："2002 Area Sniper Shootings"；"Profiles of Those Killed."

[3] 原注：Moose and Fleming, *Three Weeks in October*, 39.

[4] 原注：穆斯局长叙述说他们发现该车被弃、烧毁，而霍维茨与鲁安所著书中则说该车是一辆红色丰田轿车，其司机被找到，后被证明与案件无关。两本书均未说明为何该车被认为与本案无关，所以两者的描述有矛盾之处，我们此次采用的是描述更为详细的穆斯的说法。

[5] 原注：Moose and Fleming, *Three Weeks in October*, 32.

调查人员齐心协力

星期五，人员持续增加的调查团队开了一次碰头会，商讨所做的决断（如有）。虽然没有组成一个正式的联合指挥部，但蒙哥马利郡警察局（MCPD）、美国烟酒枪械管理局（ATF）、联邦调查局和华盛顿特区警察局（WMPD）均参与了调查。警方已知枪手每次作案都使用同一口径的子弹，很可能是 a.223 圆形子弹。他们还清楚子弹从距各受害人约 100—150 码处射出。通过对每颗子弹弹道的研究，警方大致掌握了每次枪击的总覆盖面积。[1] 但情况依然如故，没有作案动机、没有嫌疑人、受害者之间没有已知联系。虽然人们通过 911 报警电话提出建议，但警方仍然无法采取切实行动。由于在迈克尔工艺品商店枪击案现场既没有留下弹壳残片，也没有受害人，调查人员仍然无法确认该案与其他枪击案的联系。

星期五 14 时 30 分，大约在调查团队召开碰头会时，在斯波齐尔韦尼亚购物商场的停车场处，一名 43 岁的白人妇女卡罗琳 · 西韦尔遭到枪击。[2] 该商场位于弗吉尼亚州弗雷德里克斯堡市普兰克路 3000 号的一家迈克尔连锁店前面。这次有一名目击者报告说，在该区域看到一辆深色轿车，车窗装有有色玻璃，悬挂新泽西州车牌。而另一名目击者说，她看到车里有一名黑人少年。但不清楚马里兰州的调查人员当时是否知晓这一报告的内容，或者如果他们知晓该报告内容，是否引起重视。[3] 该起枪击案与其他枪击案非常类似，但受害人西韦尔大难未死。因为调查人员认为枪手在向南行驶，于是开始朝该方向的警察机构发出警报。

星期六与星期日平安无事。警方于星期六宣布，子弹残片的弹道试

---

[1] 原注：Moose and Fleming, *Three Weeks in October*, 72–74.

[2] 原注：Moose and Fleming, *Three Weeks in October*, 74.

[3] 原注：有关该车为挂新泽西州车牌号的深色轿车的描述出自霍维茨与鲁安所著一书，但局长穆斯的书中却说没有目击者。虽然有两个目击者说看到了该车，但霍维茨与鲁安并未说明是否将此情况通知了警察。Horwitz and Ruane, *Sniper*, 104.

验结果表明，4 名受害者被同一武器击中，他们正在追踪一个系列杀人凶犯。蒙哥马利郡警察局再次确认该局正在寻找一辆白色厢式货车，在其侧面可能标有黑色文字。[1]

10 月 7 日，星期一，8 时零 9 分，13 岁的男孩伊朗 · 布朗，在步行前往塔斯克中学上学时遭到枪击，该中学位于马里兰州鲍伊乔治王子镇科灵顿路 490 号。[2] 在此之前，大家普遍认为学校安全无恙，而为保学生安全，一些学校里也进驻了警察。布朗几乎丧命，但幸免于难。与前几起枪击案相同，本案没有目击者和犯罪嫌疑人。警方大范围地搜查了该地区，甚至动用了警校学生协助进行搜索。警方最后找到了一个弹壳，更为重要的是，还找到了一张塔罗牌——死亡之牌（见图 11.1），上面写着："送给你的，警察先生。密码为'叫我上帝'，勿向媒体公布。"[3] 大家都认为这是枪手留下的信息。警方决定接受枪手要求，但将该信息透露给媒体。然而，媒体却报错了塔罗牌上的留言。常见的报错版本

图 11.1 在伊朗 · 布朗枪击案现场发现的塔罗牌

资料来源：http://www.fbi.gov/page2/oct07/snipers102407.html.

[1] 原注：Moose and Fleming, *Three Weeks in October*, 86.

[2] 原注：Horwitz and Ruane, *Sniper*, 111.

[3] 原注：有关塔罗牌上词句的问题，霍维茨与鲁安的著书和局长穆斯一书（131 页）的叙述之间存在矛盾。因为霍维茨与鲁安的说法与联邦调查局的塔罗牌画面上的措辞吻合，所以此处加以采用。Horwitz and Ruane, *Sniper*, 119.

是“我是上帝”。[1]

在布朗枪击案发生后及警方找到塔罗牌前，蒙哥马利郡警察局局长正式向联邦政府提出了支援请求。美国司法部长立即亲自做出答复。[2] 不久后，特勤局、美国法警局（US Marshals），甚至国防部均纷纷提供了新资源。此外，联邦调查局也大幅追加资源，正式介入调查。警方成立了一个联合行动中心（Joint Operations Center，JOC），以协调调查。他们正式将这个专案组命名为“狙击谋杀者”（SNIPEMUR）小组。

为确定枪手身份，在弗吉尼亚州和马里兰州范围内，调查人员试图找出持有能够射出 a.223 口径圆形子弹步枪的所有枪主，同时就有关众多白色厢式货车车主的信息保持相互沟通。[3] 人们甚至还通过举报热线提供此类车主的信息。但结果却是枪击案枪手毫无踪影。

嫌疑人形象浮出水面

联邦调查局介入调查，刻画出杀手的简要形象（见图 11.2）。虽然这一形象并未向公众公布，但媒体却在热议一个与其类似的杀手形象。在其形象刻画中，联邦调查局对上述袭击进行了描述：

> 可能是独行枪手所为……枪手可能愤愤不平、以自我为中心、迷恋枪械和暴力。他可能最近遭受过家庭或工作方面的挫折。杀手会待在华盛顿地区、行动方式不变并寻找射击地点。几乎可以肯定杀手是个男子，可能不是青少年，可能不会表现出任何精神病迹象。[4]

[1] 原注：“Man Killed at Suburban D.C. Gas Station,” CNN, October 10, 2002, http://edition.cnn.com/2002/US/South/10/09/shootings.maryland/index.html.

[2] 原注：Moose and Fleming, *Three Weeks in October*, 141.

[3] 原注：Moose and Fleming, *Three Weeks in October*, 144–45.

[4] 原注：Horwitz and Ruane, *Sniper*, 102.

这一形象刻画描述了这样一个人——经常光顾枪展、喜欢军事类书籍和电影，并对自己的枪械技能引以为豪。他极可能在经过盘算后从事冒险活动、不参与对抗、不建立长期关系，他行事随心所欲，高度敏感、多疑，密切关注媒体动态。[1]

形象刻画人员指出，虽然无法判断嫌疑人的种族，但“白人男子曾在历史上犯过类似案件”。[2] 上述联邦调查局的形象刻画人员还未能找到受害人之间的联系或共同点。他们还指出，枪手很有可能“能够熟练使用枪械、可能犯罪历史不长……一个愤愤不平之人……智力水平中等或偏高”。[3]

- 独行枪手
- 成年白人男子
- 华盛顿地区
- 接触过军队
- 非对抗
- 愤怒、以自我为中心
- 会使用枪械
- 轻微或无犯罪史
- 与不切实际不沾边

图 11.2　联邦调查局对华盛顿狙击手形象的刻画

调查人员得到许多符合联邦调查局刻画形象的线索，但最终均被排除。这种情况持续了数日。警方追踪调查了数十条线索和数十个符合该形象的嫌疑人，但最终均无果而终。不过警方从未将嫌疑人的信息透露给媒体。

10 月 9 日，星期三，20 时 10 分，53 岁的残疾越南战争老兵迪恩 · 哈罗德 · 迈耶斯在太阳石油公司（Sunoco）加油站加油时被射中致命部位，该加油站位于弗吉尼亚州马纳萨斯镇附近 I–66 州际公路旁萨德利路 7203 号。[4] 此次枪击案与之前的所有枪击案方式相同，目击者只听到一声巨响，迈耶斯随即倒下。据目击者报告，现场有一辆白色货车逃离该区域，

[1] 原注：Horwitz and Ruane, *Sniper*, 102.

[2] 原注：Moose and Fleming, *Three Weeks in October*, 150.

[3] 原注：Moose and Fleming, *Three Weeks in October*, 150.

[4] 原注：“Profiles of Those Killed”；“2002 Area Sniper Shootings.”

但后来查明该车与本次枪击案无关。在案发现场街对面，调查人员找到了一张巴尔的摩市和巴尔的摩县的地图，但他们既没有对其进行处理，也没有将其交给专案组，而是将其交给了物证室。[1]

到了星期四上午，新成立的联合行动中心全面展开工作，其驻地为蒙哥马利郡警察局对面的一栋租住大楼。同时开通了一条举报热线，用来处理与枪手有关的电话。收到的举报信息五花八门——有些有用，有些匪夷所思，还有些毫无价值。但调查人员还是竭尽全力，从最可靠的线索中追踪每一条线索。

媒体继续跟风。随着伤亡人数的攀升，世界各地的媒体都以更高的热情对该案件进行报道。对警方的批评之声随之而来，一些人要求警方向公众彻底公开塔罗牌。但警方未予理会。

10 月 11 日，星期五，9 时 30 分，53 岁的黑人男子肯尼思 · 布里奇斯，一名 6 个孩子的父亲，在一家埃克森石油公司加油站加油时，被子弹射中，该加油站位于弗吉尼亚州弗雷德里克斯堡市 US–1 路和市场街交叉口附近。[2] 与布坎南谋杀案非常类似，当时一位州警察就在距案发地约 50 码处。[3] 一位目击证人报告说，他看到一辆配有行李架的白色阿斯特罗厢式货车从该区域逃离。[4] 没有物证，没有遗留信息，也没有嫌疑人。

案发前警方已制订了一个拉网式搜捕计划，根据该计划，在搜捕逃逸白色货车时，警方将关闭道路交通系统。布里奇斯案发后，该计划首次启用。[5] 作为对此次枪击案的回应，警方排查了案发区域的数百辆白色货

[1] 原注：Horwitz and Ruane, *Sniper*, 130–31.

[2] 原注："Profiles of Those Killed"; "2002 Area Sniper Shootings."

[3] 原注：Horwitz and Ruane, *Sniper*, 140.

[4] 原注："2002 Area Sniper Shootings"; Horwitz and Ruane, *Sniper*, 141.

[5] 原注：有关第一次拉网行动实施的时间，霍维茨与鲁安的著书与局长穆斯的说法矛盾。局长穆斯特别说明，拉网行动首先于富兰克林谋杀案时实施，而霍维茨与鲁安则叙述说，布里奇斯谋杀案发生后第一次拉网行动于弗吉尼亚实施。穆斯可能说的是专案组本身的第一次拉网行动，而非案件调查中的第一次拉网行动。

车。[1] 结果无一与此次枪击案有关，而交通却突然中断。

同一天，“狙击谋杀者”专案组又召开了一次会议，案情并没有多大变化，调查人员掌握的证据微乎其微。他们已知晓案犯在每次杀戮时均使用同一武器，但其中有些人担心杀手可能改换武器。甚至有参会者对白色货车这一线索发出质疑。专案组的指挥官之一鼓励调查人员“预想将要发生的三起谋杀案情形”[2]。虽然对于白色货车的线索，专案组内部一开始有不同意见，但警方仍然根据 10 月 3 日枪击案的报告向媒体公布了该车辆的合成图。[3]

接下来的两天风平浪静。10 月 14 日，星期一，正值哥伦布纪念日。21 时 15 分，47 岁的联邦调查局分析人员，两个孩子的母亲，琳达 · 富兰克林，在弗吉尼亚州福尔斯彻奇市七角中心 6210 号家得宝连锁店处，被枪击中身亡。[4] 警方随之展开拉网式搜捕，封闭了 I–495 州际公路、乔治 · 华盛顿公园路、美国退伍军人纪念大桥和伍德 · 威尔逊大桥等区域。案发后，一位曾有案底的目击证人向警方报告称，他看到了枪击过程。该目击证人说，“那是一辆带银色车顶行李架的米白色雪佛兰阿斯特罗货车，车右尾灯不亮。枪手皮肤为橄榄色，留有髭须，穿着牛仔夹克衫，手持一把类似 AK–47 的步枪”。[5] 得到该情报后，专案组和拉网式搜捕人员更是把调查重心进一步放在白色货车上。而“狙击谋杀者”专案组也再次尝试查找同时拥有白色雪佛兰阿斯特罗货车和 a.223 口径步枪的人员。[6] 但是，与上次拉网式搜捕和尝试凭借货车与武器匹配嫌疑人的行动一样，调查人员一无所获。

10 月 16 日，调查发现该目击人撒了谎。枪击发生时他正在那家连锁

[1] 原注：Horwitz and Ruane, *Sniper*, 141.

[2] 原注：Horwitz and Ruane, *Sniper*, 145.

[3] 原注：Horwitz and Ruane, *Sniper*, 145.

[4] 原注：“Profiles of Those Killed”；“2002 Area Sniper Shootings.”

[5] 原注：Horwitz and Ruane, *Sniper*, 153.

[6] 原注：Horwitz and Ruane, *Sniper*, 156.

店内。[1]10 月 18 日，警方以“向警方提供虚假信息”的罪名将其逮捕。[2]

警方继续排查各种线索，但最后均被否定。线索数量庞大，眼下人员众多的专案组难以全部处理，但他们还是竭尽了全力。随后的几天在平静中度过，有人开始怀疑枪手是否就此收手。但 10 月 19 日，星期六，20 时，一名 37 岁的男性白人杰夫 · 霍珀，在与其妻一起离开位于弗吉尼亚州阿什兰市英格兰街 809 号的庞德罗萨牛排屋时，遭受枪击。枪手作案手法与所有其他枪击案如出一辙。霍珀与西韦尔和布朗一样，幸免于难。[3] 但案发时也没有目击证人。

案件中断

与夏洛特枪击案相同，调查人员在现场使用了警犬，并找到一张留言条（见图 11.3），其行文与之前发现的塔罗牌的内容类似。[4] 因为媒体曾误报塔罗牌的措辞，所以使用类似措辞意味着该信息真实可信。留言提到枪手曾多次试图联系警方，并要求向一个白金维萨信用卡账户中打入 1000 万美元。[5] 留言威胁说，如果不满足这一要求，以后还会杀人。留言中还写明，星期日 6 时，警方会在庞德罗萨牛排屋接到一个电话，电话会给出下一步指示。但问题是在警方处理并读完该信后，已经到了星期日 8 时了。另外，警方还发现了令人费解的地方：在留言中，庞德罗萨牛排屋的电话号码错误，而且该牛排屋星期日 6 时还未开门营业。[6] 该留言说这笔钱应在星期一 9 时前存入。

这张留言条给“狙击谋杀者”专案组带来了几个问题。就是否应该将

[1] 原注：Horwitz and Ruane, *Sniper*, 162.

[2] 原注：“Timeline: Tracking the Sniper’s Trail,” Fox News Online, October 2, 2002, http://www.foxnews.com/story/0,2933,66630,00.html.

[3] 原注：“2002 Area Sniper Shootings”；Horwitz and Ruane, *Sniper*, 167.

[4] 原注：夏洛特枪击案后，警犬广泛用于各个场景。

[5] 原注：Moose and Fleming, *Three Weeks in October*, 246.

[6] 原注：Moose and Fleming, *Three Weeks in October*, 246.

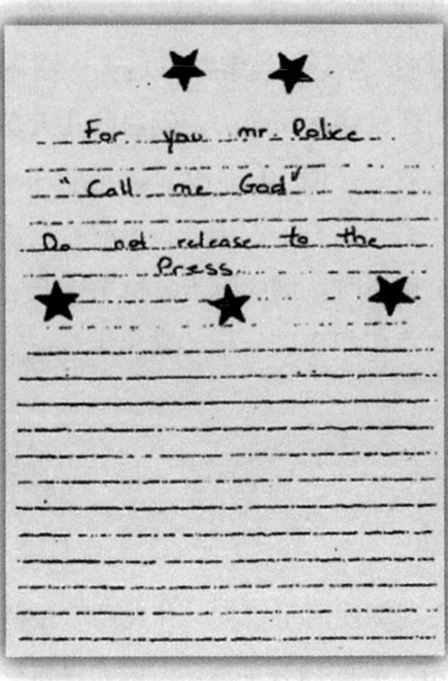

图 11.3　庞德罗萨牛排屋找到的信件首页

资料来源：蒙哥马利郡警察局媒体服务处，2009 年 8 月 19 日发给弗森联合有限责任公司的电子邮件。

钱打入枪手指定账户，以期在其取款时将其抓获，小组内部展开了争论。有些组员担心以这种方式抓捕枪手是否可行，冒这种风险是否值得。枪手提供的卡号系失窃卡的卡号，已被冻结，虽然可再次将其激活，但在该卡使用时，将其实时报告给警方的速度似乎难以确保抓捕成功。[1]

由于枪手给出的电话谈判截止时间已过，专案组内部对如何与枪手继续对话也发生了争论。小组内部意见出现严重分歧。一方面，经过培训的谈判人员要求警方对枪手采取极其强硬的态度，利用强硬的语言“叫出”枪手。[2] 另一方面，形象刻画人员则希望采取较上述立场远为保守的态度，他们希望以不具威胁性的方式逮住枪手，以便能够获取有助于确定其身份的信息。

专案组最终设法达成了一致意见——通过媒体发布消息，要求枪手再次尝试与警方接触。星期日，警方发表了这份声明，声称虽然未能满足枪手要求，但希望与其谈判。第二天确实有人电话联系了专案组。考虑到嫌疑人有可能仍在庞德罗萨牛排屋附近区域，警方在该区域布置了警力。当该电话打进来时，警方尝试抓捕打电话者，但为时过迟，嫌疑人已经离

[1]　原注：Moose and Fleming, *Three Weeks in October*, 253.

[2]　原注：Moose and Fleming, *Three Weeks in October*, 255.

开。结果，警方误打误撞，抓捕到了两位非法移民。

打电话者使用的词句与前述信件上的相同，他再次威胁说若警方不能满足其要求，则后果自负。但此人迅速结束通话，警方再与其对话已无可能。嫌疑人的口音，是那种最常被描述为西班牙语味道的口音。警方又再次通过媒体向枪手传达了一条信息，请求其再次打电话过来，以便警方能够更好地了解其要求。

10 月 22 日，星期二，5 时 55 分，在马里兰州阿斯彭希尔市格兰德陂路与康涅狄格大道交叉口处，35 岁的康拉德 · 约翰逊，一位有两个孩子的父亲，正站在一辆公交车门口时，被枪射中身亡。[1] 又有一人命丧黄泉，但仍然无人看到枪手。调查人员又找到了一张留言条。留言重申了上一纸条的内容，并说“是你们的无能让另一人丧命”。[2] 约翰逊将成为最后一位丧命者。地图 11.1 标出了枪手射击的具体地点。

恐怖终结

两天后，所有的一切宣告完结。经历了三周噩梦般的生活后，弗吉尼亚州马里兰市和哥伦比亚特区的居民，终于不用再害怕被那个幽灵般的枪手所射杀。专案组的全部挫折和所有不眠之夜，都被终结华盛顿特区枪手疯狂行为带来的成就感所取代。

· 推荐读物 ·

Moose, Charles, and Charles Fleming. *Three Weeks in October：The Manhunt for the Serial Sniper.* New York：Signet, 2003.

[1] 原注：“Profiles of Those Killed”；“2002 Area Sniper Shootings.”

[2] 原注：Horwitz and Ruane, *Sniper*, 188.

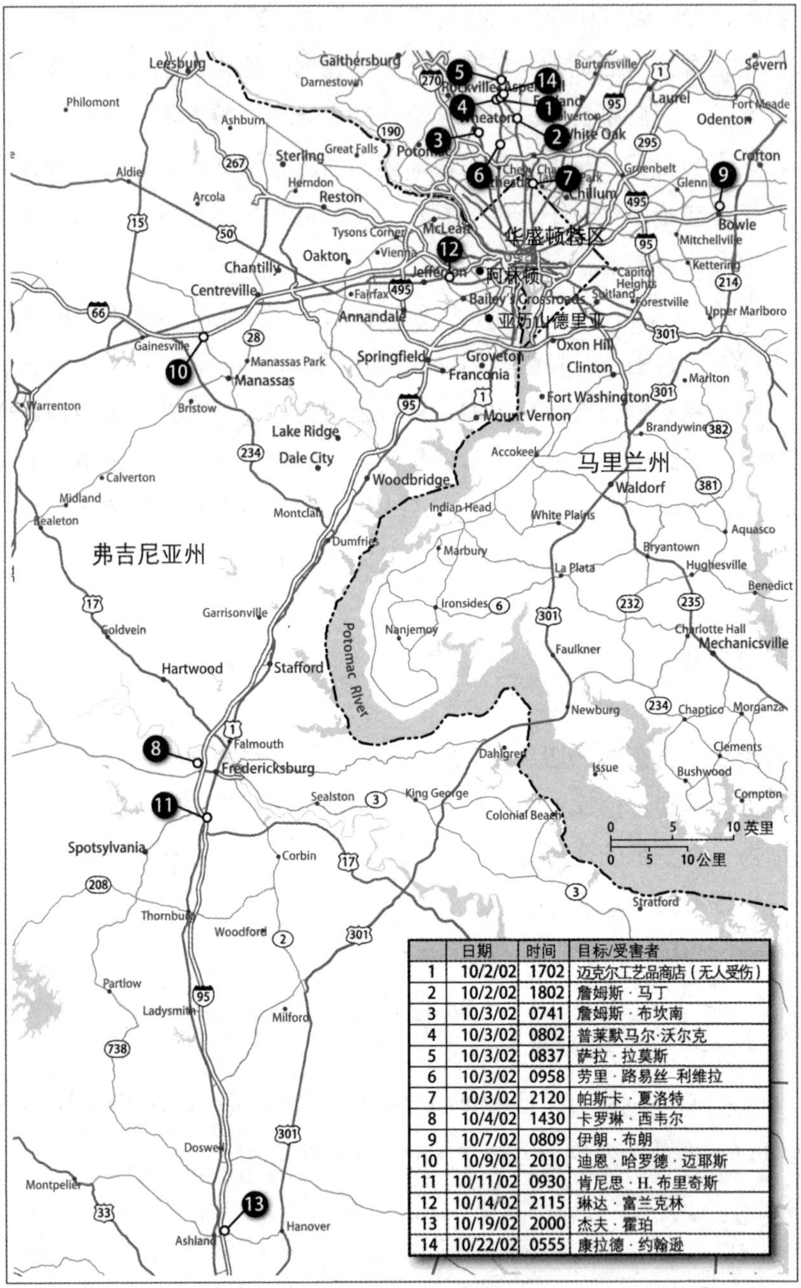

	日期	时间	目标/受害者
1	10/2/02	1702	迈克尔工艺品商店（无人受伤）
2	10/2/02	1802	詹姆斯 · 马丁
3	10/3/02	0741	詹姆斯 · 布坎南
4	10/3/02	0802	普莱默马尔·沃尔克
5	10/3/02	0837	萨拉 · 拉莫斯
6	10/3/02	0958	劳里 · 路易丝–利维拉
7	10/3/02	2120	帕斯卡 · 夏洛特
8	10/4/02	1430	卡罗琳 · 西韦尔
9	10/7/02	0809	伊朗 · 布朗
10	10/9/02	2010	迪恩 · 哈罗德 · 迈耶斯
11	10/11/02	0930	肯尼思 · H. 布里奇斯
12	10/14/02	2115	琳达 · 富兰克林
13	10/19/02	2000	杰夫 · 霍珀
14	10/22/02	0555	康拉德 · 约翰逊

地图 11.1　华盛顿特区狙击手枪击地点

二、案例分析：3种结构化分析方法的应用

表11.1　案例快照：华盛顿特区恐怖主义狙击手

所用结构化分析方法	《情报分析：结构化分析方法》中所在章节	分析类别
关键假定检查法	第八章	因果评估
多种假设生成程序法™	第七章	假设生成与检验
经典象限处理法™	第五章	观点生成

在危机情况下，使用结构化分析方法有助于避免仓促做出判断和确保不过早放弃任何可能。本案例中的调查人员面对缺乏犯罪者确切证据的挑战，其中包括其交通方式和犯罪动机、枪击杀戮发生的快节奏，以及让专案组应接不暇的目击者信息洪流等。对于本案例，关键假定检查法有助于警方解读和质疑有关狙击手的隐含假定，而多种假设生成程序法™和经典象限处理法™练习则能够系统地发展和评估众多可能解释。

方法1：关键假定检查法

关键假定检查法是一种系统性活动，能够明确和质疑那些引导分析人员解读有关具体问题的证据和推理时所做的假定。分析人员必须处理不完整、模糊和有时具有欺骗性的信息，而做出假定通常是填补信息空白必不可少的手段。做出假定的动力来自分析人员所受的教育、培训和经验，包括其工作于其中的组织环境。识别假定可能很难，因为很多假定是人们所坚信的社会文化信念，或在不知不觉中占据人们的脑海，以至于它们被假定为真理，不受任何质疑。但当条件发生变化时，识别此类假定并评估其整体影响，则是严谨分析过程中至关重要的组成部分。

任务1：人们对该枪手的初始推测是——此人极可能与传统系列杀手形

象吻合，即他是一位具有军队经历的孤身白人男子。对这一推测实施关键假定检查法。

步骤 1： 召集一小组研究该问题的人员，外加几个“局外人”。这一主要分析单位已经按照既定的思维模型进行了研究，因此需要“局外人”带来其他观点。

步骤 2： 最好要求参与者与会时带来一份假定清单，若没有清单，则以一次无声的头脑风暴专题会开始会议。让每个参与者在 3 英寸 ×5 英寸的卡片上写下数个假定。

步骤 3： 收集卡片，在一块白板上列出以上假定供大家查看。可以使用表 11.2 中的简单模板。

步骤 4： 引出更多假定。沿着分析主线回溯至支持该主线的关键论据。利用各种工具来帮助激发参与者的思考。提出记者式的标准问题：何人？何事？如何？何时？何地？何故？诸如“将始终”“将永不”或“将要”之类的用语，表明某一观点未受到质疑，可能应该如此。诸如“根据”或“一般来说”之类的用语，表明正在做出一个质疑假定。

步骤 5： 确定完一整套假定后，严格审查各个假定。提出以下问题：

- ★ 我为什么相信这个假定正确？
- ★ 这一假定在何种情况下可能不实？
- ★ 该假定是否可能过去正确，但现在已不再正确？
- ★ 我对该假定有效的自信度有多大？
- ★ 若该假定被证明无效，将对分析产生多大影响？

步骤 6： 利用表 11.2，将各个假设归入以下三类之一：

- ★ 基本有支持依据；
- ★ 有些警示正确；
- ★ 缺乏支持依据或有问题——针对“关键不确定处”。

步骤 7： 提炼该清单，删除经不起仔细审查的假定，加入讨论中出现的新假定。

步骤 8：考虑是否应将关键不确定处转化为情报搜集需求或研究课题。

表11.2 关键假定检查法模板

关键假定	评论	有支持依据	给出警示	缺乏支持依据
1.				
2.				
3.				
4.				

分析所得增值。联邦调查局的调查人员接手该案件时，是否同时接受了任何影响其案件调查效率的关键假定？进行重大调查伊始就实施关键假定检查法有何价值？关键假定对调查执行方式有何影响？

方法 2：多种假设生成程序法 ™

多种假设生成程序法 ™ 是一种有用的工具，可以拓宽合理假设所覆盖的范围。当有一个首要假设占据支配地位时，这一工具极为有用。在本案例中，这一支配性首要假设是联邦调查局对案犯所做的形象刻画——但几乎没有事实对其加以佐证或反驳。这一工具最重要的方面是，能够推动分析人员就合理假设的范围进行讨论，特别是就各种假设排列的相对可信度进行讨论。重要的是，要记住可信度评分意味着能够对新出现的可信假设做进一步审查。在这一过程中，虽然鼓励分析人员专注于可信度评分最高的假设，但不应完全排除可信度评分较低的假设，因为有可能出现新证据，让这些假设更加可信。

任务 2：使用多种假设生成程序法 ™（见表 11.3）生成和评估替代假设。如果你的系统中未安装多种假设生成程序法 ™ 软件，可与 Globalytica LLC 公司联系，邮箱：ThinkSuite @globalytica.com 或网址：Http://www.globalytica.com。

步骤 1：确定首要假设及其组成部分。

步骤 2、3：确定假设的各关键组成部分的合理替代内容，并尽量使其互斥。排除所有“既有”因素，例如对全部假设均相同的“如何”问题（枪击）。

表11.3　多种假设生成程序法™模板

首要假设：一名白人男子驾驶一辆白色厢式货车，为敲诈钱财而持枪杀人		
组成部分	**首要假设**	**替代假设 / 头脑风暴**
何人?		
何事?		
何故?		

步骤 4、5、6：列出一份可能的假设排列清单，放弃毫无意义的排列，用数字 1 到 5 评估剩余假设排列的可信度，1 代表可信度最低，5 则代表可信度最高。

步骤 7：按照可信度由最高到最低的顺序，重新排列剩余假设。

步骤 8：以上述排列为假设重新进行叙述。

步骤 9：从清单最上部选出最值得关注的替代假设，并注明其最值得关注的原因。

分析所得增值。就你的调查结果而言，华盛顿特区狙击手案件的调查人员本应如何利用这些信息？他们还应调查哪些新的嫌疑人？

方法 3：经典象限处理法™

经典象限处理法™将关键假定检查法和多种情景生成法综合在一起，用于生成一系列替代情景或情节。由于有联邦调查局案犯形象刻画给出的隐含假定、目击报告中的白色货车以及敲诈短信的内容，这一流程对破解华盛顿特区狙击手案极有帮助。这一方法允许其使用者审查和质疑关键假定。当与多种假设生成程序法™配合使用时，该方法可为发展和思考替代解释与情景提供强大基础。

任务 3：使用经典象限处理法™质疑案例中的下列关键假定。

步骤 1、2：陈述你的首要假设或关键假定，将其拆分为各个组成部分。为了方便此次练习，采用的首要假设是：为了敲诈钱财，一名白人男子驾驶一辆白色货车持枪射击杀人。

步骤 3：根据表 11.4 中的模板，确定相反假定及两个相反维度。

表11.4　经典象限处理法™矩阵模板

关键假定	相反假定	相反维度	

步骤 4：以 2×2 矩阵排列上述相反假定构成的组合。

步骤 5：生成各象限的情景。

步骤 6：选出最值得关注的情景（单元格）。

步骤 7：制定所选择情景的指标。

分析所得增值。调查人员还应考虑哪些替代情景，为什么？

[第十二章]

哥伦比亚革命武装力量袭击美国本土

关键问题

★ 如果哥伦比亚的主要贩毒—叛乱组织（narco-insurgent group）哥伦比亚革命武装力量（Revolutionary Armed Forces of Colombia，西班牙语缩写为 FARC）准备袭击美国本土，他们将如何行动？
★ 有哪些主要因素会影响 FARC 所发起袭击行动的类型？何人或何事会成为最可能遭袭的目标？
★ FARC 能够在国内聚集何种能力和资源，用以发动针对美国的袭击？
★ 为了发动袭击，FARC 是否会寻求其他团体的帮助？
★ 哪些事件或活动最能表明 FARC 即将对美国本土发动袭击？

内容提要

哥伦比亚革命武装力量是拉美规模最大、历史最长、能力最强的叛乱组织，该组织有着绑架、暗杀及无差别暴力活动的历史，是哥伦比亚最受鄙视的组织之一。但该组织却从未在美国行动过。本案例帮助分析人员采用**红帽分析法**（**Red Hat Analysis**）、**结构化头脑风暴**、**多种情景生成法**（**Multiple Scenarios Generation**）、**指标法**（**Indicators**）和**指标验证因子法**™（**Indicators Validator**™），评估哥伦比亚革命武装力量袭击美国本土的可能性，就其众多可能的袭击情景，启发分析人员进行创造性思维，并识别出能够告诫当地官员袭击已迫在眉睫的具体征兆。

一、案例叙述

哥伦比亚革命武装力量——西班牙语缩写为FARC，是拉丁美洲规模最大、历史最长、当前战斗力最强的叛乱组织。该组织的历史充斥着绑架、暗杀和无差别的暴力活动，所以成为哥伦比亚最受人鄙视的组织之一，并被美国国务院列入外国恐怖组织名单。[1] 据报道，近年来FARC与域外国家如委内瑞拉和厄瓜多尔等，恐怖主义团体如西班牙巴斯克分离主义组织“埃塔”（ETA）和爱尔兰共和军（Irish Republican Army，IRA）建立了关系，以获取军事物资和恐怖分子所需的专门技术。自2003年以来，哥伦比亚政府在美国军方的援助下打击镇压了FARC，切断了其主要收入来源——毒品交易。虽然这些行动在军事上取得了成功，击毙了许多FARC领导人，但同时在FARC寻求重组和维持其革命信用的过程中，其不仅针对哥伦比亚政府，而且也针对美国的暴力活动不断增多。

革命起源

FARC正式成立于1965年。此时，哥伦比亚两大主要政党长达10年的政治暴力时期已宣告结束。“暴力时期”（*La Violencia*）造成20多万人死于非命。根据这两个主要政党签署的《民族阵线》协议，双方同意分享权力、结束暴力，恢复国家的文官统治制度。

20世纪60年代晚期到70年代中期，是拉丁美洲各地武装叛乱的高潮

---

[1] 原注：Stephanie Hanson, “FARC, ELN: Colombia’s Left-Wing Guerrillas,” Council of Foreign Relations Backgrounder, August 19, 2009, http://www.cfr.org/publication/9272/ farc_eln.html.

期。左派革命团体在整个拉美开展活动，部分资金则由古巴提供。自此以后，几乎所有以上团体要么被消灭、成为合法组织，要么遭到解散，但唯独 FARC 例外。几乎所有拉美共产主义叛乱均已销声匿迹，FARC 却得以幸存，有几个因素可以对其生命力给出注脚。哥伦比亚境内的大部分国土不受中央政府控制；亚马孙地区的广大区域为 FARC 及其他非法团体提供了安全的庇护所，达数十年之久。在 40 年的武装斗争中，FARC 也积累了强大的军事力量和经验。但 FARC 长存不衰的最重要因素，则始终是一种基于绑票勒索赎金、敲诈及规模日益扩大的毒品贸易的可持续经营模式。

据哥伦比亚政府透露，2001 年 FARC 大约有 1.6 万名成员。2008 年 3 月，美国南方司令部（USSOUTHCOM）司令亲自证实，FARC 武装人员已缩减至 9000 名左右。FARC 军事力量装备良好，能够使用尖端技术。虽然最近 FARC 接受一些外部援助，但其军事训练和供应则大多依靠自己。

按照地理区域，FARC 共设有约 77 个名为“前线”的军事单位，这些单位划入 7 个“集团”。FARC 的领导机构，是一个由 7 名成员组成的书记处（Secretariat），和一个由 27 名成员组成的中央总参谋部（Central General Staff, or *Estado Major*）。其最活跃地区位于哥伦比亚南部和东部，多为丛林地区。[1]FARC 还设有一个国际委员会，在拉丁美洲、欧洲、加拿大和美国派驻有代表。[2] 该组织在互联网上设有一系列网站，用于新闻发布和在哥伦比亚及海外吸引追随者。

---

[1] 原注：Stephanie Hanson, “FARC, ELN: Colombia’s Left-Wing Guerrillas,” Council of Foreign Relations Backgrounder, August 19, 2009, http://www.cfr.org/publication/9272/ farc_eln.html, 4; Farhan Daredia, “FARC Front Leader Extradited to US” [Department of Justice press release], July 17, 2009, http://www.mainjustice.com/2009/07/17/farc-front-leader-extradited-to-us/.

[2] 原注：US Department of the Treasury, “Designation of FARC International Commission Members” [press release], September 30, 2008, http://www.america.gov/st/ texttrans-english/2008/October/ 20081002123000eaifas 0.7901575.html; Eric Green, “FARC Terrorist Group in Colombia Diminished but Still Dangerous,” October 2, 2008, http://www.america.gov/st/democracy-english/ 2008/ October/ 20081002160345 1xene erg0.7314112.html.

FARC 叛军在一次阅兵式中的编队。

1999 年，哥伦比亚总统安德烈斯 · 帕斯特拉纳（Andres Pastrana）尝试与 FARC 进行了多次和平谈判。为表达诚意，这位总统让出了 4.2 万平方英里丛林的控制权，该区域被称为 *despeje* 或“非军事区”。在经过 3 年谈判未获成功及发生了一系列高调恐怖袭击事件后，帕斯特拉纳总统结束和平谈判，命令军队重新占领了上述非军事区。2002 年，阿尔瓦罗 · 乌里韦（Alvaro Uribe）当权，他下令对 FARC 及其兄弟武装组织哥伦比亚民族解放军（National Liberation Army，西班牙语缩写为 ELN）发起了一次重大战役。2007 年，FARC 数名领导人被击毙；第二年，哥伦比亚军队进入厄瓜多尔，FARC 书记处首席发言人劳尔 · 雷耶斯（Raul Reyes）被杀。2008 年 7 月，FARC 东部前线司令、别名“恺撒”的杰拉尔多 · 阿吉拉尔 · 埃米雷斯（Gerardo Aguilar Ramirez）被擒获，FARC 再次遭受重挫。此次军事行动是美国人质营救行动的一部分。2003 年 2 月，有 3 名美国人因其飞机坠毁而被 FARC 一直关押并扣作人质。

FARC 的恐怖行为

哥伦比亚境内大多数的绑架勒索案均系 FARC 所为，其绑架目标为富裕地主、政客、国外游客及哥伦比亚国内外著名官僚。FARC 的重大恐怖行为如下：

★1999 年 3 月，杀害在哥伦比亚工作的 3 名美国传教士；

★2001 年 10 月，绑架并谋杀了原文化部部长；

★2002 年 2 月，绑架了在游击区旅游的总统候选人英格丽德 · 贝当古（Ingrid Betancourt）；

囚禁中的前哥伦比亚总统候选人英格丽德 · 贝当古——源自 2003 年 8 月 31 日电视截屏。

★2005 年 11 月，绑架了 60 人并扣作人质，直至政府同意释放数百名正在服刑的 FARC 成员和同情者。[1]

FARC 以依赖暗杀和使用类似迫击炮的武器“*rompas*”而闻名，这种武器系反叛者利用空的天然气罐制造而成。FARC 是哥伦比亚国内最受人鄙视

[1] 原注：Hanson, “FARC, ELN.”

的组织之一，其绑架、暗杀和无差别暴力活动的历史成为这种鄙视的部分原因。民意调查结果显示，仅有 1% 的哥伦比亚人对其持赞成态度。[1]

FARC 建立的国外联系

当乌里韦总统于 2003 年发起对 FARC 和 ELN 的围剿行动时，这两大军事团体均穿越国界，进入委内瑞拉与厄瓜多尔寻求庇护。边境地区由于一直都是难以统辖的区域，因此成为武器走私者与毒品贩子的天堂。2008 年，劳尔 · 雷耶斯被击毙，哥伦比亚政府称，在一部缴获的反叛者手提电脑中发现的文件表明，委内瑞拉与厄瓜多尔在向 FARC 提供物资援助。

2009 年 8 月，《纽约时报》报道说，从反叛者手提电脑的文件中找到了委内瑞拉向 FARC 提供援助的证据。根据这些文件，FARC 曾计划 2008 年从委内瑞拉购买地对空导弹、狙击步枪和无线通信装置。对于委内瑞拉政府曾帮助 FARC 购得一批瑞典制火箭发射装置的断言，上述文件似乎给予了证实。该批火箭发射装置由委内瑞拉军队于 20 世纪 80 年代后期购买，但却被哥伦比亚军队在 2008 年与 FARC 的战斗中缴获。[2]2009 年，委内瑞拉总统乌戈 · 查韦斯（Hugo Chávez）否认曾提供此类援助，并对美国计划向哥伦比亚军事基地增兵表示关注，声称这将导致该地区动荡。[3]

2010 年 3 月，FARC 与委内瑞拉和西班牙巴斯克分离主义组织“埃塔”之间的联系成为一个重大问题。当时，一家西班牙法庭对埃塔和 FARC 的 13 名成员提起公诉，指控其策划暗杀来访的哥伦比亚官员，

---

[1] 原注：Simon Romero, “Manuel Marulanda, Top Commander of Colombia’s Largest Guerrilla Group, Is Dead,” *New York Times*, May 26, 2008, http://www.nytimes.com/2008/05/26/world/americas/26marulanda.html.

[2] 原注：Simon Romero, “Venezuela Still Aids Colombia Rebels, New Material Shows,” *New York Times*, August 2, 2009, http://www.nytimes.com/2009/08/03/world/ americas/03venez.html.

[3] 原注：Hanson, “FARC, ELN.”

包括乌里韦总统在内。该法官称，一名 FARC 成员对哥伦比亚驻马德里大使馆和居住在西班牙的哥伦比亚前总统帕斯特拉纳的行进路径进行监视。FARC 随即请求埃塔跟踪帕斯特拉纳、前任哥伦比亚驻西班牙大使诺埃米·萨宁、在任副总统弗朗西斯科·桑托斯，及前波哥大市长安塔纳斯·莫卡斯，“目的是在上述人员于西班牙逗留期间，对其中之一实施暗杀”。而乌里韦总统后来也被列入暗杀名单。有 6 名埃塔成员和 7 名 FARC 成员因参与此次密谋而遭到起诉。[1]

爱尔兰共和军也因援助 FARC 而遭到指控。2002 年 4 月，美国众议院国际关系委员会在经过 9 个月的调查后，发表了一份总结报告，称爱尔兰共和军与哥伦比亚游击队的联系可追溯至 1998 年。该报告指出，2001 年 8 月曾有 3 名爱尔兰共和军成员在哥伦比亚被捕，并被指控向 FARC 叛乱者传授炸弹制造方法。根据该报告结论，此类培训帮助上述叛乱者掌握了爱尔兰共和军在北爱尔兰地区使用的城市恐怖行动技巧。在被捕的 3 名爱尔兰人中，有 2 名是爱尔兰共和军的首席爆炸和迫击炮专家。[2]

FARC 在毒品交易中充当的角色

据专家估计，FARC 每年从非法毒品交易中获益 5 亿美元左右。[3] 此外，FARC 还从绑架、敲诈和非法向农村地区收取保护费和社会服务费等活动中获得收入。

---

[1] 原注：Agence France Press, “Spain Charges Thirteen over ETA-FARC Plot to Kill Colombian President,” Expatica.com, March 1, 2010, http://www.expatica.com/es/news/spanish-rss-news/spain-charges-19-over-eta-farc-plot-to-kill-colombian-president_27346.html.

[2] 原注：Warren Hoge, “Adams Delays Testifying in US about IRA Action in Colombia,” *New York Times*, April 24, 2002, http://www.nytimes.com/2002/04/24/world/adams-delays-testifying-in-us-about-ira-action-in-colombia.html.

[3] 原注：International Crisis Group, “Colombia: Making Military Progress Pay Off,” Latin America Briefing no. 17, April 29, 2008, http://www.crisisgroup.org/~/media/Files/latin-america/colombia/b17_ colombia_ making_ military_progress_pay_off.ashx.

约有半数FARC的军事单位参与毒品交易的某些环节，其中大多数活动与地方毒品生产的管理有关。[1]（地图12.1为FARC在哥伦比亚的分布及古柯种植域的情况。）FARC在各地区进行毒品交易活动的性质并不相同，而FARC对农村人口和土地的控制“让其能够决定古柯种植、收获和加工的条件”。[2]

2009年7月埃米雷斯被引渡至美国，美国司法部（DOJ）签发的新闻稿称，“FARC应对全球可卡因供应量半数以上和流入美国近三分之二的可卡因生产负责。”该新闻稿声明，截至20世纪90年代晚期，FARC已成为其所有活动区内可卡因原浆的独家买主。[3]据美国政府问责局2009年的一份报告称，在哥伦比亚出口至美国的可卡因总量中，FARC可卡因的比例达到60%。[4]

美国司法部的这份新闻稿还提到，20世纪90年代晚期，FARC领导层曾开会一致投票决定扩大古柯的生产、拓展FARC的国际分销渠道，并指定了各阵线古柯生产的负责人。该新闻稿说，FARC领导层意识到，如果没有毒品收入，该组织就无法生存，所以命令其成员破坏对古柯实施的烟熏根除行动，包括击落实施烟熏的飞机及袭击哥伦比亚基础设施，以迫使政府将资源从烟熏根除古柯行动方面转移开来。此外，FARC领导人还命令其成员绑架和谋杀美国公民，以达到威胁美国政府，迫使其停止熏灭古柯和停止破坏FARC制毒、销毒活动的行动。2001年最后几个月和

[1] 原注：International Crisis Group, “Colombia: Making Military Progress Pay Off,” Latin America Briefing no. 17, April 29, 2008, http://www.crisisgroup.org/~/media/Files/latin-america/colombia/b17_ colombia_ making_ military_progress_pay_off.ashx.

[2] 原注：International Crisis Group, “Colombia: Making Military Progress Pay Off,” Latin America Briefing no. 17, April 29, 2008, http://www.crisisgroup.org/~/media/Files/latin-america/colombia/b17_ colombia_ making_ military_progress_pay_off.ashx, 8.

[3] 原注：MainJustice: Just Anti-Corruption, “FARC Front Leader Extradited to US” [Department of Justice press release], July 17, 2009, http://www.mainjustice.com/2009/07/17/farc-front-leader-extradited-to-us/.

[4] 原注：Hanson, “FARC, ELN.”

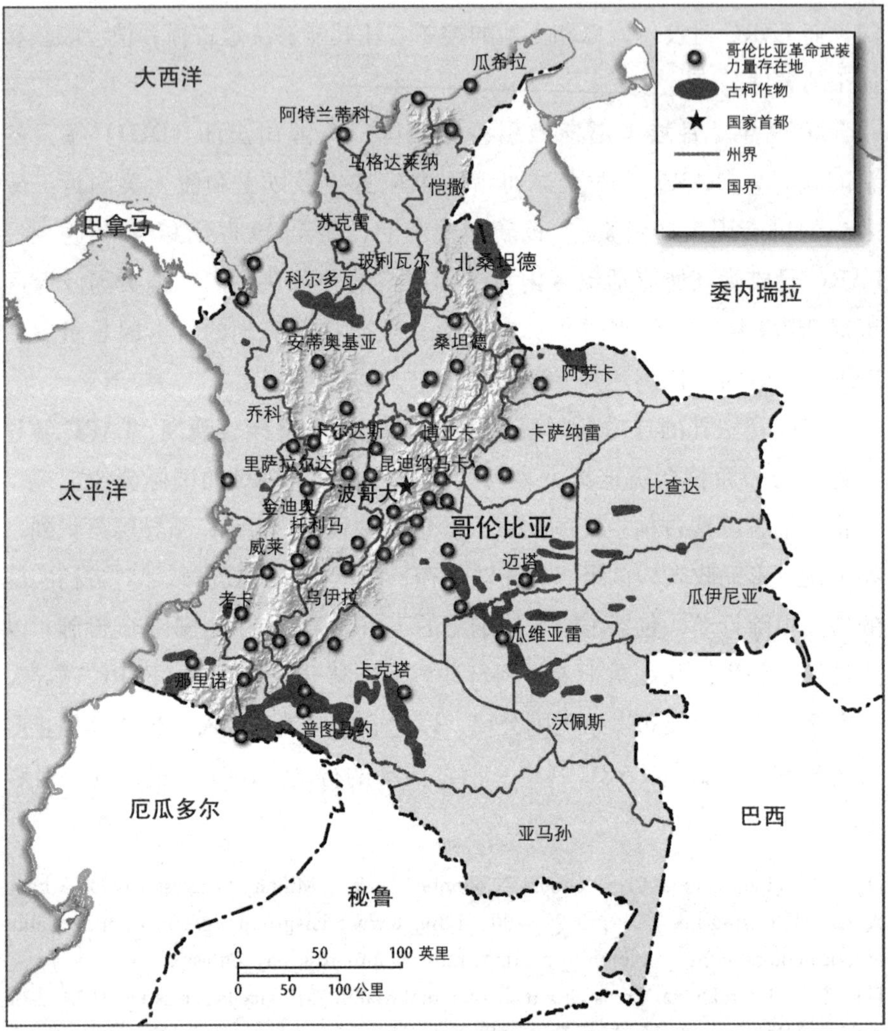

地图 12.1　FARC 在哥伦比亚的分布及古柯种植区域

2002年头几个月，FARC领导人召开了一次会议，一致投票决定鼓励对美国公民实施绑架，以期实现上述目的，同时号召其成员加大向美国贩运可卡因的数量。（见图12.1）

日期	事件
1958年	保守派与自由派一致同意建立民族阵线，以结束造成20多万人死亡的内战。
1965年	哥伦比亚民族解放军和毛派人民解放军（Maoist People's Liberation Army）建立。
1966年	哥伦比亚革命武装力量（FARC）建立。
1971年	左翼性质的"M-19运动"发生。
1978年	（自由派）胡利奥·塞萨尔·图尔瓦伊（Julio César Turbay）总统开始强力打击毒品贩子。
1982年	（保守派）贝利萨里奥·贝坦库尔（Belisario Betancur）总统宣布特赦反政府武装成员并释放政治犯。
1985年	"M-19运动"成员袭击了司法部，杀害了11名法官和90名民众。
1989年	"M-19运动"与政府签订和平协议，成为合法政党。
1993年	麦德林贩毒集团头目巴勃罗·埃斯科瓦尔（Pablo Escobar）在逃避追捕过程中被杀。
1998年	（保守派）安德烈斯·帕斯特拉纳总统开启反政府武装之间的和平谈判，将哥伦比亚东南部划给FARC作为非军事区，成为其安全港，该块面积相当于瑞士国土大小。
1999年	FARC杀害了3名在哥伦比亚境内绑架的美国印第安人人权运动活动分子。
1999年1月	帕斯特拉纳总统和FARC首领"神枪手"曼纽尔·马鲁兰达（Manuel Marulanda）会面。
2000年7月	帕斯特拉纳总统和美国利用10亿美元援助款发起"哥伦比亚计划"。
2001年4月	据美国众议院国际关系委员会报告称，过去3年有15名爱尔兰共和军成员曾先后前往哥伦比亚，为FARC提供军事训练，获得200万美元的回报。
2001年10月	帕斯特拉纳总统和FARC签署了旧金山协议，承诺进行停火谈判并将非军事区使用年限延至2002年1月。

（续图）

2001年8月	1名FARC成员和2名爱尔兰共和军城市战专家因私藏炸药被捕；另有3名爱尔兰共和军成员被捕，他们被指控训练FARC武装分子制造炸弹。
2002年1月	帕斯特拉纳总统接受了FARC的停火时间表，将非军事区使用年限推迟至4月。
2002年2月	一次劫机事件后，帕斯特拉纳总统中止已进行了3年的和平谈判，命令反叛者退出非军事区。
2002年5月	FARC在乔科省使用"*rompas*"自制丙烷气迫击炮杀害了119名市民。
2002年8月	（独立派）阿尔瓦罗·乌里韦宣誓就职时，FARC袭击了波哥大摇滚音乐会；乌里韦承诺将出重拳打击叛乱分子。
2004年6月	乌里韦总统启动了"爱国者计划"，派遣1.5万人的军队搜捕FARC领导人。
2006年5月	乌里韦赢得第二任总统任职。
2007年6月	哥伦比亚政府释放了数十名关押的FARC成员，借以推动举行对话，但遭FARC拒绝。
2007年9月	委内瑞拉总统乌戈·查韦斯作为调解人，邀请FARC参加关于可能释放人质交易条件的谈判。
2007年11月	查韦斯因对其在FARC与哥伦比亚政府谈判中担当的角色不满，召回委内瑞拉驻波哥大大使。
2008年1月	在查韦斯的调解下，FARC同意释放2名重量级人质。
2008年3月	哥伦比亚军队进入厄瓜多尔境内，击毙了FARC高级领导人劳尔·雷耶斯，引发了与厄瓜多尔和委内瑞拉的外交危机。
2008年5月	FARC宣布其领袖和创始人曼纽尔·马鲁兰达死亡。
2008年7月	哥伦比亚军队解救了被FARC囚禁6年的重要人质英格丽德·贝当古。
2009年2月	FARC释放了包括前省长在内的6名重要人质。
2009年2月	叙利亚军火商蒙齐尔·卡萨尔因试图向FARC出售地对空导弹、手榴弹、突击步枪和C-4炸药以牟利超过1亿美元，被判30年徒刑。
2009年3月	FARC释放了人们眼中最后一名外国人质——瑞典籍男子埃里克·拉森。
2009年3月	乌里韦总统称如果FARC停止犯罪行动，政府愿与其进行和平谈判。
2009年8月	与委内瑞拉之间的关系恶化；在哥伦比亚指责其向FARC提供军火后，委内瑞拉撤走其驻哥伦比亚大使。

（续图）

2009 年 10 月	哥伦比亚与美国军方达成协议，允许美国使用位于哥伦比亚的 7 个军事基地。
2009 年 11 月	委内瑞拉总统查韦斯命令 1.5 万名军人向哥伦比亚边境地区集结，并督促其武装部队做好战前准备。
2009 年 12 月	FARC 与 ELN 宣布彼此停战，集中力量打击哥伦比亚政府军。
2009 年 12 月	FARC 绑架并杀害了南方卡克塔省省长。
2010 年 3 月	西班牙高等法院称，委内瑞拉帮助 FARC 与西班牙埃塔恐怖分子进行联系，并称 FARC 曾针对造访西班牙的哥伦比亚官员实施一起未遂暗杀，其间要求埃塔提供后勤援助。

图 12.1　哥伦比亚关键事件年表

美国军事援助的作用

虽然作为一支强大的反政府武装，FARC 在哥伦比亚支撑了数十年，但其许多主要领导人的丧失及乌里韦政权采取的强势军事清剿策略，均致其整体实力遭到损伤。而美国的军事援助则对哥伦比亚军队取得军事胜利做出了贡献。美国军方曾从数个军事基地，尤其是位于佛罗里达州迈阿密的美国南方司令部基地，对哥伦比亚的禁毒行动提供援助（见表 12.1）。[1] 此外，美国还向哥伦比亚的 7 个军事基地派遣军队。[2] 美国南方司令部对哥伦比亚军队的援助举例如下：[3]

★ 对精英部队提供军事训练和装备；

[1] 原注：United States Southern Command website, http://www.southcom.mil/AppsSC/pages/team.php.

[2] 原注："Supplemental Agreement for Cooperation and Technical Assistance in Defense and Security between the Governments of the United States of America and the Republic of Colombia," March 11, 2009, http://justf.org/content/supplemental-agreement-cooperation-and-technical-assistance-defense-and-security-between-gov.

[3] 原注：United States Southern Command, "Fact Sheet: SOUTHCOM Support to Colombia," http://www.southcom.mil/AppsSC/factFiles.php?id=35.

★ 在联合行动中提供援助；

★ 向参谋部派驻训练小组，与哥伦比亚军队指挥官及其参谋协作，提高其军事计划质量；

★ 在针对高级叛军首领的军事行动中，向哥伦比亚军队提供直升机、情报平台、给养、燃料和军火；

★ 向原反政府武装控制区提供社会和人道援助。

表12.1 美国为哥伦比亚提供的军事援助

给哥伦比亚禁毒行动提供援助的主要美军基地
佛罗里达州迈阿密，美国南方司令部（USSOUTHCOM）
佛罗里达州基维斯特，南方跨部门联合突击队（JIATF-South）
得克萨斯州山姆休斯敦堡，美国陆军南方司令部（USARSO）
亚利桑那州戴维斯—蒙森空军基地，南方空军第 12 航空队（AFSOUTH）
佛罗里达州迈阿密霍姆斯特德空军储备基地，南方特种作战司令部（USSOCSOUTH）

这种互惠互利的关系可以让两国追寻重要目标。对哥伦比亚而言，可以在全国范围内以更强大的力量围剿反政府武装；对美国而言，这种关系则有助于阻止安第斯山脉的可卡因流出。但双方在军事和情报行动方面打击 FARC 的日益成功，其代价可能让 FARC 更加孤注一掷，采取更富攻击性的行动。FARC 是南美“历史最悠久的”叛乱组织之一，它对此引以为豪。其资金供应情况良好，它通过延伸到安第斯山脉以外的广泛网络获得了充足的资金。对于美国决策者而言，一个重要问题是，他们是否确信与 FARC 之间的战争正在缓慢但切实地取得胜利。抑或他们应该关注，FARC 是否可能根据需要决定其必须转移战场，更为直接地瞄准美国在哥伦比亚的利益，及可能情况下美国的国内利益？

·推荐读物·

Brittain, James J. *Revolutionary Social Change in Colombia: The Origin and Direction of the FARC-EP.* London: Pluto Press.

Gonsalves, Mark, Tom Howes, Keith Stansell, and Gary Brozek. *Out of Captivity: Surviving 1,967 Days in the Colombian Jungle.* New York: HarperCollins, 2010.

Kirk, Robin. *More Terrible Than Death: Drugs, Violence, and America's War in Colombia.* New York: PublicAffairs, 2003.

二、案例分析：5种结构化分析方法的应用

表12.2　案例快照：哥伦比亚革命武装力量袭击美国本土

所用结构化分析方法	《情报分析：结构化分析方法》中所在章节	分析类别
红帽分析法与结构化头脑风暴	第八章、第五章	因果评估，观点生成
多种情景生成法	第六章	情景与指标
指标法	第六章	情景与指标
指标验证因子法™	第六章	情景与指标

虽然分析人员没有水晶球来预言未来，但他们却有职责协助决策者预测对手的行动方式，勾勒事件发展的可能结果，并识别某一特定未来情景正在形成的迹象。而红帽分析法、多种情景生成法、指标法和指标验证因子法™可以帮助分析人员完成上述任务。此外，虚拟“未来情景”（见文本框12.1）可以提供补充叙述，丰富基于事实的案例研究内容，以搭建应用上述方法的平台。

文本框 12.1 事态升级：未来情景

随着战局形势的日益有利，哥伦比亚军队司令官及其美国军事顾问决定发动一次联合进攻，打击 FARC 最重要的军事阵线之一。经过 6 个月的紧张谋划，他们开始对 FARC 的第三阵线发起协同攻击，主要战事在两周内结束。此次进攻取得巨大成功：第三阵线的指挥官被击毙，超过 1000 名 FARC 成员被杀或被俘，FARC 书记处 7 名成员中的 2 名被俘。媒体引用专家的话称，此次进攻是一个转折点，预示这个叛乱组织最终将要覆灭。

2 名被俘的书记处成员曾因共谋将可卡因输入美国而遭到迈阿密联邦法官的控告。此次军事行动后的 4 周内，哥伦比亚政府同意将这 2 名 FARC 书记处成员引渡至美国迈阿密，接受美国法院的起诉。

在哥伦比亚国内，FARC 书记处的其他成员对外宣称，虽然革命运动遭受了重大损失，但他们仍将重整旗鼓，以“对革命斗争更彻底的献身精神”继续战斗。在其对外声明中，他们特别对此次军事行动中美国军方支援所起到的作用大加鞭挞。FARC 在互联网上发文：“如果美国决定将战火引向我们，那么我们别无选择，也将把战火引向他们。这是所有美国军人及其家人和朋友为干涉哥伦比亚内政现在必须付出的代价。”

美国情报机构获悉，在内部议事过程中，FARC 领导层担心此类袭击会在革命运动内部严重损伤士气。此外，美国针对 FARC 和哥伦比亚的禁毒行动已严重地打击了其毒品生产、出口和分销基础设施。他们传言称：“既然美国人盯着我们的基础设施，我们也必须盯住他们的基础设施。”情报分析人员分析解读了其前后声明和说法，认为它们说明 FARC 正意图在美国境内向美国国民和地区实施大规模报复性袭击。

方法 1、2：红帽分析法与结构化头脑风暴

分析人员经常要努力预测竞争对手或敌人的行动。预测时，分析人员需要避免出现镜像思维这样的常见错误，避免假定他人思考和理解世界的方式与自己相同的天然倾向。红帽分析法是设法从他人角度理解威胁和机遇的有用方法，但如果不能透彻理解所涉及的其他国家、团体或当事人的文化，这一方法本身价值有限。“观点取决于立场”（where you stand depends on where you sit）这一箴言很有道理。分析人员首先应站在目标对象理解事物的立场，针对某一难题或问题对情况展开想象，这样便能得到不同却常常更为准确的观点。重新对该难题进行组织构架，通常会对该分析人员的观点构成挑战——用观察和预测敌手行动的分析人员所持有的观点，挑战必须在行动文化范畴内做出艰难决策者所持有的观点。这一重构过程常常能够引入崭新而不同的刺激因素，而这些因素可能并未被传统分析所考虑。

头脑风暴是一个团体性活动过程，该过程按照预先设计的具体规则和步骤来激发新观点和新理念（见文本框 12.2），所产生创造性的激励力量来自两名或多名分析人员相互撞击思想迸出的火花。在头脑风暴讨论会上，分析人员通常会接触到超出其本人思考范围以外的更多思想和看法，其典型的成果是能够获得更好的分析产品。

结构化头脑风暴是一个进行团体头脑风暴的系统性过程，由于在头脑风暴讨论会上所有与会人员均不允许说话，（部分由于此种原因）需要安排一名协调人。结构化头脑风暴最常用于确定某一具体情况下可能发挥作用的关键驱动因素，或全部力量及因素。

红帽分析法是一种重构方法，要求分析人员接受某一外国领导人、富有凝聚力的团体、罪犯或竞争对手的文化，并做出与其相符的决策。这种故意从目标视角对形势做出想象的活动，能够帮助分析人员获得对某一难题或问题不同且通常更为准确的理解。对难题的重构通常会改变分析人员

文本框 12.2 头脑风暴成功八原则

1. 明确头脑风暴讨论会的目标和主题。

2. 不要非难任何观点，无论其听起来多么怪异、背离传统或毫无可能。相反，应研究如何将该观点用于当前任务。

3. 每次只允许一人发言，并确保人人都有发言机会。

4. 为头脑风暴讨论会安排充裕的时间。

5. 让所有与会者参与讨论。有时需要采取“无声的头脑风暴”方法，例如让全体静默 5 分钟，然后让其将自己的关键观点写在 3 英寸×5 英寸的卡片上，接着讨论各人在卡片上写下的内容。

6. 尽量安排一至多名“局外人”参加小组讨论，以避免出现团体迷思并激励发散性思考。这些“局外人”应机敏善思，其知识体系或视角与小组成员不同，但应对讨论主题有一定了解。

7. 将讨论内容记录下来！使用白板、黑板架或便利贴对讨论内容进行跟踪。

8. 讨论会结束时，对关键结果进行总结。在与会人员离开前，要求他们将其主要收获或学到的精华写在一张 3 英寸 ×5 英寸的卡片上。此后，进行简短总结并将其分发给与会者（与会人员可以对内容进行补充）和其他对该主题感兴趣者（包括未能参会者）。

的视角，使其从观察和预测敌人行为的分析人员的视角，改变为必须在行动文化范畴内做出艰难决策的领导者的视角。这一重构过程常常引入可能并未被传统分析所考虑的崭新而迥异的刺激因素。红帽分析法是一种有用的方法，但如果不能透彻理解其他所涉国家和民族的文化，其方法本身却价值有限。

任务 1： 进行红帽分析法 / 结构化头脑风暴练习，确定哪些因素最能影响 FARC 袭击美国本土的决策。

步骤 1： 召集一小组了解 FARC 书记处，作战环境，高级决策者个性、动机及思想风格的分析人员。

步骤 2： 向所有与会人员发放便利贴和记号笔，告知其在头脑风暴练习的这一环节不允许交谈。

步骤 3： 向与会人员提出下述问题：如果你是 FARC 书记处成员，在策划袭击美国本土时，你个人会考虑的全部问题有哪些？之所以首先询问与会人员将如何反应，原因是要确立一条基准线，用来评估敌人是否可能做出不同反应。

步骤 4： 要求小组成员在便利贴上写下几个关键词，给出问题答案。练习者每写下一个答案，就将其交给协调人。协调人则大声将其读出。练习人员应使用记号笔在便利贴上书写，以便将其贴在墙上或白板上时容易看清所写答案。

步骤 5： 将全部便利贴按照其被读出的顺序贴在墙上。对所有观点均一视同仁。鼓励参与者相互在对方观点的基础上补充发挥。练习一开始时各种观点通常接踵而至，接着参与者会不时地陷入思考中。经常每隔 5 至 10 分钟会有 1 分钟左右的停顿。这种渐缓的节奏表明，分析人员已经“穷尽了脑海中显而易见的答案”，正在形成新观点、新看法。虽然这种停顿让人不舒服，但也应避免交谈。

步骤 6： 在两三次长时间停顿后，结束本次头脑风暴讨论会的发散性思考环节。

步骤 7： 让所有参与者（或一个小组）走到贴有便利贴的墙前面，重新排列具有类同关系的各组便利贴（有某些相同特点的各组便利贴）。有些便利贴可能会被移动几次，而有些观点适用于多个具有类同关系的便利贴，则可将便利贴复制后加以应用。

步骤 8： 排列好各组便利贴后，让与会人员选出一个最能概括每组内容的词或短语。

步骤 9： 要求与会人员明确表述，在考虑以上所有因素的情况下，他们将如何精心安排一次袭击，并解释为何他们认为应该如此行事。要求他们列出激励其行为或行动的核心价值或核心假定。这一步骤可以再次确立一条基准线，用于评估 FARC 书记处为何可能做出与你和队友不同的反应。

步骤 10：在讨论小组令人信服地解释其为何选择该种行动方式的原因后，要求组员将自己置于 FARC 书记处的境地，模拟其做出反应的方式，重复步骤 4 至 8。强调避免镜像思维的必要性。问题不是“如果你处于他们的境地，你会如何行事？”，而是“根据其背景、以往经验及当前形势，FARC 领导层将如何解决这个问题？”

步骤 11：将全部便利贴贴到白板上之后，寻找不能恰当归入任何一组的便利贴。考虑这一另类便利贴是无用的噪声，还是值得进一步关注的观点胚芽。

步骤 12：评估小组取得的成果。你是否能够找出四五个最可能影响 FARC 领导层袭击美国本土方式的关键因素、力量、主题或维度？

步骤 13：此时讨论小组应当提问：“FARC 书记处是否与我们所持的军事行动价值观或动机、方法一致？”如若不然，两者的分歧会如何引导书记处以我们此次练习前可能没有预测到的方式采取行动？

步骤 14：报告结果，描述曾考虑过的替代选择，及选择小组认为 FARC 书记处最可能采取路径的论据。考虑采用不那么常规的方式提交分析结果，如以下方式：

- ★ 以第一人称描述 FARC 书记处讨论该问题时的假想会话；
- ★ 起草一份 FARC 书记处可能制定的文件（一系列指令、军令或指示）。

分析所得增值。在我们以换位思考方式判断 FARC 书记处的反应时，是否注意避免了镜像思维？我们是否已经探究了可能会影响 FARC 袭击美国本土方式的所有可能力量和因素？我们的观点本身是否形成了具有类同关系、条理清晰的观点群？我们如何处理另类意见，或本身并不属于任何具有类同关系观点群的便利贴？上述另类意见是否引出了新研究线索？我们给各个具有类同关系的观点群贴上的标签，是否准确捕捉到该组便利贴的精髓？

方法 3：多种情景生成法

情报分析人员和决策者必须处理复杂和发展变化中的不确定局势，在此种情况下，未来并不容易预测。分析人员此时的最佳做法是，确定可能决定未来结果的驱动因素，并在这些力量相互作用以形成未来的过程中对其加以监视。而生成多个情景就是完成上述任务的主要工具。情景是关于未来脉络可能展开的合理且有时具有争议性的情节集合（plausible and sometimes provocative stories）。在分析人员明确勾勒出各种替代未来情形时，决策者们可以在脑海中预演此类未来情形并发问，“我现在应该做些什么以应对这些情形？”

情景分析可以为考虑各种合理未来提供一个框架。对高级官员和决策者而言，试图预言或预测单一结果是一种典型的帮倒忙行为。生成多个情景可以帮助分析人员专注于最有可能影响形势发展的关键基础力量和因素。多种情景生成法能够生成大量可能的情景，这样做的目的是确保不会忽略任何东西。情景一旦生成，分析人员便可快速对其进行筛选，而无须逐个进行详细分析。在对不同情景有所感知后，分析人员往往会转移注意力，关注某些枝枝蔓蔓的数据，而这些数据显示事件的发展方式与此前所想象者迥然不同。

任务 2：使用多种情景生成法，确定 FARC 考虑在美国本土实施报复性袭击的最合理情景。

步骤 1：明确定义未来情景练习的焦点问题和具体目标。

步骤 2：进行一次头脑风暴练习，确定在特定时段内最可能影响该问题进展的关键力量、因素或事件。在本案例中，利用任务 1 “红帽分析法 / 结构化头脑风暴”练习中得到的四五个关键驱动因素、主题或维度（完成此项练习）。

步骤 3：确定上述每个关键驱动因素可度量范围的两端。

步骤 4：利用一系列 2×2 矩阵为上述驱动因素配对。如有 4 个驱动因素，可将其配成 6 对，生成 6 个不同的矩阵。5 个驱动因素则可生成 10 个不同矩阵。

步骤 5：根据各 2×2 矩阵的每个象限编出一两个故事。

步骤 6：从所有生成的情景中，选择三四个最值得关注的情景，这些情景应最能说明 FARC 最可能考虑的袭击范围。

步骤 7：考虑是否可以将你最终选择的几个情景之一描述为“不可预知的因素”（wild card，又叫低概率 / 高影响 [low-probability/high-impact] 情景）或“噩梦般的”情景。

分析所得增值。这一方法是否帮助我们生成了许多值得考虑的潜在情景？我们是否得到了，假如我们不使用这一具体方法可能难以想到的某些新情景？即使考虑到多对不同驱动因素，类似主题是否出现于不同矩阵中？最终选出的情景是否既合理又最值得关注？

方法 4：指标法

指标是可以观察到或推理得出的现象，人们能够定期回顾这些现象来帮助追踪事件、区别竞争性假设、发现新兴趋势和对难以预料的变化给出预警。指标清单包含一组预先设定的行动、条件、事实或事件，它们同时发生时强烈表明有一种现象存在或某种假设正确无误。确定和监视指标的情况是情报分析的根本任务，因为它们是避免突发事件发生的主要手段。在情报分析中，指标经常被称为前瞻性或预测性指标。对执法界而言，指标常用于评估某一目标的行为举止是否符合某一既定模式或首要假设。此时，指标常被称为回顾性或描述性指标。

由一组学识渊博的分析人员开列一份详细指标清单的过程，对所有参与者通常也是一个良好的学习过程。对于来自不同组织或拥有不同类型专业知识（例如反恐或禁毒分析、基础设施防护及国家专业知识等）的分析人员来说，这一过程可成为知识交流的有用媒介。指标清单可成为实施调查、指导情报搜集活动及将相关信息传达给所有相关方的基础。通过辨识和监视表明某一情景正在形成的指标或路标，分析人员就能够对未来发展方向给出早期预警，但这些早期迹象并非显而易见。人类习惯于见到其期望结果，而忽略意料之外的结果。只有在事先利用指标确定某一具体情景的背景下，指标方才具有意义。提前识别某一情景及相关指标，分析人员就可以做好思想准备，辨别并预防不良情景的出现，或助推某一良好情景的实现。

任务 3：针对任务 2 中生成的各个替代情景，创立多套不同指标。

步骤 1：自己一人或最好与小组合作，通过头脑风暴为各情景列出一份指标清单。

步骤 2：复核并精简各套指标，删除任一具体情景中的重复指标，合并类似指标。

步骤 3：考察各个指标，确定其是否符合下列 5 个标准，删除不合格指标。

1. **可观察性和可收集性**。这些指标（若有）能够被可靠线人观察并上报，必须对此抱有一定的合理期望。若将某一指标用于监视一段时间内的变化情况，则该指标在此过程中必须具有可收集性。
2. **有效性**。一项指标必须与分析人员试图预测或评估的最终状态明确关联，必须与全部或至少某些替代解释或结果不符，必须能够精准测定主题理念或现象。
3. **可靠性**。当使用比较法时，数据收集必须具有一贯性。观察和收集数据者必须观察相同的事物。为保证可靠性，应精确定义指标。
4. **稳定性**。一项指标必须能够随着时间的推移保持其有用性，以便分析人员做出比较并跟踪事件的发展。理想的情况是，在事件发展的早期，指标应具有可观察性，以便分析人员和决策者有时间做出相应反应。
5. **独特性**。一项指标应仅用于测量一个对象，并能与其他指标一起只表明被研究对象的情况。有价值的指标不仅与某一特定情景或假设相符，还与所有其他替代情景均不相符。

分析所得增值。在制定指标的过程中，是否发现了新标准或隐含标准？上述指标是否引出了更多搜集领域？

方法 5：指标验证因子法™

指标验证因子法™是一种用于评估指标诊断力的简单工具。分析人员制定出一套值得关注的情景或竞争性假设后，接着就要为各情景或假设设定指标。这样，当该具体情景开始展露苗头或该具体假设演变为现实时，这些指标将会与其匹配。但有一个人们不常问及的关键问题是，某项具体指标是否只与其指向的情景或假设匹配得当，还是与一个或多个替代情景或假设匹配。数个情景或数个假设都可以通用的那些指标，并不具有诊断价值——这些指标在确定某一具体情景是否与其匹配，或某一具体假设是否真实无误时，并非特别有用。理想的指标对其所指向的情景具有高度的匹配可能性，而对于与其他情景的匹配，则具有高度不可能性。

任务 4：使用指标验证因子法™评估你所设定指标的诊断价值。

步骤 1：做一个与竞争性假设分析所用矩阵类似的矩阵。[1]可以选择手动方式或使用指标验证因子法™软件完成这个矩阵。如果你的系统中未安装指标验证因子法™软件，可与 Globalytica LLC 公司联系，邮箱：ThinkSuite@globalytica.com 或网址：Http://www.globalytica.com。在矩阵上方列出替代情景，在其左侧下方列出所生成各个情景的指标。

步骤 2：逐行评估每个情景的指标，评估其是否：

★ 极可能发生。

[1] 原注：关于竞争性假设分析法的详细解释，参见 Richards J. Heuer Jr. and Randolph H. Pherson, *Structured Analytic Techniques for Intelligence Analysis*, 2nd ed. (Washington, DC: CQ Press, 2015), 181。

- ✶ 有可能发生。
- ✶ 也许会发生。
- ✶ 不可能发生。
- ✶ 极不可能发生。

针对某一具体情景——主情景（home scenario），所给出的指标，应属于“极可能”或“有可能”发生的指标。

如果没有上述软件，你也可以自行评分。如果针对主情景的指标属“极可能”，则其对于其他情景而言：

- ✶ 极可能发生为 0 分；
- ✶ 有可能发生为 1 分；
- ✶ 也许会发生为 2 分；
- ✶ 不可能发生为 4 分；
- ✶ 极不可能发生为 6 分。

若该指标在主情景中属“有可能”，则在其他情景中：

- ✶ 极可能发生为 0 分；
- ✶ 有可能发生为 0 分；
- ✶ 也许会发生为 1 分；
- ✶ 不可能发生为 3 分；
- ✶ 极不可能发生为 5 分。

步骤 3：逐行计算总分，然后给所有指标排序。

步骤 4：将指标重新分类，将得分最高者列在矩阵上方，得分最低者列在矩阵下方。最具辨别力的指标，在主情景中极可能出现，而在所有其他情景中则极不可能出现。最不具辨别力的指标，在所有情景中均属极可能出现。大多数指标都会介于上述两者之间。

步骤 5：评级为“极不可能”和“不可能”的指标，最具辨别力，应该加以保留。

步骤 6：评级不是“极不可能”和“不可能”的指标，则应予以放弃。

步骤 7：自行判断是否保留或放弃得分较少的指标。一般而言，应放弃全部评级为“极不可能”和“不可能”的指标。但在某些情况下，与其他几个指标放在一起考察时觉得有用的指标，可能值得保留。

步骤 8：在排除不具辨别力的指标后，将剩余指标重新排在其主情景下方。

步骤 9：如果某一特定情景的大量指标被排除，则应为该情景制定更具诊断价值的补充指标。

步骤 10：使用指标验证因子法™再次检查所有新指标的诊断价值。

分析所得增值。针对各个情景，是否都给出了一整套具有高诊断价值的严谨指标？上述指标是否提供了有用线索，就正在形成过程中的合理、潜在威胁给联邦调查局现场官员和州与地方融合中心发出了警示？它们的重点突出程度是否足以向联邦、州和地方有关人员提出具体的信息搜集要求，让其对应追寻目标了解得更为具体明确？

[第十三章]

解读“11月17日革命组织”

作者：乔治娅·霍尔默（Georgia Holmer）

关键问题

✶ 11 月 17 日革命组织（简称 17N 组织）是个什么组织？

✶ 了解该组织的本质为何具有重要意义？

✶ 该组织对美国驻希腊官员构成何种威胁？对其他人构成何种威胁？

✶ 分析人员如何预测 17N 组织构成的潜在威胁？

内容提要

理查德·韦尔奇（Richard Skeffington Welch）是中央情报局雅典情报站站长，是中央情报局派往希腊的资深官员。1975 年，他被一个名不见经传的暴力极端团体——11 月 17 日革命组织（17N 组织）杀害。在此后 30 年内，该组织袭击并杀害了 20 多人，包括希腊、美国、英国和土耳其等国的政治人物、外交官、军官和知名商人。该组织还发动炸弹和火箭弹袭击，造成价值达数百万欧元的财产损失。但 2002 年前，人们却未能准确识别或逮捕该团体的任何成员。本案例研究利用**简单假设生成法（Simple Hypothesis Generation）**、**远景象限处理法™（Foresight Quadrant Crunching™）**和**若则分析法（What If? Analysis，也译为“如果……那会怎样”分析法）**等，来评估这一令人难以捉摸团体的性质及其在活跃阶段所构成威胁的覆盖范围。

一、案例叙述

首次亮相

1975 年 12 月 23 日晚，理查德·韦尔奇及其妻子克里斯蒂娜（Christina）刚刚从美国驻希腊大使家里举行的圣诞晚会返回。韦尔奇是一位 46 岁的资深情报官和哈佛大学古典文学学者，备受他人欢迎，是一位称职的中央情报局情报站站长。[1]

希腊警方在调查过程中传阅的理查德·韦尔奇照片。

司机驶入雅典一富人区大门时，韦尔奇从车里出来，打开车道进口。谁也没注意到有两名年轻人正在附近暗处等着，其中的个高者走向韦尔奇，喊了一声“韦尔奇！”。韦尔奇循声转身，该男子手中的 a.45 口径手

[1] 原注："U.S. Aide Is Killed in Greece," *Washington Post*, December 24, 1975, 1.

枪开了火，韦尔奇受伤严重。随后这两名男子跑向附近的一辆轿车，上车逃逸。而韦尔奇太太和司机都惊恐万状、呆若木鸡，他们无法向警方提供任何有价值的细节。这次袭击发生得快速而出人意料，且四周一片漆黑。案发时没有其他目击证人，除了留在韦尔奇体内的子弹，没有任何重要证据。

第一条可靠的线索是送给希腊媒体的一封认领信函，信函落款是一个名不见经传的团体“11 月 17 日革命组织”。但希腊警方认为该“声明”是一出恶作剧，签发了一纸禁令，禁止发表该信函。他们认为该信函的出炉，是希腊极左和极右分子力图在政治上利用围绕美国官员被杀的公开信息而实施的干扰。[1] 当时，希腊的各种小报充斥着各种文章，纷纷指责美国，说是中央情报局自编自导了此次谋杀。希腊警方的禁令激怒了 17N 组织，该组织随后又发布了第二份声明，指责警方无能，并提供了作案车辆被抛弃的地点。

韦尔奇谋杀案发生在希腊政治气候动荡不已与极端反美主义盛行之时。当时希腊经历了长达数十年的内战以及其后的军事独裁统治。而此时距军事独裁统治终结才一年半，整个希腊社会严重两极分化、创伤深重。[2] 虽然希腊军政府未经流血即获掌权，但其大权在握后的希腊社会却血光常现。1973 年 11 月 17 日发生的多起事件，使其残暴的策略得以公开展示，最具象征意义。当天，雅典理工大学的学生发起了一场反对军政府的大规模游行示威，从而把一周以来持续进行的一系列抗议活动推向高潮。希腊军政府以暴力镇压做出回应，派出大量配备坦克的警察部队。冲突导致至少 20 人死亡 [3]，激起了国际上的强烈抗议。在很大程度上，这一事件导致希腊军政权的失稳和许多参与政治活动的希腊大学生走向激进。

---

[1] 原注：George Kassimeris, *Europe's Last Red Terrorists* (London: Hurst, 2001), 73.

[2] 原注：C. M. Woodhouse, *Modern Greece: A Short History* (London: Faber and Faber, 1991), 310.

[3] 原注：C. M. Woodhouse, *Modern Greece: A Short History* (London: Faber and Faber, 1991), 313.

1973 年 11 月 17 日，军用坦克驶入雅典。

在韦尔奇被谋杀前，希腊左翼媒体发表了一系列文章，揭露了其美国中央情报局雅典站站长的身份[1]，包括他的姓名和任务，以及其家庭住址和电话号码，以防有希腊公民希望直接与其联系，讨论有关中央情报局干涉希腊内政的指控问题。在韦尔奇死前，希腊国内反美情绪严重，人们对美国的愤怒，只不过令美国驻希腊官员感到讨厌而已，并不构成真正的危险。美国驻希腊官员的汽车经常会遭到故意破坏或被人扔燃烧弹袭击，美国大使馆和领事馆也会遭到游行示威者的破坏，但并未有美国官员遭到严重人身伤害。没有人料到韦尔奇会成为政治谋杀的受害者，更没有人料到，韦尔奇之死会是一场长达数十年、导致更多人死亡的大规模有组织运动的一部分。

[1] 原注：Rhodri Jeffrey-Jones, *In Spies We Trust: The Story of Western Intelligence* (Oxford: Oxford University Press, 2013), 168.

暴力活动 30 年

理查德·韦尔奇被杀一年后，曾在军政府时期出任宪兵队军官的伊万格拉斯·马利奥斯（Evangelos Mallios）被 17N 组织射杀。枪手所用枪械与枪杀韦尔奇者相同，均为 a.45 口径手枪，他们同时发布了一则公告，其中的口吻、语态和怨气与前一声明不相上下。[1] 上述情况让有关当局确信韦尔奇案并非一起孤立案件。法国的《自由报》称，警方弹道检验报告得出的结论，将两起枪杀案所使用枪械联系了起来，从而证实该组织真实存在，随后该报还刊登了 17N 组织在韦尔奇案发生后发出的公告之一。因此，马利奥斯谋杀案也引起国际社会对 17N 组织的关注。[2]

1977 年，17N 组织发表了一份长篇意识形态专文，概括了其马克思主义思想和发动群众起来革命的目标，指明目标是打倒其视为希腊国外剥削和国内腐败象征的分子。但直到 1980 年，该组织才再次发动攻击，杀害了希腊政府防暴警察副总长潘特力斯·彼得鲁（Pantelis Petrou）及其司机索特雷斯·斯泰莫雷斯。该组织再次使用了其“标志性武器”a.45 口径手枪，以确保没有其他组织会冒充攻击方，并提升其谋求公正、打击犯罪的革命斗士的公众形象。[3] 与前几次袭击一样，枪击现场几乎没有留下任何物证，人证也寥寥无几。

安德烈亚斯·帕潘德里欧（Andreas Papandreou）在政治上的崛起和泛希腊社会主义运动党（Panhellenic Socialist Movement，或缩写为 PASOK）的成立，代表希腊左翼团体进入了重要转型期。其中有些放弃了较为激进的思想，并寄希望于通过 PASOK 的社会主义计划救赎希腊。[4] 人们推测，17N 组织应该是后军政府时期社会动荡的产物，许多人希望该组织成员已融入主流政治，或至少随着希腊政治体系的成熟失去其动力。然而，1983

---

[1] 原注：Kassimeris, *Europe's Last Red Terrorists*, 74–75.

[2] 原注：Kassimeris, *Europe's Last Red Terrorists*, 74–75.

[3] 原注：Kassimeris, *Europe's Last Red Terrorists*, 75.

[4] 原注：Woodhouse, *Modern Greece*, 313; and Kassimeris, *Europe's Last Red Terrorists*, 75.

年 11 月 15 日，美国联合军事顾问团（Joint United States Military Advisory Group，JUSMAG）海军上尉乔治·桑特斯（George Tsantes）及其司机尼科斯·凡鲁特索斯在去顾问团上班的路上遭 17N 组织成员射杀，令人大吃一惊。当时，两名戴头盔的男子骑乘一辆摩托车靠近桑特斯的座车，通过车窗射击，尔后穿入拥挤的车流，消失在雅典迷宫般的街巷中。

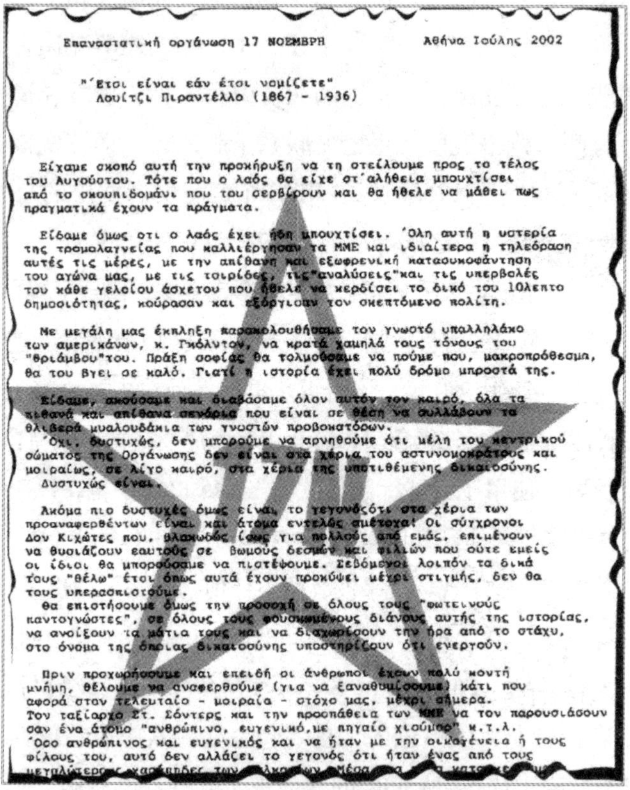

Επαναστατική οργάνωση 17 ΝΟΕΜΒΡΗ　　Αθήνα Ιούλης 2002

"Έτσι είναι εάν έτσι νομίζετε"
Λουίτζι Πιραντέλλο (1867 - 1936)

Είχαμε σκοπό αυτή την προκήρυξη να τη στείλουμε προς το τέλος του Αυγούστου. Τότε που ο λαός θα είχε στ'αλήθεια μπουχτίσει από το σκουπιδομάνι που του σερβίρουν και θα ήθελε να μάθει πως πραγματικά έχουν τα πράγματα.

Είδαμε όμως οτι ο λαός έχει ήδη μπουχτίσει. Όλη αυτή η υστερία της τρομολαγνείας που καλλιέργησαν τα ΜΜΕ και ιδιαίτερα η τηλεόραση αυτές τις μέρες, με την απίθανη και εξωφρενική κατασυκοφάντηση του αγώνα μας, με τις τσιρίδες, τις"αναλύσεις"και τις υπερβολές του κάθε γελοίου άσχετου που ήθελε να κερδίσει το δικό του 10λεπτο δημοσιότητας, κούρασαν και εξόργισαν τον σκεπτόμενο πολίτη.

Με μεγάλη μας έκπληξη παρακολουθήσαμε τον γνωστό υπαλληλάκο των αμερικάνων, κ. Γκόλντον, να κρατά χαμηλά τους τόνους του "θριάμβου"του. Πράξη σοφίας θα τολμούσαμε να πούμε που, μακροπρόθεσμα, θα του βγει σε καλό. Γιατί η ιστορία έχει πολύ δρόμο μπροστά της.

Είδαμε, ακούσαμε και διαβάσαμε όλον αυτόν τον καιρό, όλα τα πιθανά και απίθανα σενάρια που είναι σε θέση να συλλάβουν τα θλιβερά μυαλουδάκια των γνωστών προβοκατόρων.
Όχι, δυστυχώς, δεν μπορούμε να αρνηθούμε ότι μέλη του κεντρικού σώματος της Οργάνωσης δεν είναι στα χέρια του αστυνομοκράτους και μοιραίως, σε λίγο καιρό, στα χέρια της υποτιθέμενης δικαιοσύνης.
Δυστυχώς είναι.

Ακόμα πιο δυστυχές όμως είναι το γεγονός ότι στα χέρια των προαναφερθέντων είναι και άτομα εντελώς αμέτοχα! Οι σύγχρονοι Δον Κιχώτες που, βλακωδώς ίσως για πολλούς από εμάς, επιμένουν να θυσιάζουν εαυτούς σε βωμούς δεσμών και φιλιών που ούτε εμείς οι ίδιοι θα μπορούσαμε να πιστέψουμε. Σεβόμενοι λοιπόν τα δικά τους "θέλω" έτσι όπως αυτά έχουν προκύψει μέχρι στιγμής, δεν θα τους υπερασπιστούμε.
Θα επιστήσουμε όμως την προσοχή σε όλους τους "φωτεινούς παντογνώστες", σε όλους τους φουσκωμένους διάνους αυτής της ιστορίας, να ανοίξουν τα μάτια τους και να διαχωρίσουν την ήρα από το στάχυ, στο όνομα της όποιας δικαιοσύνης υποστηρίζουν ότι ενεργούν.

Πριν προχωρήσουμε και επειδή οι άνθρωποι έχουν πολύ κοντή μνήμη, θέλουμε να αναφερθούμε (για να ξαναθυμίσουμε) κάτι που αφορά στον τελευταίο - μοιραία - στόχο μας, μέχρι σήμερα.
Τον ταξίαρχο Στ. Σόντερς και την προσπάθεια των ΜΜΕ να τον παρουσιάσουν σαν ένα άτομο "ανθρώπινο, ευγενικό,με πηγαίο χιούμορ" κ.τ.λ.
Όσο ανθρώπινος και ευγενικός και να ήταν με την οικογένεια ή τους φίλους του, αυτό δεν αλλάζει το γεγονός ότι ήταν ένας από τους

17N 组织公告打印稿，承认其发起的袭击，发泄怨气并表达激进的马克思主义意识形态。

在事后发表的公告中，17N 组织表示，自己遭到了信奉弱化版社会主义思想（watered-down version of socialism）的泛希腊社会主义运动党的背叛，对帕潘德里欧向欧洲共同体的靠拢及其与北约加强联系的行为，似乎极其愤怒。该组织警告，所有美国中央情报局、国防情报局（Defense Intelligence Agency，DIA）和联合军事顾问团特工，美国大使馆人员，以及美军基地指挥官都将自动成为其打击目标，司机和保镖也在劫难逃。在该公告中，17N 组织重申其“推动充满活力的群众斗争，和充满正义的人民暴力革命”的承诺，继续展开斗争，将其活动重心从打击军政府时代的罪行转移为当时的希腊国家事务。[1] 其未来 5 年的目标，是继续打击充当希腊政治机构的代表人物及“美帝国主义的特工”。

1984 年 4 月，17N 组织试图利用摩托车再次实施刺杀。此次刺杀的目标是前往邮局寄信的美国陆军军士长罗伯特·贾德（Robert Judd），但贾德反应机敏，驾车自卫，驱车跃过道路隔离带，将车开上一条主干道的中心线，直奔医院治疗，最终幸免于难。1985 年 2 月，希腊最大的保守派报纸《下午报》（*Apogevmatini*）的出版商尼科斯·莫弗雷托斯（Nikos Momferatos）被 17N 组织射杀于车上，其司机也同时罹难。莫弗雷托斯被 17N 组织指责为美国中央情报局的特工。[2]

1985 年 11 月 17N 组织发动了一次袭击，表明该组织的战术水平达到了一个新高度，其运动规模也有所扩大。在此次袭击中，17N 组织利用遥控炸弹炸毁了一辆希腊秩序恢复部队（Monades Apokatastasis Taksis，MAT）的防暴警察专用大巴，1 名警察被炸死，多名警察受伤。这一时期是欧洲恐怖活动的高发期，其中既包括欧洲本地的左派暴力团体，如德国的“红军派”（Baader-Mainhof Gang 或 Red Army Faction）和意大利的“红色旅”（Red Brigades），也有从中东地区蔓延而来的恐怖组织，特别是巴勒斯坦的多个激进团体。此时也是豺狼卡洛斯（Carlos the Jackal）和阿布·尼达尔（Abu Nidal）及其他恐怖分子活动的全盛期，其中多人均将希腊视为其行动地点。这一时期还是众多团体和个人在思想和资源方面相互借鉴和交流的时期。[3]17N 组织 1985 年实施的炸弹袭击看起来并非其惯用的袭击手段，因

[1] 原注：Kassimeris, *Europe's Last Red Terrorists*, 76.

[2] 原注：Kassimeris, *Europe's Last Red Terrorists*, 78.

[3] 原注：Yonah Alexander and Dennis Pluchinsky, eds., *European Terrorism Today and Tomorrow*

为 17N 组织此前的袭击只依仗一辆摩托车或逃跑用小汽车、两三把手枪，以及希腊警方的有限调查技术。

17N 组织花样翻新的袭击虽然使其手段增多，但仍然没有完全取代枪械射击袭击。1986 年，17N 组织枪杀了希腊领先实业家、哈里沃尔基奇钢铁公司董事长、帕潘德里欧的密友迪米特利斯 · 安耶洛普洛斯（Dimitris Angelopoulos）。安耶洛普洛斯所拥有公司的钢材产量占希腊钢产量的 60%。对于此次袭击的原因，17N 组织发布的声明称，安耶洛普洛斯将大量利润偷偷转入其英国银行账户，使其希腊业务陷入困境。[1] 后来该组织又袭击了与政界有联系的其他杰出商人，随后发表的声明表明，其似乎熟知希腊国内的财务犯罪与腐败细节并对之深表担忧。

此后，17N 组织的袭击频率继续加大。1987 年，17N 组织用两枚单独安装的遥控炸弹袭击了美军开往阿提卡地区的运兵车，但爆炸只导致了一些轻伤，无人死亡。1988 年，17N 组织的一名成员在美国禁毒局（Drug Enforcement Administration，DEA）特工乔治 · 卡洛斯住所外的垃圾箱内安置了一枚炸弹，但因引爆装置失灵而中途放弃行动。[2] 当年 3 月，17N 组织重操其历经验证的摩托飞车暗杀手法，刺杀了希腊商人亚历山德罗斯 · 阿森纳赛尔德斯（Alexandros Athanasiades）。阿森纳赛尔德斯是希腊一家主要矿业公司和最大军火公司的总经理。像指控安耶洛普洛斯一样，17N 组织指责其腐化堕落，是“破落大资产阶级破落户”的一分子。[3]

数月后，17N 组织发动了一次世界瞩目的袭击。1988 年 6 月 28 日，该组织引爆了一颗威力巨大的汽车炸弹，美国驻雅典武官、海军上尉威廉 · 诺迪因（William Nordeen）上班经过该汽车炸弹时被炸死。爆炸产生的气浪形如成堆的水泥包装袋，将诺迪因的身体抛到了 15 英尺以外的地方。在随后发表的声明中，17N 组织声称“我们决定处决美帝国主义派驻

(Washington, DC: Brassey’s, 1992), 1–29.

[1] 原注：Kassimeris, *Europe’s Last Red Terrorists*, 80.

[2] 原注：Alexander and Pluchinsky, *European Terrorism*, 102.

[3] 原注：Kassimeris, *Europe’s Last Red Terrorists*, 82.

我国军队中的一名高官”，随即笔锋一转，谴责美国对最近希腊与土耳其领空对峙事件所持的立场，将其视为土耳其对希腊的领土入侵。[1]

1988 年晚些时候，17N 组织成员包围了雅典郊区的一个警察局，却未放一枪，只是偷走了若干武器和警械。在 17N 组织发布的一份公告中，展示了一张该组织最近劫掠所得物品的照片，这些物品摆放在该组织标志（一个黄色五角星，中间用红色字体写着 17N 字样）的前面，旁边是卡尔·马克思和希腊著名共产主义战士阿里斯·维鲁奇奥提斯（Aris Velouchiotis）的肖像。与此同时，17N 组织还开始以枪击穿遭袭者膝盖骨。该组织以他们与腐朽制度勾结为名，打碎了多名医生和两名检察官的膝盖骨，其中一人因治疗无效、流血过多而死。

17N 组织公告所附照片，上面有卡尔·马克思、切·格瓦纳（Che Guevara）和希腊共产主义战士阿里斯·维鲁奇奥提斯的肖像，印有 17N 组织标志的旗帜及窃得的武器。

[1] 原注：Alexander and Pluchinsky, *European Terrorism*, 103.

1989 年 5 月，17N 组织试图用与诺迪因案相同的手段袭击希腊前公共秩序部长乔治·皮索斯（Giorgios Petsos），但因袭击时间点不对，该部长及其司机躲过一劫。与以前炸弹暗杀失败案例相同的是，17N 组织紧接着实施了其经典的手枪暗杀。4 个月后，17N 组织枪击了保守派新民主党议会首席发言人、该党领袖康斯坦丁诺斯·米特索塔基斯（Konstantinos Mitsotakis）的女婿帕维洛斯·巴科亚安尼斯（Pavlos Bakoyiannis），使其受到致命重伤。[1] 此次袭击发生的时间，恰是帕潘德里欧及其内阁数名部长在法庭因收受贿赂被起诉，这一时间的选择引发了人们有关 17N 组织与政府勾结串通的说法。这一传言在希腊非致命媒体上反复出现，达数年之久。

结果，社会对 17N 组织的更多聚焦反而推动了其暴力活动的升级和新战术的采用。1990 年 2 月 5 日，17N 组织成员在光天化日之下，明目张胆地进入雅典国家战争博物馆，偷走了两架展出用的火箭筒。在后来的一次通信中，该组织承认曾经从位于拉里萨的军火库（位于雅典以北，数小时车程）中窃取了武器——一批火箭、手榴弹和炸药等，并附上了相关军火的照片作为证据。在随后的数年中，17N 组织大范围地使用这些窃取的火箭和炸药袭击了众多目标，导致人们的怨恨之情不断增强，造成了大量财产损失。其炸弹袭击目标包括希腊、土耳其、美国、英国、法国和德国的汽车、住宅和商业资产。17N 组织利用 PVC 管改装成发射筒，用火箭弹袭击了一家英国石油公司办事处、一家希腊大型酒店、希腊电力公司、警察大巴、一家希腊水泥厂和德国公司西门子及卢云堡。17N 组织甚至试图用火箭弹暗杀个人，但未获成功，其中包括 1990 年刺杀希腊航运大亨瓦尔蒂斯·瓦尔蒂诺亚尼斯（Vardis Vardinoyiannis），1992 年刺杀财政部长扬尼斯·帕里奥克拉赛斯（Ioannis Paliokrassas）。在 1992 年的袭击中，17N 组织非但未能成功刺杀目标，其火箭爆炸弹片还误杀了当时路过现场的一

[1] 原注：Kassimeris, *Europe's Last Red Terrorists*, 89.

名大学生。[1]

1991年是17N组织最为血腥的一年，共计杀害了4人：包括2名土耳其外交官、1名希腊警官，还有1名美国空军中士，他被遥控强力炸弹炸死。1991年11月，警方与17N组织成员在雅典近郊的塞波利亚发生枪战，最终希腊警方被击退。在沉寂一段时间之后，17N组织于1994年重出江湖，重操其招牌式近距离手枪暗杀手段。当年，17N组织成员射杀了希腊国家银行前行长麦卡利斯·弗兰诺鲍罗斯（Michalis Vranopoulos）和土耳其外交官奥马尔·赛珀希尔格鲁（Omar Sipohioglu）。1997年，17N组织伏击并杀害了希腊船主康斯坦丁诺斯·派若提克斯（Constantinos Peratikos）。由于17N组织抛弃了将自己塑造为革命英雄的做法并丧失了大部分群众支持，希腊人民对其袭击做出的反应演变为悲痛和沮丧。而更多的主流媒体，则将注意力集中在抨击希腊警方无能，无法将该组织成员抓捕归案上。在希腊警察的一次追捕行动中，17N组织成员驾车逃逸时汽车电池的电力耗光，被迫弃车步行，然后劫持了一辆出租车，飘然而去。得知此事后，舆论对警方无能的指责随即升级。[2]

到1999年，很多人怀疑17N组织已经完成其生命历程——其发出的信息越来越没有意义，袭击频率也低于以往。美国大使馆加强了安全措施，使美国官员成为难以袭击的目标。美国大使馆的人身安防和要员保护水平名列全世界前茅，且其外交安防预算也是全世界数额最高者之一。[3]17N组织只能对花旗银行等美国企业实施一些无关痛痒的爆炸。1996年，17N组织用非致命性炸弹袭击了花旗银行等美国企业，还发射火箭袭击美国驻雅典大使馆，击中其后墙，但并未引起多少人的注意。除此以外，自该组织1990年暗杀美国空军中士后，再也没有袭击过美国人。

---

[1] 原注：Kassimeris, *Europe's Last Red Terrorists*, 96.

[2] 原注：Kassimeris, *Europe's Last Red Terrorists*, 102.

[3] 原注：Paul Pillar, *Terrorism and the United States* (Washington, DC: Brookings Institution Press, 2003), 179.

2000 年 6 月 8 日，两个戴头盔的男子在雅典射杀了英国驻希腊武官、陆军准将史蒂芬 · 桑德斯（Stephen Saunders），这一事件震惊了世人。此次袭击让人想起 20 世纪 80 年代摩托飞车枪击桑特斯和阿森纳赛尔德斯刺杀案。此案于早高峰交通拥堵时段发生在雅典的交通主干道奇菲萨斯大道，具体地点与 17N 组织曾成功实施其他数起暗杀的地方完全相同。这些暗杀风格均接近。加上此起暗杀，在过去 25 年的时间里，17N 组织共计对美国和其他目标实施了 30 余起重大袭击（见表 13.1）。

表13.1　17N组织重大袭击事件时间轴线[1]

1975 年	理查德·韦尔奇，美国中央情报局驻希腊雅典站站长，被杀（枪击）	美国人
1976 年	伊万格拉斯 · 马利奥斯，希腊宪兵队军官，被杀（枪击）	希腊人
1980 年	潘特力斯 · 彼得鲁，希腊政府防暴警察副总长，及其司机索特雷斯 · 斯泰莫雷斯，被杀（枪击）	希腊人 / 希腊人
1983 年	乔治 · 桑特斯，美国海军上尉，及其司机尼科斯 · 凡鲁特索斯，被杀（枪击）	美国人 / 希腊人
1984 年	罗伯特 · 贾德，美国陆军军士长，刺杀未遂（枪击）	美国人
	克里斯特斯 · 马蒂斯（Christos Matis），希腊警官，在 17N 组织的一场银行劫案中被杀（枪击）	希腊人
1985 年	报纸出版商尼科斯 · 莫弗雷托斯及其司机乔治斯 · 鲁赛提斯（Georgios Roussetis），被杀（枪击）	希腊人 / 希腊人
	希腊防暴警察大巴爆炸案，1 人遇害，多人受伤	希腊人
1986 年	迪米特利斯 · 安耶洛普洛斯，哈里沃尔基奇钢铁公司董事长，被杀（枪击）	希腊人
1987 年	扎卡利亚斯 · 卡普萨拉基斯（Zacharias Kapsalakis），神经外科医生，膝盖骨被枪击穿	希腊人
	4 月，用炸弹袭击美军的运兵车，致人受伤	美国人
	8 月，用炸弹袭击美军的运兵车，致人受伤	美国人
1988 年	乔治 · 卡洛斯，禁毒局特工，刺杀未遂（炸弹）	美国人

[1] 原注：“Chronology of 17 November Attacks,” *Kathemerini*, English ed., August 7, 2002.

（续表）

	亚历山德罗斯·阿森纳赛尔德斯，实业家，被杀（枪击）	希腊人
	威廉·诺迪因，美国海军上尉，被杀（汽车炸弹）	美国人
1989 年	康斯坦丁诺斯·安德鲁利达奇思（Constantinos Androulidakis），检察官，被蓄意用枪击碎膝盖骨，后死于并发症	希腊人
	帕纳约蒂斯·塔拉索里斯（Panayiotis Tarasouleas），检察官，膝盖骨被枪击穿	希腊人
	乔治·皮索斯，公共秩序部长，刺杀未遂（汽车炸弹）	希腊人
	帕维洛斯·巴科亚安尼斯，新民主党议会首席发言人，被杀（枪击）	希腊人
1990 年	瓦尔蒂斯·瓦尔蒂诺亚尼斯，航运大亨，刺杀未遂（火箭弹袭击）	希腊人
1991 年	罗纳德·斯图亚特，美国空军军士，被杀（炸弹袭击）	美国人
	丹尼斯·布鲁克巴斯（Deniz Bouloukbasi），土耳其临时代办，刺杀未遂（炸弹袭击）	土耳其人
	赛廷·高古（Cetin Gorgu），土耳其大使馆新闻专员，被杀（枪击）	土耳其人
	用火箭弹袭击希腊防暴警察专用大巴，导致 1 名警官死亡，其他人受伤	希腊人
1992 年	扬尼斯·帕里奥克拉赛斯，财政部长，刺杀未遂（火箭弹袭击），致路人阿森那西奥斯·艾克萨里安（Athanasios Axarlian）死亡	希腊人
	埃里福瑟瑞奥斯·帕帕迪米特里欧（Eleftherios Papadimitriou），议会新民主党代表，膝盖骨被枪击穿	希腊人
1994 年	麦卡利斯·弗兰诺鲍罗斯，希腊国家银行前行长，被杀（枪击）	希腊人
	奥马尔·赛珀希尔格鲁，土耳其外交官，被杀（枪击）	土耳其人
1996 年	用火箭弹袭击美国大使馆，未造成人员损伤	美国人
1997 年	康斯坦丁诺斯·派若提克斯，船主，被杀（枪击）	希腊人
2000 年	史蒂芬·桑德斯，英国驻希腊武官，被杀（枪击）	英国人

雅典已获得承办 2004 年奥运会的资格，国际社会对希腊的关注越来越多。这种情况让希腊警方承受巨大压力，要做出有效回应，抓住下一个机会粉碎 17N 组织。但问题依然如故：17N 组织的成员都是些什么人？17N 组织带来了何种威胁？遭受其威胁者为何人？遭受何种方式的威胁？

·推荐读物·

Kassimeris, George. *Europe's Last Red Terrorists*. London: Hurst & company, 2001.

Kassimeris, George. "Fighting for Revolution? The life and Death of Greece's Revolutionary Organization 17 November, 1975-2002." *Journal of Southern Europe and the Balkans* 6, no. 3 (2004); 259-73.

Kiesling, Brady. *Greek Urban Warriors: Resistance and Terrorism 1967-2012*. Athens: Lycabettus Press (forthcoming in 2014).

二、案例分析：3种结构化分析方法的应用

表13.2 案例快照：解读"11月17日革命组织"

所用结构化分析方法	《情报分析：结构化分析方法》中所在章节	分析类别
简单假设法	第七章	假设生成与检验
若则分析法	第九章	质疑分析
远景象限处理法™	第五章	观点生成

分析人员经常要应对信息短缺或信息并不确定的模糊局面，对 17N 组织的调查正是如此。面对此类局面，采用简单假设法等诊断方法有助于系统探究替代观点和假设。若则分析法（配合指标法的推论方法）之类的质疑方法可以帮助分析人员借助分析可行性及其启示进行思考。远景象限处理法™之类的想象方法，则可以帮助分析人员质疑假定，探究特定假设的内在意蕴。

方法 1：简单假设法

假设生成法指的是一类方法，用于生成有关事件、趋势或活动的潜在替代解释。假设生成法是严谨分析过程的一部分，可以帮助分析人员避免出现诸如下结论过早或受第一印象影响过度之类的常见缺陷。此外，这一方法还能帮助分析人员创造性地思考众多可能。假设生成法的目标是列出一份详细假设清单，分析人员可以在时间推移过程中，根据现有证据及将来可能获取的新资料，考察和检验这些假设。

简单假设法对本案尤其适用，此方法可以利用一个团体性流程就 17N 组织的动机和特点进行创造性思考，做出多种可能解释。而上述解释反过来可帮助那些了解和反击 17N 组织的调查人员，及美国驻雅典安全官员们扩宽思路。组织一个小组，让其列出一大串可能假设的清单，供以后调查之用。简单假设法的最佳使用者是由各色人员组成的小组，包括拥有多领域专业知识者和利益相关人员在内。此方法还包括对结构化头脑风暴的应用练习。

任务 1：使用简单假设法探究关于 17N 组织性质的所有可能解释。

步骤 1：要求小组所有成员分别在一张 3 英寸×5 英寸的卡片或便利贴上写下 3 条合理替代假设或解释。要思路开阔，进行创造性思考，但要努力纳入构成良好假设的要素：

- ★ 表述明确；
- ★ 基于观察和知识；
- ★ 能够检验和证伪；
- ★ 包括一个自变量和一个因变量。

步骤 2：收集卡片，展示结果，合并假设，避免重复。

步骤 3：将假设按照其类同关系分组，并给每组标注。

步骤 4：利用问题重述和反向思考引出新观点。

步骤 5：更新替代假设清单。

步骤 6：提出问题：“何人？何事？如何？何时？何地？何故？”以阐明各个假设。

步骤 7：选择最合理假设做进一步探究。

分析所得增值。使用上述方法，能否帮助你就该组织性质及其动机问题向传统观点提出质疑？是否揭示出如果只使用传统头脑风暴分析方法，你可能会错过的想法或理念？选出应当给予最多关注的假设，是否困难？

方法 2：若则分析法

若则分析法首先假设某一事件已经发生，它可能产生重大正面或负面影响，然后再解释前因后果。当分析人员难以说服他人将注意力集中在某件会产生高影响 / 低概率事件的可能性或结果时，这一方法使用效果最佳。当某一思维定式根深蒂固时，使用这一分析法也很适当。20 世纪 90 年代晚期，美国国家安全官员一直担心可能会遭受 17N 组织的袭击。应用若则分析法，可以让分析人员将注意力焦点从某一事件是否会发生，转移到该事件会如何发生上，所以这一方法允许分析人员就此类进展（即使不可能有）是否可能真正发生，基于更丰富的信息做出判断。

任务 2：假设 1999 年你是正在美国驻雅典大使馆工作的分析人员，需要使用若则分析法分析 17N 组织对身处雅典的美国官员再次发动袭击的可行性及可能性质。从上次 17N 组织杀害一名美国官员之日起，8 年已过。1996 年向美国大使馆后门发射的火箭弹确系有人蓄意而为，但破坏力有限。美国驻雅典大使馆的安全等级一直很高。大使馆的高级官员不但配有装甲车和强力的安防装置，而且使馆建议所有工作人员改变其行走路线并保持低调。在如此之高的安全等级之下，假如 17N 组织仍然试图谋杀美国官员，要如何应对？情况将会如何？而这又将意味着什么？

步骤 1：首先假设可能发生的情况，事实上已经发生。1999 年 12 月，17N 组织无视严密的安防措施，袭击了另一美国官员。

步骤 2：根据证据并按照逻辑形成一条论据链，解释该事件有可能如何发生，应生成多个情景或论据链。

步骤 3：为每个情景生成一份指标清单，这些指标可以表明事件正开始逐步发展。

步骤4： 评估各情景导致的危害或损坏程度，及克服这些危害或破坏的难度。

步骤5： 根据对实施难度和造成潜在影响严重程度的思考，按照最需要关注的程度给各个情景排序。

分析所得增值。 上述方法是否帮助你引出了思考该问题的新思路？是否有助于你对各个情景的实施难度进行评估？此项练习是否表明应采取新安全措施？

方法3：远景象限处理法™

象限处理法™是一种将关键假定检查法和多种情景生成法综合在一起的方法，可以生成一系列替代情景或情节。近年来演化出了两个版本的象限处理法™，其发挥的分析功能不同：

经典象限处理法™： 在使用这一方法时，分析人员首先从一个首要假设（例如“某犯罪集团侵入一家大型公司的数据库，试图窃取公司人员身份信息”）着手，然后将其分解成各个组成部分（*犯罪集团/窃取个人身份信息*），反转各组成部分的固有假定（*非犯罪集团/其他动机*），然后使用头脑风暴法分析与各反转假定相符的相反维度或解释（通常有1到3个，例如*业务竞争对手或域外国家，下载公司数据或篡改公司信息*）。此后，分析人员应采用2×2矩阵排列上述相反维度或解释，在各象限内生成独一无二的新袭击情景（如*业务竞争对手*为*下载公司数据*而侵入数据库、*业务竞争对手*为*篡改公司信息*而侵入数据库、*域外国家*为*下载公司数据*而侵入数据库、*域外国家*为*篡改公司信息*而侵入数据库）。随着对问题更多维度的考量，潜在情景的数量将迅速增加，因出现意料之外的新进展而大为惊诧的概率就会降低。

经典象限处理法™与多种情景分析法在以下两方面不同：①其分析重心是事情可能会发生的方式，而非人们一般期待的情况；②此方法依靠使用对相反维度与范围的比较来定义X轴与Y轴的终点。

远景象限处理法™： 与经典象限处理法™不同，远景象限处理法™

聚焦于事情可能发生的所有方式，而不仅仅盯着可能出现的差异。使用这一版本的象限处理方法时，首要假设的维度包含在分析之中。但在运用相反维度与范围的比较来定义 X 轴与 Y 轴终点方面，远景象限处理法 TM 与经典象限处理法 TM 类似。

再次以前例加以说明，分析人员首先从某一首要假设（例如“某犯罪集团侵入一家大型公司的数据库，试图窃取公司人员身份信息”）入手，然后将此假设分解成各个组成部分（*犯罪集团 / 窃取个人身份信息*）、反转各组成部分的固有假定（*非犯罪集团 / 其他动机*），然后使用头脑风暴法分析与各反转假定相符的相反维度或解释（通常有 1 到 3 个，例如*业务竞争对手或域外国家，下载公司数据或篡改公司信息*），然后列出所有可能组合，这些组合包括 9 种不同的袭击情景：

1. 犯罪集团侵入数据库窃取个人身份信息。
2. 犯罪集团侵入数据库下载公司数据。
3. 犯罪集团侵入数据库篡改公司信息。
4. 业务竞争对手侵入数据库窃取个人身份信息。
5. 业务竞争对手侵入数据库下载公司数据。
6. 业务竞争对手侵入数据库篡改公司信息。
7. 外国政府侵入数据库窃取个人身份信息。
8. 外国政府侵入数据库下载公司数据。
9. 外国政府侵入数据库篡改公司信息。

远景象限处理法 TM 尤其适用于 17N 组织案例，原因是：①在 17N 组织四处活动时，我们对该组织成员的身份或其计划几乎一无所知；②在数起案件中，仅有一个可信替代维度值得分析人员关注。远景象限处理法 TM 有助于分析人员确定和质疑可能构成分析基础的关键假定，同时通过生成全面但互斥的一系列可信情景，帮助调查人员把注意力集中到最可能的袭击类型上，做出预测。

任务 3：现在是 2001 年，你是美国驻雅典大使馆的一名分析人员，负责为正在进行的 17N 组织调查提供支持。大使馆正开始将其注意力集中在筹备2004年雅典奥运会的工作上。使用远景象限处理法™，通过头脑风暴找出17N组织可能对美国人群体构成严重威胁的所有可能方式。

步骤1：陈述你的首要假设。

步骤2：根据“何人？何事？如何？何时？何地？何故？”的记者式问题清单，将首要假设分解为各个组成部分。

步骤3：确定上述组成部分中哪些对分析最为重要。

步骤4：针对各个最重要组成部分，确定下表中的1或3个相反维度（范例见表13.3）。

表13.3　远景象限处理法™模板

关键组成部分	相反假定	相反维度
何人？		
何事？		
如何？		
何时？		
何地？		
何故？		

步骤5：用2×2矩阵排列上述相反假定的组合。

步骤6：为各个象限生成1或2个可信情景。

步骤7：将生成的所有情景排列在一份清单上，根据预先确定的标准，将最可信者置于清单上部，最不可信者置于清单下部。

分析所得增值。哪一情景最值得注意？应当把注意力集中于某一情景，还是数个情景可能同时出现？在审查最有可能出现的一系列值得关注的情景时，是否发现了任何关键主题？这一方法在竭力阻止袭击方面，是否帮助你确定了最值得关注的地方？此方法是否有助于你质疑有关袭击可能如何发生的关键假定？

[第十四章]

保卫孟买免遭恐怖袭击

关键问题

★ 孟买最有可能遭受恐怖袭击的目标有哪些?

★ 恐怖分子最可能发起的袭击类型是哪种?

★ 恐怖分子如何进入孟买?

★ 可以采取何种措施阻止未来发生恐怖袭击?

内容提要

2008 年，美国向印度政府悄悄传递了一份情报，警示巴基斯坦恐怖分子计划袭击孟买的酒店和商务中心。查清袭击最可能发生的时间、袭击目标及袭击模式的工作，就落在印度情报和执法官员的肩上。**结构化头脑风暴、红帽分析法、经典象限处理法 TM、指标法和指标验证因子法 TM** 等，可以帮助分析人员评估恐怖分子最可能采用的交通方式，预测可能遭到袭击的目标及可靠的袭击情景，并确认出现某一特定情景的迹象。

一、案例叙述

现代孟买热闹非凡、城市规模不断扩张，其居民超过1800万；但其发迹之初却名不见经传。[1] 孟买原名Bombay[2]，坐落在突起延伸到阿拉伯海的一个半岛上（见地图14.1），起初是个小渔村，居住生活着土著居民库利族人。[3] 后来葡萄牙水手宣称库利族人的7个布满沼泽的小岛归葡萄牙所有，但认为其并无多少价值。1661年，葡萄牙政府将这些小岛送给了英国，以其作为布拉干萨王朝的凯瑟琳[4] 与查理二世（Charles II）成婚的部分嫁妆。东印度公司（East India Company）看出了该地区天然港的潜力，就向英国君主租用了这些小岛，孟买自此开始逐渐转变成一个繁华的世界贸易中心。印度随后沦为英国殖民地，纺织业在19世纪中叶实现了发展，这两点都巩固了该城市对亚洲以及世界其他地方的重要性。

至2008年，孟买已成为印度蓬勃发展的经济中心。这座城市坐拥印度证券交易所，人口密度是纽约的4倍。[5] 最近一期的全球城市指数（Global Cities Index）将孟买列为全球第四大人口最多的城市，其国内生产总值位列全球第25位。[6] 孟买有现代化的码头设施、铁路交会点和

[1] 原注："Introduction to Mumbai" (from *Frommer's India*, 3rd ed.), *New York Times* website, 2009, http://travel.nytimes.com/frommers/travel/guides/asia/india/mumbai/ frm_mumbai_3476010001.html.

[2] 译注：1995年11月印度政府将Bombay改为Mumbai，但两者均译为孟买。

[3] 原注：The Municipal Corporation of Greater Mumbai, "Mumbai Travel Guide," http://www.mcgm.gov. in/irj/portal/anonymous/qlmumbaitravelguide.

[4] 译注：葡萄牙公主。

[5] 原注："Introduction to Mumbai."

[6] 原注："The Global Cities Index," *Foreign Policy* (September/October 2010), 124.

一个国际机场，这些使其成为印度参与世界全球化经济的关口。[1] 这座城市也是备受欢迎的宝莱坞（Bollywood）电影工业基地，宝莱坞大量生产电影，所取得的经济回报仅次于其美国同行。各种色彩和文化在此交融，一个虚拟万花筒般的孟买既是腰缠万贯者的游乐场，也是城市贫民拥挤不堪的棚户区。当地居民自夸地称这是一座不夜城，街道上总是人来人往。[2]

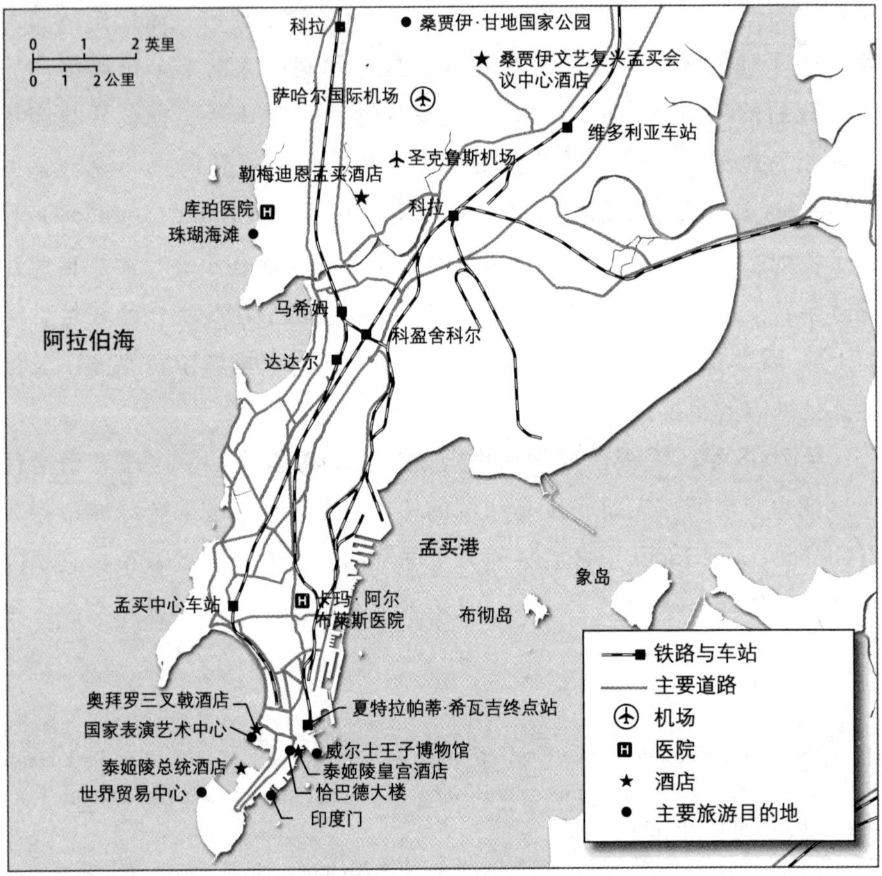

地图 14.1 孟买半岛

资料来源：弗森联合有限责任公司，2011 年。

[1] 原注："Introduction to Mumbai."

[2] 原注：The Municipal Corporation of Greater Mumbai."

然而，对印度安全官员而言，2008 年秋季的首要大事却不是孟买辉煌耀眼的发展和日益全球化的进程。10 月中旬，美国秘密告知印度政府，其在巴基斯坦的情报人员发出警告："恐怖分子即将对孟买（先前称 Bombay）的酒店和商业中心发动袭击。"[1] 警告的来源十分可信，但并未给出有关袭击者及其袭击方法、武器和目标的具体信息。缺少这些具体信息，让人很难分配防卫这座偌大城市的优先目标。确定袭击最有可能发生的时间、地点和方式等任务，就落到了印度情报和执法官员的肩上。

暴力史

孟买成为恐怖袭击的目标由来已久。1993 年至 2008 年间，恐怖分子在孟买市内和周边制造了很多起炸弹袭击事件（见表 14.1），其中数起是对多个目标同时发动袭击。袭击总共造成 544 人死亡，1774 人受伤。攻击者选择的武器包括炸弹——通常是藏匿于某处或从小型摩托车投掷出来的炸弹——和手榴弹。在这一时期，没有出现关于自杀式炸弹袭击的报道。

上述袭击中最有名者发生在 1993 年，当时伊斯兰恐怖分子在孟买全城 13 个地方引爆爆炸装置，造成大量人员伤亡。袭击目标包括从酒店到机场和集市等场所。虽然袭击者也用手榴弹袭击了一些目标，但其袭击手段却主要是利用一辆装载有 RDX 炸弹（有关 RDX 炸弹，见文本框 14.1）的汽车。[2] 此次袭击由著名的有组织犯罪领导人达乌德 · 易卜拉欣（Dawood Ibrahim）精心策划，以此作为对印度教徒和穆斯林教徒在此前

[1] 原注："US Warned India 'Twice' about Sea Attack: Report," *Indian Express*, December 2, 2008, http://www.indianexpress.com/news/us-warned-india-twice-about-sea-attack-re/393184/; Richard Esposito, Brian Ross, and Pierre Thomas, "US Warned India in October of Potential Terror Attack," *ABC World News*, December 1, 2008, http://abc news.go.com/Blotter/story?id=6368013.

[2] 原注：Express News Service, "100 Guilty," *Mumbai Newsline*, May 18, 2007, http://cities.expressindia.com/fullstory.php?newsid=236913.

数月持续不断的暴力冲突的回应。更具体来说，是对（印度教徒）在 1992 年末毁坏一座 16 世纪清真寺行为的报复。[1] 印度教是印度占支配地位的宗教，印度人口只有 12% 是穆斯林。在印度，人们能够感觉到的不平等现象是引发团体间暴力冲突的主要因素。

表14.1　1993—2008年间发生在孟买的炸弹爆炸事件*

日期	地点	死亡人数	受伤人数
1993 年 3 月 12 日	全市发生 13 处袭击	257	700
1998 年 1 月 23 日	坎杰马车站（Kanjurmarg Station）	未知	未知
1998 年 1 月 24 日	戈雷加奥恩和马拉德（Goregaon and Malad）铁轨处	0	2
1998 年 2 月 27 日	维拉尔、圣克鲁斯和甘地瓦里（Virar, Santa Cruz, and Kandivali）火车站发生 3 处炸弹袭击	9	22
2002 年 12 月 2 日	孟买哈特考帕（Ghatokpar）火车站外的一辆公共汽车	3	34
2002 年 12 月 6 日	中央火车站处一家麦当劳餐厅的空调排气管	0	25
2003 年 1 月 27 日	维拉帕拉（Vile Parle）火车站附近的一辆自行车	1	25
2003 年 3 月 13 日	穆兰德火车站（Mulund Station）的火车车厢	10	70
2003 年 4 月 14 日	班德拉（Bandra）V.N. 珠宝行的包裹	1	0
2003 年 7 月 28 日	哈特考帕电话局旁的一辆公共汽车	4	32
2003 年 8 月 25 日	印度门和扎韦里集市（Gateway of India and Zaveri Bazaar）的两辆出租车	50	150
2006 年 7 月 11 日	孟买市周围的 7 列火车	209	714
总伤亡人数		**544**	**1774**

*2007 年和 2008 年无袭击记录。

[1] 原注：“ ’93 Mumbai Blasts: 3 Get Death Sentence,” *Times of India,* July 18, 2007, archived at http://web.archive.org/web/20071213221400/http://timesofindia.indiatimes.com/India/93_Mumbai_blasts_3_get_death_sentence/articleshow/2213717.cms; “Mumbai Bombing Sentencing Delay,” BBC News, September 13, 2006, http://news.bbc .co.uk/2/hi/south_asia/5340660.stm.

文本框 14.1 RDX 炸弹

RDX 俗称旋风炸药，在第二次世界大战期间广泛使用，通常和 TNT 一起组成爆炸混合物。[i] 二战期间，出于安全方面的原因，英国将旋风炸药称作“研究部门爆炸物”(Research Department Explosive，R.D.X.)，并且把它当作一种更有威力的 TNT 炸药，用来攻击德国潜艇。[ii] 旋风炸药是最早问世的塑料炸药之一，已多次被用于恐怖袭击的阴谋策划中。[iii] 除了军事上对其加以应用外，RDX 也被用于以控制性手段拆除建筑物，将其夷为平地。基地组织的“千禧年炸弹客”(Millenium Bomber) 艾哈迈德·瑞萨姆 (Ahmed Ressam)，曾使用少量 RDX 作为其炸药成分之一，准备在 1999—2000 新年前夜以其袭击洛杉矶国际机场 (Los Angeles International Airport)。这种混合炸药所产生的爆炸力量，超过威力巨大的汽车炸弹 40 倍。[iv]

i. Tenney L. Davis, *The Chemistry of Powder and Explosives*, Vol. II (New York: John Wiley & Sons, 1943).

ii. MacDonald and Mack Partnership, *Historic Properties Report: Newport Army Ammunition Plant; Newport Indiana*, AD-A175 818, prepared for National Park Service (Minneapolis, MN: McDonald and Mack Partnership, 1984), 18, http://www.dtic.mil/cgi-bin/GetTRDoc?AD=ADA175818.

iii. John Sweetman, *The Dambusters Raid* (London: Cassell Military Paperbacks, 2002), 144.

iv. US v. *Ressam*, US Court of Appeals for the Ninth Circuit (February 2, 2010), http://www.nefafoundation.org/miscellaneous/US_v_Ressam_9thcircuit appeals0210.pdf; US v. *Ressam*, US District Court, Western District of Washington at Seattle, December 1999, http://nefafoundation.org/miscellaneous/FeaturedDocs/U.S._v_Ressam_Complaint.pdf.

5 年后，孟买全市及市郊的多个火车站发生了系列爆炸案。在两个月的时间内，袭击者先后 3 次成功袭击了 6 个不同的火车站。[1] 恐怖分子袭击的目标包括火车站、站台和铁轨。在审判被告（袭击者）期间，检察官称袭击系根据巴基斯坦三军情报局的命令发起，其中部分爆炸案发生在议会选举前夜。[2]

从 2002 年 12 月一直到 2003 年 8 月，共计发生了 7 起暴力事件。所有袭击均涉及炸弹爆炸，不过这些事件中所采取的袭击方式花样最为繁多。首次袭击发生在 12 月 2 日，当时一枚炸弹被置于哈特考帕火车站的一辆公交车上。[3]4 天后，一枚炸弹在中央火车站外一家麦当劳快餐店的空调排气管内爆炸。[4] 大约在一个半月后的 1 月 27 日，一枚绑在维拉帕拉火车站外一辆自行车上的炸弹爆炸。[5] 差不多两周后的 3 月 13 日，一枚炸弹在穆兰德火车站的一节车厢内爆炸。[6] 最不同寻常的一次袭击发生在一个月后的 4 月 14 日，一个包裹在一家珠宝店内爆炸。[7]5 月和 6 月没有发生袭击。但 7 月 28 日，哈特考帕火车站的一辆公交车被一枚炸弹炸毁。[8] 这一系列袭击中，最后也是最致命者发生在 8 月 25 日。印度门和

---

[1] 原注："'98 Blasts: Guilty to Be Sentenced on Wednesday," *Times of India*, July 3, 2004, http://timesofindia.indiatimes.com/articleshow/763146.cms.

[2] 原注："Mumbai's Trains under Attack for More Than a Decade," *Times of India*, March 14, 2003, http://timesofindia.indiatimes.com/articleshow/40207873.cms.

[3] 原注："3 Killed, 32 Injured in Mumbai Bomb Blast," *Times of India*, December 2, 2002, http://timesofindia.indiatimes.com/articleshow/30087211.cms.

[4] 原注：Tarun (India), "Major Islamic Terror Attacks in India: India Is Being Attacked by Islamists from Inside as Well as Outside," Daniel Pipes (blog), October 8, 2006, http://www.danielpipes.org/comments/59319/.

[5] 原注：Vijay Singh, "Blast Near Vile Parle Station in Mumbai, One Killed, 25 Injured," *Rediff India Abroad*, January 28, 2003, http://www.rediff.com/news/2003/jan/27mum2 .htm.

[6] 原注：Vijay Singh, "Blast in Mumbai Train, 10 Killed," *Rediff India Abroad*, March 14, 2003, http:// www.rediff.com/news/2003/mar/13mum.htm.

[7] 原注："Parcel Bomb Kills Bandra Security Guard," *Times of India*, April 15, 2003, http://timesofindia.indiatimes.com/articleshow/43402607.cms.

[8] 原注：Vijay Singh and Syed Firdaus Ashraf, "Blast in Ghatkopar in Mumbai, 4 Killed and

扎韦里集市的两辆出租车爆炸，造成50人丧生，150人受伤。[1]

2003年8月25日，孟买扎韦里集市恐怖炸弹袭击后残骸遍地。

大部分袭击源于激进的伊斯兰组织，其中大多总部位于巴基斯坦。当局相信印度伊斯兰学生运动（Student Islamic Movement of India，SIMI）要对2002年12月6日和2003年8月25日的袭击负责；虔诚军（Laškar- ĕ -Taiba [LeT]，克什米尔境内反印度统治的激进组织）也涉嫌参与2003年8月25日的袭击。[2]

---

32 Injured," *Rediff India Abroad*, updated July 29, 2003, http://www.rediff.com/ news/2003/jul/28blast.htm.

[1] 原注："A Chronology of the 2003 Mumbai Twin Blasts Case," *Rediff India Abroad*, July 27, 2007, http://news.rediff.com/report/2009/jul/27/a-chronology-of-the-2003- mumbai-twin-blasts-case.htm.

[2] 原注：Tarun, "Major Islamic Terror Attacks in India"；"Bombay Blasts Revenge for Gujarat Riots—Indian State," *China Daily*, August 27, 2003, http://www.chinadaily. com .cn/

直到几乎3年过去后，方才又发生了一起恐怖袭击，人们将其称为“7·11”事件。2006年7月11日，在18时24分至18时35分的时间段，孟买西部铁路线的7列火车发生了7起爆炸。[1] 爆炸发生地在或靠近卡尔、马希姆、马塔盖、乔什瓦里、波利维里和巴哈杨德拉—米拉路这6个火车站，及卡尔火车站和圣克鲁斯车站之间的地段。每个炸弹内都安装了一个压力锅，锅内装满2.5公斤的RDX和硝酸铵炸药。炸弹放在一等车厢内。[2] 印度官员称印度伊斯兰学生运动组织和虔诚军代表巴基斯坦三军情报局实施了上述袭击。[3]

印度近年来发生的重大恐怖袭击事件

孟买并不是穆斯林和分离主义组织袭击的唯一目标。2001年至2008年间，印度其他地方也发生了21起重大恐怖袭击事件（地图14.2为部分地点）。[4] 大约550人在这些袭击中丧生，其中绝大部分为炸弹所伤。

2001年10月1日，袭击者利用一种车载简易爆炸装置炸飞了查谟和克什米尔州议会大楼的前门，两名袭击者进入议会大楼并开枪射击，直到安全

en/ doc/ 2003–08/ 27/content_ 258711.htm.

[1] 原注："At Least 174 Killed in Indian Train Blasts," CNN, July 11, 2006, http://www.cnn.com/2006/WORLD/asiapcf/07/11/mumbai.blasts/index.html.

[2] 原注："Small, Logical Steps Cracked Case: Roy," *Times of India*, October 2, 2006, http://timesofindia.indiatimes.com/articleshow/2062187.cms.\; "India Police: Pakistan Spy Agency behind Mumbai Bombings," CNN, October 1, 2006, http://www.cnn.com/ 2006/WORLD/asiapcf/ 09/30/ india.bombs/index.html.

[3] 原注："India Police."

[4] 原注："Major Attacks and Blasts in India since 2001," Reuters, August 25, 2007, http://in.reuters.com/article/topNews/idINIndia-29149720070825/; "Major Attacks since 2003," *Times of India*, November 27, 2008, http://times ofindia.indiatimes.com/India/ India_a_major_terror_target/articleshow / 3761676.cms (site discontinued); "India: A Major Terror Target," *Hindustan Times* (New Delhi, India), September 13, 2008, http:// www.hindustantimes.com/storypage/storypage.aspx?sectionName= &id=e0a7ae2d-e33c-4eac-b5e8–41d2b78df73a&&Headline=Major+attacks+since+2003 (site discontinued).

部队开枪将其击毙。[1]两月之后，2001 年 12 月 13 日，有 5 人用 AK–47s 步枪和手榴弹袭击了新德里的国民议会。[2]袭击者中至少一人穿了自杀式炸弹背心，该袭击者本人被射中后炸弹爆炸，并未伤害到他人。[3]恐怖组织穆罕默德军（Jaish-e-Mohammed，JEM）宣布对 10 月的袭击事件负责，其部分成员被判有罪。印度当局也怀疑虔诚军与此次袭击有瓜葛。[4]

2002 年 9 月 24 日，恐怖分子在甘地纳格尔（Gandhinagar）的印度教寺庙大院发起一起类似袭击。两名恐怖分子进入大院，手持 AK–47s 步枪开火，同时还投掷手榴弹，随后被印度突击队打死。[5]2002 年 5 月 14 日，发生了另外一起袭击，也使用了类似策略，当时三名袭击者朝一辆公交车射击，随后攻击了位于查谟的卡鲁 · 查克军营。[6]虔诚军涉嫌发动此次袭击，新闻报道则指出有捣鬼的巴基斯坦藏在幕后，对其提供支持。[7]

---

[1] 原注："Fidayeen Storm J&K House, Kill 29," *Tribune* (Chandigarh, India), October 2, 2001, http://www.tribuneindia.com/2001/20011002/main1.htm; "India: A Major Terror Target," *Hindustan Times* (New Delhi, India), September 13, 2008, http://www.hindustantimes. com/storypage/storypage.aspx?sectionName= &id=e0a7ae2d-e33c-4eac-b5e8–41d2b78df73a&&Headline=Major+attacks+since+2003 (site discontinued).

[2] 原注："Terrorists Attack Parliament; Five Intruders, Six Cops Killed," *Rediff India Abroad*, December 13, 2001, http://www.rediff.com/news/2001/dec/13par11.htm.

[3] 原注：Kanchana Suggu, "The Militants Had the Home Ministry and Special Parlia-ment Label," *Rediff India Abroad*, December 13, 2001, http://www.rediff.com/news/2001/dec/13par114.htm.

[4] 原注：US Department of State, "Terrorist Organizations," chap. 6 in *Country Reports on Terrorism 2008*, April 30, 2009, http://www.state.gov/s/ct/rls/crt/2008/122449 .htm; Anjali Mody, "4 Accused in Parliament Attack Case Convicted," *Hindu* (Chennai, India), December 17, 2002, http://www.hinduonnet.com/2002/12/17/stories/2002121705260100.htm.

[5] 原注：Amy Waldman, "Gunmen Raid Hindu Temple Complex in India, Killing 29," *New York Times*, September 25, 2002, http://www.nytimes.com/2002/09/25/world/gunmen-raid-hindu-temple-complex-in-india-killing-29.html; CNN-IBN, "Akshardham Attack Verdict Today," *IBN Live*, July 1, 2006, http://ibnlive.in.com/news/akshardham-attack-verdict-today/14271–3.html.

[6] 原注：Mukhtar Ahmad, "33 Killed in Attack on Army Camp in Jammu," *Rediff India Abroad*, May 14, 2002, http://www.rediff.com/news/2002/may/14jk.htm.

[7] 原注："Pakistan Army Masterminded Jammu Attack," *Rediff India Abroad*, May 16, 2002,

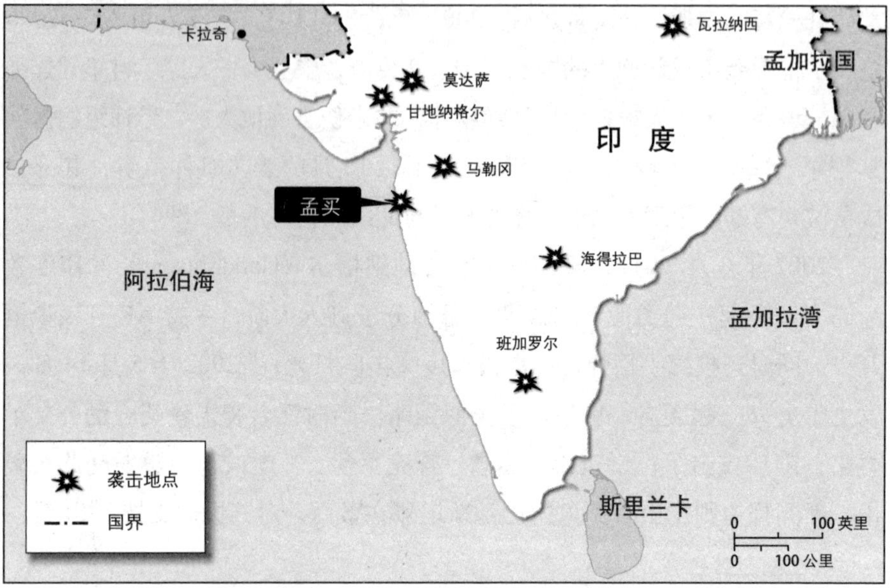

地图 14.2 印度孟买及先前遭袭地点图

资料来源：弗森联合有限责任公司，2011 年。

零星爆炸袭击持续了数年之久。

★ 2004 年 8 月 15 日，独立日（Independence Day）游行期间，在阿萨姆邦有一枚炸弹爆炸。[1] 此次袭击的始作俑者为阿萨姆联合解放战线（United Liberation Front of Asom，ULFA）[2]，这是一个致力于“通过武装斗争建立一个‘拥有主权的社会主义阿萨姆邦’”的恐怖组织。[3]

---

http://www.rediff.com/news/2002/may/16jk3.htm.

[1] 原注：Wasbir Hussain, “A Deathly Reminder,” *Outlook India*, August 16, 2004, http://outlookindia. com/article.aspx?224789.

[2] 原注：“Incidents Involving United Liberation Front of Asom (ULFA): 2010–2011,” *South Asia Terrorism Portal*, updated June 19, 2011, http://www.satp.org/satporgtp/countries/india/states/assam/ terrorist_outfits/ULFA_tl.htm.

[3] 原注：“United Liberation Front of Asom (ULFA)—Terrorist Group of Assam,” South Asia Terrorism Portal, http://www.satp.org/satporgtp/countries/india/states/assam/terrorist_outfits/Ulfa.htm.

★ 2005 年 10 月 29 日，在新德里灯会[1]期间，有三枚炸弹在两个集市和一辆公交车上爆炸。[2]警方怀疑一个与虔诚军有关联、名为因齐拉布的组织需要对此次袭击负责。[3]

★ 2006 年 3 月 7 日，恐怖分子在桑卡德 · 莫陈寺庙和瓦拉纳西坎通门火车站的一列火车上和大厅里引爆炸弹。他们使用的策略与甘地纳格尔炸弹袭击所用类似，在孟买全市境内还找到了其他 10 枚炸弹。[4]

★ 2006 年 9 月 8 日，就在祷告者开始舍尔邦月祈祷前不久，两枚或三枚自行车炸弹在一座清真寺附近的一个穆斯林墓地爆炸。[5]虽然还不清楚谁要对此次袭击事件负责，但警方逮捕了一个与虔诚军有关系者。[6]

2007 年，恐怖袭击的频率开始增大。以往，几乎所有针对印度火车的袭击都发生在某一主要火车站或其附近地区。但在 2007 年 2 月 19 日，两枚粗糙的公文包式炸弹在德瓦纳村附近的一列火车上被引爆，引燃了火车。当时火车正驶向巴基斯坦和印度边境。官员在该列火车其他车厢发现了两个未爆炸的公文包。袭击就发生在计划举行的印巴和谈的前一天。[7]

[1] 原注："Blasts in New Delhi Kill 55," CNN, October 30, 2005, http://www.cnn.com/2005/WORLD/asiapcf/10/29/india.explosion/index.html.

[2] 原注："55 Killed in Three Blasts in Delhi," *Rediff India Abroad*, October 29, 2005, http://www.rediff.com/news/2005/oct/29delhi.htm.

[3] 原注："Police Say Blasts Work of Single Outfit," *Rediff India Abroad*, October 30, 2005, http://www.rediff.com/news/2005/oct/30dblast3.htm.

[4] 原注："Serial Blasts in Varanasi," *Telegraph* (Calcutta, India), March 8, 2006, http:// www.telegraphindia.com/1060308/asp/frontpage/story_5941755.asp.

[5] 原注："Blasts Kill 37 in India Graveyard," *BBC News*, September 8, 2006, http://news.bbc.co.uk/2/hi/south_asia/5326730.stm.

[6] 原注："Police Arrest Malegaon Blasts 'Conspirator,' " *Times of India*, November 6, 2006, http:// timesofindia.indiatimes.com/articleshow/334758.cms.

[7] 原注："Indian, Pakistani Leaders Pledge to Continue Talks Despite Deadly Train Bombing," *PBS NewsHour*, February 19, 2007, http://www.pbs.org/newshour/updates/asia/jan-june07/train_02–19.html.

仅仅 3 个月后，2007 年 5 月 18 日，祷告者在海得拉巴（Hyderabad）的迈加清真寺做祷告时，一枚炸弹爆炸，海得拉巴市的人口大多是穆斯林。[1] 除了被引爆的这枚炸弹，警方还在清真寺内发现了两枚未能爆炸的炸弹，上面装有移动电话触发器。爆炸发生后，事发地的穆斯林抗议者怒不可遏，不听管制，警方朝人群开火，打死了一些抗议者。[2]2007 年 8 月 25 日傍晚，海得拉巴又有两枚炸弹爆炸，该地再次遭受暴力袭击。恐怖分子袭击的目标是蓝毗尼游乐场和戈库尔·查特·汉达餐厅。[3] 官方还找出了另外 19 枚藏匿在孟买全境的炸弹。[4]

10 月 11 日，位于阿杰梅尔的清真寺发生爆炸，3 人丧生。数日之后的 10 月 14 日，卢迪亚纳的一家剧院内炸弹爆炸，炸死 7 人。11 月 23 日，3 枚炸弹同时在勒克瑙、瓦拉纳西和法扎巴德的司法大院引爆，炸死 13 人。[5]

2008 年 5 月开始，恐怖袭击的数量加速攀升。5 月 13 日，7 枚炸弹在斋普尔的数个集市和印度教寺庙爆炸。2008 年 7 月 25 日，8 枚炸弹在班加罗尔（此前称为 Bangalore）爆炸。次日，16 枚炸弹在艾哈迈达巴德爆炸。随后在 9 月 13 日，5 枚炸弹在新德里的数个集市爆炸。斋普尔、班加罗尔和新德里等地袭击事件的嫌疑都落在了印度伊斯兰学生运动组织、虔诚军和逊尼派恐怖组织伊斯兰“圣战”运动（Harkat-ul-Jehad-al-Islami，HUJI）的头上。[6] 印度伊斯兰学生运动组织也与艾

---

[1] 原注：“Bomb Hits Historic India Mosque,” *BBC News*, May 18, 2007, http://news.bbc.co.uk/2/hi/south_asia/6668695.stm.

[2] 原注：Syed Amin Jafri, “9 Killed in Hyderabad Blast; 5 in Police Firing,” *Rediff India Abroad*, updated May 19, 2007, http://www.rediff.com/news/2007/may/18blast.htm.

[3] 原注：“Death Toll in Hyderabad Serial Blasts Rises to 44,” *IBN Live*, updated August 26, 2007, http://ibnlive.in.com/news/death-toll-in-hyderabad-serial-blasts-rises-to-41/47450–3.html.

[4] 原注：“19 Bombs Found after Fatal Blasts in India,” *New York Times*, August 26, 2007, http://www.nytimes.com/2007/08/26/world/asia/26iht-india.4.7259786.html.

[5] 原注：Department of State, *Country Reports on Terrorism 2007* (Washington, DC: Department of State, 2008), http://www.state.gov/s/ct/rls/crt/2007/.

[6] 原注：Abhishek Sharan, “HuJI, SIMI Stamp on Attacks,” *Hindustan Times* (New Delhi,

哈迈达巴德袭击事件有关。[1] 然而，一个名为印度“圣战者”（Indian Mujahideen）的组织，宣称对斋普尔、艾哈迈达巴德和新德里的袭击事件负责。[2]

在新德里爆炸发生两周后，2008 年 9 月 24 日，又一枚炸弹在该城爆炸。两名恐怖分子将一个装有炸弹的背包从摩托车上丢下，一名 10 岁男孩试图将包裹还给他们时，炸弹爆炸。[3] 两天后，在莫达萨镇和马勒冈镇，有人将两枚炸弹从摩托车上抛下，炸弹几乎在被抛下的同时爆炸。[4] 莫达萨镇的袭击发生在一个穆斯林占绝对多数的集市。[5] 马勒冈镇的爆炸发生在一栋大楼附近，该大楼被禁用前曾是印度伊斯兰学生运动组织的活动场所。[6]

接下来的一个月里发生了 3 起袭击。第一起发生在 10 月 14 日的坎普

India), May 14, 2008, http://www.hindustantimes.com/News/india/HuJI-SIMI-stamp-on-attacks/310684/Article1–310633.aspx; Neha Singh, “Eight Small Blasts Hit Bangalore,” Reuters, July 25, 2008, http://uk.reuters.com/ article/idUKISL169 12820080725; “SIMI, LeT May Be Behind Bangalore Blasts: IB,” *Times of India*, July 25, 2008, http://timesofindia.indiatimes.com/SIMI_LeT_may_be_behind_Bangalore_ blasts_IB__/ articleshow/ 3279993.cms.

[1] 原注：“Ahmedabad Blasts Carried Out on the Direction of Pak’s Amir Raza Khan,” *Times of India*, November 20, 2008, http://timesofindia.indiatimes.com/India/ Ahmedabad_blasts_carried_out_on_the_ direction_ of_Paks_ Amir_Raza_Khan/article show/3738211.cms.

[2] 原注：“There Will Be More Bomb Attacks, Warns Indian Mujahideen,” *Economic Times* (India), September 14, 2008, http://economictimes.indiatimes.com/article show/3480529.cms.

[3] 原注：Gethin Chamberlain, “Boy Killed in Terrorist Bomb Attack in Delhi,” *Guardian* (London), September 28, 2008, http://www.guardian.co.uk/world/2008/sep/28/india/. (Initially published in the *Observer*.)

[4] 原注：“3 Blown Dead: This Terror Run Isn’t Over Yet,” *Hindustan Times* (New Delhi, India), September 29, 2008, http://www.hindustantimes.com/This-terror-run-isn-t-over-yet/H1-Article1–341363.aspx.

[5] 原注：Associated Press, “Explosion Kills 1, Wounds 15 in Western India,” MSNBC, September 29, 2008, http://www.msnbc.msn.com/id/26946171/.

[6] 原注：Mateen Hafeez and Yogesh Naik, “Blasts in Maharashtra, Gujarat; 8 Killed,” *Times of India*, September 30, 2008, http://timesofindia.indiatimes.com/Blasts_in_ Maharashtra_Gujarat_8_killed/ articleshow/ 3542011.cms.

尔，一枚放置在自行车上的炸弹爆炸。[1] 接下来是一周后的10月21日，英帕尔也遭到袭击。炸弹放置在一辆小型摩托车上[2]，袭击的目标可能是附近的一栋警察大楼。警方怀疑此次炸弹袭击系由一个总部位于缅甸、名叫曼尼普尔邦人民革命党（People's Revolutionary Party of Kangleipak）的分离主义组织所为。[3] 当月最致命的袭击于10月30日发生在阿萨姆邦。与斋普尔、艾哈迈达巴德、班加罗尔发生的袭击及2008年9月新德里遭遇的第一次袭击相似，多枚——共计18枚RDX[4] 炸弹，几乎同时在全市范围内四处爆炸。官方怀疑伊斯兰"圣战"运动组织和阿萨姆联合解放战线（ULFA）实施了这些袭击。[5]

反击威胁

保卫孟买免遭恐怖袭击的重任，由数个地方和国家级执法和情报机构共同承担。在国家层面上，除了军事情报机构外，还有两个主要的文职情报机构及其他部委也肩负有情报任务。在地方层面上，当地警方根据国家级机构的指导共享有关恐怖活动信息。

印度调查分析局（Research and Analysis Wing，RAW）和印度情报局（Intelligence Bureau）是两个主要的文职情报部门。印度调查分析局是印度的对外情报单位，专门研究分析印度境外的问题，其中大部分是邻国巴

[1] 原注："Explosion in Kanpur, Seven Injured," *Indian Express*, October 14, 2008, http://www.indianexpress.com/news/explosion-in-kanpur-seven-injured/373293/.

[2] 原注："Imphal Blast Near Police Hub Kills 17," *Telegraph* (Calcutta, India), October 21, 2008, http://www.telegraphindia.com/1081022/jsp/nation/story_10002920.jsp.

[3] 原注："India Wants to Seal Border with Myanmar after Blast," Reuters, October 22, 2008, http://www.reuters.com/article/latestCrisis/idUSDEL42232/.

[4] 原注：Biswajyoti Das, "India Suspects Islamists, Separatists in Assam Attack," Reuters, October 31, 2008, http://www.reuters.com/article/newsOne/idUSTRE49U20 V20081031/.

[5] 原注："One Arrested for Assam Serial Blasts," *Times of India*, October 31, 2008, http:// timesofindia.indiatimes.com/Assam_blasts_toll_rises_to_77_curfew_in_Ganeshguri/ articleshow/3658239. cms.

基斯坦和孟加拉国的问题。[1] 印度情报局则主要关注国内安全。[2] 两个部门的日常工作是搜集关于巴基斯坦伊斯兰激进组织的情报并进行分析。印度陆军信号情报局（Army's Signals Intelligence Directorate），与印度调查分析局一起搜集有可能揭示恐怖分子计划和行动的信号情报。[3]

印度内政部（India's Ministry of Home Affairs）下设数个武装部门，可以向其分配任务，提供国内安全事务方面的帮助。边境安全部队（Border Security Force）是一个准军事化部门，专门致力于监视印度与别国之间的边界。[4] 印度国民警卫队（Indian Home Guard）是一支准军事化部队，能够充当全国性执法机构印度警察局（Indian Police Service）的辅助力量。国家安全卫队（National Security Guard）也称之为“黑猫”（Black Cats），是一支经过高强度训练的反恐部队，能够避免或回应大规模恐怖袭击。[5]

除了上述国家资源外，孟买警察局（Mumbai Police Department）在反击恐怖袭击方面拥有丰富的经验。2004 年，孟买警察局成立了一个反恐精英小组，与国家情报机构就恐怖威胁交换信息，并协调其与这些机构之间展开的行动。反恐小组的成员均接受过特种武器使用及战术训练。[6]

---

[1] 原注：Padma Rao Sundarji, “India's Lack of Preparedness Raised Mumbai's Death Toll,” McClatchy Newspapers, December 3, 2008, http://www.mcclatchydc.com/2008/12/03/57012/indias-lack-of- preparedness- raised.html.

[2] 原注：Steven Aftergood, “India Intelligence and Security Agencies: Intelligence Bureau,” Federation of American Scientists, updated December 2006, http://www.fas.org/irp/world/india/ib/index.html.

[3] 原注：“Why Politicians Won't Get Off the Line,” *Hindustan Times* (New Delhi, India), April 24, 2010, http://www.hindustantimes.com/Why-politicians-won-t-get-off-the-line/Article1–535365.aspx.

[4] 原注：Border Security Force, “History,” http://bsf.gov.in/Pages/History.aspx.

[5] 原注：Sundarji, “India's Lack of Preparedness.”

[6] 原注：Mumbai Police, “Anti Terrorism Squad,” http://www.mumbaipolice.org/special/ anit_ terror_ squad. htm.

·推荐读物·

Rabasa, Angel, et al. *The Lessons of Mumbai.* Santa Monica, CA: RAND Corporation, 2009. http://www.rand.org/pubs/occasional_papers/2009/RAND_OP249.pdf.

Rotella, Sebastian. "On the Trail of a Terrorist." *Washington Post,* November 14, 2010. http://www.washingtonpost.com/wp-dyn/content/article/2010/11/13/AR2010111304345.html.

二、案例分析：5种结构化分析方法的应用

表14.2　案例快照：保卫孟买免遭恐怖袭击

所用结构化分析方法	《情报分析：结构化分析方法》中所在章节	分析类别
结构化头脑风暴	第五章	观点生成
红帽分析法	第八章	因果评估
经典象限处理法 ™	第五章	观点生成
指标法	第六章	情景与指标
指标验证因子法 ™	第六章	情景与指标

现在是 2008 年 10 月中旬，你是一名在孟买警察局工作的分析人员，刚刚收到美国新德里情报局发出的有关孟买遭受恐怖袭击威胁的警告。你必须快速对此威胁做出分析，以便给出指导意见，帮助当局预测和查明正在策划的袭击类型。虽然分析人员没有能够预知未来的水晶球，但他们有责任帮助执法官员和决策者预测对手的行动、勾勒出多种可能出现的未来情形，并辨识出某一特定未来情形正在出现的迹象。本案例所用方法——

结构化头脑风暴、红帽分析法、经典象限处理法™、指标法和指标验证因子法™——有助于分析人员处理此项任务的各个部分。

方法 1：结构化头脑风暴

头脑风暴是一个团体性活动过程，该过程按照预先设计的具体规则和步骤来激发新观点和新理念，所产生创造性的激励力量来自两名或多名分析人员相互撞击思想迸出的火花。在头脑风暴讨论会上，分析人员通常会接触到超出其本人思考范围以外的更多思想和看法，其典型的成果是能够获得更好的分析产品。（见文本框 14.2 头脑风暴成功八原则）

结构化头脑风暴方法包含 12 个步骤（见下文所述），是一个执行团体头脑风暴的更具系统性的过程。在此过程中，需要安排一名协调人，部分原因是所有参与者在头脑风暴讨论会中均不能说话。结构化头脑风暴最常用于确定某一具体情况下可能发挥作用的关键驱动因素，或全部力量和因素。

任务 1： 进行结构化头脑风暴练习，确定袭击者进入孟买可能使用的所有类型交通方式。

步骤 1： 召集一组了解袭击目标及袭击者行动文化与环境的分析人员。

步骤 2： 向所有与会人员发放便利贴和记号笔，告知其在头脑风暴练习的这一环节不允许交谈。

步骤 3： 向与会人员提出下述问题：袭击者进入孟买可能采用的所有类型交通方式有哪些？

步骤 4： 要求与会人员假装是穆斯林恐怖分子，模拟其希望袭击者如何思考这一问题，应强调避免镜像思维的必要性。问题不是“假如你是他们，你将如何行事？”，而是“袭击者将如何考虑这一问题？”

步骤 5： 要求小组成员在便利贴上写下几个关键词，给出问题答案。练习者每写下一个答案，就将其交给协调人。协调人则大声将其

文本框 14.2　头脑风暴成功八原则

1. 明确头脑风暴讨论会的目标和主题。

2. 不要非难任何观点，无论其听起来多么怪异、背离传统或毫无可能。相反，应研究如何将该观点用于当前任务。

3. 每次只允许一人发言，并确保人人都有发言机会。

4. 为头脑风暴讨论会安排充裕的时间。

5. 让所有与会者参与讨论。有时需要采取“无声的头脑风暴”方法，例如让全体静默 5 分钟，然后让其将自己的关键观点写在 3 英寸×5 英寸的卡片上，接着讨论各人在卡片上写下的内容。

6. 尽量安排一至多名“局外人”参加小组讨论，以避免出现团体迷思并激励发散性思考。这些“局外人”应机敏善思，其知识体系或视角与小组成员不同，但应对讨论主题有一定了解。

7. 将讨论内容记录下来！使用白板、黑板架或便利贴对讨论内容进行跟踪。

8. 讨论会结束时，对关键结果进行总结。在与会人员离开前，要求他们将其主要收获或学到的精华写在一张 3 英寸 ×5 英寸的卡片上。此后，进行简短总结并将其分发给与会者（与会人员可以对内容进行补充）和其他对该主题感兴趣者（包括未能参会者）。

读出。练习人员应使用记号笔在便利贴上书写，以便将其贴在墙上或白板上时容易看清所写答案。

步骤 6： 将全部便利贴按照其被读出的顺序贴在墙上。对所有观点均一视同仁。鼓励参与者相互在对方观点的基础上补充发挥。练习一开始时各种观点通常接踵而至，接着参与者会不时地陷入思考中。经常每隔 5 至 10 分钟会有 1 分钟左右的停顿。这种渐缓的节奏表明，分析人员已经“穷尽了脑海中显而易见的答案”，正在形成新观点、新看法。虽然这种停顿让人不舒服，但也应避免交谈。

步骤 7：在两三次长时间停顿后，结束本次头脑风暴讨论会的发散性思考环节。

步骤 8：让所有参与者（或一个小组）走到贴有便利贴的墙前面，重新排列具有类同关系的各组便利贴（有某些相同特点的各组便利贴）。有些便利贴可能会被移动几次，如果有些观点适用于多个具有类同关系的便利贴，则可将便利贴复制后加以应用。

步骤 9：排列好各组便利贴后，让与会人员小组选出一个最能概括每组内容的词或短语。

步骤 10：找出每组便利贴中的异类，并思考该异类是无用的噪声，还是一个值得进一步关注的观点胚芽。

步骤 11：评估本次讨论会的成果。你已找出袭击者将一个团队送进孟买的哪些交通方式？

步骤 12：报告结果，描述有关该问题所得到的关键主题或维度。应采用非常规方式报告结果，譬如用第一人称的方式，进行一次恐怖分子头目讨论该问题的假想会话。

分析所得增值。我们站在穆斯林恐怖分子策划者的立场思考时，是否小心翼翼地避开了镜像思维？在分析恐怖分子可能以何种方式进入孟买发动袭击时，我们是否已经考虑了所有可能力量和因素？是否已将观点按照类同关系进行了分组？我们对异类观点或便利贴做了何种处理？这些观点是否启发你获得任何新调查线索？

方法 2：红帽分析法

分析人员经常要努力预测竞争对手或敌人的行动。预测时，分析人员需要避免出现镜像思维的常见错误，避免假定他人思考和理解世界的方式与自己相同的天然倾向。红帽分析法是设法从他人角度理解威胁和机遇的有用方法，但如果不能透彻理解所涉及的其他国家、团体或当事人的文化，这一方法本身价值有限。“观点取决于立场”这一箴言很有道理。站在目标对象理解事物的立场对该形势展开想象，分析人员便能针对某一问题或难题得到不同却常常更为准确的观点。

重构难题，通常会对改变分析人员的视角——从观察和预测敌手行动的分析人员的视角，转变为必须在行动文化范畴内做出艰难决策的领导者的视角。这一重构过程常常能够引入崭新而不同的刺激因素，而这些因素可能并未被传统分析所考虑。

任务 2：使用红帽分析法，按照优先顺序列出一份恐怖分子进入孟买可能使用的各种交通方式的清单。

步骤 1：召集一组对该目标、行动环境及恐怖组织动机和思想风格有深刻了解的专家。如果可能，尽量吸收那些十分熟悉孟买文化、说当地话、具有相同种族背景或长期居住在该地区的人员，加入这一专家小组。

步骤 2：要求小组成员制定一份标准清单，这些标准在确定个人选择进入孟买的交通方式时最有可能用到。之所以首先向小组提出如何行动的问题，是为了确立一条基准线，评估恐怖分子是否可能采取不同行动。

步骤 3：利用这份清单，将结构化头脑风暴讨论会上形成的各组类同观点按优先顺序排列出来，把本组最有可能的选择放在清单上部，而将最不可能的选择放在清单下部。

步骤 4：将各组类同观点按优先顺序排列后，列出一份包含所有清单的总清单。总体来说，最有可能实行的想法放在上部，而将最不可能实行者放在下部。

步骤 5：在小组明确表明将以何种方式行事后，要求小组成员解释为何他们会采取这样的行动。要求他们列出一份促使其如此行事的核心价值标准和核心假定清单。同样，实施这一步骤的目的还是为了确立一条基准线，评估敌手为何可能做出不同回应。

步骤 6：一旦小组成员以令人信服的方式解释了其选择如此行事的原因，则要求其站在恐怖分子的立场上，模拟其回应方式。重复步骤 2—4。应强调避免陷入镜像思维的必要性。现在的问题不是“假如你是他们，你将如何行事？”，而是“根据恐怖分子的背景、以往经验及当前形势，他们会如何解决这一问题？”

步骤 7：练习至此，所有恐怖分子的观点均汇集到一起并按优先顺序排列完毕，专家小组应该提出以下问题：“恐怖分子与我们的价值标准或行动方式一致吗？”如果不一致，这些差异将如何引导他们按照我们进行此项练习前可能没有预料到的方式行动？

步骤 8：提交上述结果，描述考虑过的替代选择，及恐怖分子最有可能选择这些交通方式的依据。考虑以非常规方式提交报告结果，譬如采用以下方式：

★ 用第一人称的方式，描述恐怖分子讨论该问题时进行的一次假想会话。

★ 起草一份恐怖组织领导人可能会拟定的文件（一系列指示、军事命令或指令）。

分析所得增值。你的标准清单够全面吗？其中有些标准是否比其余标准更应得到倚重？在你评估各种观点时，是否反映出这一点？

方法 3：经典象限处理法 TM

经典象限处理法 TM 将关键假定检查法[1]和多种情景生成法[2]综合在一

[1] 原注：Richards J. Heuer Jr. and Randolph H. Pherson, *Structured Analytic Techniques for Intelligence Analysis*, 2nd ed. (Washington, DC: CQ Press, 2015), 209.

[2] 原注：Richards J. Heuer Jr. and Randolph H. Pherson, *Structured Analytic Techniques for Intelligence Analysis*, 2nd ed. (Washington, DC: CQ Press, 2015), 144.

起，用于生成一系列替代情景或情节。该方法对孟买恐怖袭击案尤其具有帮助作用，因为我们对于袭击者的确切计划和意图一无所知。这一方法有助于分析人员确定和质疑可能构成分析基础的关键假定，同时通过生成众多可信的替代情景，帮助执法人员把注意力集中到最可能的袭击类型上进行预测。

任务 3：利用经典象限处理法™进行头脑风暴，得出恐怖分子袭击孟买可能会采取的所有方式。按照最有可能出现到最不可能出现的顺序，列出各个情景。

步骤 1：陈述你的首要假设。

步骤 2：根据记者式问题清单中的“何人？何事？如何？何时？何地？何故？”等问题，将该首要假设拆分成各个组成部分。

步骤 3：确定上述组成部分中哪些对分析最为关键。

步骤 4：针对各个关键组成部分，在一张表格中标明 2 或 4 个（偶数）相反维度（表 14.3 为一份模板范例）。

步骤 5：将上述相反假定的组合排列在多个 2×2 矩阵中。

步骤 6：针对各个象限均生成一两个可信情景。

步骤 7：将所有生成的情景排列在一份独立清单中，将最可靠者置于清单上部，最不可靠者置于下部。

表14.3　经典象限处理法™矩阵模板

首要假设的关键组成部分	相反或替代维度	

分析所得增值。哪个情景最值得关注？应将注意力集中于一个情景，还是数个情景都可能同时出现？在回顾值得关注的最可能出现情景时，是否有关键主题出现？在力图阻止袭击事件发生或减轻袭击带来的可能破坏时，这一方

法是否有助于人们确定该把最多的关注投向何处？

方法 4：指标法

指标是可以观察到或推理得出的现象，人们能够定期回顾这些现象来帮助追踪事件、预测敌人的袭击计划、发现新兴趋势、区别竞争性假设并对难以预料的变化给出预警。指标清单包含一组预先设定的行动、条件、事实或事件，它们同时发生时强烈表明有一种现象存在或即将出现，或者某种假设正确无误。确定和监视指标的情况是情报分析的根本任务，因为它们是避免突发事件发生的主要手段。执法界可以将指标用于评估某一目标的行为举止是否符合某一既定模式或首要假设。此时，上述指标常被描述为回顾性或描述性指标。在情报分析中，指标经常被描述为前瞻性或预测性指标。

由一组学识渊博的分析人员开列一份详细指标清单的过程，对所有参与者通常也是一个良好的学习过程。对于来自不同组织或拥有不同类型专业知识（例如反恐或禁毒分析、基础设施防护及国家专业知识等）的分析人员来说，这一过程可成为知识交流的有用媒介。指标清单可成为实施调查、指导情报搜集活动及将相关信息传达给所有相关方的基础。通过辨识和监视表明某一情景正在形成的指标或路标，分析人员就能够对未来发展方向给出早期预警，但这些早期迹象并非显而易见。人类习惯于见到其期望的结果，而忽略意料之外的结果。只有在事先利用指标确定某一具体情景的背景下，指标方才具有意义。提前识别某一情景及相关指标，分析人员就可以做好思想准备，辨别并预防不良情景的出现，或助推某一良好情景的实现。

任务 4：为那些最值得关注的情景，包括在任务 3——经典象限处理法™练习中生成的情景，制定出多套不同的指标。

步骤 1：为本案例制定一份最值得关注的待追踪情景清单。

步骤 2：自己一人或最好与小组合作，通过头脑风暴为各情景列出一份指标清单。

步骤3：复核并精简各套指标，删除重复指标，合并类似指标。

步骤4：考察各个指标，确定其是否符合下列5个标准，删除不合格指标。

1. **可观察性和可收集性**。这些指标（若有）能够被可靠线人观察并上报，必须对此抱有一定的合理期望。若将某一指标用于监视一段时间内的变化情况，则该指标在此过程中必须具有可收集性。
2. **有效性**。一项指标必须与分析人员试图预测或评估的最终状态明确关联，必须与全部或至少某些替代解释或结果不符，必须能够精准测定主题理念或现象。
3. **可靠性**。当使用比较法时，数据收集必须具有一贯性。观察和收集数据者必须观察相同的事物。为保证可靠性，应精确定义指标。
4. **稳定性**。一项指标必须能够随着时间的推移保持其有用性，以便分析人员做出比较并跟踪事件的发展。理想的情况是，在事件发展的早期，指标应具有可观察性，以便分析人员和决策者有时间做出相应反应。
5. **独特性**。一项指标应仅用于测量一个对象，并能与其他指标一起只表明被研究对象的情况。有价值的指标不仅与某一特定情景或假设相符，还与所有其他替代情景均不相符。

分析所得增值。上述指标是否全面且互斥？针对每一情景，是否都生成了数量足够的高质量指标，来完成有效分析？上述指标能否用于查明有计划的袭击行动或阻止可能的敌对行为？

方法5：指标验证因子法™

指标验证因子法™是一种用于评估指标诊断力的简单工具。分析人员制定出一套值得关注的情景或竞争性假设后，接着就要为各情景或假设设定指标。这样，当该具体情景开始崭露苗头或该具体假设演变为现实时，这些指标将会与其匹配。但有一个人们不常问及的关键问题是，某项具体指标是否只与其指向的情景或假设匹配得当，还是与一个或多个替代情景或假设匹配。数个情景或数个假设都可以通用的那些指标，并不具有诊断价值——这些指标在确定某一具体情景是否与其匹配，或某一具体假设是否真实无误时，并非特别有用。理想的指标对其所指向的情景具有高度的匹配可能性，而对于与其他情景的匹配，则具有高度不可能性。

任务 5： 使用指标验证因子法™评估你所设定指标的诊断价值。

步骤 1： 做一个与竞争性假设分析所用矩阵类似的矩阵。[1] 可以选择手动方式或使用指标验证因子法™软件完成这个矩阵。如果你的系统中未安装指标验证因子法™软件，可与 Globalytica LLC 公司联系，邮箱：ThinkSuite@globalytica.com 或网址：Http://www.globalytica.com。在矩阵上方列出替代情景，在其左侧下方列出所生成各个情景的指标。

步骤 2： 逐行评估每个情景的指标，评估其是否：

- ✶ 极可能发生。
- ✶ 有可能发生。
- ✶ 也许会发生。
- ✶ 不可能发生。
- ✶ 极不可能发生。

针对某一具体情景——主情景，所给出的指标，应该是“极可能”或“有可能”发生的指标。

如果没有上述软件，你也可以自行评分。如果针对主情景的指标属“极可能”，则其对于其他情景而言：

[1] 原注：关于竞争性假设分析法的更全面介绍，参见 Richards J. Heuer Jr. and Randolph H. Pherson, *Structured Analytic Techniques for Intelligence Analysis*, 2nd ed. (Washington, DC: CQ Press, 2015), 181。

★ 极可能发生为 0 分；

★ 有可能发生为 1 分；

★ 也许会发生为 2 分；

★ 不可能发生为 4 分；

★ 极不可能发生为 6 分。

若该指标在主情景中属“有可能”，则在其他情景中：

★ 极可能发生为 0 分；

★ 有可能发生为 0 分；

★ 也许会发生为 1 分；

★ 不可能发生为 3 分；

★ 极不可能发生为 5 分。

步骤 3： 逐行计算总分，然后给所有指标排序。

步骤 4： 将指标重新分类，将得分最高者列在矩阵上部，得分最低者列在矩阵下部。最具辨别力的指标，在主情景中极可能出现，在所有其他情景中则极不可能出现。而最不具辨别力的指标，在所有情景中均属极可能出现。大多数指标都会介于上述两者之间。

步骤 5： 评级为“极不可能”和“不可能”的指标，最具辨别力，应该加以保留。

步骤 6： 评级不是“极不可能”和“不可能”的指标，则应予以放弃。

步骤 7： 自行判断是否保留或放弃得分较少的指标。一般而言，应放弃全部评级为“极不可能”和“不可能”的指标。但在某些情况下，与其他几个指标放在一起考察时觉得有用的指标，可能值得保留。

步骤 8： 在排除不具辨别力的指标后，将剩余指标重新排在其主情景下方。

步骤 9： 如果某一特定情景的大量指标被排除，则应为该情景制定更具诊断价值的补充指标。

步骤 10： 使用指标验证因子法™ 再次检查所有新指标的诊断价值。

分析所得增值。针对各个情景，是否都给出了一整套具有高诊断价值的严谨指标？这些指标清单能否提供有用的线索，让当地官员和商人（诸如酒店、饭店老板之类），对合理的袭击情景保持警觉呢？上述指标的重点突出程度是否足以生成具体的搜集需求或后续任务，让当地官员和商人更具体地了解要寻找什么？

[第十五章]

伊朗干涉巴林事务

作者：弗兰纳里·贝克尔（Flannery O. Becker）与萨拉·毕比

关键问题

★ 巴林对伊朗干涉的指控是否真实？
★ 伊朗与反对派提出的反指控是否真实？
★ 伊朗会寻求怎样的方式影响巴林？

内容提要

2011 年 4 月，巴林向联合国秘书长提交了一份秘密报告，指控伊朗利用真主党来支持巴林反对派举行的“阿拉伯之春”（Arab Spring）起义，并可能为其提供资金。伊朗否认了该指控，而巴林反对派同时提出针对巴林政府的反指控。相互矛盾的指控和反指控，形成一个由事实真相和伊朗干涉指控所形成的汪洋大海，而观察者和分析人员只能在这一海洋中航行、探索。他们得到的结果对美国干系重大：如果巴林政府的指控属实，那么美国决策者就不得不面对伊朗与沙特阿拉伯（地处巴林以西的逊尼派邻国）之间爆发一场代理人战争的前景；如果反对派的反指控和伊朗的否认不虚，则美国政策就会更关注采取何种国内改革措施，以消除反对派的怨气。**星爆法**可以帮助分析人员识别案例中的关键问题，**形态分析法**（**Morphological Analysis**）可以探索上述指控与反指控的可能选项，**结构**

化头脑风暴可以说明问题的关键维度，**指标法**则可以用来指导未来的情报搜集和分析工作。

一、案例叙述

指控和反指控

2011 年 4 月，巴林迈出了非同寻常的一步，向联合国秘书长潘基文（Ban Ki-moon）递交了一份秘密报告，指控伊朗利用黎巴嫩真主党支持巴林反对派领导的“阿拉伯之春”起义，还可能向其提供了资金。[1] 该报告称“有证据证明，为了策划推翻哈里发君主政体，有巴林人员正在真主党营地受训，而设立这些营地的目的是专门用来训练来自波斯湾的人才”。[2] 伊朗外交部长阿里·阿克巴·萨利希（Ali Akbar Salehi）坚决否认上述指控，称“我想直截了当地驳回巴林当局孤注一掷的企图，他们试图把我方政府牵连进完全由他们自己误算和失策所导致的恶果之中”。[3] 与此同时，巴林的主要反对党——伊斯兰民族和谐协会（al-Wefaq）的发言人提出反指控，随后又称“巴林政府利用冲突，将发生在巴林的一切都怪到伊朗头上，这易如反掌”。[4] 他进一步指出，巴林政权正在描绘一幅画面，展示它对占人口大多数的什叶派反对者实施的压迫，而这样做很符合巴林重

---

[1] 原注：Jay Solomon, “Bahrain Sees Hezbollah Plot in Protest,” *Wall Street Journal*, April 25, 2011, http://online.wsj.com/article/SB10001424052748703907004576279121 469543918.html.

[2] 原注：Jay Solomon, “Bahrain Sees Hezbollah Plot in Protest,” *Wall Street Journal*, April 25, 2011, http://online.wsj.com/article/SB10001424052748703907004576279121 469543918.html.

[3] 原注：Jay Solomon, “Bahrain Sees Hezbollah Plot in Protest,” *Wall Street Journal,* April 25, 2011, http://online.wsj.com/article/SB10001424052748703907004576279121 469543918.html.

[4] 原注：Phillip Walter, “Bahrain Opposition Fears Effects of Iran–West Tensions,” *Voice of America*, January 30, 2012, http://www.voanews.com/english/news/middle-east/Bahrain-Opposition-Fears-Effects-of-Iran -West- Tensions-138324239.html.

要盟友美国的口味，后者的海军第五舰队（Naval Fifth Fleet）正驻扎在麦纳麦。[1]

关于伊朗干涉的指控频频发生，而这些指控的根源则是伊朗与其阿拉伯邻国在该地区由来已久的权力斗争。巴林及统治该国政权的逊尼派哈里发家族，长期以来饱受国内动荡不安之苦，该家族统治下的巴林什叶派信徒占该国人口的近 70%，什叶派信徒则被普遍视为政治、经济不平等的受害者。[2] 在以往的数十年里，巴林政府镇压内部反对派运动和关押反抗人士，屡次提及国外影响。然而，巴林向联合国提起上诉，却是前所未有之举，这使其指控升级到一个全新水平。

上述相互矛盾的指控和反指控，形成一片充满伊朗干涉指控和事实真相的汪洋大海，观察和分析人员则只能在海洋中航行、探索。他们得到的结果对美国干系重大：如果巴林政府的指控属实，那么美国决策者就不得不面对伊朗与沙特阿拉伯（地处巴林以西的逊尼派邻国）之间爆发一场代理人战争的前景；如果反对派的反指控和伊朗的否认不虚，则美国政策就会更自然地聚焦于采取何种国内改革措施，方可消除反对派怨气方面。

逊尼派执掌朝政，什叶派充当平民

成为逊尼派君主政体前，在 1000 多年的岁月里，巴林曾断断续续地处于庞大的波斯帝国统治之下。各种不同的阿拉伯部落都曾栖息在这一小岛上，小岛的面积约为罗德岛的五分之一。公元 4 世纪，波斯帝国才正式将其吞并。直到 1783 年，一个核心阿拉伯部落的哈里发家族赶走了波

---

[1] 原注：Phillip Walter, "Bahrain Opposition Fears Effects of Iran–West Tensions," *Voice of America*, January 30, 2012, http://www.voanews.com/english/news/middle-east/Bahrain-Opposition-Fears-Effects-of-Iran -West- Tensions-138324239.html.

[2] 原注：Condoleezza Rice, *No Higher Honor: A Memoir of My Years in Washington* (New York: Random House, 2011), 369.

斯人，宣布巴林酋长国归自己所有。[1]1868 年，欧洲殖民主义扩张到非洲和中东，巴林成了大不列颠—特鲁希尔酋长国的一部分。1880 年与 1892 年，哈里发家族与英国签订附加条约，授权英国管理生活在巴林的英国人及外国人，未经英国同意，巴林不得与他国进入敌对状态。[2] 随着英国在巴林势力日增，1966 年，英国将其位于也门亚丁的军事基地移至巴林的麦纳麦，并一直驻留到 1971 年（巴林最终获得独立后的次年）。[3] 虽然英国从该岛撤军，但留下了一个大型和实用的军事基地。(见地图 15.1)

伊朗于 18 世纪正式失去对巴林的控制权，但几个世纪以来，却一直宣称对该省拥有所有权。自 1970 年起，伊朗和英国就对巴林未来的地位存在分歧。英国认为该岛是一个阿拉伯主权国家，伊朗则从未承认过这个英国保护国的合法性，而是将巴林视为其第 14 个波斯省，并称"英国 100 多年来对这些岛屿的保护，阻碍了伊朗在上述地区行使其合法权利"。[4]1970 年 3 月，伊朗驻联合国代表致信联合国秘书长，要求安理会查明巴林人民关于其未来地位的"真实愿望"。[5] 随后发表的一份报告表明，绝大多数巴林人希望独立，这最终迫使伊朗放弃对该岛长期的领土主张。[6]

---

[1] 原注：David Lea, *A Political Chronology of the Middle East* (London: Routledge, 2001), 17.

[2] 原注：Lobna Ali Al-Khalifa, *Foreign Direct Investment in Bahrain* (Boca Raton, FL: Universal Publishers, 2010), 84.

[3] 原注：Thomas M. Leonard, *Encyclopedia of the Developing World*, Vol. 1 (New York: Routledge/Taylor & Francis, 2006), 133.

[4] 原注：United Nations Security Council Resolution 287 (1970), Secretary General Note to the Security Council S/9772, *Middle East Journal* 24, no. 3 (Summer 1970), http:// www.jstor.org/stable/4324618, 373–80.

[5] 原注：Secretary General of the United Nations, Note to the Security Council, March 28, 1970, S/9726, Good Offices of the U.N. Secretary-General with Regard to Bahrain, *International Legal Materials* 9, no. 4 (July 1970): 787–805, http://www.jstor.org/ stable/20690657.

[6] 原注：UN Security Council Meeting #1536, May 11, 1970, New York,http://search.un.org/search?q=iran+1970+Bahrain&ie=utf8&oe=utf8&output=xml_no_ dtd&site=ods_un_org&filter=p&proxystylesheet=UN_ODS_test&client=UN_ODS_test&getfields=DocumentSymbol.Title.Size.PublicationDate&ProxyReload =1&as_q=&as_epq=&as_oq=&as_eq=&lr=&num=10&m

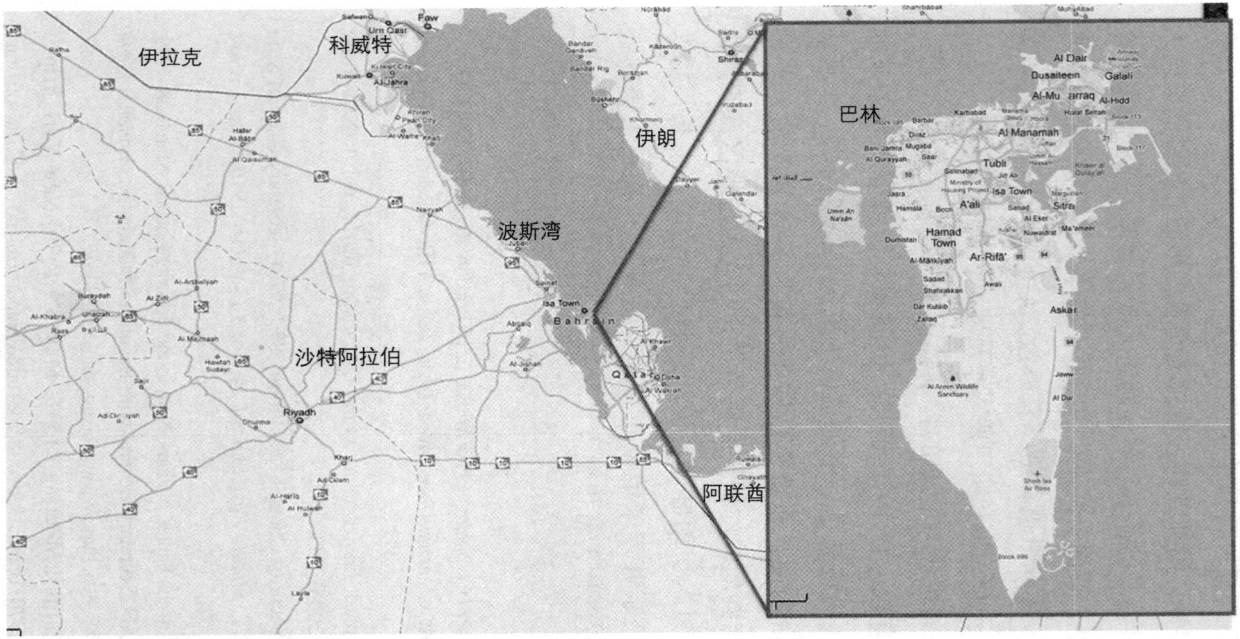

地图 15.1　从地域角度看巴林

巴林是个群岛，由 36 个位于沙特阿拉伯东部海岸的岛屿组成。其中有 4 个主要岛屿通过堤道相连，占据该群岛陆地总面积的约 95%。尽管巴林这个海湾小岛面积仅有 256 平方英里，且缺少其盛产石油的邻国那样大量的石油财富，但它仍然是一个繁荣的现代化国家。巴林是重工业集结地，还是波斯湾国家和伊斯兰金融的银行中心。上述优势让巴林的人均收入超过加拿大和德国。宽带网络覆盖该国几乎 94% 的地区，像其他发生“阿拉伯之春”的国家一样，反对派能够成功地组织起来并得到民众支持，这一点起到了至关重要的作用。

资料来源：*CIA World Fact Book*，2010.

然而巴林对波斯霸权的恐惧并未随着伊朗对联合国的让步而减退。1973 年，巴林通过宪法，选举产生了第一届议会。然而，国民大会（National Assembly）却力图终结哈里发家族的统治，将美国海军赶出巴林，因此埃米尔（emir）解散了国民大会。1979 年伊朗革命（Iranian Revolution）后，巴林对独立的担忧更多地来自新伊斯兰神权政体中什叶派宗教影响力的蔓延，而非伊朗的军事和政治力量。哈里发家族和其他统治大量什叶派民众的海湾国家逊尼派君王们，都认识到伊朗支持下的什叶派起义，可能对其脆弱政权构成最严重的威胁。

1981 年，哈里发家族的恐惧成为现实，当时该政府挫败了一起“政变”。此次政变由解放巴林伊斯兰阵线（Islamic Front for the Liberation of Bahrain，IFLB）领导，该组织于 1975 年成立，是一个地方什叶派抵抗组织，在经济和后勤方面得到新近得势的伊朗文职政权的支持。[1] 解放巴林伊斯兰阵线的总部设在德黑兰，但其所有成员均为巴林人。这个组织公开、紧密地支持伊朗伊斯兰共和国，甚至派人员参加两伊战争。[2] 从其发端伊始，解放巴林伊斯兰阵线就从事反对什叶派的运动，大力支持 1979 年的阿亚图拉·霍梅尼（Ayatollah Khomeini）上台执政和建立伊斯兰共和国（Islamic Republic）。该组织公开宣布支持伊朗，宣称“胜利属于伊玛目霍梅尼领导下的伊斯兰世界革命！忠诚的巴林人民斗争万岁！”，公开对其表示支持。[3] 在揭露了 1981 年的未遂政变后，哈里发政府立即逮捕了

etaTitle=&ie=utf8&oe=utf8& output=xml_no_dtd&site=ods_un_org&filter=0&q=&proxystylesheet=UN_ODS_test&client=UN_ODS_test&getfields=DocumentSymbol.Title.Size.Publication Date&ProxyReload=1.

[1] 原注：在 2006 年与巴林日报的一次访谈中，前解放巴林伊斯兰阵线成员穆尔塔达·巴德尔表示，阵线成员在法国会见伊玛目霍梅尼，使用是伊朗给他们提供的金钱和假护照。Laurence Louër, *Transnational Shia Politics: Religious and Political Networks in the Gulf* (New York: Columbia University Press, 2008), 178.

[2] 原注：“Islamic Front for the Liberation of Bahrain Interview,” BBC, October 11, 1980, LexisNexis.

[3] 原注：“Ramadan Statement by Islamic Front for the Liberation of Bahrain,” BBC, July 13, 1980, LexisNexis.

300 名解放巴林伊斯兰阵线支持者，审判了 73 个同谋嫌疑人。[1] 许多躲过第一轮搜捕的该组织成员和领导人逃离了巴林，在黎巴嫩、英国和伊朗组建了多个新巴林人反抗联盟。虽然解放巴林伊斯兰阵线于 20 世纪 90 年代末期正式解散，但其许多成员却在 2001 年重返巴林，再次组织和领导反对派活动。

1981 年的未遂政变在海湾国家领导人中引发了极大的担忧，他们开始意识到宗教是比民族主义更强大的变更剂。虽然什叶派在巴林的地位问题长期令人担忧，但几乎无人能够料到如此激进的反叛会在经济稳定的本土人口中爆发。尽管解放巴林伊斯兰阵线当时只代表一小部分巴林什叶派信徒，但其所代表的跨国什叶派教义的崛起，刺激了其他什叶派群体于 20 世纪 80 年代早期组织起来，呼吁变革。反对派与伊朗的联系是否仍潜藏在什叶派群体中，抑或是在随后的 30 年间消散殆尽，仍然不为人知。

巴林什叶派和伊朗什叶派：信奉宗教相似，种族不尽相同

1979 年伊斯兰革命对整个中东地区的什叶派群体和世界各处的伊斯兰团体产生了深刻的影响。什叶派信徒，尤其是那些生活在逊尼派或世俗主义统治下者，对新伊斯兰神权政体引以为豪。然而这种对伊斯兰共和国的惺惺相惜之情，并不一定来自对自己国家也发生类似政治变革的渴望，而是源于对伊朗在该地区有强大什叶派影响力的尊重。[2] 尤其是巴林的什叶派信徒，虽然受到其强大什叶派邻居的鼓舞，但他们仍将自己视作与众不同的巴林什叶派信徒，而非伊朗什叶派信徒的代理人（见表 15.1）。

---

[1] 原注：R. K. Ramazani, “Shi’ism in the Persian Gulf,” in Juan R. I. Cole and Nikki Keddie, eds., *Shiism and Social Protest* (New Haven, CT: Yale University Press, 1986), 49.

[2] 原注：Graham E. Fuller and Rend Rahim, *The Arab Shi’a: The Forgotten Muslims* (New York: Palgrave Macmillan, 1999), 123.

表15.1 巴林什叶派信徒和伊朗什叶派信徒的区别

	巴林什叶派	伊朗什叶派
部落	巴哈拿	波斯
语言	阿拉伯语	波斯语
宗教信条	阿赫巴里	乌苏勒

资料来源：Laurence Louër, *Transnational Shia Politics: Religious and Political Networks in the Gulf* (New York: Columbia University Press, 2008), 111.

语言和种族差异将阿拉伯的巴林什叶派信徒明显与其波斯邻居区别开来。巴林（国）人是来自巴哈拿部落的阿拉伯人，讲阿拉伯语。伊朗人则是波斯人后代，讲波斯语。上述差异对巴林人的国家认同极为重要，对某些人来说，这超越了重要但位居第二的与伊朗什叶派信徒宗教上的密切联系。

在什叶派法律思想方面，伊朗和巴林之间有着根本分歧，这进一步削弱了两国间的强劲跨国宗教联系。尽管伊朗和大多数什叶派国家都遵循伊斯兰法的乌苏勒教条，但世上仍有少数地区强烈信奉阿赫巴里（Akhbari）学说，巴林就是其中之一。阿赫巴里学说信徒被视作天生的“寂静主义者”，他们相信教士只应在社会中承担给出劝告的角色，而非政治领袖。此教条与伊朗人的教条形成鲜明对比，后者通过乌苏勒教条将最高领袖在政治和宗教指导方面的作用合法化。[1] 虽然对部分有影响力的巴林什叶派教士是否还继续严格遵循阿赫巴里学说的问题，尚无定论，但众多教士仍无比忠诚于该学派的主要原则。[2]

巴林的逊尼派和什叶派公民：分歧超出宗教范围

尽管巴林什叶派信徒和巴林逊尼派信徒国籍相同，但两者之间却存在鸿沟。导致双方隔阂的不仅有年深日久的宗教分歧，也有社会、经济和语

[1] 原注：Louër, *Transnational Shia Politics*, 19.

[2] 原注：Louër, *Transnational Shia Politics*, 111.

言方面的差异。在许多方面，正是上述差异给巴林的民族团结带来更多潜在不和，其影响超过伊斯兰教派主义。

在过去 20 年间，巴林实现了经济的巨幅增长，虽然外界普遍认为大多数什叶派民众并未平等地分享这些财富，但要精确对其进行估算也非易事。然而，最近一次测算表明，收入差距仍然相差很大，相对贫困率估计在 30% 和 40% 之间。[1] 按照惯例，政府公职一般都将什叶派信徒拒之门外，尤其是安全部队。还有许多什叶派信徒抱怨，私营部门的工作都给了那些愿意接受更低工资的外国人。此外，尽管什叶派信徒构成巴林人口的大多数，但他们中能够成为当选官员者却不多。他们指控哈里发政权在选举中弄虚作假，使人烟稀少的逊尼派地区在立法机关的代表人数超过标准规定。在一些批评家看来，由于多数人的公民选举权遭到剥夺而导致的政治不平衡，加剧了教派分裂。

让不公平和分裂雪上加霜的是，巴林什叶派和逊尼派信徒在口语中使用不同方言。因为沙特阿拉伯东部省曾经有段时间与如今的巴林合为一体，所以两个国家的什叶派信徒都讲同一种阿拉伯方言，巴林的逊尼派信徒则通常使用贝都因（Bedouin）方言，这是其他海湾国家逊尼派共用的方言。[2]

20 世纪 90 年代的动荡不安

在经历了一段时间的政治停滞不前、社会边缘化及失业率的攀升后，1994 年晚些时候，巴林的什叶派年轻人走上了街头，抗议经济状况的恶化。此次“暴动”（intifada）最初是巴林年轻人自发的反抗活动，一直持续到 1999 年方才结束。“暴动”后来引起了巴林各个国际组织和人权非政府组织的注意，获得了支持和更多关注。总部位于伦敦、由移居海外的巴

[1] 原注：Ala’a Shehabi, “From National Celebration to Day of Rage,” *Open Democracy*, February 12, 2011, http://www.opendemocracy.net/alaa-shehabi/bahrain-from-national-celebration-to-day-of-rage.

[2] 原注：Clive Holes, *Dialect, Culture and Society in Eastern Arabia*, Part 1, Vol. 51 (Leiden: Brill, 2001), XXI–XXIII.

林人萨义德·谢哈比（Saeed Shihabi）领导的巴林伊斯兰自由运动（Islamic Bahrain Freedom Movement [IBFM]，*Harakat Ahrar al-Bahrain al-Islamiyya*）组织，注意到了此次“暴动”。谢哈比本人声称曾参加20世纪80年代的巴林暴动。[1]这一次，巴林伊斯兰自由运动组织轻描淡写了起义的伊斯兰根基，将其刻画成一次大众化的民主运动，谢哈比想凭借此举赢得西方社会的同情。他与其他几位居住在英国的巴林人一起，游说大赦国际（Amnesty International）、联合国甚至英国议员，出面代表他们干预这一运动。

巴林伊斯兰自由运动组织的总部虽然位于英国，但它与巴林当地运动的领导人保持着密切联系。一个名为阿里·萨尔曼（Ali Salman）的年轻教士，虽然此前看似与政治毫无瓜葛，但却成为“暴动”的领导人。1995年，巴林当局因萨尔曼参与抗议活动，逼迫其离开了巴林。但他并未前往黎巴嫩或库姆（他曾在库姆学习宗教），而是直奔伦敦，参加了巴林伊斯兰自由运动。

支持反对派运动的境外人士还有穆罕默德·阿里·马赫福兹酋长（Sheikh Muhammad Ali al-Mahfouz）——当时遭到流放的解放巴林伊斯兰阵线总书记。20世纪80年代早期，马赫福兹与其他几位该组织成员逃离巴林，来到贝鲁特市外的一栋公寓避难，在此处他向该组织传递了团结一致的讯息。[2]虽然马赫福兹一直远离巴林，流亡在外，但他却最终以本国什叶派信徒中的英雄身份，与其他侨居海外、有影响力的巴林人一起回到了祖国。

20世纪90年代中期，发生了多次暴动，凸显了（巴林）这个小岛上日益紧张的局势，这些暴动本质上并非仅仅事关宗派，还牵涉众多根本原因。上述暴动的卷入者往往既有什叶派信徒，也有逊尼派信徒，他们团结起来，呼吁进行更大规模的政治改革。他们一起向君主政体请愿，要求改变社会经济政策，呼吁重回宪法民主。[3]1975年，埃米尔阿尔－哈里发（Al-Khalifa）

---

[1] 原注：Louër, *Transnational Shia Politics*, 202.

[2] 原注：科威特报纸 *Al-Siyassah* 声称马赫福兹1994年生活在贝鲁特郊外，他通过真主党接收德黑兰的指令。“Bahrain Says Riots Instigated by Foreign ‘Troublemakers,’ ” Associated Press, December 26, 1994, Lexis-Nexis.

[3] 原注：Yvonne Yazbeck Haddad and John Esposito, *Islam, Gender and Social Change* (Oxford:

废除了刚刚生效两年的宪法。自此以后，巴林人民一直处于应急法统治之下。

“暴动”从 1994 年一直持续到 1999 年，其特点是各方均实施暴力行为，结果导致数十人死亡，数百人受伤。对一个仅有 60 万人口的国家来说，这是个相当可观的数字。政府安全部队关押了反对派运动领导人，且残暴地镇压了街头抗议。[1] 几个持不同政见者组成的小团体，对政府大楼、豪华饭店和当地企业实施了一系列报复性炸弹袭击，结果使已经四分五裂的社会局势进一步恶化，社会分裂进一步加剧。一名声称是解放巴林伊斯兰阵线发言人的男子，最初宣称该组织对 1996 年 2 月在外交官酒店的爆炸负责，但后来该组织却否认与爆炸有任何关联。[2]

在那些政治动荡岁月里，巴林同意与西方建立起更牢固的关系，与美国签订了一份协议，允许后者使用以前英国人建造的麦纳麦海军基地。1995 年，负责在波斯湾、红海和阿拉伯海采取大规模军事行动的美国海军第五舰队，重新恢复了行动。

哈里发家族与西方之间的微妙关系，近来因沙特阿拉伯在海湾国家影响力的增强而变得复杂起来，原因是沙特阿拉伯对巴林进行政治介入由来已久。除了向巴林提供石油补贴外，沙特政权还与哈里发家族保持着密切关系。[3] 沙特王室力图将伊朗在该地区的影响力降到最低，长久以来它一直担心巴林的人民起义会导致其毗邻的沙特东部省动荡不安。东部省有沙特最大的石油和天然气储备，还居住着大量什叶派民众（见表 15.2）。就在巴林爆发“阿拉伯之春”运动后不久，沙特国王于 2 月 23 日向包括东部省什叶派民众在内的沙特公民，发放了 107 亿多美元的救济金，表明了他的担忧。[4]

Oxford University Press, 1998), xxiv.

[1] 原注：Julie Chernov Hwang, *Peaceful Islamist Mobilization in the Muslim World: What Went Right* (New York: Palgrave MacMillan, 2009).

[2] 原注：Henry E. Mattox, *Chronology of World Terrorism, 1901–2001* (Jefferson, NC: McFarland, 2004), 136.

[3] 原注：“Bahrain Oil Minister: Fuel Subsidies Will Continue to Soar,” *Khaleej Times*, November 22, 2010, http://menafn.com/menafn/qn_news_story_s.aspx?storyid =1093378358.

[4] 原注：“Saudi King Announces New Benefits,” Al Jazeera, February 23, 2011, http://www.aljazeera.com/news/middleeast/2011/02/201122310532842 4268.html.

表15.2 伊朗在中东影响范例

国家	伊朗影响范例
阿富汗	20 世纪 90 年代，伊朗向北方联盟（Northern Alliance）提供财政和物质支持，借此对塔利班及其他伊斯兰极端分子发起了一场代理人战争。[1] 在后塔利班时代的阿富汗，伊朗的影响有时更加直接。2010 年，哈米德·卡尔扎伊总统承认其参谋长曾收取成袋的伊朗现金，随后又说这些现金为援助资金。[2]2012 年，西方媒体报道说，德黑兰正在阿富汗进行多方面的影响行动，其中包括“与塔利班建立更紧密的关系、资助政客和媒体，以及扩大与其东部邻国的文化联系等”。[3]
伊拉克	20 世纪 80 年代，伊朗与伊拉克进行了一场旷日持久的战争，战争影响了整个 20 世纪 90 年代。如今，伊朗的首要目标是利用其影响力阻止作为军事威胁的伊拉克恢复元气。为达此目的，德黑兰采取了许多手段，包括支持伊拉克国内发生的战斗、培养相互依存的经济关系、整合伊拉克东部的能源基础设施等。此外，伊朗还为那些符合伊朗利益的“武装团体提供活动资金、媒体支持……以及准军事援助”。[4]

[1] 原注：Amir Bagherpou and Asad Farhad, “The Iranian Influence in Afghanistan,” *Frontline*, August 9, 2010, http://www.pbs.org/wgbh/pages/frontline/tehranbureau/ 2010/08/the-iranian-influence-in-afghanistan.html.

[2] 原注：“US “Concerned’ about Iran Influence in Afghanistan,” *Telegraph*, October 26, 2010, http://www.telegraph.co.uk/news/worldnews/asia/afghanistan/8086823/US-concerned-about-Iran-influence-in-Afghanistan.html.

[3] 原注：Ernesto Londoño, “Iran Intensifies Efforts to Influence Policy in Afghanistan,” *Washington Post*, January 4, 2012, http://www.washingtonpost.com/world/asia_pacific/iran-strives-to-play-spoiler-in-afghanistan/2012/01/01/gIQAZ6gCb*P*_story.html.

[4] 原注：Michael Knights, “Iran’s Influence in Iraq: Game, Set but Not Match to Tehran,” *Guardian*, October 17, 2010, http://www.guardian.co.uk/world/2010/oct/17/iran-influ ence-iraq-tehran.

（续表）

黎巴嫩	20 世纪 80 年代早期，伊朗帮助建立了（黎巴嫩）真主党，此后一直利用什叶反对派对黎巴嫩施加影响，遏制以色列。然而近年来，在伊朗和真主党携手遏制以色列和西方的过程中，两者之间的代理人关系逐渐演变为合作伙伴关系。[1] 伊朗利用其革命卫队“教授真主党如何组织起来，设置情报部、反坦克战部、爆破部、工程部、通信部和火箭发射部等单位，使其更像一支军队”。[2]
叙利亚	伊朗与叙利亚之间的关系长久而亲密，凭借这种关系，伊朗将武器和其他援助输送给真主党和哈马斯（Hamas）。2011 和 2012 年，叙利亚全境爆发游行示威后，据称伊朗给叙利亚提供了装备，用于“驱散该国的亲民主抗议活动，并帮助叙利亚安全部队对互联网和抗议者使用的手机实施封锁和跟踪”。[3]

改革只能带来短暂的局面缓解

1999 年，哈里发家族的埃米尔逝世，其子哈马德 · 本 · 伊萨 · 阿尔 · 哈里发酋长（Shaikh Hamad bin Isa Al Khalifa）继位，20 世纪 90 年代以来的动荡不安局面得到暂时缓解。为了修复与国内什叶派信徒的关系，营造出和平稳定的假象，哈马德宣布实施一系列政治和社会改革。上述改革的关键在于，他意图恢复能为其授予国王头衔的君主立宪制。

[1] 原注：Emile Hokayem, “Iran and Hezbollah: The Balance of Power Shifts in Lebanon,” PBS, January 27, 2011, http://www.pbs.org/wgbh/pages/frontline/tehranbureau/2011/01/iran-and-hezbollah-the-balance-of- power-shifts- in-lebanon.html#ixzz1 qREJSAGt.

[2] 原注：“Hezbollah,” *New York Times*, December 11, 2011, http://topics.nytimes.com/top/reference/timestopics/organizations/h/hezbollah/index.html.

[3] 原注：Ariel Zirulnick, “US Officials: Iran Helping Syria’s Assad Put Down Protests,” *Christian Science Monitor*, April 14, 2011, http://www.csmonitor.com/World/terrorism-security/2011/0414/US-officials- Iran-helping-Syria-s-Assad-put-down-protests.

他还提出赋予妇女完全的投票权，向反对党开放政治舞台等。[1] 哈马德主持举行的 2001 年全民公投，得到了 98% 选民的赞许。此次参与的选民人数之高，创历史纪录，他们给新国王赋予了哈里发家族以前从未得到过的广泛合法性。[2] 哈马德还宣布将于 2002 年举行市政和立法选举，大赦所有政治犯和流放在外的巴林公民，此举进一步缓和了国内紧张局势。

2002 年，哈马德·本·伊萨·阿尔·哈里发国王宣布巴林为君主立宪制国家，并将自己的称号由埃米尔改为国王。

在正式宣布大赦后，许多参加 90 年代“暴动”的前反对派领导人回国，再次让各什叶派反对党获得了新生力量。其中最有名的例证之一当属被流放的教士阿里·萨尔曼，他在 1994 年指挥了多起民众抗议。甫一回国，他就组建了巴林最大、最有影响力的反对党伊斯兰民族和谐协会并成为该党首脑。

国王的广受欢迎只是昙花一现。2002 年，哈马德宣布巴林为君主立宪制国家，并将自己的称号由埃米尔改为国王。虽然伊斯兰民族和谐协会最初支持国王的 2001 年公投，但并不支持其通过的 2002 年宪法，因为协会认为该宪法扩大并集中了君主权力。

该宪法规定设立一个两院制议会，议会内设一个众议院和一个协商院，众议院由 40 名经选举产生的议员组成，协商院则由国王任命的 40 名议员组成。两院议员任期均为 4 年。哈马德通过直接控制对一院议员的任

[1] 原注：“The Report: Emerging Bahrain 2007,” Oxford Business Group, November 27, 2007, http://www.oxfordbusinessgroup.com/product/report/report-emerging-bahrain-2007.

[2] 原注：Louër, *Transnational Shia Politics*, 238.

命，可以有效把握对任何立法的否决权。[1] 除此之外，选区地图分配的方式也限制了巴林什叶派在众议院获得的代表席位数量。这样一来，人口稠密的什叶派地区和人口稀少的逊尼派居住区选出的代表数量相同。

更令什叶派希望破灭的是，政府让数百名逊尼派流亡者加入了巴林国籍，并给予其投票权，这种做法与该地区的其他逊尼派君主政体正好相反。基于以上种种原因，伊斯兰民族和谐协会与其他三个反对政党决定联合抵制 2002 年 10 月的立法选举。[2]

由于民主改革进展缓慢，什叶派和君主政体之间的关系再度紧张，政治局面受到损害。哈里发家族成员采取了系统性的行动，阻止反对派意图鼓励民众支持废除 2002 年宪法、拥护更具自由色彩的 1973 年宪法的行为。为了平息反对派的怨声，哈里发国王关闭了反对派的媒体，逮捕、监禁了人权领袖，限制政治组织的活动并监视反对派团体的推特和脸书账户。[3]

愤怒日（Day of Rage）：阿拉伯之春生根发芽

2011 年早期，随着阿拉伯之春运动在突尼斯和埃及立足已稳，巴林什叶派利用推特和脸书，组织了他们自己的 2 月 14 日游行示威。2001 年的公投曾承诺要实行更大规模的民主变革，而当天正是该公投的十周年纪念日。一开始，政府对游行示威的反应是保持缄默。而抗议者起初只是抱怨网络连接速度太慢，质问政府是否强制服务供应商降低了网速，以放慢消息传播的速度。[4]

---

[1] 原注：Anoushiravan Ehteshami and Steven M. Vright, *Reform in the Middle East Oil Monarchies* (New York: Garnet & Ithaca Press, 2008), 84.

[2] 原注：Louër, *Transnational Shia Politics*, 239.

[3] 原注：Louër, *Transnational Shia Politics*, 255.

[4] 原注：Ian Black, "Bahrain Police Open Fire on Funeral Procession Leaving One Dead," *Guardian*, February 15, 2011, http://www.guardian.co.uk/world/2011/feb/15/bahrain-police-funeral-procession.

最初，抗议者在具有象征意义的麦纳麦珍珠广场进行和平静坐和集会，要求采取有利于改革的措施。但2月17日夜间，巴林国防军突然袭击了临时搭建的帐篷，朝着熟睡的抗议者开枪射击，使得活动陡然剧烈升级。[1] 数十名抗议者被紧急送往急救室，6人因伤势过重身亡，许多人身受重伤。[2] 这次突袭也给示威者壮了胆，更多示威者走上街头。突袭后的抗议基调也随即改变：最初只是呼吁进行温和的政治改革以减轻巴林什叶派受到的歧视，后来则变成直接挑战君主政体本身。[3] 伊斯兰民族和谐协会议员阿卜杜勒－贾利勒·哈利勒（Abdul-Jalil Khalil）指控说，“警察暴力攻击手持国旗游行示威、要求政治和宪法改革的平民”，宣布该党将退出议会（该党拥有议会40个席位中的18席），政治危机进一步加深。[4]

2011年2月14—17日抗议前后的珍珠广场。2月14日抗议者聚集在麦纳麦珍珠广场（左图）；2月17日警方驱散抗议者后进行现场调查（右图）。

[1] 原注：Martin Chulov, “Bahrain’s Quiet Anger Turns to Rage,” *Guardian*, February 17, 2011, http://www.guardian.co.uk/world/2011/feb/17/bahrains-quiet-anger-turns-rage.

[2] 原注：“Clashes Rock Bahraini Capital,” Al Jazeera, February 17, 2011, http://www. aljazeera.com/news/middleeast/2011/02/201121714223324820.html.

[3] 原注：Martin Chulov and Mark Tran, “Bahrain Soldiers Fire on Protesters,” *Guardian*, February 18, 2011, http://www.guardian.co.uk/world/2011/feb/18/bahrain-soldiers-fire-on-protesters.

[4] 原注：Black, “Bahrain Police Open Fire.”

到 3 月份时，抗议活动耗尽了哈里发君主政权的所有资源，巴林开始寻求援助。在海湾合作委员会（Gulf Cooperation Council, GCC）支持下，3 月 14 日，沙特阿拉伯及其他海湾合作委员会成员国派出了 1000 人的军队，他们穿过 16 英里长的法赫德国王大桥（King Fahd Causeway），进入巴林。军队得到的命令是，“保护重要设施，例如石油、电力和水利设备，及金融和银行等设施。”[1] 随后巴林宣布进入紧急状态并命令海湾合作委员会的部队“采取一切手段平息令人痛苦的叛乱”，随之而来的暴力行动导致更多人丧生。[2] 重新陷入暴力冲突后，反对派发表了公开声明，但这些声明只是起到混淆视听的作用，给外界对其与伊朗关系的猜测火上浇油。在接受《消息报》（*Al Akhbar*）采访时，反对派领袖、哈克党人哈桑 · 穆夏玛（Hassan Mushaima）称，如果巴林领导人允许沙特阿拉伯进行军事干预，反对派就有权向伊朗求助。[3] 作为对上述军队干预的回应，伊朗外长阿里 · 阿赫巴里（Ali Akhbar）敦促派遣军队进入巴林王国的海湾国家，行事要“谨慎而智慧”。[4] 巴林立即召回了其驻德黑兰大使。伊朗和沙特阿拉伯也互相指责对方为一己之私利用了巴林，两国间的紧张关系加剧起来。[5]

在暴力升级的过程中，各方都在寻找解决途径。国王哈马德与伊斯兰民族和谐协会领导人进行了会面，承诺开展全国性对话，增加议会权力，实行选举改革并对所有新变革都举行全国公投。[6] 然而，由于海湾合作委员会和巴林部队实行军事管制，逮捕了几个著名人物，和解希望随即破

---

[1] 原注：David S. Cloud and Neela Banerjee, “Saudi Arabian, Gulf Forces Enter Bahrain,” *Los Angeles Times*, March 15, 2011.

[2] 原注：Martin Chulov, “Bahrain Declares Martial Law as Protesters Clash with Troops,” *Guardian*, March 15, 2011,http://www.guardian.co.uk/world/2011/mar/15/bahrain-martial-law-protesters-troops.

[3] 原注：http://abna.ir/data.asp?lang=3&Id=229108.

[4] 原注：http://abna.ir/data.asp?lang=3&Id=229108.

[5] 原注：http://abna.ir/data.asp?lang=3&Id=229108.

[6] 原注：Simon Tisdall, “Bahrain Royal Family Welcomes Saudi Troops to Face Down Violent Protests,” *Guardian*, March 14, 2011, http://www.guardian.co.uk/world/2011/mar/14/bahrain-saudi-troops- violent-protests.

灭。3 月 17 日，政府逮捕了 8 名反对派领导人，指控他们组织“煽动骚乱集团”、号召人们“推翻现政权”，同时还“与外国保持情报联系”。[1]（见表 15.3）反对派成员否认上述指控。到 2011 年 4 月，巴林政府迈出了非同寻常的一步，向联合国秘书长提起上诉。上述指控是否确凿无疑，抑或只是使反对派名誉扫地的又一招数？

表15.3 2011年3月17日遭到逮捕的巴林反对派成员

姓名	归属党派和背景
易卜拉欣·谢里夫（Ibrahim Sharif）	国家民主行动协会（Wa'ad National Democratic Action Society）总书记，该协会是一个世俗政治反对派联盟，与哈克党及伊斯兰民族和谐协会建立了松散联盟，要求实行民主改革。该协会还呼吁将君主立宪制转为真正的民主体制。
哈桑·穆夏玛	什叶派反对团体——哈克自由与民主运动（al-Haq Movement of Liberties and Democracy）领袖，一直流亡于英国，直至 2011 年 2 月哈马德国王颁布大赦令后，他才回到巴林。与国家民主行动协会及伊斯兰民族和谐协会建立了松散联盟，要求实行民主改革。
阿卜杜勒－瓦哈卜·侯赛因（Abdul-Wahab Hussein）	伊斯兰民族和谐协会伊斯兰运动（al-Wefaq Islamic Movement）主席。与国家民主行动协会和哈克党建立了松散联盟，要求实行民主改革。与哈克党一同加入共和国联盟（Coalition for a Republic），呼吁废除君主政体。
阿卜杜勒－贾利勒·阿尔－辛格思（Abdul-Jalil al-Singace）	什叶派反对团体——哈克运动（al-Haq Movement）领导成员，2010 年 8 月至 2011 年 2 月大赦时曾一直被拘押。与伊斯兰民族和谐协会一起加入了共和国联盟，呼吁废除君主政体。
萨义德·阿尔－努里酋长(Shaikh Saeed al-Nuri)	教士、政治活动家。2010 年 8 月至 2011 年 2 月大赦时曾一直被拘押。
阿布德·阿尔－哈迪·阿尔－穆克霍德赫酋长（Shaikh Abd al-Hadi al-Mukhodher）	教士、政治活动家。2010 年 8 月至 2011 年 2 月大赦时曾一直被拘押，人们一般将其视为寻求权力结构根本变革的同盟者。

[1] 原注："HRW: Bahrain: Protest Leaders Arbitrarily Detained," Human Rights Watch, March 18, 2011, http://www.hrw.org/news/2011/03/18/bahrain-protest-leaders-arbitrarily-detained.

（续表）

哈桑·阿尔－哈达德（Hassan al-Haddad）	失业者委员会（Committee of the Unemployed）成员，2010 年 8 月至 2011 年 2 月大赦时曾一直被拘押，人们一般将其视为寻求权力结构根本变革的同盟者。
阿里·阿尔－埃里克（Ali al-'Ekri）	萨勒曼尼亚（al-Salmaniya）的一名医学博士、抗议活动组织者，人们一般将其视作寻求权力结构根本变革的同盟者。

资料来源："HRW: Bahrain: Protest Leaders Arbitrarily Detained," Human Rights Watch, March 18, 2011, http://www.hrw.org/news/2011/03/18/bahrain-protest-leaders-arbitrarily-detained; "Bahrain: Eight Activists Detained in Bahrain," Amnesty International, March 18, 2011, http://www.amnesty.org/en/library/asset/MDE11/014/2011/en/2a6208ad-6194–4311-ae9a-6762bcd87b07/mde110142011en.html.

·推荐读物·

Deeb, Lara. *The Enchanted Modern: Gender and Public Piety in Shi'i Lebanon*. Princeton, NJ: Princeton University Press, 2006.

Louër, Laurence. *Transnational Shia Politics: Religious and Political Networks in the Gulf*. New York: Columbia University Press, 2008.

二、案例分析：4种结构化分析方法的应用

表15.4 案例快照：伊朗干涉巴林事务

所用结构化分析方法	《情报分析：结构化分析方法》中所在章节	分析类别
星爆法	第五章	观点生成
形态分析法	第五章	观点生成
结构化头脑风暴	第五章	观点生成
指标法	第六章	情景与指标

本案例为信息匮乏时如何解决问题提供了框架。该案例凸显了情报分析人员面临的一个普遍性问题，他们拥有深厚的专业知识，但面对着专业知识必须运用却又不足以回答决策者疑问的问题。首先从已知信息着手，然后围绕其做出合理分析，这种做法对分析人员的诱惑力巨大。然而，更胜一筹的方法是，首先着手解决需要回答的分析问题，完整明确地阐释潜在解释，并列出一份严谨的可搜集指标清单（能帮助区分各种可能答案）。

以下方法可以指导分析人员完成分析，在分析过程中帮助其利用星爆法确定本案例的关键问题，利用形态分析法为指控和反指控探索可能的替代选择，利用结构化头脑风暴阐明问题的关键维度，利用指标法制定有助于指导未来搜集和分析工作的具体指标。综合运用以上方法，可以强化发散性思维，确保问题的各方面均被纳入积极思考之中。

方法 1：星爆法

星爆法（见图 15.1）是结构化头脑风暴的一种形式，有助于催生尽可能多的问题。这种方法对研究项目的拓展极其有益，也有助于引出有关传统观点的众多问题和观点。在采用星爆法的过程中，分析人员能够从众多不同角度考虑手上的问题，从而提高其可能发现至当时为止尚未被思考的某一问题或新观点的概率，为该问题或观点带来新的分析见解。

图 15.1 星爆法模板

任务 1：利用星爆法分析巴林政府的指控——巴林反叛分子正在伊朗支持下的、由真主党专门设立训练海湾人才的营地受训，图谋推翻巴林的君主政体。

步骤 1： 利用图 15.1 中的星爆法模板或绘制一个六角星，在六角星的各角分别写上以下各词之一：何人？何事？如何？何时？何地？何故？

步骤 2： 开始头脑风暴讨论会，每次均使用上述词语之一，就该主题提出问题。在确定问题过程中，不要试图做出回答，只把精力集中在提出尽可能多的问题上。

步骤 3： 利用上述各词语作为开始语提出问题后，小组应根据所要回答问题的重要性进行排序，或者将这些问题按照逻辑加以分类。

分析所得增值。根据你分析所得结果，你觉得哪些问题或问题分类值得进一步调查？以本案例为据，你是否觉得在任何问题或疑问方面，自己的知识尤为丰富或是特别不足？

方法 2：形态分析法

形态分析法是一种系统性方法，用来处理无法量化、所知信息微乎其微的复杂问题。对于识别某一威胁的各种可能变化，或在模糊不清或信息匮乏形势下确定某一组推动力可能相互作用的方式时，这种方法极其有用。形态分析法借助两个常用的创造力原则——分解和强制联合，来发挥作用。通过先拆解各种替代维度，然后重新对其进行组合，这一方法可以帮助分析人员生成一份内容全面的可能结果清单，包括可能会对决策者产生不利影响的各种低概率 / 高影响及“噩梦般的”情景。这个过程有助于识别可信的替代选择，分析人员可以制定分析上述情景和指标的搜集策略，帮助其确定某一情景是否正在演变为现实的过程中。

任务 2： 就上述指控、反指控及本案例中事件的其他可能解释进行形态分析。

步骤 1： 定义案例中的维度群，例如主要维度——团体、活动、方法和影响，它们已经在巴林政府的报告中得到确定，可以利用其构建分析框架（见表 15.5）。也可以将巴林反对派和伊朗的反指控内容用作对上述维度的补充替代解释。

步骤 2：根据需要创建更多维度。

步骤 3：考虑所有维度的组合，列出一份包含可能的替代情景清单。

步骤 4：淘汰不可能、不切实际，或不值得关注的维度组合。

步骤 5：提炼上述情景，使其简洁明了。

表15.5 形态分析法模板

维度			
团体	巴林反对派成员		
活动	在伊朗支持的真主党营地受训		
方法	秘密		
影响	推翻哈里发君主政体		

分析所得增值。哪些情景最值得关注？是否有任何假定支撑上述情景？是否有任何信息空白影响你评估某一情景可能性的能力？

方法 3：结构化头脑风暴

头脑风暴是一个团体性活动过程，该过程按照预先设计的具体规则和步骤来激发新观点和新理念，所产生创造性的激励力量来自两名或多名分析人员相互撞击思想迸出的火花。在头脑风暴讨论会上，分析人员通常会接触到超出其本人思考范围以外的更多思想和看法，其典型的成果是能够获得更好的分析产品。（见文本框 15.1）

结构化头脑风暴方法包含 12 个步骤，是一个执行团体头脑风暴的更具系统性的过程。在此过程中，需要安排一名协调人，部分原因是所有参与者在头脑风暴讨论会中均不能说话。结构化头脑风暴最常用于确定某一具体情况下可能发挥作用的关键驱动因素，或全部力量和因素。

文本框 15.1　头脑风暴成功八原则

1. 明确头脑风暴讨论会的目标和主题。

2. 不要非难任何观点，无论其听起来多么怪异、背离传统或毫无可能。相反，应研究如何将该观点用于当前任务。

3. 每次只允许一人发言，并确保人人都有发言机会。

4. 为头脑风暴讨论会安排充裕的时间。

5. 让所有与会者参与讨论。有时需要采取“无声的头脑风暴”方法，例如让全体静默 5 分钟，然后让其将自己的关键观点写在 3 英寸×5 英寸的卡片上，接着讨论各人在卡片上写下的内容。

6. 尽量安排一至多名“局外人”参加小组讨论，以避免出现团体迷思并激励发散性思考。这些“局外人”应机敏善思，其知识体系或视角与小组成员不同，但应对讨论主题有一定了解。

7. 将讨论内容记录下来！使用白板、黑板架或便利贴对讨论内容进行跟踪。

8. 讨论会结束时，对关键结果进行总结。在与会人员离开前，要求他们将其主要收获或学到的精华写在一张 3 英寸×5 英寸的卡片上。此后，进行简短总结并将其分发给与会者（与会人员可以对内容进行补充）和其他对该主题感兴趣者（包括未能参会者）。

任务 3：进行结构化头脑风暴练习，找出所有可能有助于确定巴林反对派人物当时是否得到伊朗政府援助的因素。

步骤 1：召集一组了解这一目标及其行动文化和环境的分析人员。

步骤 2：向所有参与者发放便利贴和记号笔，告知其在头脑风暴练习的这一环节不允许交谈。

步骤 3：向小组成员提出下述问题：巴林反对派团体当时是否得到了伊朗政府的援助？

步骤 4：要求其进行结构化头脑风暴练习，找出所有可能有助于确定巴林反对派人物是否正在接受伊朗政府援助的因素。

步骤 5：要求小组成员在便利贴上写下几个关键词，给出问题答案。练习者每写下一个答案，就将其交给协调人。协调人则大声将其读出。练习人员应使用记号笔在便利贴上书写，以便将其贴到墙上后能够很容易看清所写答案。

步骤 6：将全部便利贴按照其被读出的顺序贴在墙上。对所有观点均一视同仁。鼓励参与者相互在对方观点的基础上补充发挥。练习一开始时各种观点通常接踵而至，接着参与者会陷入对各个问题的思考。经常每隔 5 至 10 分钟会有 1 分钟左右的停顿。这种渐缓的节奏表明，分析人员已经“穷尽了脑海中显而易见的答案”，正在形成新观点、新看法。虽然这种停顿让人不舒服，但也应避免交谈。

步骤 7：在两三次长时间停顿后，结束本次头脑风暴讨论会的发散性思考环节。

步骤 8：让所有参与者（或一个小组）走到贴有便利贴的墙前面，重新排列具有类同关系的各组便利贴（有某些相同特点的各组便利贴）。有些便利贴可能会被移动几次，如果有些观点适用于多个具有类同关系的便利贴，则可将便利贴复制后加以应用。

步骤 9：排列好各组便利贴后，让参与者小组选出一个最能概括每组内容的词或短语。

步骤 10：找出每组便利贴中的异类，并思考该异类是无用的噪声，还是一个值得进一步关注的观点胚芽。

步骤 11：评估小组取得的成果。小组确定了哪些主要维度？

步骤 12：报告结果，并描述所确定问题的关键主题或维度。

分析所得增值。出现了哪些类同关系群？问题的关键维度是什么？

方法 4：指标法

指标是可以观察到或推理得出的现象，人们能够定期回顾这些现象来帮助追踪事件、预测敌人的袭击计划、发现新兴趋势、区别竞争性假设并对难以预料的变化给出预警。指标清单包含一组预先设定的行动、条件、事实或事件，它们同时发生时强烈表明有一种现象存在或即将出现，或者某种假设正确无误。确定和监视指标的情况是情报分析的根本任务，因为它们是避免突发事件发生的主要手段。执法界可以将指标用于评估某一目标的行为举止是否符合某一既定模式或首要假设。此时，上述指标常被描述为回顾性或描述性指标。在情报分析中，指标经常被描述为前瞻性或预测性指标。

由一组学识渊博的分析人员开列一份详细指标清单的过程，对所有参与者通常也是一个良好的学习过程。对于来自不同组织或拥有不同类型专业知识（例如反恐或禁毒分析、基础设施防护及国家专业知识等）的分析人员来说，这一过程可成为知识交流的有用媒介。指标清单可成为实施调查、指导情报搜集活动及将相关信息传达给所有相关方的基础。通过辨识和监视表明某一情景正在形成的指标或路标，分析人员就能够对未来发展方向给出早期预警，但这些早期迹象并非显而易见。人类习惯于见到其期望结果，而忽略意料之外的结果。只有在事先利用指标确定某一具体情景的背景下，指标方才具有意义。提前识别某一情景及相关指标，分析人员就可以做好思想准备，辨别并预防不良情景的出现，助推某一良好情景的实现。

任务 4：利用结构化头脑风暴的结果激发自己进行思考，为“任务 2：形态分析法”中的各主要情景制定量身定做的指标。

步骤 1：为本案例列出一份最值得关注的待追踪情景清单。

步骤 2：自己一人或最好与小组合作，通过头脑风暴为各情景列出一份指标清单。

步骤 3：复核并精简各套指标，删除重复指标，合并类似指标。

步骤 4：考察各个指标，确定其是否符合下列 5 个标准，删除不合格指标。

1. **可观察性和可收集性**。这些指标（若有）能够被可靠线人观察并上报，必须对此抱有一定的合理期望。若将某一指标用于监视一段时间内的变化情况，则该指标在此过程中必须具有可收集性。

2. **有效性**。一项指标必须与分析人员试图预测或评估的最终状态明确关联，必须与全部或至少某些替代解释或结果不符，必须能够精准测定主题理念或现象。
3. **可靠性**。当使用比较法时，数据收集必须具有一贯性。观察和收集数据者必须观察相同的事物。为保证可靠性，应精确定义指标。
4. **稳定性**。一项指标必须能够随着时间的推移保持其有用性，以便分析人员做出比较并跟踪事件的发展。理想的情况是，在事件发展的早期，指标应具有可观察性，以便分析人员和决策者能够有时间做出相应反应。
5. **独特性**。一项指标应仅用于测量一个对象，并能与其他指标一起只表明被研究对象的情况。有价值的指标不仅与某一特定情景或假设相符，还与所有其他替代情景均不相符。

分析所得增值。上述指标是否全面且互斥？针对各个情景，是否均制定出足够数量的高质量指标，以推动有效分析？上述指标是否具有可收集性？如果是，收集的优先顺序应当如何？

[第十六章]

乌克兰橙色革命的影响

关键问题

★ 哪些事件、问题或其他因素将影响乌克兰总统大选的结果?

★ 美国影响大选结果的机会有哪些?

★ 此次选举对美国在该地区的利益有何影响?

内容提要

2004 年春，在漫漫严冬的冰雪消融后，乌克兰的政治形势也随着一则即将举行秋季总统大选公告的发布而升温。自 1991 年乌克兰独立以来，美国与基辅执政党的关系此时可能降到了最低点，而此次选举的结果则会对美国在该地区的政策产生重大影响。乌克兰的亲美反对派，是否有机会成功抗拒乌克兰最富有、最强大政治力量发起的联合行动?**结构化头脑风暴、由表及里思考法（Outside-In Thinking）和简单情景法（Simple Scenarios)**，可以帮助分析人员确定起作用的关键因素，解释上述因素之间的动态关系可能会形成的各种未来结果。

一、案例叙述

2004年3月18日，华盛顿分析人员一觉醒来，收到一条消息：乌克兰政局已朝着两个迥然不同的方向发展。乌克兰议会拉达（Rada）当天投票决定，将2004年10月31日定为该国的总统选举日，此举为通过民主选举实现历史性权力转移做好了准备。[1] 但就在距其只有几个街区之遥的立宪法院，法官们却为这一权力转移采取了一个重要的釜底抽薪步骤——批准了总统列昂尼德·库奇马（Leonid Kuchma）旨在将总统任命政府官员的权力转给立法机关的宪法改革法案（见文本框16.1及图16.1）。乌克兰反对派提出强烈抗议，指责不得人心的库奇马及其盟友在无力赢得连任的情况下要弄诡计，以保住手中的权力。有望获得总统宝座的维克托·尤先科（Viktor Yushchenko）对法院的裁定做出了回应，宣称他领导的反对派阵营将使用“一切可能手段”，包括“让人们走上街头，封锁议会讲坛”在内，阻止宪法改革法案的执行。[2]

文本框16.1 库奇马提议的宪法修改案

自1994年当选为总统以来，库奇马一直将宪法改革视为重中之重。1996年，他成功地让新宪法获批通过——这是继主宰乌克兰苏维埃社会主义共和国的1978年模式后，乌克兰的首部宪法。该宪法打破了权力平衡，让权力从立法机关向总统倾斜。此后数年，他继续推动宪法修正，削弱乌克兰拉达的权力，进一步增强总统权力。但随着库奇马受欢迎程度的降低，他开始着力逆转这一进程。2003年3月，他提出一系列修正案，旨在将乌克兰变成所谓的欧洲式“议

[1] 原注：Radio Free Europe/Radio Liberty, *Newsline*, March 18, 2004, http://www.rferl.org/content/ article/1143120.html.

[2] 原注：Radio Free Europe/Radio Liberty, *Newsline*, March 19, 2004, http://www.rferl.org/content/ article/1143121.html.

会—总统制国家”，将几项权力从行政机关转移至乌克兰拉达。

★ 总理和大部分政府部长将由议会而非总统任命。

★ 立法机关任期将延长至 5 年，其选举将与总统选举同时举行。

★ 450 个议席的单院制拉达将由一个两院制议会取代。两院制议会包括一个 300 人议席的下议院，及一个由乌克兰 27 个地区的代表组成的上议院，各地区选派 3 名代表。

★ 下议院的所有席位都将从政党名单中选出，而非一半来自政党名单、另一半来自单议席选区。

★ 总统将于 2004 年 10 月通过全民公投选出，但至 2006 年止，总统将由立法机关投票选出。[i]

上述条款于次年做了微调。2004 年 3 月，法院裁定修订后的宪法版本符合宪法要求。该宪法规定，在立法机关批准的条件下，由总理任命大部分政府部长，总统将继续由全民公投产生。[ii]

i. Oleg Varfolomeyev, “Kuchma’s Reform Draft: A Trap for the Opposition?” *Russia Eurasia Review* 2, no. 7 (2003), http://www.jamestown.org/single/?no_cache=1&tx_ttnews[tt_news]=28407&tx_ttnews[backPid]=226.

ii. Jan Maksymiuk, “Ukraine Faces Radical Changes in Its Constitutional System,” *Ukraine Weekly*, January 11, 2004, http://www.ukrweekly.com/old/archive/2004/020404.shtml.

在华盛顿，美国的决策者很想了解上述两种进展对其有何意义。美国与乌克兰之间的关系（见地图 16.1）可能已降至 1991 年乌克兰独立以来的最低点。所披露的有关库奇马政府的一系列情况令人震惊——包括录像带显示库奇马参与杀害了一名喜欢刨根问底的记者及向伊拉克领导人萨达姆·侯赛因非法销售武器等活动。二者严重损害了美乌关系，导致华盛顿与库奇马的关系降至最低点。[1] 总统选举的日程安排让人心存希望——

[1] 原注：Tara Kuzio, “US–Ukraine Relations Will Not Revive under Kuchma,” *Kyiv Post*,

乌克兰议会拉达投票通过将2004年10月31日定为乌克兰总统选举日，为通过民主选举实现历史性权力转移做好了准备。

与此同时，立宪法院采取了一个重要步骤，弱化此次权力转移——批准了总统列昂尼德·库奇马旨在将总统任命政府官员的权力转给立法机关的宪法改革法案。

图 16.1　2004 年 3 月 18 日，拉达与立宪法院分庭抗礼

新总统可能掌权，解决两国关系出现的问题。但库奇马操纵宪法改革的举动，让人们对其是否愿意交权心存疑虑。当华盛顿的决策者思考如何制订一份最佳计划，才能与基辅建立更富有成效的关系时，他们转向情报分析人员寻求帮助，以期了解秋天时乌克兰总统权力过渡的进程可能如何展开。

权力转移的源头

在乌克兰流传久远的叙事冒险故事中，现代人的选举政治与拜占庭式的宫廷密谋相互交融。3 月 18 日发生的几起事件，不过是其中最新的曲折发展而已。

列昂尼德 · 库奇马是乌克兰脱离苏联独立后、短暂历史中的第二位总

March 13, 2003, http://www.taraskuzio.net/media21_files/18.pdf; Tara Kuzio, "Ukraine's Relations with the West: Disinterest, Partnership, Disillusionment," *European Security* 12, no. 2 (2003): 21–44, http://www.taraskuzio.net/International%20Relations_files/ ukraine_west_relations.pdf.

地图 16.1 乌克兰

统，他任期的一个特点是政治动荡几乎持续不断。库奇马来自乌克兰东部，是苏联时期的一名实业家。1994 年，在决胜局的大选中，他以 52% 的得票率击败在职总统列昂尼德·克拉夫丘克（Leonid Kravchuk），登上总统宝座。两人的得票情况大致根据地理界限呈分化势态：讲乌克兰语的乌克兰西部及中部选民都选择克拉夫丘克，而讲俄语的乌克兰东部与南部选民则支持库奇马。库奇马上台最初几年里，在推行货币、贸易、财政，解除管制和私有化改革方面均取得了长足的进步，得到了国际货币基金组织、欧盟、美国国际开发署以及美国金融家兼慈善家乔治·索罗斯（George Soros）的重要援助。[1] 库奇马与其技术专家团队——包括时任乌

[1] 原注：Anders Äslund, "Leonid Kuchma's Reforms: 1994–96," chap. 3 in *How Ukraine Became a Market Economy and Democracy* (Washington, DC: Peter G. Peterson Institute for

克兰国家银行董事长的维克托·尤先科——成功稳定了乌克兰货币，降低了国债水平，并将经济的重要部分私有化。月度通货膨胀率从 1993 年 12 月每月 91% 的高通胀水平，降低到 1994 夏天的 2.1%。[1]

然而，随着乌克兰经济实现稳定，国家三大权力中心——总统、总理及立法机关——争夺统治地位的斗争却愈演愈烈。为了巩固自己的权力，库奇马将宪法改革作为其下一个工作重点。1996 年，他成功赢得人们对新宪法的支持，该宪法授予总统提名总理的权力——但仍需得到立法机关批准，同时还有任命政府部长和地方长官的权力。随着行政权力的加强，库奇马对民情的回应兴趣降低，他麾下政府的工作重心日益偏离推动改革的轨道，而更多地放在耍弄权谋、寻求旧式的政治庇护上。[2]

"天然气管道政治"

这种庇护主要来自乌克兰获利丰厚的天然气贸易。乌克兰拥有天然气，同时还拥有一个覆盖区域广大的天然气管道网络，该管网于苏联时期铺设，将俄罗斯庞大天然气储量与欧洲市场连为一体。欧洲消费的天然气有将近四分之一（构成俄罗斯政府收入的一大部分）流经乌克兰的管道。[3] 这一点使乌克兰成为欧洲和俄罗斯经济中一个至关重要的战略因素（见文本框 16.2）。与此同时，作为苏联时期留下的一项遗产，俄罗斯输

International Economics, 2009), 59–90.

[1] 原注：Anders Äslund, "Leonid Kuchma's Reforms: 1994–96," chap. 3 in *How Ukraine Became a Market Economy and Democracy* (Washington, DC: Peter G. Peterson Institute for International Economics, 2009), 73.

[2] 原注：Anders Äslund, "Leonid Kuchma's Reforms: 1994–96," chap. 3 in *How Ukraine Became a Market Economy and Democracy* (Washington, DC: Peter G. Peterson Institute for International Economics, 2009), 86.

[3] 原注：Radio Free Europe/Radio Liberty, "Factbox: Russian Gas Export Pipelines, Projects," January 6, 2009, http://www.rferl.org/content/Russian_Gas_Export_Pipelines_ Projects/1366873.html.

送到乌克兰的天然气价格，也因其消费者不同而有着巨大差别。乌克兰民众享受高补贴价格；而乌克兰工业——大部分集中在东部地区，严重依赖俄罗斯天然气提供生产燃料——则享受较高的第二价格；同时，处于管道下游更远处的欧洲消费者，支付的则是一笔远远高于上述两者的第三价格。对于肆无忌惮、政治关系盘根错节的乌克兰运营商来说，这一多层级定价体系使其能够进口声称面向家用的廉价天然气，然后再次非法出口，赚取巨额利润。[1]

因此，对能源产业的控制权以及与之相伴的收入就成了乌克兰最强有力的政治货币，成为乌境内各个对立阵营、俄罗斯和西方国家实力雄厚玩家急切追逐的目标。

> 控制乌克兰石油与天然气领域的各政党，利用其地位阻碍对手发展、榨取经济租金，为一己之便决出商业赢家和输家。例如，只有部分项目能得到政府批准，也只有一些公司能够拿到被争抢的合同。所以对这一领域的控制权就成了政治竞赛赢家的一项大奖。当一个政治集团在国家政治中占据上风时，任何工程项目都必须得到该集团相关人士的支持，也必须能够为其赢得好处，才可能得到推进。而若其失势，则交易也通常需要重新谈判。与此同时，相继而起的反对派阵营则对所有政策提案——哪怕明智可取——也都设置重重障碍，原因是他们没有从中获利。[2]

[1] 原注：Edward Chow and Jonathan Elkind, "Where East Meets West: European Gas and Ukrainian Reality," *Washington Quarterly* 32, no. 1 (2009): 77–92, http://www.twq.com/09winter/docs/09jan_ChowElkind.pdf.

[2] 原注：Edward Chow and Jonathan Elkind, "Where East Meets West: European Gas and Ukrainian Reality," *Washington Quarterly* 32, no. 1 (2009): 81, http://www.twq.com/09winter/docs/09jan_ChowElkind.pdf.

文本框 16.2 俄罗斯眼中的乌克兰

俄罗斯总统弗拉基米尔·普京（右）与乌克兰总统列昂尼德·库奇马，摄于 2002 年 3 月。

在俄罗斯看来，世纪之交的乌克兰无疑是世界上最重要的国家。这个与俄罗斯接壤、刚独立不久的苏联加盟共和国，被俄罗斯官方的一系列外交文件定义为莫斯科外交政策的重中之重。[i] 乌克兰庞大的人口，与俄罗斯根深蒂固的历史文化联系以及在俄经济中的核心地位，都使其成为迄今为止俄罗斯外交领域中最重要的国家。俄罗斯近四分之一的国家收入源自其向欧洲出口的石油和天然气，大约 80% 出口到欧洲市场的天然气依赖跨越乌克兰的天然气管道。[ii] 除了寻求对这些管道的实际所有权外，克里姆林宫还急于找到一个能够尊重俄罗斯重要能源利益的基辅政权。因此，2001 年莫斯科挑选实力强大的能源巨头之一、俄罗斯前总理、俄罗斯天然气工业股份有限公司前总裁维克托·切尔诺梅尔金（Viktor Chernomyrdin），出任驻乌克兰大使，也就不足为奇了。

除了上述能源方面的担心外，乌克兰地缘政治取向还悬而未决，在情感和实用方面，这个问题对俄罗斯都十分重要。1999 年，北约吸纳了波兰、匈牙利和捷克共和国，此举让俄罗斯大伤脑筋。后者认为北约的这一扩张违背了德国统一时北约做出的不东扩保证。但俄罗斯人对此也无能为力，只能慢慢接受现实。到 2004 年初，北约迅速扩张，又吸收了 7 个成员国，其中包括原苏联加盟共和国拉脱维亚、立陶宛和爱沙尼亚。乌克兰也开始在成为第三拨潜在新北约成员国的争论中做出抢眼表现。2001 年“9 · 11”袭击发生后，俄罗斯和美国的关系，曾因华盛顿寻求帮助以打击伊拉克、伊朗以及其他恐怖组织及其支持者而一度回暖。但由于莫斯科拒不支持伊拉克战争，华盛顿又庆祝格鲁吉亚亲北约民族主义者取得“玫瑰革命”(Rose Revolution)的胜利，两国关系再次恶化（见文本框 16.3)。北约同盟可能进入旧日俄帝国腹地并且控制至关重要的乌克兰天然气管道，引发了俄罗斯安全部门和商业机构的深切担忧。

i. “The Foreign Policy Concept of the Russian Federation,” June 28, 2000, reprinted at http://www.fas.org/nuke/guide/russia/doctrine/econcept.htm.

ii. Radio Free Europe/Radio Liberty, “Factbox: Russian Gas Export Pipelines, Projects,” January 6, 2009, http://www.rferl.org/content/Russian_Gas_Export Pipelines_Projects/1366873.html.

控制乌克兰天然气行业的重大意义，决定了该国的选举政治远非一场赢得选民支持的战斗那么简单。在遵守政党纲领和建立联盟的表象背后，乌克兰的各种选举，实际上就是将强势企业主、有组织犯罪活动、国外明目张胆的地缘政治操纵行为，与似乎只对约束西方选举行为的法律道德规范表现出象征性尊重的招数交织在一起的活动。在紧锣密鼓地准备 1998 年议会选举的过程中，东部城市第聂伯罗彼得罗夫斯克（Dnepropetrovsk）和顿涅茨克（Donetsk）的腐败实业家（“寡头政治执政者”，包括库奇马身家为亿万富翁的女婿维克托 · 平丘克）迅速崛起，令乌克兰西部的自由主义者和民族主义者义愤填膺。[1] 就像 1996 年俄罗斯商人利用自己的财力和对媒体的控制，确保俄罗斯总统鲍里斯 · 叶利钦（Boris Yeltsin）取得

[1] 原注：Taras Kuzio, “How the Gas Issue Plays in Ukrainian Politics and How Ukrainian Politicians Play the Gas Issue,” transcript from lecture at Harvard University, March 7, 2008, http://www. taraskuzio. net/conferences2_files/Ukrainian_Politics_Energy.pdf.

连任一样，乌克兰商人也与另一个大名鼎鼎的寡头政治执政者及社会民主党（Social Democratic United Party）领导人维克托·梅德韦德丘克（Viktor Medvedchuk）携起手来——精心策划了库奇马 1999 年的连任。在决胜局大选中，库奇马以 56% 对 37% 的得票率击败共产党领袖佩德罗·西蒙连科（Petro Symonenko）。[1] 民主制度与人权办公室（Office of Democratic Institutions and Human Rights, 或缩写为 OSCE）的选举监督人员批评此次选举存在诸多不正当行为，包括国家官员为库奇马组织的"大规模的和系统性的"竞选活动、违反乌克兰选举法的行为，及未能确保媒体对选举进行广泛的均衡报道等。[2] 梅德韦德丘克最终成为库奇马总统第二任期的办公室主任，乌克兰东部的寡头政治执政者牢牢控制住了政治和商业。

文本框 16.3 格鲁吉亚"玫瑰革命"

2003 年 11 月早期，离乌克兰总统的计划选举日不到一年时间，原苏联另一个加盟共和国格鲁吉亚举行了立法机关选举。格鲁吉亚总统大选定于 2005 年春季举行，到时日益不得人心的总统爱德华·谢瓦尔德纳泽（Eduard Shevardnadze）将下台。此次立法机关选举被外界普遍视为总统大选前各政治派别实力的一次关键考验。

在此次选举中，政府的坚定拥护者与自我标榜的自由主义者展开竞争，前者控制着格鲁吉亚的商业和媒体，后者则试图利用公众对官僚腐败的日益不满。正式公布的结果表明，谢瓦尔德纳泽领导的执政党赢得大选，但反对派团体却称在唱票过程中存在大量舞弊。米哈伊尔·萨卡什维利（Mikheil Saakashvili）是一位曾在美国就学的前格鲁

[1] 原注：Taras Kuzio, "How the Gas Issue Plays in Ukrainian Politics and How Ukrainian Politicians Play the Gas Issue," transcript from lecture at Harvard University, March 7, 2008, http://www. taraskuzio. net/conferences2_files/Ukrainian_Politics_Energy.pdf.

[2] 原注：Organization for Security and Co-operation in Europe (OSCE), Office of Democratic Institutions and Human Rights (ODIHR), *Ukraine Presidential Elections 31 October and 14 November 1999: Final Report* (Warsaw, Poland: OSCE ODIHR, 2000), http://www.osce.org/odihr/elections/ukraine/presidential_1999/.

吉亚官员，在与谢瓦尔德纳泽发生争吵后加入了反对派。根据大选后独立进行的民意调查结果，萨卡什维利宣称其实是他的政党赢得了选举，呼吁格鲁吉亚人民举行公开的集会示威，以非暴力抵抗方式反对谢瓦尔德纳泽政权。

格鲁吉亚各主要反对党响应了萨卡什维利的号召，举行集会，一致要求谢瓦尔德纳泽下台并再次举行大选。11 月中旬，第比利斯几条中心街道爆发了多次大规模反政府示威，不久，示威活动几乎蔓延到格鲁吉亚所有主要城市。一个名为 *Kamara*（"够了！"）的青年组织和其他几个有名的非政府组织协助组织了抗议活动。11 月 22 日，在谢瓦尔德纳泽试图召开新一届议会时，抗议活动达到高潮。在萨卡什维利领导下，抗议者手持玫瑰冲进会场，迫使谢瓦尔德纳泽逃离议会大楼。谢瓦尔德纳泽宣布国家进入紧急状态，并试图调动军队和安全部队，但他们拒绝支持政府。意识到结局难以避免，11 月 23 日，谢瓦尔德纳泽在时任俄罗斯外交部长伊万诺夫（Igor Ivanov）

的安排下，与反对派领导人萨卡什维利和祖拉布·日瓦尼亚（Zurab Zhvania）会面。会面后，谢瓦尔德纳泽即宣布辞职。2004 年 1 月，新总统选举举行，萨卡什维利以压倒性优势赢得胜利。

在监督议会选举、组织反对团体和抗议者及为其活动提供资金方面，非政府组织都扮演了重要角色。一名前格鲁吉亚议员称，就在玫瑰革命前三个月，索罗斯基金会（Soros foundation）拿出约 4200 万美元，用以支持格鲁吉亚的非政府组织。[i] 但索罗斯本人却对基金会在玫瑰革命中所起作用轻描淡写，表示“对基金会帮助格鲁吉亚社会促成玫瑰革命所做的工作，深感快慰和自豪”，但“外界过于夸大了基金会所起到的作用”。

i. Kerry R. Bolton, “Russo-Georgian Conflict Originates with Soros Subversion,” August 14, 2008, http://www.rense.com/genera183/soros.htm.

议会充满分歧

在天然气政治的激烈争斗中，一批牺牲者倒下，而一批胜利者胜出。1999 年底，维克托·尤先科成为库奇马手下的总理。他试图对能源领域进行改革，拉达却投出了不信任票，2001 年将其赶下台，而这次的拉达投票系由库奇马的寡头政治盟友发起。此次下台，让尤先科从纯粹的技术专家成为有坚实群众基础的反对派政客。[1] 尤利娅·季莫申科（Yulia Tymoshenko）的命运也与其类似。通过与时任副总理帕维尔·拉扎连科（Pavel Lazarenko，后来美国判其犯有洗钱罪）建立的一个遭人诟病的联

[1] 原注：Taras Kuzio, “Ukraine Steps Up the Struggle against Organized Crime and Corruption—or Does It?” *Radio Free Europe/Radio Liberty Organized Crime and Terrorism Watch* 3, no. 10 (2003), http://www.taraskuzio.net/media11_files/4.pdf; Adrian Karatnycky, “Ukraine’s Orange Revolution,” *Foreign Affairs*, March–April 2005, http:// www.foreignaffairs.com/articles/60620/adrian-karatnycky/ukraines- orange-revolution/.

盟，20 世纪 90 年代，季莫申科从天然气贸易中获利达数百万之巨。她充分利用手中的财富，在政坛上平步青云，在库奇马总统第二任期内的头几年里，变身为主管能源部门的副总理。[1] 但在与强大的政治寡头发生纠纷后，她于 2001 年遭到库奇马政府解职，接着又被乌克兰和俄罗斯检察官指控犯有贪污罪，短暂地沦为阶下之囚。[2] 季莫申科在库奇马政府撤销对其指控后，得以出狱。她心怀怨恨，加入了反对派阵营，领导了一系列民众示威游行活动，抗议库奇马政权的贪污腐败及为奉承俄罗斯而达成的交易。[3]

反对派的批评引起乌克兰大部分地区民众的共鸣。2000 年末，库奇马的一名前任保镖公开了一系列自称是秘密录制的录像带，其中记录了库奇马参与杀害一名调查记者以及向伊拉克领导人萨达姆 · 侯赛因非法售卖武器的活动。这些录像带引发了轩然大波，人们越发觉得，库奇马及其寡头盟友为了聚敛和保护自己的财富与政治权力，几乎无所不为。[4] 有数名著名商界人士，因为受够了政府试图以高压手段对其经营的控制，与库奇马政权决裂而去。[5]2003 年末，美国的非营利性组织“选举制度国际基金会”（International Foundation for Election Systems）进行了一项调查，该调查表明，85% 的乌克兰民众非常不满或有些不满，差不多相同比例的人觉得腐败问题很普遍，也很严重，70% 的民众对库奇马几乎不信任或毫不信任。[6]

这些看法有利于乌克兰政治反对派。前总理维克托 · 尤先科决定利用

---

[1] 原注：Irena Chalupa, “Ukraine’s Gold-Plaited Comeback Kid,” Radio Free Europe/Radio Liberty, September 23, 2008, http://www.rferl.org/content/Tymoshenko_ Profile/1291005.html.

[2] 原注：Roman Woronowycz, “Yulia Tymoshenko Arrested,” *Ukraine Weekly*, February 18, 2001, http://www.ukrweekly.com/old/archive/2001/070107.shtml.

[3] 原注：Chalupa, “Ukraine’s Gold-Plaited Comeback Kid.”

[4] 原注：Äslund, *How Ukraine Became a Market Economy and Democracy*, 154.

[5] 原注：Äslund, *How Ukraine Became a Market Economy and Democracy*, 154.

[6] 原注：Rakesh Sharma and Nathan Van Dusen, *Attitudes and Expectations: Public Opinion in Ukraine 2003* (Washington, DC: International Foundation for Election Systems, 2004), http://www.ifes.org/~/media/Files/Publications/Survey/2004/142/ Ukraine_Survey_2003_English.pdf.

公众的不满情绪，并避免发生以往困扰反对党人的琐事纷争，组建了一个庞大的伞形组织——“我们的乌克兰”，将中间派和右翼反对势力联合起来，并在 2002 年议会选举中大获全胜，得到了近四分之一的选票。[1] 库奇马手下的办公室主任梅德韦德丘克，采用多种策略打压反对派——例如，禁止国家控制的媒体报道有关尤先科的新闻，雇佣俄罗斯政治顾问组建虚假政党以分散真正反对派团体得到的支持等，但亲政府阵营只得到 11.8% 的选票，数量微不足道。[2]

各派力量排兵布阵

2002 年议会选举失利使库奇马政府大为震惊。在第二次总统任期接近尾声时，库奇马及其政治操纵者团队突然感到，万一继任总统就人们传言的众多罪行中的任何一项将其起诉至法庭，他们面临的危险不单是丢掉职位，还有可能锒铛入狱。为了消除此类危险，他们采取了几项行动。议会选举刚一结束，梅德韦德丘克就迅速有效地行动起来，贿赂与恐吓并用，让立法人员支持库奇马政权。接着，库奇马又发起新一轮宪法改革，意图将几项行政权力从总统转交给议会，这样一来他的盟友就可以在幕后继续行使权力。[3]2004 年 3 月 18 日立宪法院裁定该项改革法案符合宪法要求，此后该法案就只剩下一个障碍：得到立法机关人员三分之二多数票的支持。

除了推进宪法改革，库奇马还试图操纵选举，以选出一名忠诚于他的继任者。经过深思熟虑，库奇马最终选定一贫如洗的维克托 · 亚努科维奇（Viktor Yanukovych）为其继任者。亚努科维奇是（犯罪分子活动猖獗

[1] 原注：Central Election Commission of Ukraine, http://www.cvk.gov.ua/.

[2] 原注：Äslund, *How Ukraine Became a Market Economy and Democracy*, 155–156.

[3] 原注：Olexiy Haran and Rostyslav Pavlenko, “Political Reform or a Game of Survival for President Kuchma?” PONARS (Program on New Approaches to Russian Security) Policy Memo 294, November 2003,http://www.gwu.edu/~ieresgwu/assets/docs/ponars/pm_0294.pdf; Äslund, *How Ukraine Became a Market Economy and Democracy*,158–59.

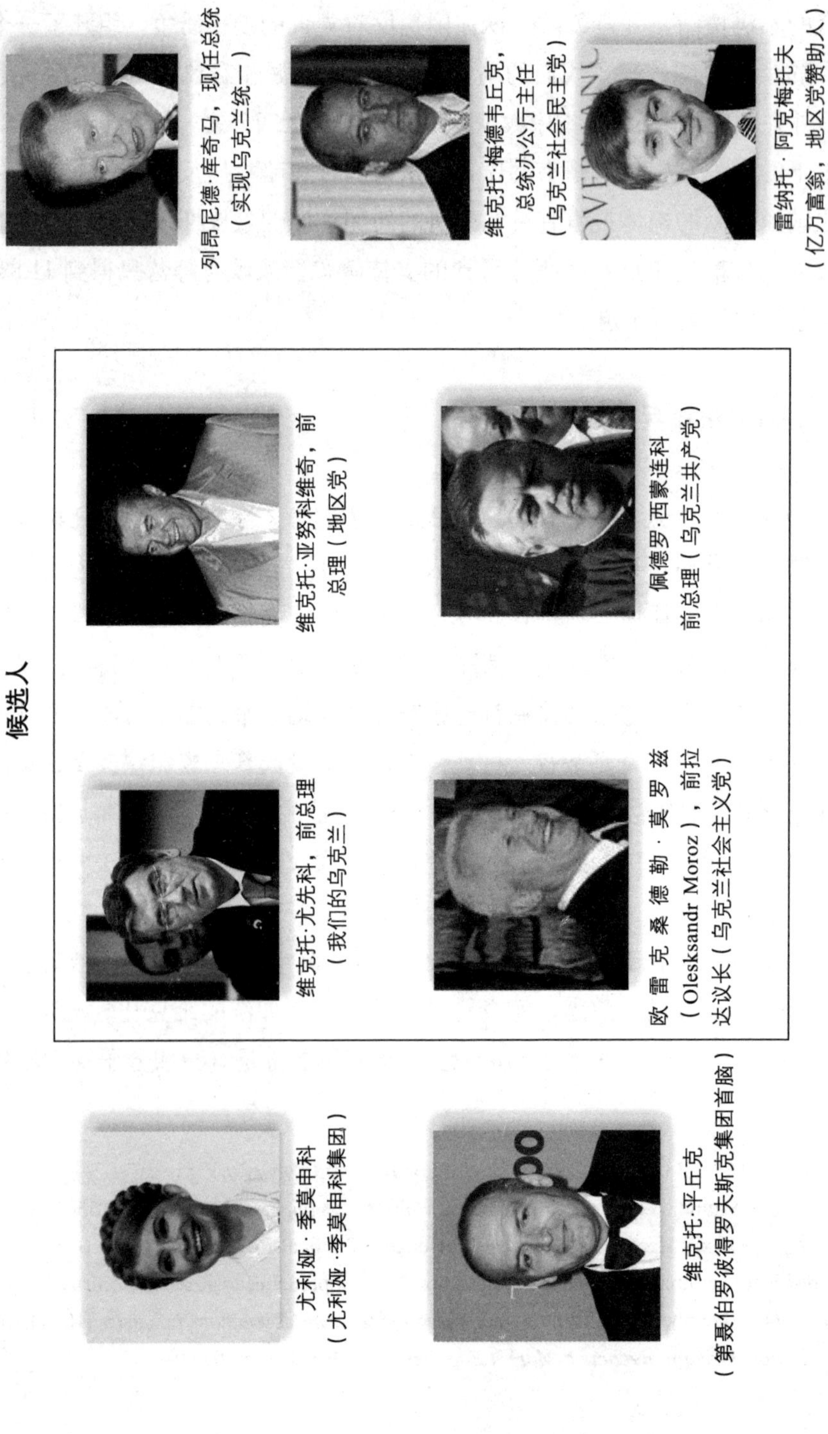

图 16.2 2004年乌克兰总统选举候选人及政党

的）顿涅茨克州州长、乌克兰地区党（Regions of Ukraine Party）领袖和乌克兰最富有、最暴虐的寡头政治集团的著名门徒。该集团以雷纳托·阿克梅托夫（Rinat Akhmetov）为首。[1]2002 年 11 月，库奇马任命亚努科维奇担任总理，他的意图昭然若揭——亚努科维奇是政府青睐的 2004 年总统大选候选人。为了支持亚努科维奇成为总统候选人，梅德韦德丘克加紧了政府对广播媒体和中央选举委员会（Central Electoral Commission）的控制。[2] 他与乌克兰顶级寡头政治集团领导人一起策划了乌克兰史上费用最高的总统竞选活动，阿克梅托夫为此提供了大量资金。[3]

与此同时，另一个“胜利者”——尤先科，成为亚努科维奇总统之路上的首要劲敌。尤先科相貌英俊，擅长表达，与身材肥大、说话含糊不清的亚努科维奇形成鲜明对比，在民意调查中也一直位居乌克兰最受欢迎的政治家之首。但要想成为库奇马的继任者，他还面临一场艰苦卓绝的战斗。由于电视广播拒绝报道有关尤先科的新闻，他便致力于组织大规模公众集会，而这些集会成为乌克兰新兴网络报纸的报道内容。[4] 尤先科将中间派和民族主义反对派阵营联合起来，作为后盾，积极寻求乌克兰“千万富翁们”的支持——因为乌克兰的亿万富翁们会力挺亚努科维奇，所以他只好退而求其次。他的竞选活动围绕着组建好政府、培养良好价值观、保护私人财产和促进欧洲一体化等主题进行。[5] 就在乌克兰的漫漫严冬逐渐回暖，2004 年的春天即将来临之际，分析人员开始思考一个问题——对抗来自乌克兰最富有、最强大势力的联手出击，尤先科能有几分胜算。

---

[1] 原注：Taras Kuzio, “From Kuchma to Yushchenko,” *Problems of Post-Communism* (March/April 2005), 8, http://www.taraskuzio.net/Comparative%20Politics_files/ electionsorangerevolution.pdf.

[2] 原注：Äslund, *How Ukraine Became a Market Economy and Democracy*, 180.

[3] 原注：Äslund, *How Ukraine Became a Market Economy and Democracy*, 180.

[4] 原注：Äslund, *How Ukraine Became a Market Economy and Democracy*, 178.

[5] 原注：Äslund, *How Ukraine Became a Market Economy and Democracy*, 179.

·推荐读物·

International Foundation for Election Systems. "Attitudes and Expectations: Public Opinion in Ukraine 2003." http://www.ifes.org/~/media/Files/Publications/Survey/2004/142/ Ukraine_Survey_2003_English.pdf.

Office of Democratic Institutions and Human Rights (OSCE). "Ukraine Presidential Elections 31 October and 14 November 1999 Final Report." Warsaw, Poland: March 7, 2000.

Pifer, Steven. "Ukraine's Future and US Interest." House International Relations Committee Subcommittee on Europe, May 12, 2004. http://2001–2009.state.gov/p/eur/rls/rm/32416.htm.

二、案例分析：3种结构化分析方法的应用

表16.1 案例快照：乌克兰橙色革命的影响

所用结构化分析方法	《情报分析：结构化分析方法》中所在章节	分析类别
结构化头脑风暴	第五章	观点生成
由表及里思考法	第八章	因果评估
简单情景法	第六章	情景与指标

本案例练习要求你设身处地把自己当成一名分析人员，刚刚接到美国国家安全委员会分配的任务，要求你对决定下一任乌克兰总统会是何人的各种因素做出评估。在采取重大政策举措之前，决策者经常以这种方式要求分析人员为其进行政策方面的审慎思考提供支持。在本案例中，乌克兰大选还有数月之遥，美国决策者苦苦思索如何才能确保乌克兰大选自由公正。在这方面，分析人员可以大有作为，帮助决策者理解决定乌克兰下任总统的各种因素的方方面面。此类分析有助于决策者确定能促进美国利益

同时又能避免潜在失误的机会。

方法 1、2：结构化头脑风暴与由表及里思考法

头脑风暴是一个团体性活动过程，该过程按照预先设计的具体规则和步骤来激发新观点和新理念（见文本框 16.4），所产生创造性的激励力量来自两名或多名分析人员相互撞击思想迸出的火花。在头脑风暴讨论会上，分析人员通常会接触到超出其本人思考范围以外的更多思想和看法，其典型的成果是能够获得更好的分析产品。

文本框 16.4　头脑风暴成功八原则

1. 明确头脑风暴讨论会的目标和主题。

2. 不要非难任何观点，无论其听起来多么怪异、背离传统或毫无可能。相反，应研究如何将该观点用于当前任务。

3. 每次只允许一人发言，并确保人人都有发言机会。

4. 为头脑风暴讨论会安排充裕的时间。

5. 让所有与会者参与讨论。有时需要采取“无声的头脑风暴”方法，例如让全体静默 5 分钟，然后让其将自己的关键观点写在 3 英寸×5 英寸的卡片上，接着讨论各人在卡片上写下的内容。

6. 尽量安排一至多名“局外人”参加小组讨论，以避免出现团体迷思并激励发散性思考。这些“局外人”应机敏善思，其知识体系或视角与小组成员不同，但应对讨论主题有一定了解。

7. 将讨论内容记录下来！使用白板、黑板架或便利贴对讨论内容进行跟踪。

8. 讨论会结束时，对关键结果进行总结。在与会人员离开前，要求他们将其主要收获或学到的精华写在一张 3 英寸 ×5 英寸的卡片上。此后，进行简短总结并将其分发给与会者（与会人员可以对内容进行补充）和其他对该主题感兴趣者（包括未能参会者）。

由表及里思考法有助于熟悉与自己专业领域相关问题的分析人员，思考其专业领域以外因素可能会怎样影响其分析。在分析过程之初考虑所有起作用的因素时，这种方法最有助益。由表及里思考法可以帮助分析人员识别外在因素，挖掘那些如果不采取此法很可能会被忽略的新发现和相互关系，从而降低分析失误的风险。

综合运用上述两种方法，可以促使分析人员思考可能决定选举结果的全部因素。

任务 1：针对决定乌克兰大选结果的因素，进行一次结构化头脑风暴分析。

步骤 1：向所有参与者发放便利贴和记号笔，告知其在头脑风暴练习的这一环节不允许交谈。

步骤 2：给小组成员提出下述焦点问题：决定下任乌克兰总统是谁的全部因素有哪些?

步骤 3：要求小组成员在便利贴上写下几个关键词，给出问题答案。练习者每写下一个答案，就将其交给协调人。协调人则大声将其读出。练习人员应使用记号笔在便利贴上书写，以便将其贴到墙上后能够很容易看清所写答案。要求参与者使用短的词组而非长句。

步骤 4：将全部便利贴按照其被读出的顺序贴在墙上。对所有观点均一视同仁。鼓励参与者相互在对方观点的基础上补充发挥。练习一开始时各种观点通常接踵而至，接着参与者会陷入对各个问题的思考。

步骤 5：经常每隔 5 至 10 分钟会有 1 分钟左右的停顿。这种渐缓的节奏表明，分析人员已经“穷尽了脑海中显而易见的答案”，正在形成新观点、新看法。虽然这种停顿让人不舒服，但也应避免交谈。

步骤 6：在两三次长时间停顿后，鼓励小组成员使用由表及里思考法，把注意力重点放在识别可能影响乌克兰总统大选结果的外部因素上。使用有助于记忆的“STEEP+2 因素法”（社会、技术、经济、环境、政治，加上军事和心理因素；STEEP+2=Social, Technological, Economic, Environmental, Political, plus Military and Psychological）推动这一分析过程。

给学生几分钟时间进行头脑风暴，稍停片刻，思考这一问题并且简略写下几个观点。然后在练习室内四处走动，将便利贴收集起来。缓慢读出答案，边读边以任意顺序把答案贴在墙上或白板上。

步骤 7：让所有参与者（或一个小组）走到贴有便利贴的墙前面，重新排列具有类同关系的各组便利贴（有某些相同特点的各组便利贴）。有些便利贴可能会被移动几次，如果有些观点适用于多个具有类同关系的便利贴，则可将便利贴复制后加以应用。

步骤 8：所有便利贴排列完毕之后，让小组选出一个最能概括每组便利贴的词或短语。

步骤 9：具体评估每种力量和因素对这一问题的影响，然后用这份包含各种力量及因素的清单，列出一份用于补充信息搜集和研究的清单。

分析所得增值：哪些关键因素将影响此次选举的结果？哪些信息空白值得额外关注？

方法 3：简单情景法

简单情景法可以帮助分析人员理解某种局面可能演变的各种方式。分析人员个人或分析小组都可以使用该方法。在上述任一情况下，简单情景分析所得增值都不在于各种情景本身的细节，而在于分析讨论哪些因素会影响到某一具体情景、每一情景对决策者有何意义，以及警示决策者此类未来情形正在演变为现实的指标。

任务 2：进行简单情景分析，考虑乌克兰选举的各种可能结局，及能够决定这些结局的驱动因素。

步骤 1： 明确定义简单情景法练习的焦点问题和具体目标。

步骤 2： 制作一份关于可能影响未来前景的各种力量、因素和事件清单。

步骤 3： 将相互关联的力量、因素和事件分成 5 到 10 个类同关系组，而这些类同关系组有望成为焦点问题演变的驱动力。

步骤 4： 简要描述各类同关系组或采用前面已经做出的描述。

步骤 5： 制作一个矩阵，将驱动因素列在左边，如表 16.2 所示。

表16.2　简单情景法模板

	最佳情形	最差情形	主流情形（Mainline）	补充情形
驱动因素 1				
驱动因素 2				
驱动因素 3				
驱动因素 4				
驱动因素 5				

步骤 6： 至少生成 4 个不同情景：最佳情形、最差情形、主流情形及至少另外一种情形。

步骤 7： 矩阵纵列用来描述上述情景。给每个情景的各驱动因素标出一个正值或负值。正值或高值用（+）表示，负值或低值用（–）表示，中间值或无变化则用空白表示。填写矩阵的简单方法是，假设该情景已经成为事实，然后提问："驱动因素 A 对该结果所产生的影响是高、低，还是中等？"

步骤 8： 现在是重新考虑上述驱动因素和情景的好时机。是否有更好的方法来理解和描述上述驱动因素？是否漏掉了任何重要驱动因素？纵观整个矩阵，确定各驱动因素在上述各情景中所造成差异的程度。如果某一驱动因素在所有情景中的数值都完全相同，则该因素就是无差异性因素，应予以删除或进一步定义。

为了鼓励分析人员思考其他可能情景，可以思考一下确定最可能情景时所做的关键假定。假如其中某些假定被证明不成立，结果会是怎样？如果它们不成立，结果会受到怎样的影响？此类替代结果是否包括在可获得的情景范围内？

步骤 9：用一页纸的篇幅，针对各情景写下一个故事，描述该情景的未来情形如何，及/或该情景如何出现。这个故事应该说明各驱动因素间相互作用的情形。

步骤 10：描述各情景对决策者所具有的潜在意义，这些意义应集中在美国能够对大选结果发挥影响的变量上。

步骤 11：针对各情景列出一份指标清单，该清单应能够帮助你发现事件开始以情景中设想的方式发展演变。

步骤 12：定期监控指标清单的情况。

分析所得增值。哪些因素会影响乌克兰大选的结果，在回应美国决策者这一问题时，分析人员应该强调哪些判断？

[第十七章]

贝尔格莱德爆发暴力事件

关键问题

★ 什么人以美国在贝尔格莱德的存在为暴力袭击目标，原因何在？
★ 什么情况能够增加或减少未来暴力威胁？
★ 美国在确定如何回应反美暴力时必须权衡哪些利益冲突？

内容提要

2008 年 2 月，一群愤怒的抗议者袭击了贝尔格莱德的美国大使馆大楼，导致使馆大楼正面出现了不同程度的损伤。塞尔维亚首都发生的暴力活动，外加其邻国科索沃出现的零星暴力行为，迫使美国官员对美国利益在该地区所面临的潜在威胁及美国如何回应做出艰难的评估。以上袭击是否预示着针对美国人的暴力活动会进一步升级？美国官员是否应该依靠塞尔维亚当局保护美国的外交存在？**力场分析法、决策矩阵法（Decision Matrix）**及**“赞成—反对—错误—纠正”法**等，为人们提供了一个做出透彻评估的强力框架，为在危机环境中做出决策提供支持。

一、案例叙述

2008 年 2 月 17 日（星期日）晚，几百名怒气冲冲的塞尔维亚抗议者聚集在塞尔维亚贝尔格莱德的美国大使馆大楼（或官邸）前，朝着大楼扔石头、呼喊民族主义口号，为美国支持当天早些时候科索沃宣布从塞尔维亚独立，宣泄着愤怒。[1] 暴徒攻击并毁坏了美国、克罗地亚以及斯洛文尼亚大使馆，及其周边的麦当劳快餐店和耐克专卖店，之后塞尔维亚警方赶到并费力地击退了这伙人的袭击。[2] 塞尔维亚官员对这起袭击事件并未给予多少重视，强调塞尔维亚决心和平解决科索沃周边事态问题。[3] 但塞尔维亚首都发生的暴力活动，外加其邻国科索沃出现的零星暴力行为，迫使美国官员对美国利益在该地区所面临的潜在威胁及美国应如何回应做出艰难评估。这些袭击是否预示着反对美国人的暴力活动规模会扩大？美国官员是否应该依靠塞尔维亚当局保护美国的外交存在？

史诗般抗争的新篇章

有关科索沃的冲突充满血腥，令人百感交集，冲突起起落落，延续了几个世纪；2 月 17 日的暴力运动只不过是其中的最新插曲。阿尔巴尼亚人在科索沃根深蒂固，他们自称是科索沃最早的原住民伊利里亚人的直系后裔。在塞尔维亚人眼中，科索沃是数个令人敬畏的东正教神殿所在地，

---

[1] 原注：Dejan Anastasijevic, “Joy in Kosovo, Anger in Serbia,” *Time*, February 17, 2008, http://www.time.com/time/world/article/0,8599,1714164,00.html.

[2] 原注：“Rioters Attack US Embassy in Belgrade after Kosovo Protest Rally,” Radio Free Europe/Radio Liberty, February 21, 2008, http://www.rferl.org/content/article/1079512 .html.

[3] 原注：Ellie Tzortzi, “Serbia Pledges Long-Haul Fight over Kosovo,” Reuters, February 17, 2008, http://www.reuters.com/article/2008/02/17/idUSL17718644._CH_.2400.

长久以来有着重要的象征意义。同时，科索沃也是1389年科索沃战役（Battle of Kosovo Polje）遗址，在这次战役中，塞尔维亚被土耳其击败。这次失败让塞尔维亚臣服于奥斯曼帝国，直至1898年才获得独立。在土耳其人的统治下，阿尔巴尼亚人逐渐成为科索沃的主体，大多数皈依了伊斯兰教，而许多信仰东正教的塞尔维亚人则在所谓的"大迁徙"中向北迁往贝尔格莱德。[1]

17、18和19世纪期间，科索沃和巴尔干半岛的其他地区成了帝国（奥斯曼帝国、奥匈帝国和俄国）之间和宗教（伊斯兰教、天主教和东正教）之间斗争的竞技场。进入20世纪时，这些冲突开始沾染民族色彩。塞尔维亚和阿尔巴尼亚民族主义者都希望脱离日渐衰落的奥斯曼帝国，建立新的民族国家并得到科索沃的控制权。塞尔维亚人和阿尔巴尼亚人不断发生激烈冲突，在多种理由下与对方大动干戈。至第二次世界大战结束前夕，科索沃经多次易主后，成为南斯拉夫塞尔维亚共和国不可分割的一部分。[2]

在南斯拉夫领导人约瑟普·布罗兹·铁托（Josip Broz Tito）领导的共产党统治时期，科索沃的阿尔巴尼亚人口数量剧增，超过该地区居民的四分之三，而斯拉夫人口则减少到不到六分之一。1974年，一次强大的阿尔巴尼亚民族运动促使铁托同意赋予科索沃自治权，塞尔维亚共产党领导人斯洛博丹·米洛舍维奇（Slobodan Milosevic）上台执政又给塞尔维亚民族主义者火上浇油。1989年，米洛舍维奇废除了科索沃的自治权。20世纪90年代早期，南斯拉夫解体，他禁止将阿尔巴尼亚语用作官方语言，解雇所有在事业单位任职但拒绝宣誓效忠南斯拉夫联邦共和国的阿尔巴尼亚人。对此，科索沃地区阿尔巴尼亚人的回应是举行抗议、罢工和建立法外的政府平行组织，使当时的南斯拉夫联邦共和国成为科索沃阿尔巴尼亚人

[1] 原注：Misha Glenny, *The Balkans: Nationalism, War, and the Great Powers, 1804–1999* (New York: Penguin, 1999).

[2] 原注：Noel Malcolm, *Kosovo: A Short History* (New York: New York University Press, 1998).

2008年2月17日，塞尔维亚防暴警察在贝尔格莱德的美国大使馆前与抗议者发生冲突，封锁街道。

与塞尔维亚当局的对抗舞台。[1]

1998年，这种对抗已经事实上升级为科索沃阿尔巴尼亚人和塞尔维亚人之间的国内战争。一支装备日益精良、资金日益增多的阿尔巴尼亚地下游击运动组织——科索沃解放军（Kosovo Liberation Army）从隐蔽处现身，发动了一系列针对科索沃塞尔维亚族官员和平民的军事行动。米洛舍维奇做出了残酷的回应，屠杀了1500多名科索沃阿尔巴尼亚人，将40多万科索沃阿尔巴尼亚人赶出家园，同时实施了欧洲安全与合作组织（Organization for Security and Co-operation in Europe）声称的

[1] 原注：Gordon N. Bardos, “Balkan History, Madeleine’s War, and NATO’s Kosovo,” *Serbian Studies: Journal of the North American Society for Serbian Studies* 15, no. 1 (2001): 77–102, http://www. serbianstudies.org/publications/pdf/V0115–1_Bardos.pdf.

“令人惊诧的大规模违背人权和人道主义法律的行为，其中充满极端和骇人听闻的暴力”。[1]

联合国、欧洲安全与合作组织和六国“联络小组”（美国、俄罗斯、法国、意大利、英国和德国）进行了外交斡旋，以期解决冲突，但收效甚微。其中部分原因是，俄罗斯认为这场冲突属于南斯拉夫内政，不愿将国际社会的意图强加给南斯拉夫。随着战争的愈演愈烈，北大西洋公约组织向双方发出警告，并宣称如有必要，将会对其进行空袭以结束战争。1999 年 2 月和 3 月，北约倡议在靠近巴黎的朗布依埃进行谈判，科索沃阿尔巴尼亚人代表团签了字，但遭到塞尔维亚代表团的拒绝。谈判刚一结束，南斯拉夫联邦共和国军方与警察部队就加快了打击科索沃阿尔巴尼亚人的军事行动。[2]

由于没能成功劝服米洛舍维奇停止攻击阿尔巴尼亚人，1999 年 3 月 23 日，北约开始对南斯拉夫实施空袭。轰炸不仅瞄准南斯拉夫军队，还覆盖电网、供水设施、通信基础设施等战略资产。轰炸一直持续到 6 月 10 日。此时，在俄罗斯的斡旋下，北约和南斯拉夫当局宣布签署一项军事一技术协定，结束敌对行动。协定签署后，联合国安理会第 1244 号决议立即获得通过，规定将科索沃临时置于联合国管制之下，授权组建一支北约领导的维和部队，确保南斯拉夫联邦共和国（现为塞尔维亚）的主权和领土完整，并启动一项决定科索沃未来地位的政治进程。虽然此项联合国决议有效地结束了战争，却未能让有关科索沃的争端画上句号：暴力行动在战后余生的塞尔维亚人和科索沃阿尔巴尼亚人之间不时爆发。在 2004 年发生的多起暴动中，成群的阿尔巴尼亚人到处袭击塞尔维亚社

---

[1] 原注：Organization for Security and Co-operation in Europe (OSCE), Office for Democratic Institutions and Human Rights (ODHIR), *Kosovo/Kosova as Seen, as Told: An Analysis of the Human Rights Findings of the OSCE Kosovo Verification Mission, October 1998 to June 1999* (Warsaw, Poland: OSCE, 1999), cover memo, http://webcache.googleuser content.com/search?q=cache:74_xAObauVMJ: www.osce.org/odihr/ 17774e.

[2] 原注：North Atlantic Treaty Organization (NATO), “NATO’s Role in Relation to the Conflict in Kosovo,” updated July 15, 1999, http://www.nato.int/kosovo/history.htm.

区和文化遗址。[1]

调解阿尔巴尼亚人和塞尔维亚人争夺科索沃一事的艰巨任务，落到了受人敬重的芬兰政治家及外交官马尔蒂·阿赫蒂萨里（Martti Ahtisaari）肩上。2005 年末，阿赫蒂萨里被任命为联合国驻科索沃特使，经过一年多有关科索沃地位的谈判，他制定了一份可以最终成为协议基础的草拟解决方案。2007 年 4 月，他将这份一揽子解决方案提交给联合国安理会。该方案内容包括建议科索沃独立，一段时期内由联合国直接管辖（见地图 17.1）。科索沃阿尔巴尼亚人接受了此项提议，但塞尔维亚反对，认为这种做法侵犯了其所拥有的科索沃合法主权，声称这一点已得到联合国安理会第 1244 号决议的肯定。美国和欧盟支持阿赫蒂萨里的计划，并支持科索沃争取独立。俄罗斯则支持贝尔格莱德的立场，反对基于阿赫蒂萨里计划的联合国安理会决议草案，呼吁进行新谈判，达成双方均能接受的解决方案。[2]

2008 年 2 月：科索沃僵局的最后紧张时日

2008 年 2 月，科索沃阿尔巴尼亚人对这种僵持局面的耐心耗尽（见图 17.1）。科索沃单方面宣告独立显得迫在眉睫。科索沃大街小巷都贴满了装饰有美国、英国、欧盟旗帜的海报，上面充满对“帮助和支持科索沃独立的所有国家”表示感谢之类的话语。[3] 而张贴于科索沃首府普里什蒂纳

[1] 原注：Miranda Vickers, *The Albanians: A Modern History* (London: I. B. Tauris, 2006). Originally published 1995.

[2] 原注：Warren Hoge, “Russia Objects to UN Plan for Kosovo as ‘One-Sided,’ ” *New York Times*, March 20, 2007, http://www.nytimes.com/2007/03/20/world/ europe/20nations .html; Judy Dempsey, “Diplomats to Increase Pressure on Serbia to Accept Kosovo Plan,” *New York Times*, April 18, 2007, http://www.nytimes. com/2007/04/18/world/europe/18kosovo.html.

[3] 原注：“Thaci Refuses to Confirm Independence Date,” France 24, February 16, 2008, http:// www. france24.com/en/20080215-thaci-refuses-confirm-independence-date-serbia-kosovo/.

地图 17.1 塞尔维亚及与其分离的科索沃共和国

的其他海报，则督促科索沃阿尔巴尼亚人“以有尊严的方式庆祝独立”。[1] 塞尔维亚总理沃伊斯拉夫·科什图尼察（Vojislav Koštunica），面对欧盟考虑在科索沃独立后派出一支警察部队计划的报道，重申塞尔维亚绝对不会接受科索沃独立。他指责欧盟“屈服于武力政策”、欧洲“迫于来自美国的强大外部压力”，“践踏了”联合国的“根本原则”。然而，塞尔维亚总统鲍里斯·塔迪奇（Boris Tadic）却希望塞尔维亚加入欧盟，因此言辞缓和。他说：“我绝不放弃保卫科索沃的战斗，我将拼尽全力让塞尔维亚加入欧盟。”[2] 但在科索沃，内部的种族紧张态势似乎在加剧。在科索沃的米特罗维察城，人们因种族不同而观点相悖。该城的警察报告说，欧盟代表团先遣队居住的大楼后面发生了一起爆炸[3]，第二天，欧盟批准了一项计划，派出一个由 1800 人组成的警察与司法代表团，前去帮助科索沃新政府开展工作。[4]

塞尔维亚政府准备接受难以避免的事实，实施了一项非暴力行动计划，采取了先发制人的解决方案，宣布科索沃阿尔巴尼亚族领导人的任何单边行动均属非法和无效。科什图尼察命令塞尔维亚人拒绝接受科索沃独立，声称“哪怕科索沃独立片刻，我们都不允许。只要被判有罪的恐怖分子领导人非法宣布科索沃独立，我们就立即合法地予以取消”。[5] 按照计划，塞尔维亚取消科索沃独立的行动将成为“星期四拒绝科索沃独立”（Thursday of rejection）活动的中心内容，该活动计划于 2 月 14 日举行。[6]

---

[1] 原注：“Thaci Refuses to Confirm Independence Date,” France 24, February 16, 2008, http://www. france24.com/en/20080215-thaci-refuses-confirm-independence-date-serbia-kosovo/.

[2] 原注：Reuters, “Tadic Vows to Preserve Kosovo,” France 24, February 15, 2008, http://www.france24.com/en/20080215-tadic-vows-preserve-kosovo-kosovo-serbia/.

[3] 原注：“Thaci Refuses to Confirm Independence Date.”

[4] 原注：Dan Bilefsky, “Kosovo Declares Its Independence from Serbia,” *New York Times*, February 18, 2008, http://www.nytimes.com/2008/02/18/world/europe/18kosovo.html.

[5] 原注：“Serbia Planning Wholesale Rejection of Kosovo State,” *Sydney Morning Herald* (Australia), February 13, 2008, http://www.smh.com.au/news/world/serbia-planning-wholesale-rejection-of-kosovo-state/2008/ 02/13/1202760333880.html.

[6] 原注：“Serbia Planning Wholesale Rejection of Kosovo State,” *Sydney Morning Herald* (Australia),

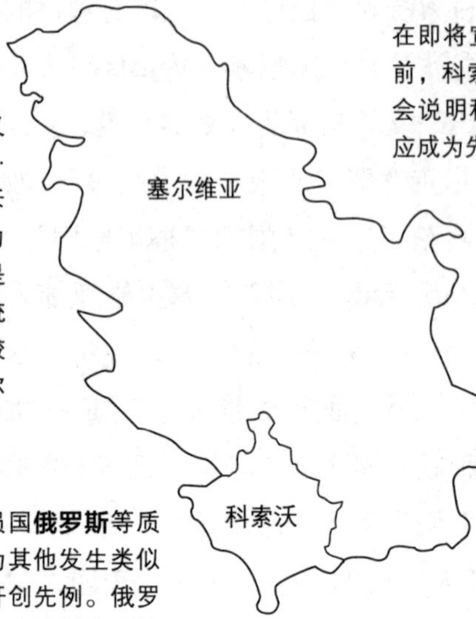

图 17.1　2008 年 2 月，科索沃陷入僵局

有报道爆料说，科索沃独立时，一项据称是塞尔维亚的“秘密行动计划”即将实施，报道说该计划包括实施一系列报复性行为，让科索沃处于塞尔维亚的掌控之中。[1] 然而表面上，塞尔维亚外交部长耶雷米奇（Vuk Jeremic）却向联合国安理会说明，虽然塞尔维亚绝对不会接受对其领土完整的侵犯，并将采取外交、政治和经济手段遏制科索沃，但贝尔格莱德却不会使用武力阻止科索沃脱离南斯拉夫联邦共和国。[2]

February 13, 2008, http://www.smh.com.au/news/world/serbia-planning-wholesale-rejection-of-kosovo-state/2008/02/13/1202760333880.html.

[1] 原注：Slobodan Lekic, “Serbia PM: West Seeks ‘Slave-Like’ Status for Serbia,” Associated Press, February 15, 2008; Jovana Gec, “Serbia to Fight Kosovo Independence,” Associated Press, February 16, 2008, http://www.boston.com/news/world/europe/articles/2008/02/16/serbia_to_fight_kosovo_independence/.

[2] 原注：“Thaci Refuses to Confirm Independence Date.”

袭击发生之日

2 月 17 日，科索沃阿尔巴尼亚人走上街头，顶着鹅毛大雪，冒着严寒，举行集会和燃放烟花，有人甚至还做了一个 100 英尺高的大蛋糕，庆祝国会投票同意科索沃独立。有些狂欢者挥舞着美国国旗，反复高喊“上帝保佑美国”。[1]

在贝尔格莱德，人们的情绪却远没有那么欢乐。就在科索沃宣告独立几分钟后，科什图尼察面向全国观众发表了一次充满火药味的电视讲话，宣布科索沃独立无效，谴责美国和欧盟支持科索沃脱离南斯拉夫联邦共和国的行为。[2] 除了指责华盛顿“为了自身利益，随时准备违反国际秩序”外，科什图尼察还特意对美国总统乔治 · W. 布什指名道姓，大加谴责，说他应“为这一违反国际秩序的行为负责，并将与其欧洲追随者一起被记入塞尔维亚史册，臭名远扬”。[3] 虽然科什图尼察言辞尖刻，但塞尔维亚领导人还是承诺会和平抵制科索沃独立。[4] 然而在科索沃，身份不明的袭击者向着联合国及欧盟大楼投掷手榴弹。塞尔维亚人集聚起来，抗议科索沃宣布独立，声称他们服从贝尔格莱德发出的命令，对科索沃的独立置之不理，继续留在科索沃，让这片北方领土事实上处于塞尔维亚控制之下。[5]

到傍晚时分，抗议者聚集在贝尔格莱德的美国大使馆大楼处，暴力行动一触即发。预先部署到位的塞尔维亚防暴警察守卫着该栋大楼，大楼紧靠人行道和一条主干道。但抗议者数量剧增，怒火开始喷发。他们一边高喊着“科索沃是塞尔维亚的心脏”，一边朝警察投掷铺路石、石块和瓶

[1] 原注：Bilefsky, “Kosovo Declares Its Independence fromSerbia.”

[2] 原注：Anastasijevic, “Joy in Kosovo, Anger in Serbia.”

[3] 原注：Tzortzi, “Serbia Pledges Long-Haul Fight over Kosovo”; Anastasijevic, “Joy in Kosovo, Anger in Serbia.”

[4] 原注：Tzortzi, “Serbia Pledges Long-Haul Fight over Kosovo.”

[5] 原注：Bilefsky, “Kosovo Declares Its Independence from Serbia.”

2008 年 2 月 17 日，塞尔维亚警察守卫驻贝尔格莱德的美国大使馆大楼。

子。抗议者们朝着大使馆大楼正面投掷燃烧装置，并试图闯过塞尔维亚防暴警察的队伍，局面变得异常紧张。[1] 最终，警察成功将这些抗议者驱离使馆大楼，但愤怒的人群转而洗劫了附近的一家麦当劳快餐店，将其付诸一炬。抗议者还攻击了其他西方国家的大使馆，其中包括北约成员国土耳其和欧盟成员国斯洛文尼亚的大使馆，而斯洛文尼亚最近才接任欧盟主席之位。[2] 虽然警察阻止了抗议人群接近阿尔巴尼亚大使馆，美国大使馆的 70 名外交官也都毫发未伤，但却有 30 多人在上述暴乱中受伤。[3]（关于美国大使馆安全的讨论，见文本框 17.1。）

[1] 原注："Belgrade-Serbia," video of the attack on the US Embassy 0:01:59, No Comment TV, February 17, 2008, http://www.youtube.com/watch?v=V6WnspPzWmo; Tzortzi, "Serbia Pledges Long-Haul Fight over Kosovo"; "Rioters Attack US Embassy in Belgrade after Kosovo Protest Rally," Radio Free Europe/Radio Liberty.

[2] 原注：Simon Roughneen, "Serbia, Ally Reject Sovereign Kosovo," *Washington Times*, February 18, 2008, http://www.washingtontimes.com/news/2008/feb/18/serbia-ally-reject-sovereign-kosovo/.

[3] 原注：Anastasijevic, "Joy in Kosovo, Anger in Serbia."

文本框 17.1 保护美国外交代表团

2008年2月，贝尔格莱德美国大使馆遇袭，这并不是美国在塞尔维亚的利益头一次遭受威胁。1999年3月，就在北约开始实施轰炸前，美国与塞尔维亚断绝了外交关系，彻底关闭了驻塞尔维亚大使馆。直到2001年5月，美国大使馆才再次正式开馆。[i]

在非紧急情况下、双边关系恶化前，通常采取的步骤是撤回驻一国首都的大使或高级外交官（至少最初常以回国“议事”为名），但很少会断绝外交关系和关闭大使馆；后者一般是发生战争或严重的国内动乱等特殊情况时，方才采取的措施。然而，此次美国却努力将其代表人员留在国外甚至充满危险的场所中。为了保护外交官及其家人，美国常会在某一异常危险环境中设置一个“无家人陪伴岗位”（unaccompanied post），在这一岗位上，外交官必须在没有家人陪伴的情况下工作和生活。在伊拉克巴格达和阿富汗喀布尔等处的战时大使馆，情况就是如此。但在正常情况下，美国外交官的家属的确是陪同其家人一起赴任，即便此前安全局势一直很脆弱。

面对安全环境的突变，美国必须小心调整其应对措施，保护美国的利益、人员和财产。例如，2010年，阿拉伯半岛的基地组织（AQAP）明确发出要袭击美国在也门利益的威胁，为此，美国驻也门大使馆临时关闭数日，但并未撤离使馆人员。[ii]此类关闭大使馆的举措会牵涉到一定的财务开支，必须根据威胁情形加以权衡。但美国官员当时表示，此次威胁具体明确，必须对大使馆实施“行政闭馆”（administrative closure）以保护其工作人员的安全。其他国家，比如法国和西班牙，并没有受到明确威胁，也关闭了大使馆，封锁了对外通道，但仍然开放其行政办公室。

在某些情况下，采取撤离行动——从人员自发撤离，到仅仅是家眷撤离、非重要人员撤离，直至强制性全体人员的撤离，被视为是保护美国人员安全的必要举措。2010年，墨西哥美国大使馆遇袭，大使馆工作人员及家眷被杀，美国政府向美国大使馆工作人员提出让其家眷自发地临时撤离，但仍然维持大使馆和领事馆的正常工作。[iii]

在经过与大使馆工作人员和美国国务院商议后，大使有权就安全事宜做出决断，特别是当安全问题危及双边关系时。若大使不在，则指定副大使充当临时代办。大使馆的人员安全由派给大使馆的地区安全官（Regional Security Officer，RSO）和海军陆战队警卫分队（Marine Security Guard Detachment）负责。海军陆战队警卫分队负责工作岗位的内部安全，包括控制人员出入、人员保护及敏感机密信息和设备的保护等。[iv] 海军陆战队警卫分队通过地区安全官对大使负责。在局势高度紧张、大使馆临时关闭的情况下，海军陆战队警卫分队、地区安全官和其他核心工作人员需要继续维持大使馆的现场安全，而外部安全则受1961年《维也纳外交关系公约》(Vienna Convention on Diplomatic Relations) 的控制和约束。该公约规定，外交使团不可侵犯，每个接受外交使团的国家均"有义务采取一切适当措施，保护大使馆馆舍不受人员入侵或损坏，并防止他人打扰使团安宁、损害其尊严"。[v]

i. "Background Note: Serbia," US Department of State, http://www.state.gov/r/pa/ei/bgn/5388.htm.

ii. Julian Borger, Hugh Macleod, Ed Pilkington, and Peter Walker, "US and UK Keep Yemen Embassies Shut for Second Day," *Guardian* (London), January 4,2010, http://www.guardian.co.uk/world/2010/jan/04/yemen-embassies-shut/.

iii. "3 People Associated with US Consulate Killed in Mexico," CNN, March 14,2010, http://articles.cnn.com/2010–03–14/world/mexico.violence_1_detentionofficer-police-officer-sheriff-s-office.

iv. Michael Coady, "A Salute to Marine Security Guards," *DIPNOTE*(US Department of State blog), November 11, 2009, http://blogs.state.gov/index.php/entries/salute_marine_security_guards/.

v. Vienna Convention on Diplomatic Relations, 1961, Article 22, http://untreaty.un.org/ilc/texts/instruments/english/conventions/9_1_1961.pdf.

暴力运动余波

2008年2月18日，尽管担心西方国家正式承认科索沃独立会在贝尔格莱德和科索沃引发新一轮的暴力运动，美国还是正式承认了科索沃独立。[1] 法国、英国、土耳其和另外十几个欧盟和北约成员国迅即纷纷仿效，承认科索沃独立。[2] 塞尔维亚召回其驻这些国家的大使，以示抗议，但并未与美国断绝外交关系。[3]

星期一和星期二，普里什蒂纳的庆祝活动并未减少，但反对活动和接踵而至的暴力行为也未见减少。星期一，数千名塞尔维亚人沿着一条将塞族人生活的米特罗维察北部地区和阿族人居住的南部地区隔开的河流举行游行活动，嘴里高喊着“科索沃属于塞尔维亚”。星期二，科索沃的塞尔维亚人在科索沃与塞尔维亚边界的亚林涅和巴尼亚十字路口纵火。此次袭击捣毁了轿车，烧毁了多处小楼，但无人受伤。北约和联合国当局做出回应，封锁了科塞边界。[4]（见图17.2大事年表）

星期一，新一轮抗议活动在全城各处引发了几起小规模暴力事件；这一事实至少部分证明观察者对贝尔格莱德可能出现更多暴力活动的担心不无道理。警方布置了警戒线，阻止暴徒靠近贝尔格莱德的“使馆街”——许多西方国家的大使馆都位于该处。抗议者转而朝着警察投掷石块。在其他地方，暴徒们又恶意破坏了另外一家麦当劳快餐店和土耳其大使馆。警

[1] 原注：Julian Borger and Peter Beaumont, “Angry but Pragmatic, Protesters Fly the Flag for Nationalism,” *Guardian* (London), February 19, 2008, http://www.guardian.co.uk/world/2008/feb/19/kosovo.serbia1; “US, European Powers Recognize Kosovo: Rift with Russia, China Apparent in Security Council Debate,” MSNBC, February 18, 2008, http://www.msnbc.com/id/23219277/ns/world_news-europe/t/ us-european-powers-recognize-kosovo/.

[2] 原注：“Western States Hail Newcomer,” *Oxford Analytica*, February 19, 2009.

[3] 原注：“US, European Powers Recognize Kosovo,” *MSNBC News*.

[4] 原注：Elie Tzortzi, “Serbs Vent Ire on Kosovo, Western Backers,” Reuters, February 18, 2008, http://www. reuters.com/article/2008/02/18/idUSL18637552/; Nick Thorpe, “Tension on New Kosovan Border,” BBC, February 21, 2008, http://www.bbc.co.uk/2/hi/ europe/7256549.stm.

方在收到一起炸弹恐吓后，疏散了一家大商场的人群。[1]

日期	事件
1974 年	约瑟普 · 布罗兹 · 铁托赋予科索沃自治权。
1989 年	斯洛博丹 · 米洛舍维奇废除科索沃自治权。
20 世纪 90 年代	南斯拉夫解体，但科索沃仍保持留在南斯拉夫联邦之内。
1998 年	科索沃阿尔巴尼亚人对缺乏独立性提出抗议，建立了一个平行政府。科索沃塞尔维亚人和阿尔巴尼亚人事实上打响内战。
1999 年 3 月	北约提议举行朗布依埃会议，科索沃阿尔巴尼亚人签署了和平协定，但塞尔维亚人拒绝签署。美国领导的北约空袭开始，战争打响；美国政府正式与塞尔维亚断绝外交关系，关闭了大使馆。
1999 年 6 月	在俄罗斯的斡旋下，北约和塞尔维亚当局宣布签订一项结束战争的军事—技术协定，联合国通过联合国安理会第 1244 号决议。
2001 年 5 月	美国正式重开其贝尔格莱德大使馆。
2005 年	马尔蒂 · 阿赫蒂萨里被任命为联合国驻科索沃特使。
2007 年 4 月	阿赫蒂萨里将一揽子解决方案上呈联合国安理会，其中包括建议科索沃独立，在一段时期内由国际社会监管。科索沃阿尔巴尼亚人接受这项提议，而塞尔维亚反对，认为这是对其科索沃合法主权的侵犯，声称这一点已在联合国安理会第 1244 号决议中得到重申。
2008 年 2 月 13 日	塞尔维亚国家委员会召开会议，提前否决科索沃独立案，采取行动计划，不采取如军事干预或断电等非外交性报复措施。
2008 年 2 月 15 日	鲍里斯 · 塔迪奇宣誓就任塞尔维亚总统。
2008 年 2 月 16 日	欧盟宣布向科索沃派遣一个由 1800 人组成的警察和司法代表团。
2008 年 2 月 17 日	科索沃宣告独立。俄罗斯呼吁安理会召开紧急会议。贝尔格莱德的反独立集会演变为暴力行动，“暴徒”袭击美国大使馆。
2008 年 2 月 18 日	美国承认科索沃独立，贝尔格莱德爆发集会和更多暴乱活动。塞尔维亚召回其驻美大使。
2008 年 2 月 19 日	位于联合国监控下、科索沃北部边境的亚林涅和巴尼亚哨位遭到袭击。

图 17.2 大事年表

[1] 原注："Fresh Clashes Reported in Serbian Capital, Slovene Shopping Mall Evacuated," Radio B92, in translation *at BBC Worldwide Monitor*ing, February 18, 2008, http://www .bbc. co.uk/ (site discontinued).

星期二早上，贝尔格莱德各家报纸的头条，都宣泄着塞尔维亚人对国际社会支持科索沃独立的反对和愤怒之情。报道称，科什图尼察和其他政党领袖计划于星期四在一场政府支持的抗议集会上发表演讲，但塔迪奇反对这一计划，并打算前去访问布加勒斯特，感谢罗马尼亚拒绝承认科索沃独立。前往联合国安理会表达诉求的塔迪奇刚从纽约归来，在举行集会前呼吁众人保持冷静，声称“必须杜绝暴力和危及他人性命……因为只有采取和平、理智的措施，我们才有权保卫科索沃”。[1] 美国承认贝尔格莱德的“小规模示威游行”仍在继续，对塞尔维亚政府“维持法律和秩序……及美国大使馆周围地区的安全”表示感激。[2] 然而，这场政府组织的“科索沃属于塞尔维亚”集会迫在眉睫，美国要迅速预测此次集会是否可能演变为暴力运动，以及美国大使馆应该如何准备应对。

·推荐读物·

Glenny, Misha. *The Balkans: Nationalism, War, and the Great Powers, 1804–1999*. New York: Penguin, 1999.

Judah, Tim. *The Serbs: History, Myth, and the Destruction of Yugoslavia.* 3rd ed. New Haven, CT: Yale University Press, 2009.

Malcolm, Noel. *Kosovo: A Short History*. New York: New York University Press, 1998.

Vickers, Miranda. *The Albanians: A Modern History*. London: I. B. Tauris, 2006. Originally published 1995.

Vienna Convention on Diplomatic Relations, 1961. April 18, 1961; entered into force on April 24, 1964. *United Nations, Treaty Series*, Vol. 500 (2005): 95.

[1] 原注：F.Berruyer, “NATO Troops Seal Kosovo Border,” *France 24*, February 20, 2008, http://www. france24.com/en/20080220-nato-troops-seal-kosovo-border-kosovo-independence/.

[2] 原注：“Special State Department Teleconference Briefing on Kosovo,” Briefer: Under Secretary of State for Political Affairs R. Nicholas Burns, Federal News Service, February 18, 2008.

二、案例分析：3种结构化分析方法的应用

表17.1 案例快照：贝尔格莱德爆发暴力事件

所用结构化分析方法	《情报分析：结构化分析方法》中所在章节	分析类别
力场分析法	第十一章	决策支持
决策矩阵法	第十一章	决策支持
“赞成—反对—错误—纠正”法	第十一章	决策支持

许多最重要的决策都是在时间紧迫的情况下匆忙做出，但这并不意味着决策者或其支持者不应深思熟虑，因为合乎逻辑和全面的思考过程是制定最佳行动计划的根本要素，即便做决策的环境并不理想。以下方法和练习可以为完成踏实可靠的决策过程提供一个模板，它们包括利用力场分析法、决策矩阵法和“赞成—反对—错误—纠正”法等方法识别和评估问题，思考多个选项，并消除决策缺陷。

方法 1：力场分析法

力场分析法是一种决策工具，可以用来识别和评估驱动或约束某一特定结果的关键力量和因素。通过囊括一切的方式列出并权衡支持或反对某一问题或结果的所有力量，分析人员可以更加全面地定义正在考虑的上述力量。此外，这一方法还可以帮助分析人员评估影响该问题的各种力量的相对重要程度。更加透彻地理解上述力量后，又可以反过来将其用于制定行动方案，增强某些特定力量，获得期望结果，或者削弱上述力量，降低某一不利结果出现的概率。

任务 1：贝尔格莱德可能发生更多针对美国利益的暴力活动，就对其能

够起到驱动和约束作用的因素进行一次力场分析。

步骤 1：简洁明了地定义问题、目标或变化。

步骤 2：采用头脑风暴的方式确定影响该问题的主要因素。

步骤 3：对于支持和反对更多暴力活动发生的最强力量，各列出一份清单。

步骤 4：将清单纳入表格中（见表 17.2 中的模板）。

步骤 5：在每个因素上标出一个表明其力量强度的分值，力量强度最小者分值为 1，最大者为 5。若认为有多个因素的力量强度相同，则可为其标上相同分值。

步骤 6：算出每一份清单的总分，确定是驱动因素（支持论据）还是约束力量（反对论据）占据主导地位。

步骤 7：审查两份清单，确定其中是否有任何因素可以相互抵消。

步骤 8：分析上述清单，确定假如因素出现变化，可能会如何影响整体结果。

表17.2　力场分析法模板

对结果能够起到驱动和约束作用的力量			
分值	**驱动因素**	**约束力量**	**分值**
1—5 分	驱动因素 1	约束力量 1	1—5 分
1—5 分	驱动因素 2	约束力量 2	1—5 分
驱动因素总得分			约束力量总得分

任务 2：回答下列问题：

★ 哪些力量最强？

★ 你标出的分值是否有任何假定支撑？

★ 是否有不确定因素可能影响你的分析？如果有，是哪些不确定因素？

分析所得增值。贝尔格莱德是否会发生更多反对美国利益的暴力行动？

方法2：决策矩阵法

决策矩阵法能够帮助确定使具体目标或标准最大化的行动步骤。通过列出所有选项或可能选择，以及评判上述选项的标准，这一方法可以将一个决策拆分为几个组成部分。该方法利用权重帮助分析人员确定相对于其他选项来说，每一选项满足每一标准的程度。虽然矩阵会给每一选项分配一个量化分值，但数字本身并不能做出决策。相反，分析人员应当利用这些数值来引导决策者，使其了解各种常常相互抵触的目标或标准之间此消彼长的关系，以及可以如何调整某一选项以最佳方式实现上述目标。

任务3：使用决策矩阵法评估贝尔格莱德的美国外交官应该如何应对更多暴力行动带来的威胁。

步骤1：确定有待考虑的决定或问题。

步骤2：列出选择标准及选项，标准和选项的数量可因情形不同而有差异。

步骤3：合并每一清单里的项，删除重复项。

步骤4：将你制定完成的标准和选项填入类似表17.3的矩阵中。

步骤5：根据每一标准的相对重要程度，为其标出一个权重。有一种简单做法是，将上述标准以百分制表示。

步骤6：评估每列矩阵所有选项中每一选项满足各个标准的相对能力，每次完成一列。在此过程中，给每列分配10分，并根据对每个选项满足该选择标准能力的评估结果，对这10分加以分配。

步骤7：用各标准的权重乘以步骤6中分配给每一选项的分值，评估该选项对应该标准的权重值。例如，标准1的权重 × 选项1的分值 = 得分。为了方便计算，直接使用整数权重，而非百分比。

步骤 8：计算每一选项的总分，并将总和填入该栏底部的“总计”格中。总分最高的选项就是最优的量化选择。

步骤 9：利用定性检查方法，帮助确定能够进一步有助于决策过程的关键问题、变量或其他观察结果。

表17.3 决策矩阵法模板

		选项 1		选项 2		选项 3		选项 4	
选择标准	% 权重（W）	分值（V）	加权值（W×V）	分值（V）	加权值（W×V）	分值（V）	加权值（W×V）	分值（V）	加权值（W×V）
标准 1	30	3.5	105	2.0	60	2.0	60	2.5	75
标准 2	10								
标准 3	40								
标准 4	20								
加权值总计			105		60		60		75

分析所得增值。基于你的发现，哪个选项能最好地保护美国在贝尔格莱德的政治和安全利益，为什么？

方法 3：“赞成—反对—错误—纠正”法

“赞成—反对—错误—纠正”法是一种评估各类决策的简单策略，包括政策选项在内。在本案例中，针对美国在塞尔维亚首都利益的暴力活动，美国官员急需做出回应。“赞成—反对—错误—纠正”法尤其适用于决策者必须迅速采取行动的局面，因为这一方法能够以快速和有组织的方式对一项决策进行详细说明，并解释和排除分析障碍，以便所有决策参与者都能分享和讨论该决策。

任务 4. 使用“赞成—反对—错误—纠正”法评估你在任务 3 中选择的项（见表 17.4 模板）。如果你没有完成任务 3，则利用这一方法，对 2 月份美国大使馆大楼遭到袭击后，在接下来的一周，美国应该如何保护其在贝尔格莱德的政治及安全利益所提出的一份建议，进行评估。

表17.4 “赞成—反对—错误—纠正”法模板

错误	赞成	发对	纠正
描述赞成观点 1 的错误	赞成观点 1	反对观点 1	对反对 1 的观点进行纠正
描述赞成观点 2 的错误	赞成观点 2	反对观点 2	对反对 2 的观点进行纠正
描述赞成观点 3 的错误	赞成观点 3	反对观点 3	对反对 3 的观点进行纠正

步骤 1： 清楚地阐明所提议的行动或选择。

步骤 2： 列出支持该决策的所有赞成意见。进行开放性和富有创造性的思考，列出所有收益、优点或其他有益因素，越多越好，将重复的赞成意见合并在一起。

步骤 3： 列出所有反对所提议内容的意见或论据，对这些反对意见进行审查与合并。若两个反对意见相似或重叠，则将两者合二为一，避免冗赘。

步骤 4： 尽可能多地对反对意见进行纠正。具体做法是，提出一个修正方案，该方案应该能够大幅降低反对意见成为难题的风险。确定一项预防措施，大幅降低反对意见成为难题的机会。制定一个应急方案，应包括在观察到某些指标后需要做出的改变，或者判定是否需要进一步调查或搜集信息，以证实或证伪反对意见成为难题的假定。

步骤 5： 挑赞成意见的错。给出赞成意见行不通或难以带来所说收益的理由，准确描述可能与赞成意见相伴生的副作用；或者说明需要进一步调查，以证实或证伪赞成意见行得通或能够带来收益的假定。

步骤6：将赞成意见（包括错误在内）与反对意见及其纠正意见进行比较。

分析所得增值。根据你对赞成意见和反对意见的评估，美国该如何优化其策略，保护其在贝尔格莱德的政治和安全利益？

图片来源

第一章：谁向卡琳娜·莫斯卡琳科投毒？

P027 左图和右图 : AP Photo/Efrem Lukatsky

P030: Matt Cardy/Getty Images

第二章：炭疽菌杀手

P043 和 P044: Courtesy of the Department of Justice

P047 左图和右图 : Courtesy of the Department of Justice

P049 左图和右图 : Courtesy of the Department of Justice

P051: Courtesy of the Department of Justice

P052: Courtesy of the Department of Justice

P053: Courtesy of the Department of Justice

第三章：网络 H_2O

P068: Map Data © 2013 Google

P068 右上角小图 : Image © Bluesky

第四章：核机密泄露案

P092: AP Photo/LM Otero

第五章：围绕马蒂电台的美国与古巴之争

P114: © Bettmann/CORBIS

P115: AP Photo/Cubadebate, Roberto Chile, File

P121: Map Data © 2013 Google

第六章：通往塔宁科瓦之路

P136: Capt. Claudia Peña Crossland

P139 左图和右图：Capt. Claudia Peña Crossland

第七章：谁谋杀了乔纳森·卢纳？

P158 下图：Reproduced with the permission of the FBI

P160: Reproduced with the permission of the FBI

第八章：贝·布托遇刺

P182: AP Photo/Shakil Adil

P183: AP Photo/Lefteris Pitarakis

P192 上图和下图：REUTERS/Reuters TV

第十章：亚特兰大奥运会爆炸案

P224: Reproduced with the permission of the FBI

P231: AP Photo/Greg Gibson

第十二章：哥伦比亚革命武装力量袭击美国本土

P263: AP Photo/Scott Dalton

P264: AP Photo/APTN/Noticias Uno

第十三章：解读“11 月 17 日革命组织”

P286: AP Photo

P288: Keystone/Stinger/Getty Images

P290: AP Photo/HO/Elftherotypia

P293: Wiki Phantis

第十四章：保卫孟买免遭恐怖袭击

P311: AP Photo/Rajesh Nirgude

第十五章：伊朗干涉巴林事务

P345: United States Navy photo by Chief Mass Communication Specialist Julian Carroll

P347 左 图：http://bahrain.viewbook.com/ [CC-BY-SA-3.0 (www.creative-commons.org/licenses/by-sa/3.0)], via Wikimedia Commons

P347 右图：By Bahrain in Pictures (http://bahrain.viewbook.com/)[CC-BY-SA-3.0 (www.creativecommons.org/licenses/by-sa/3.0)], via Wikimedia Commons

第十六章：乌克兰橙色革命的影响

P361 左图和右图：Wikimedia Commons

P365: www.kremlin.ru

P368: Wikimedia Commons

P372: Wikimedia Commons

第十七章：贝尔格莱德爆发暴力事件

P383: AP Photo/Marko Drobnjakovic

P390: REUTERS/Nikola Solic

英汉词汇对照

administrative inquiry (AI) 行政调查
al-Haq Movement of Liberties and Democracy 哈克自由与民主运动
Alternative Analysis 替代分析
al-Wefaq 伊斯兰民族和谐协会
Analysis of Competing Hypotheses 竞争性假设分析法
Arab Spring 阿拉伯之春
Army's Signals Intelligence Directorate （印度）陆军信号情报局
assumption 假定
Atlanta Journal-Constitution 《亚特兰大宪法报》
Atlanta Olympic Committee 亚特兰大奥林匹克委员会

bioterrorism 生物恐怖主义
Black September 黑色九月
Board for International Broadcasting 国际广播委员会
Board of National Estimates （美国）国家评估委员会
Border Security Force 边境安全部队
British Home Office 英国内政部
Bureau of Alcohol, Tobacco, and Firearms (ATF) （美国）烟酒枪械管理局

Canyon de Chelly National Monument 柴利峡谷国家纪念碑
Centennial Park 世纪公园
Centers for Disease Control (CDC) 疾病控制中心
Central Electoral Commission 中央选举委员会
Central General Staff 中央总参谋部
Chronologies and Timelines 年表法与时间轴线法（《情报分析：结构化分析方法》中译作“大事记表与时间表法”）
Classic Quadrant Crunching™ 经典象限处理法™
Clean Water Act 《清洁水法案》

Commanders' Emergency Relief Fund 指挥官紧急救济基金

Committee of the Unemployed 失业者委员会

computer network attack (CNA) 计算机网络攻击

computer network exploitation (CNE) 计算机网络利用

confirmation bias 证实偏见

Cyber Emergency Response Team (CERT) 网络应急团队

Davis-Monthan Air Force Base 戴维斯—蒙森空军基地

Deception Detection 欺骗识别法

Decomposition and Visualization 分解与可视化

demilitarized zone 非军事区

Department of Energy (DOE) （美国）能源部

Department of Health and Human Services （美国）卫生和公共服务部

Department of Homeland Security (DHS) 国土安全部

Department of Justice (DOJ) 司法部

Devil's Advocacy 魔鬼代言人

Division of Health Improvement Services 健康改善服务部（后更名为纳瓦霍卫生部 [Navajo Division of Health]）

Epidemic Intelligence Service (EIS) 传染病情报部

European Court of Human Rights (ECHR) 欧洲人权法院

Federal Republic of Yugoslavia (FRY) 南斯拉夫联邦共和国

Federal Trade Commission 联邦贸易委员会

federally administered tribal area (FATA) 联邦直辖部落地区

Food and Drug Administration (FDA) （美国）食品药品管理局

Force Field Analysis 力场分析法

Foreign Intelligence Surveillance Act (FISA) 《外国情报监视法》

Foresight Quadrant Crunching™ 远景象限处理法™

Fort Wingate Army Depot 温格特堡军火库

Gallup Medical Center 盖洛普医疗中心

Getting Started Checklist 启动清单法

Global Cities Index 全球城市指数

Gulf Cooperation Council 海湾合作委员会

Harkat-ul-Jihad-al-Islami (HUJI) 伊斯兰“圣战”运动

Homestead Air Reserve Base 霍姆斯特德空军储备基地

House Energy and Commerce Committee 众议院能源和商务委员会

House Foreign Affairs Committee 众议院外交事务委员会
House Permanent Select Committee on Intelligence 众议院常设情报委员会

Idea Generation 观点生成
improvised explosive devices (IEDs) 简易爆炸装置
India's Ministry of Home Affairs 印度内政部
Indian Mujahideen 印度"圣战者"
Indicators 指标法
Indicators Validator™ 指标验证因子法™
industrial control systems (ICS) 工业控制系统
intensive care units (ICUs) 重症监护室
International Foundation for Election Systems 选举制度国际基金会
International Telecommunications Union (ITU) 国际电信联盟
Inter-Services Intelligence Directorate (ISID) (巴基斯坦)三军情报局
Irish Republican Army (IRA) 爱尔兰共和军
Islamic Bahrain Freedom Movement (IBFM) 巴林伊斯兰自由运动
Islamic Front for the Liberation of Bahrain (IFLB) 解放巴林伊斯兰阵线

Jaish-e-Mohammed (JEM) 穆罕默德军
Joint Interagency Task Force-South (JIATF-South) 南方跨部门联合突击队
Joint Operations Center (JOC) 联合行动中心
Joint United States Military Advisory Group (JUSMAG) 美国联合军事顾问团

Key Assumptions Check 关键假定检查法
Kindred Spirit Analytical Group 志趣相投者分析小组
Kosovo Liberation Army 科索沃解放军

Lawrence Livermore National Laboratory (LLNL) 劳伦斯利弗莫尔国家实验室
Los Alamos National Laboratory (LANL) 洛斯阿拉莫斯国家实验室

Mesa Verde National Park 梅萨维德国家公园
Mind Map 思维导图(《情报分析:结构化分析方法》中译作"思维图")
mindset 思维定式
Montgomery County Police Department (MCPD) 蒙哥马利郡警察局
Morphological Analysis 形态分析法
Multiple Hypothese Generator™ 多种假设生成程序法™
Multiple Scenarios Generation 多种情景生成法
Mumbai Police Department 孟买警察局

National Defense laboratories　国防实验室

National Liberation Army (ELN)　民族解放军

National Science Foundation　（美国）国家科学基金会

National Security Guard　国家安全卫队

Navajo Area Indian Health Service (NAIHS)　纳瓦霍地区印第安健康服务机构

Navajo Nation Council　纳瓦霍国家委员会

Naval Fifth Fleet　海军第五舰队

nongovernmental organizations (NGOs)　非政府组织

North American Radio Broadcasting Agreement　《北美无线电广播协定》

North Atlantic Treaty Organization (NATO)　北大西洋公约组织

Northern Alliance　北方联盟

North-West Frontier Province (NWFP)　西北边境省

Office of Democratic Institutions and Human Rights (OSCE)　民主制度与人权办公室

Office of the Director of National Intelligence (ODNI)　国家情报总监办公室

Operation Mongoose　猫鼬行动

Outside-In Thinking　由表及里思考法

Pakistani Muslim League　巴基斯坦穆斯林联盟

Panhellenic Socialist Movement (PASOK)　泛希腊社会主义运动党

peacekeeping force　维和部队

People's Revolutionary Party of Kangleipak　曼尼普尔邦人民革命党

Personal Identity Information (PII)　人员身份信息

Pherson Associates, LLC　弗森联合有限责任公司

polymerase chain reaction (PCR)　聚合酶链反应

Premortem Analysis　事前分析法

Presidential Commission on Broadcasting to Cuba　对古巴广播总统委员会

Pros-Cons-Faults-and-Fixes　“赞成—反对—错误—纠正”法

Quadrant Hypotheses Generation　象限假设生成法

Radio Free Europe (RFE)　自由欧洲电台

Radio Liberty (RL)　自由电台

Rambouillet Conference　朗布依埃会议

Red Hat Analysis　红帽分析法

Research and Analysis Wing (RAW)　（印度）调查分析局

Revolutionary Armed Forces of Colombia　哥伦比亚革命武装力量

（西班牙语缩写为 FARC）
Revolutionary Organization 17 November 11月17日革命组织

Safe Drinking Water Act 《安全饮用水法案》
Senate Committee on Foreign Relations 参议院外交关系委员会
Seviellta National Wildlife Refuge 塞维尔他国家野生动物保护区
Sevilleta Long-Term Ecological Research Program 塞维尔他长期生态研究项目
Sevilleta Wildlife Refuge 塞维尔他野生动物保护区
Simple Hypotheses 简单假设法
Simple Hypothesis Generation 简单假设生成法
Simple Scenarios 简单情景法
Social Democratic United Party 社会民主党
Soros foundation 索罗斯基金会
Spain's Basque separatist group ETA 西班牙巴斯克分离主义组织"埃塔"
Special Operations Command South (USSOCSOUTH) 南方特种作战司令部
Starbursting 星爆法
Strengths-Weaknesses-Opportunities-Threats "优势—劣势—机会—威胁"法
Structured Analytic Techniques (SATs) 结构化分析方法
Structured Brainstorm 结构化头脑风暴
Structured Self-Critique 结构化自我批判法
Student Islamic Movement of India (SIMI) 印度伊斯兰学生运动
supervisory control and data acquisition system 数据采集与监控系统

Terrorism and Intelligence Center 恐怖主义与情报中心

United Liberation Front of Asom (ULFA) 阿萨姆联合解放战线
United States Southern Command (USSOUTHCOM) 美国南方司令部
US Agency for International Development (USAID) 美国国际开发署
US Army Corp of Engineers (USACE) 美国陆军工程兵团
US Army South (USARSO) 美国陆军南方司令部
US Attorney's Office 美国联邦检察官办公室
US District Courthouse 美国地区法院大楼
US Environmental Protection Agency (USEPA) 美国环境保护署
US Fish and Wildlife Service 美国鱼类及野生动物管理局
US Geological Survey 美国地质调查局
US Government Accountability Office 美国政府问责局
US House Committee on International Relations 美国众议院国际关系委员会

US Secret Service 美国特勤局

vehicle-borne improvised explosive device (VBIED) 车载简易爆炸装置

Vienna Convention on Diplomatic Relations 《维也纳外交关系公约》

Voice of America (VOA) 美国之音

Washington Metropolitan Police Department (WMPD) 华盛顿特区警察局

Water Government Coordinating Council 政府水务协调委员会

Water Information Sharing and Analysis Center (WaterISAC) 水务信息共享与分析中心

Water Sector 水务行业

What If? Analysis 若则分析法（也译为“如果……那会怎样”分析法）

White House Situation Room 白宫战情室

wild card 不可预知的因素

金城出版社

国家安全与保密参考书目

策划：朱策英

《美国政府保密史：制度的诞生与进化》 ［美］戴维·弗罗斯特 著

简介：本书论述了美国政府自建国前至今的保密史。作者以大陆会议、宪法制定、曼哈顿计划等各种历史事件为切入点，讲述了保密如何在维护美国国家安全中发挥重要作用，政府保密制度与文化怎样跟随历史不断演变。作者以独特的视角检视美国历史，填补了美国保密史方面的研究空白，颇有参考价值。

《突然袭击：被袭国的视角》 ［以］伊弗雷姆·卡姆 著

简介：本书系统分析了1939年以来的全球11个经典突袭案例，研究不同能力水平的被袭国行为，梳理致使一国遭受战略突袭的分析困难、判断偏见、组织障碍等。它告诉我们，突袭虽极难预防，但只要处理得当，并非完全不可避免。全书所涉的被袭国既有小国、弱国，也有大国、强国，具有典型的研究价值。它不仅从军事学、情报学角度进行探讨，还广泛引入心理学、组织行为学等思想，是研究战略突袭的经典之作。

《情报分析案例：结构化分析方法的应用》 ［美］萨拉·毕比 伦道夫·弗森 著

简介：作者精选出17个具备代表性的经典案例作为研究对象，涵盖外国情报、反情报、恐怖主义、国土安全、执法和决策等方面，指导情报分析人员如何运用结构化分析方法处理实际问题。本书是《情报分析心理学》和《情报分析：结构化分析方法》的姊妹篇，与《情报分析案例·实操版：结构化分析方法的应用》是配套用书。

《情报分析案例·实操版：结构化分析方法的应用》 ［美］萨拉·毕比 伦道夫·弗森 著

简介：本书是《情报分析案例：结构化分析方法的应用》的配套用书，采用情景化示范的方式，论证了结构化分析方法的实际应用，为情报分析及其他行业的决策者和管理者提供有效的工作指南。

《情报分析：结构化分析方法》 ［美］小理查兹·J. 霍耶尔 伦道夫·弗森 著

简介：本书采用结构化分析方法的新理念，将55种情报分析方法分成8大类，不仅阐述每一种分析方法本身的内容，还指出其适用场景、增加的价值、具体的操作步骤、需要关注的潜在缺陷、与其他方法的关系及该方法的起源等，可有效地帮助分析人员处理情报工作中的问题，避免陷入认知偏见和直觉陷阱，提升情报用户的预测和决策能力。本书是情报分析的三大黄金标杆教科书之一，也是全球情报界经典培训教材，书中介绍的实用分析工具还广泛应用于学术界、商界、执法界、财政界和医学界等。

《情报研究与分析入门》 ［美］杰罗姆·克劳泽 原著 ［美］简·戈德曼 改编

简介：本书全面探讨了情报研究与分析的各个阶段，重点讨论了情报研究的规范程序和适用的分析方法工具、模型，优秀情报分析人员的必备特质，以及如何提升情报产品的质量。这部国防情报学经典力作，享誉业界40载，堪称美国情报培训的“红宝书”，是情报研究与分析入门必备教材。它既适合国家安全、情报工作的从业者学习，也可供相关研究人士参阅。

《战略情报的批判性思维》 [美]凯瑟琳·弗森 伦道夫·弗森 著

简介：本书关注如何在情报工作中应用批判性思维，系统阐述了20个重点问题，介绍了其中的各种实用技巧与工具，以及简单易懂的解决办法。作者还通过政治、经济、军事、信息技术和健康管理等方面的情报分析案例，帮助读者加强对战略情报批判性思维实践应用的理解。这是一部情报工作者高效思考力指南，情报分析的三大黄金标杆教科书之一。

《情报搜集技术》 [美]罗伯特·克拉克 著

简介：本书是首部系统论述情报搜集技术的专著，集中讨论了各种技术搜集手段，情报搜集中特征的基本概念，为实现情报目的而进行特征搜集的传感器和搜集平台，以及情报搜集策略与管理问题；还重点探讨了情报搜集技术在国家安全领域的三大用途，读者从中可以一窥美国情报界强大的情报搜集能力、发展动向及维护国家安全的最新思维。

《情报：从秘密到政策》 [美]马克·洛文塔尔 著

简介：本书详细阐述情报的概念、历史、流程、搜集、分析、反情报、隐蔽行动等问题，重点讨论情报在美国国家安全决策中的重要作用。书中还介绍了美国情报工作的发展，勾勒出美国情报界的内部机制，探讨了情报工作的伦理与道德问题，简要概述了世界主要大国的情报机构情况。本作品享有极高声誉，多次再版修订，已成为全美外交、国关、国安、情报等诸多学科的权威教材，长期被哥伦比亚大学、斯坦福大学、麻省理工等知名学府选用和推荐。

《情报分析心理学》 [美]小理查兹·J. 霍耶尔 著

简介：本书主要探讨了人类在判断不完整或模糊信息过程中的认知心理问题，以及这些不可避免的问题如何对情报分析产生影响，而我们又怎样有效克服这些影响。全书由思维机制、思维工具、认知偏见和情报分析的改进等四部分组成。作为中情局权威理论家的代表作，本书既是美国情报机构培训员工的经典教科书，也是中情局情报官员的必备参考读物，无数次再版加印。

《情报分析：以目标为中心的方法》 [美]罗伯特·克拉克 著

简介：针对美国情报界在“9·11事件”和伊拉克战争中的情报失误，作者创造性地提出运用“以目标为中心”的情报分析方法，完善情报分析的逻辑过程，形成“确定目标—问题分解—建立模型—评估数据—填充模型—进行预测”的情报分析流程。全书涵盖了情报分析中的各类关键问题，如情报周期、反情报、情报分类、征候与预警、情报模型、情报来源、情报搜集、情报评估、拒止与欺骗、预测方法、团队互动，等等，称得上是一部名副其实的情报分析教科书。

《斯诺登档案：世界头号通缉犯的内幕故事》（修订版） [英]卢克·哈丁 著

简介：本书对“斯诺登事件”进行了全面介绍和解读。它详细追踪了斯诺登的泄密动机、获取机密文件的方式、媒体的报道过程及事件的后续发展，讲述了事件背后各方的博弈较量与攻防策略，披露了美英等国监控全球的手段和规模。作为该事件的全球首部权威著作，本书不仅曝光了西方国家的安全战略秘密，而且还披露了他们怎样监控中国的内幕。无论个人、企业和国家，都可从书中获得启迪和警示。

《二战后的美国对外政策》 ［美］史蒂文 · 胡克　约翰 · 斯帕尼尔　著

简介：本书是国际研究协会（ISA）外交政策分会前会长的扭纲力作，堪称美国外交政策研究的经典。作者将美国置于全球背景下，系统讲述了 1945 年二战结束后该国对外战略的重大发展与变化，深刻剖析了其外交政策的决策机制，提示了其对外战略的形成过程与规律。通过本书，读者可以了解美国对外政策的根源和复杂性，深入理解其对外战略的全景图。全书涵盖了美国的对外政策变迁史、外交案例分析、全球争霸史、国际反恐发展史等等内容。

《谁来监管泄密者?：国家安全与新闻自由的冲突》 ［美］盖里 · 罗斯　著

简介：2010 年“维基揭秘事件”，2013 年“斯诺登泄密事件”……据统计，近年媒体泄密在所有未授权信息泄露中比例最高，对国家安全和利益影响也最甚。通过美国政府历史上重大的泄密案例和事件，作者探讨了未授权信息泄露背后的动机、代价、法律困境和解决之道，以期望提醒全美情报系统：对手是如何获取美国情报的，对手获得情报后会取得怎样的优势。本书内容具有较强的时代性，在互联网信息时代普及国家安全意识的目的十分明显，对我国相关读者同样具备较强的借鉴意义。

《情报术：间谍大师杜勒斯论情报的搜集处理》 ［美］艾伦 · 杜勒斯　著

简介：本书作者以第一人称的视角展开，着重阐述了情报的实用技巧——情报如何搜集和处理，以及形成的结果怎样为制定国家政策服务。本书是“间谍大师”、中情局任期最长局长、美国现代情报系统缔造者杜勒斯的收官之作。凭借美国战略情报局与中情局的独特任职优势，作者娴熟地将情报学知识、亲身经历和各种间谍事件与趣闻轶事有机融为一体，具备极高的可读性。

《骗中骗：克格勃与中情局的无声战争》 ［美］爱德华 · 爱泼斯坦　著

简介：本书以美国反间谍头目詹姆斯 · 安格尔顿之死为缘起，追踪了苏联从建国伊始到冷战末期“欺骗对手”的各种行动，以及美国是如何应对和接招的。通过中情局与克格勃在情报与反情报上的较量，作者向读者呈现了一场看不见硝烟的战争。本书是西方反情报代表作，既可作为饭后茶余之消遣，亦能当作国家安全研究的重要资料。

《全民监控：大数据时代的安全与隐私困境》 ［英］约翰 · 帕克　著

简介：阿桑奇、斯诺登等的接连爆料警示我们，“全民监控”的时代已经来临。为了获得全方位的监控能力，西方国家利用闭路系统、窃听设备、身份识别技术、定位追踪装置等随时随地监视民众。全书涉及国家安全、信息安全、个人隐私等问题，为人们敲响了监控无处不在的警钟。本书案例丰富、数据翔实、语言生动，是读者迅速掌握隐私与信息安全知识的必读之作。

《网络战：信息空间攻防历史、案例与未来》 ［美］保罗 · 沙克瑞恩　等著

简介：通过梳理各种经典案例，本书系统探讨了网络战历史、现实和未来。以跨学科的研究方法，作者有机融合理论与实例，涵盖了从个人、组织机构到国家的网络安全问题，细致阐述了网络空间的生存之道。全书语言生动，通俗易懂，既可供信息技术与军事人士研读，也是普通读者的必读佳作。

《秘密情报与公共政策：保密、民主和决策》　[美] 帕特·霍尔特　著

简介：本书围绕保密与民主这一核心，重点探讨了国家安全情报怎样为国家政策服务，以及政策实施过程中如何通过公共控制机制等对公众进行保密或公开，以及如何进行监督管理。全书讲述了美国安全情报的起源与演变，介绍了与国家安全政策制定相关的四大情报活动，穿插了一些情报利用、误用、滥用等的经典案例，并展望了情报和政策两者的未来关系。

《国家安全与情报政策研究：美国安全体系的起源、思维和架构》

[美] 伯特·查普曼　著

简介：本书总结和收集了大量以美国为主的世界各国国家安全政策资料，既有公开的政府管理机构文件和网络资源，也有解密的安全政策文件，还有对独立组织与智囊机构研究文章、专著和期刊的评介。作者重点介绍了美国国家安全思想和架构的起源和发展历程，以及作为其国家安全基石的情报政策的历史变迁，还涉及其他一些国家和地区的相关内容。本书具有极强的资料性和实用性，是一部研究国家安全历史和知识的重要案头书。

《恐怖主义如何终结：恐怖活动的衰退与消亡》　[美] 奥德丽·克罗宁　著

简介：了解恐怖运动如何被铲除或消灭的规律和历史经验，有助于加速终结恐怖组织，同时减少不必要的恐惧与过度反应。通过精心研究各种恐怖组织，本书总结出终结恐怖组织的六种模式，分别系统、深入地加以论述，辅以大量实际数据、案例研究和图表作支撑。本书极具历史性、实践性和经典性，论证严谨，是反恐领域的一部不可多得的标杆性读物。

《21 世纪犯罪情报：公共安全从业者指南》　[美] 理查德·赖特　等主编

简介：本书全面、系统、深入地介绍了以美国为主的西方国家犯罪情报工作的过去、现在和未来，论述了犯罪情报工作的思想、流程、方法、工具和实践。全书内容丰富、逻辑清晰、史料翔实、案例适用。在理论上，它揭示了犯罪情报工作的基本规律；在实践上，它提供了犯罪情报工作的方法工具。

《数据与监控：信息安全的隐形之战》　[美] 布鲁斯·施奈尔　著

简介：在西方世界，大量的个人数据会被政府和企业监控，用于分析与控制人们；政治自由与公平、商业公平与平等，甚至隐私以及安全等都因监控岌岌可危。本书对政府、企业和民众分别给出切实可行的建议，探讨如何才能有效应对监控，保护信息安全和隐私。作者被誉为信息领域的“安全教父”。

《金融情报学》　王幸平　著

简介：冷战结束以来，金融博弈变成世界大国较量的重要手段，金融安全已是国家安全体系的重要部分。金融市场中，大至国家政府，小到金融机构，要掌握主动、赢得先机，高质量的金融情报就不可或缺。由此，金融情报学应运而生。本书探讨了金融情报的概念，金融情报的搜集、撰写和分析，金融情报人员的定位，金融情报机构与金融决策机构的关系，以及金融反情报等等。全书思想丰沛，案例多样，构建了一套专业情报学框架，对金融理论创新和国家安全研究均有参考价值。